·第1章·

汽车空气调节系统

1.1 汽车空气调节系统概述

任务驱动项目

能通过空调控制面板进行汽车制冷、制热、通风和除湿的控制操作，说出制冷、制热基本元件位置，说出“液态”和“气态”相互变换时的吸热和放热过程。

1. 汽车空调系统组成

汽车空调的作用在于对汽车车厢内的空气进行温度、湿度和清洁度的调节。

（1）制冷系统：是对车厢内的空气或由外部进入车厢内的新鲜空气降温和除湿，使之变得凉爽。

（2）采暖系统：是对车厢内的空气或由外部进入车厢内的新鲜空气加热，达到取暖、除湿的目的。

在夏季，人体感觉最舒适的温度为22～28℃，冬季为16～18℃。人体面部所需求的温度比足部略低，即要求“头凉足暖”，温差大约为2℃。

（3）通风装置：是将外部的新鲜空气吸入车厢内，达到换气的目的，空气流速在0.2m/s以下为好。轿车空气由前风挡玻璃窗下进入，过滤后经驾驶室，从后备箱两侧下部的气道流出。

（4）湿度调节装置：人体觉得最舒适的相对湿度在夏季是50%～60%，在冬季则是40%～50%。

技师指导

夏季的雨天，前风挡（也称前风窗）结雾后，可用空调外循环制冷模式除湿。一部分车内湿气经蒸发器冷凝成水后，由空调箱的排水管排出；另一部分湿气由车后备箱（也称行李箱、行李舱）两侧下部的气道流出。冬季开暖风外循环进行前风挡除雾或除霜，湿气由车后备箱两侧下部的气道流出，减少湿气，防止结霜。

（5）空气净化装置：过滤装置的作用是利用滤清器除去空气中的尘埃，带有空气净化装置的空气滤清器上的活性炭能吸附臭味、烟气等，甚至有的蒸发器上还涂有杀菌材料，使空气变得清新。最主要的方法是通过活性炭空气滤清器过滤或通过离子发生器对空气中的氧气离子化。

技师指导

按时更换空气净化装置、清洗蒸发器和暖风水箱才能保证系统出风时无异味。

上述五部分功能装置的全部或部分组合在一起，按照一定的布置形式安装在汽车上，便组成了汽车空调系统。

在普通客、货车上，通常只安装采暖系统。在一些高级轿车和高级大、中型客车上，除安装有采暖系统外，还装有强大的制冷系统，也有的装有空气净化和离子化装置。

2. 汽车空调系统分类

（1）按照系统功能的不同可分为单一功能式和组合功能式。单一功能式是指制冷系统和采暖系统各自独立、自成系统，一般用于客车上。组合功能式是指制冷系统和采暖系统共用鼓风机和操纵机构，这时鼓风机吹暖风水箱制热，吹空调蒸发器制冷。

（2）制冷系统按照驱动方式的不同可分为非独立式和独立式两种。非独立式制冷系统的压缩机由汽车本身的发动机驱动，空调的工作状态受发动机工况的影响，多用于轿车和绝大部分大型客车上。独立式制冷系统的压缩机由专用的空调发动机（也称副发动机）驱动，故空调的工作状态不受汽车本身的发动机工况的影响，具有工作稳定、制冷量大等优点，多用于大型客车上。

（3）采暖系统按照热量来源的不同也可分为非独立式和独立式两种。非独立式采暖系统的热量来源于汽车发动机的冷却水。独立式采暖系统是轿车在发动机舱内加装驻车加热器，客车在汽车车厢底部加装驻车加热器。

3. 通风装置

汽车的通风装置主要起到换气的作用，即打开和外部相通的通风口，利用汽车迎面的空气压力通风或利用空调系统中鼓风机的强制通风来进行换气，从而净化车厢内的空气，消除乘员呼出的二氧化碳、水蒸气和烟气所产生的污染，同时调节车厢内的温度和湿度。此外，通风对于防止车窗玻璃起雾也起着重要的作用。

为维持舒适条件所需要的最小限度的换气量称为“必需换气量”。车内乘员每人每小时所需要的新鲜空气量为25～36m^3，因此在车窗完全关闭的情况下，应按照此标准设置车厢内的必需换气量。

1）空气压力通风方式

将控制面板开至外循环，但不启动鼓风机时就是空气压力通风方式。空气压力通风方式是利用汽车行驶时对车外部所产生的风压，使外部新鲜空气经通风进风口进入，从车后下侧的排风口排出，实现自然通风换气。在设计进风口与排风口的位置时，要根据汽车行驶时发生于车外表面上的风压分布状况与车身结构来确定。一般车身上的大部分是负压区，仅在汽车的前部为正压区。在设置风口时，要将进风口设置在正压区，将排风口设置在负压区，以便充分利用汽车行驶所产生的风动压力而引入大量的新鲜空气。同时，进风口应尽可能远离

新能源汽车系列规划教材

汽车辅助电气构造与检修

赵振宁 刘阳阳 主 编
郝 俊 郭其涛 副主编
刘 锐 主 审

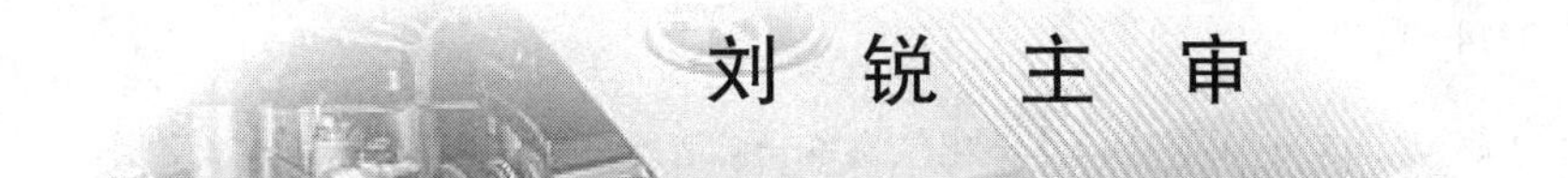

電子工業出版社
Publishing House of Electronics Industry
北京 · BEIJING

内 容 简 介

本书共分 8 章。第 1 章汽车空气调节系统，内容包括汽车空气调节系统概述、制冷系统元件、自动空调系统、空调保养和常见维修作业、电动汽车空调及其制冷方式。第 2 章辅助约束系统，内容包括辅助约束系统概述、安全气囊、安全带控制、大众速腾安全系统、奥迪安全系统、碰撞安全控制。第 3 章电动座椅，介绍了电动座椅功能和操作及典型电动座椅。第 4 章中控门锁及防盗，内容包括中控门锁、铁将军防盗器、安装汽车防盗器、常见故障疑难解答、防盗系统、防盗止动器诊断。第 5 章电动车窗及电动后视镜，内容包括电动车窗简介、车门集中控制基础、直接控制型电动车窗、汽车电动后视镜、大众汽车电动车窗及电动后视镜、丰田汽车电动车窗。第 6 章舒适系统，讲解了丰田汽车舒适系统和大众汽车舒适系统。第 7 章音响系统和导航系统，讲解了汽车音响系统、汽车音响系统检修、丰田汽车音响系统、汽车导航系统。第 8 章信息表和电路图，给出了大众、奥迪汽车控制器信息表及迈腾便捷系统电路图详解与迈腾防盗系统电路图详解。

本书为高等职业院校“新能源汽车技术”、“汽车检测与维修”和“汽车电子”等专业的教材，也可供从事相关专业工作的工程开发和售后维修技术人员作为参考。

图书在版编目（CIP）数据

汽车辅助电气构造与检修 / 赵振宁，刘阳阳主编. —北京：电子工业出版社，2018.2

ISBN 978-7-121-33149-7

Ⅰ. ①汽… Ⅱ. ①赵… ②刘… Ⅲ. ①汽车—电气设备—构造—高等职业教育—教材②汽车—电气设备—车辆修理—高等职业教育—教材 Ⅳ. ①U472.41

中国版本图书馆 CIP 数据核字（2017）第 298481 号

策划编辑：程超群
责任编辑：韩玉宏
印　　刷：三河市鑫金马印装有限公司
装　　订：三河市鑫金马印装有限公司
出版发行：电子工业出版社
　　　　　北京市海淀区万寿路 173 信箱　邮编　100036
开　　本：787×1 092　1/16　印张：15.75　字数：423.4 千字
版　　次：2018 年 2 月第 1 版
印　　次：2018 年 2 月第 1 次印刷
定　　价：38.00 元

凡所购买电子工业出版社图书有缺损问题，请向购买书店调换。若书店售缺，请与本社发行部联系，联系及邮购电话：（010）88254888，88258888。

质量投诉请发邮件至 zlts@phei.com.cn，盗版侵权举报请发邮件至 dbqq@phei.com.cn。

本书咨询联系方式：（010）88254577，ccq@phei.com.cn。

前　言

新能源汽车的出现使汽车增加了电力驱动系统，原来的发动机、底盘和电气三大系统也有了一些改变。为适应这个变化，我们重新编写了《汽车辅助电气构造与检修》这本书。《汽车辅助电气构造与检修》代替原来的《汽车舒适与安全系统构造与检修》。汽车电气分成基本电气和辅助电气两个部分更合理。基本电气是汽车上必须要有的部分。辅助电气是在汽车上法规不强制要求的部分，如空调、防盗、中控锁、电动座椅等。

本书为适应新能源汽车发展的需要，在原来的基础上增加了电动汽车空调的相关内容，同时即使是相同的章节也做到了全面更新，如辅助电气的电控化控制。

本书共分 8 章。第 1 章汽车空气调节系统，内容包括汽车空气调节系统概述、制冷系统元件、自动空调系统、空调保养和常见维修作业、电动汽车空调及其制冷方式。第 2 章辅助约束系统，内容包括辅助约束系统概述、安全气囊、安全带控制、大众速腾安全系统、奥迪安全系统、碰撞安全控制。第 3 章电动座椅，介绍了电动座椅功能和操作及典型电动座椅。第 4 章中控门锁及防盗，内容包括中控门锁、铁将军防盗器、安装汽车防盗器、常见故障疑难解答、防盗系统、防盗止动器诊断。第 5 章电动车窗及电动后视镜，内容包括电动车窗简介、车门集中控制基础、直接控制型电动车窗、汽车电动后视镜、大众汽车电动车窗及电动后视镜、丰田汽车电动车窗。第 6 章舒适系统，讲解了丰田汽车舒适系统和大众汽车舒适系统。第 7 章音响系统和导航系统，讲解了汽车音响系统、汽车音响系统检修、丰田汽车音响系统、汽车导航系统。第 8 章信息表和电路图，给出了大众、奥迪汽车控制器信息表及迈腾便捷系统电路图详解与迈腾防盗系统电路图详解。

本书为高等职业院校“新能源汽车技术”、“汽车检测与维修”和“汽车电子”等专业的教材，也可供从事相关专业工作的工程开发和售后维修技术人员作为参考。

本书主要由长春汽车工业高等专科学校教师赵振宁组织编写，由赵振宁老师和安徽国防科技职业学院刘阳阳老师担任主编，其中刘阳阳老师编写了第 2 章和第 3 章，长春汽车工业高等专科学校郝俊和郭其涛老师分别编写了第 4 章和第 5 章，其余各章由赵振宁老师编写。本书由吉林交通职业技术学院刘锐教授担任主审，在此表示感谢。

本书提供部分解读视频，请在无线网络环境下扫描二维码观看。

8 本教材配有部分微课，用书教师加 QQ 群 763791638 可向百慕大汽车技术视频网（www.bmdcar.com）申请一个免费的账号。全书作者视频讲解、高清 PPT、动画、图片资源、车型技术解析、实训操作等资源需要商业提供。

编　者

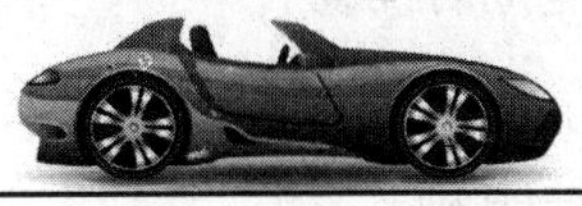

目 录

地面，以防吸进地面污染空气。进入车厢内的空气流速最佳范围是1.5～2.0m/s。排风口的压力系数随着安装位置的不同而异，要尽可能加大排风口的有效通道面积，以提高通风效果，还必须防止尘埃、噪声及地面雨水上溅的浸入。空气压力通风方式因不消耗动力，在轿车上得到了广泛的应用。当车速为60km/h时，通风量为120～170m^3/h。

完成任务

在空调控制面板上操作开关，实现空气压力通风方式。

2）强制通风方式

强制通风方式是将控制面板开至外循环，同时开启鼓风机，强制车外新鲜空气进入车厢内的方式。强制通风在货车上使用时，又经常与空气压力通风一起使用，通风换气效果优良。轿车均采用空气压力通风与强制通风相结合的方式，其通风装置与制冷、采暖系统等组合在一起而形成完整的空调系统。

技师指导

轿车空调控制面板的外空气循环开关和鼓风机开关一起来控制空气压力通风和强制通风。

完成任务

在空调控制面板上操作开关，实现强制通风方式。

4．采暖系统

采暖系统是用鼓风机将室外或室内的空气吹过暖风水箱翅片，吸收散热器翅片的冷却液热量，以提高空气温度。采暖系统一般按照所使用的热源不同可分为发动机冷却水采暖系统和独立热源式采暖系统两种。

1）发动机冷却水采暖系统

发动机冷却水采暖系统是把送入热交换器中的车外或车内空气，与升温后的发动机冷却水进行热交换，由电动鼓风机（离心式送风机）将升温的空气经出风口送入车厢内（见图1-1）。这种装置经济、可靠，在汽车上应用得较为广泛。发动机冷却水采暖系统除供车内取暖以外，还有对汽车前玻璃和主、副驾驶两侧的车窗进行除霜的作用。有的汽车在发动机和暖风水箱之间装有暖风水阀，冷却水通过暖风水阀流入热交换器，散热后的冷却水再流回水泵参与小循环，暖风水阀的作用是控制水是否通过暖风热交换器。热交换器由传热系数很大的黄铜或铝制造而成，有管片式、管带式和带状蜂窝式三种。

在夏季不用暖风时，可以关闭暖风水阀，防止暖风水箱的水循环干扰制冷功能，使制冷性能下降。

技师指导

暖风水箱发生漏水时，现象是出风口冒气，有湿气并带有防冻液味吹入驾驶室。另外，汽车在最大制冷时，温度仍不够低，应该注意检查是否有发动机热水通过暖风水阀漏进来，影响了制冷效果。很多汽车没有暖风水阀，夏季暖风水箱通过热水，但暖风水箱风板可遮住暖风水箱，让暖风水箱没有空气通过。

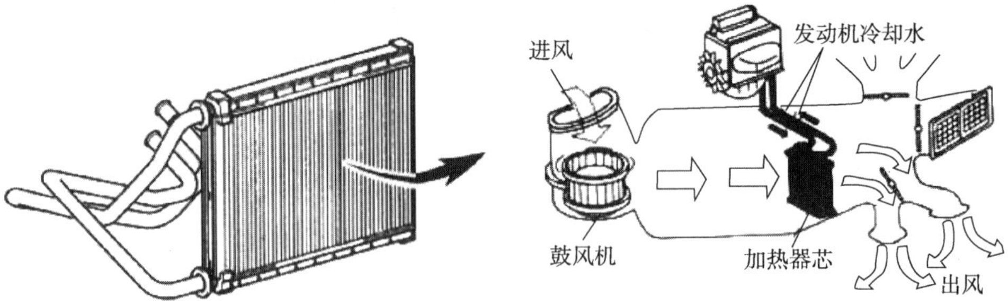

图 1-1　暖风水箱和暖风水箱的水循环

完成任务

在汽车上找到发动机通往暖风水箱的两根水管，看一下水管上是否有暖风水阀。

2）独立热源式采暖系统

独立热源式采暖系统有气暖和水暖两种。气暖是直接对吸入车厢内的冷空气进行加热。水暖是加热冷却水，它的最大优点是不仅可以作为车厢取暖用，而且可以对发动机进行预热，避免发动机低温冷启动困难。

驻车加热器的主要元件可分为用于加热的加热器本体、用于循环水的循环泵、用于泵油的计量油泵、进气消音器、排气消音器，以及定时器和遥控器。

（1）独立热源式气暖系统

该系统是专门利用汽油、柴油等作为燃料，使其在燃烧筒中燃烧产生热量，对采暖用的空气进行热交换。采暖用的空气可以是来自车厢外的外循环新鲜空气，也可以是车厢内的内循环空气。独立热源式气暖系统在一些大、中型客车上得到了广泛的应用。

图 1-2 所示为德国伟巴斯特（WEBASTO）独立热源式气暖系统剖视图及技术参数。当接通采暖系统控制电路时，指示灯点亮，同时电热塞开始预热，1min 后油路上的电磁阀打开，同时燃油计量泵电动机、新鲜空气风扇电动机、助燃空气风扇电动机及旋转式雾化器都转动。当冷却水升温到一定温度时，空调鼓风机开始运转，向车内吹入热风。若火焰检测装置检测出燃烧室火焰温度过高，则保护电路控制电热塞断电。若暖风温度过高，则过热恒温器或热熔断丝将自动切断控制电路，使采暖系统停止工作，以免发生事故。采暖系统正常工作时，燃烧气体经过热交换器内部加热热交换器，热量通过热交换器的筒壁上的肋板传递给新鲜的空气，使之升温后由风扇送入车厢内。当关闭采暖系统时，供油电磁阀断开油路而停止燃烧，但此时风扇电动机等仍继续运转，直至热交换器温度和火焰温度降到一定值，过热保护装置才断开风扇电动机电路。

（2）独立热源式水暖系统

安装加热器使之与发动机冷却循环串联，利用汽车的蓄电池对计量油泵、电动循环水泵、燃烧空气鼓风机和预热塞供电。其工作原理是通过燃烧汽油所产生的热量来加热发动机循环水，进而使发动机实现热启动，同时使驾驶室升温。

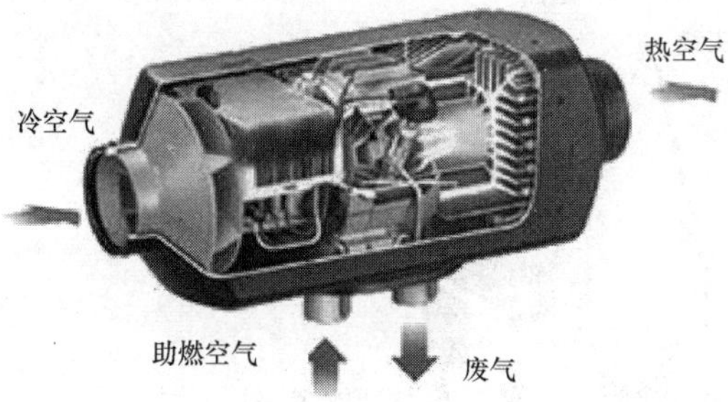

（a）独立热源式气暖系统剖视图

加热介质	空气	
热功率(W)	5kW	
使用燃料	柴油	汽油
额定电压	12V/24V	12V/24V
燃料消耗	0.17～0.6 L/h	
额定功率	15～90W	
最低工作温度	−40℃～+20℃	
质量	5.9kg	

（b）独立热源式气暖系统技术参数

图 1–2　独立热源式气暖系统剖视图及技术参数

图 1-3 所示为水暖式驻车加热器剖视图。图 1-4 所示为驻车加热系统的组成和连接。遥控器或定时器给加热器上部的 ECU（控制单元）一个启动信号，计量油泵从油箱泵油并以脉冲形式将燃油打到燃烧室前的金属毡上，笔状点火器加热到 900℃左右，将喷溅的细小油滴汽化，空气由燃烧空气鼓风机吸入，与汽油混合后并点燃，火焰将热能传递给发动机冷却水，电动循环水泵推动冷却水进入空调箱内部的散热器，鼓风机把经过暖风散热器加热的空气吹入车内。

当该系统装有遥控装置时，在寒冷的冬天，驾驶员（本书中有的地方称司机）可在办公室或家里遥控使加热器提前对车厢预热，这样不但可以改善驾乘人员的舒适性，也便于发动机迅速启动，从而提高出行速度。

当发动机工作稳定后，该系统又将升温后的冷却水引向车厢内的加热器用于取暖。如果加热器内的水温和发动机冷却水温度相同，当发动机冷却水温度低于 80℃时，加热器内的水优先供发动机预热用；当发动机冷却水温度高于 80℃时，该系统又会将发动机冷却水引入加热器用于车厢内取暖；当水温达到 95℃时，系统便自动切断燃烧器的电源，停止供油，达到节约燃料的目的，此时加热器中的水泵将继续工作，以保证加热器的零件不因过热而损坏和保持车厢内暖气的供应。

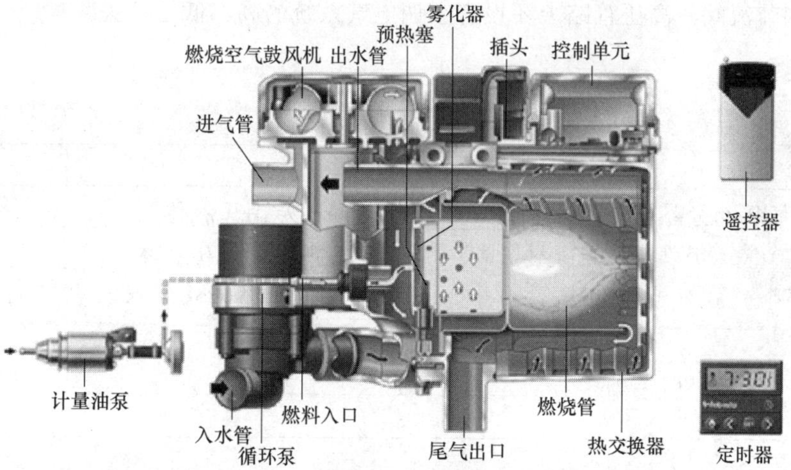

图 1–3　水暖式驻车加热器剖视图

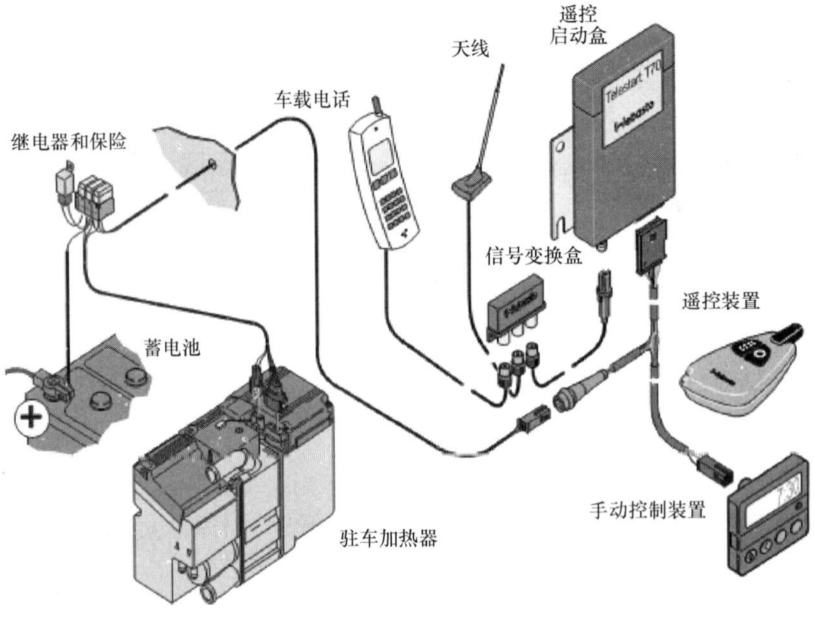

图 1-4　驻车加热系统的组成和连接

完成任务

请写出驻车加热系统的八个元件组成。____
____。

5. 制冷系统组成和工作原理

1）制冷系统组成和功能

如图 1-5 所示，制冷系统主要由空调压缩机、冷凝器、储液干燥器、膨胀阀、蒸发器和控制电路等组成。低压管路是从节流阀出口至压缩机入口，沿程有蒸发器、低压加注口、积累器（集液器）。高压管路是从压缩机出口至节流阀入口，沿程有压缩机、冷凝器、干燥器、高压加注口和节流阀，高压管路上还设有空调电气系统的高、低压开关。

完成任务

请写出汽车制冷系统的元件组成。____
____。

高压和低压的分界线在哪里？__________。哪段是高压液体？________。哪段是高压气体？________。哪段是低压气体？__________。哪段是低压液体？__________。冷凝器和蒸发器哪个放在发动机散热器前部？__________。哪个放到仪表台下的空调箱中？__________。

电子扇和鼓风机的区别是____
____
____。

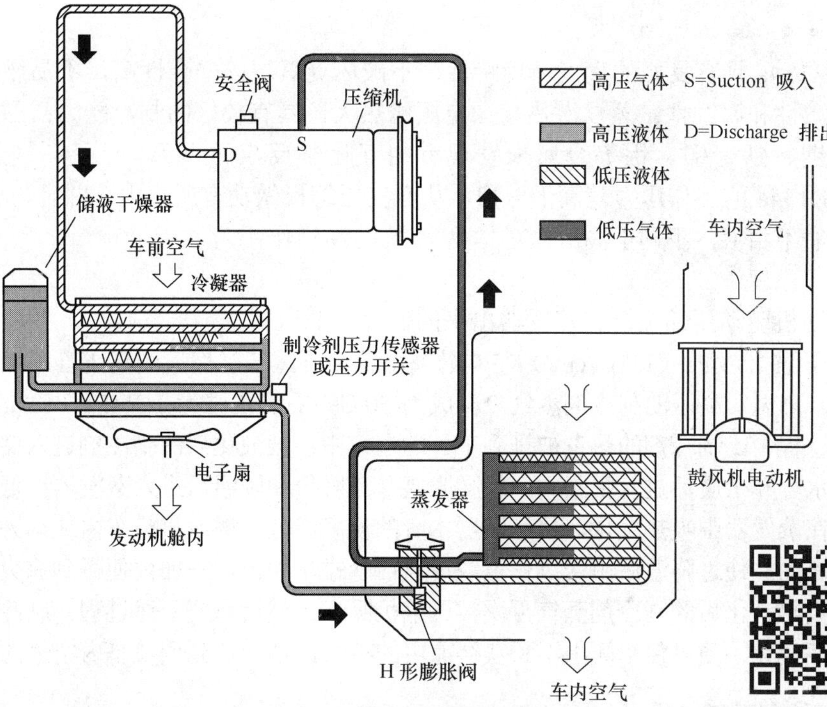

图 1–5　汽车制冷系统组成

2）制冷系统元件功能

（1）空调压缩机：把低温、低压的气态制冷剂吸入，并压缩成高温（约 70℃）、高压［一般 15bar（1barometric=1.0×10^5Pa）］的气态制冷剂，以跟外界空气形成温差。

（2）冷凝器：高温、高压的气态制冷剂经过冷凝器，把热量传至风扇（电子扇）吸入的空气上，从发动机舱的底部带走，制冷剂成为中温（约 50℃）、中压（一般 13bar）的液压态制冷剂。

（3）储液干燥器：除去制冷剂中的水分。

（4）高压和低压加注口：通过加注口对管路抽真空，也可通过加注口加注制冷剂。

（5）高、低压开关：高压开关防止管路中制冷剂压力过高，损坏空调系统；低压开关防止制冷剂泄漏，压力过低，损坏空调压缩机。

（6）膨胀阀：也称节流阀，是一个随制冷负荷增大，小孔截面变小的可变截面孔，它把高压制冷剂节流雾化成低温液态制冷剂。

（7）蒸发器：鼓风机吸入的热风穿过蒸发器外部，蒸发器的前半程为低温液态制冷剂，低温液态制冷剂吸收热风的热量后，在后半程变成低温、低压的气态。

（8）积累器：也称集液器，用于储存从蒸发器内出来的未汽化的低压液态制冷剂，防止液击压缩机，实际汽车上一般不设计。

3）制冷系统工作原理

（1）制冷剂

制冷剂 R12（二氯二氟甲烷 CF_2Cl_2），也称氟利昂，具有破坏大气臭氧层的能力，已被淘汰，但在用车辆原车使用了 R12，再加注制冷剂时仍要加 R12。

目前，汽车空调系统中常用的制冷剂是 R134a，即 CH_2FCF_3（四氟乙烷），其优点和缺点如下。

优点：R134a 具有良好的大气环境特性，不破坏臭氧层；安全性高，不易燃，不爆炸，无毒，无刺激性和腐蚀性；蒸发潜热高，定压比热大，具有较好的制冷能力；黏度较低，流动性好；对钢、铁、铜、铝等金属未发现有相互化学反应的现象。

缺点：R134a 的工作压力差高于 R12，从而使压缩机做功有所增大；并且与 R12 配合使用的冷冻机油不相溶，不利于润滑；对锌有轻微的腐蚀作用。

（2）工作原理

汽车发动机驱动压缩机，将蒸发器出来的低温、低压制冷剂蒸气吸入，并压缩成为温度70℃左右、压强 1.5MPa（$15kgf/cm^2$）左右的高温、高压蒸气，然后经高压管路送入冷凝器；在冷凝器中，高温、高压的制冷剂蒸气冷凝成为 50℃左右、压强为 1.3MPa（$13kgf/cm^2$）的液体，在这个过程中，制冷剂的热量被排到车外的空气中；被液化后的制冷剂进入储液干燥器，除去其中的水分和杂质后进入膨胀阀，经膨胀阀节流降压和降温后进入蒸发器；低温、低压的制冷剂液体在蒸发器中吸热汽化，使蒸发器本身的温度降低，鼓风机将车内或车外的新鲜空气吹过蒸发器表面，使之降温后由送风管道或送风口吹进车厢内，车厢内便得到凉爽的冷气；在蒸发器中，吸热汽化后的制冷剂蒸气再次被压缩机吸入，然后重复上述过程。制冷剂在制冷系统中不断循环变化，便可使车厢中不断获得凉爽的冷气，从而达到调节车内空气的目的。

6. 空调控制面板操作

1）空调控制面板功能

完成任务

在图 1-6 中，哪个开关不属于空调控制面板开关？____________。鼓风机具有几个转速？______。

按下空调制冷开关“A/C”打开空调，是否还要启动鼓风机才能让空调电磁离合器工作，打开空调？____________。

冬季进入车内，人呼出的热气在车内前风挡结霜时，应如何操作才能除霜？________________。

夏季雨后，车内前风挡结雾时，应如何操作才能除雾？________________。

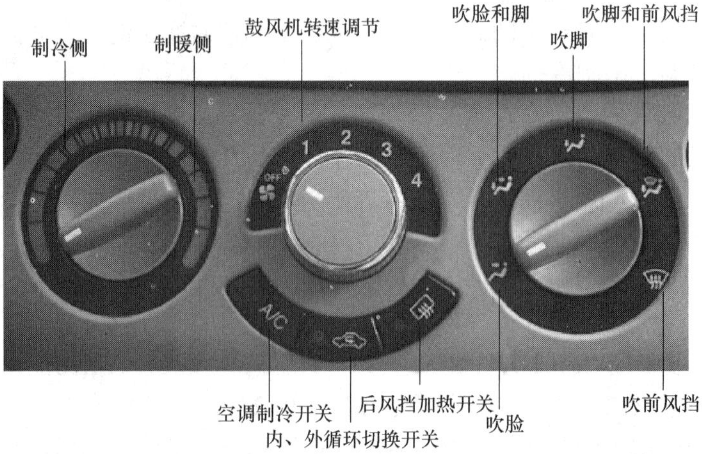

图 1-6　手动空调控制面板功能

如图 1-6 所示，空调控制面板功能具体如下。

（1）冷、暖风选择开关：开关向左转动至蓝色区域为鼓风机空气经蒸发器制冷，开关向右转动至红色区域为鼓风机空气经散热水箱制热。

（2）风速选择开关：风速选择开关顺时针转动，鼓风机运行在不同的转速，产生不同的风速。

（3）送风模式开关：送风模式一般有吹脸、吹脸和脚、吹脚、吹脚和前风挡、吹前风挡五个模式，其中吹脚和前风挡有的手动空调上没有。

（4）“A/C”空调制冷开关：开关接通时，先向电控发动机电脑发送空调申请信号，发动机进行扭矩提升控制后，结合空调系统自身开启条件，控制空调压缩机的电磁离合器通电吸合，空调压缩机工作。

（5）内、外循环切换开关：按下此开关时，为内循环模式，鼓风机吸入车内空气制热或制冷；不按下此开关时，为外循环模式，鼓风机吸入车外新鲜空气制热或制冷。

注意：图 1-6 中的后风挡（也称后风窗）加热开关不属于空调控制开关。

2）空调出风口介绍

图 1-7 所示为车内自动空调出风口位置。手动空调出风口与自动空调出风口基本相同。在图 1-7 中，L、K 为前风挡除霜出风口，M、J 分别为左、右两侧车门窗除霜出风口，B、C 为表台中央出风口，H、F 为脚下出风口（仅吹热风），这些出风口用在前部，多用在手动空调上；E 为后中央出风口，I、G 为后部人员脚部热风口。人脸面部的出风口上设计有垂直方向和水平方向调节钮，可由乘员调节。

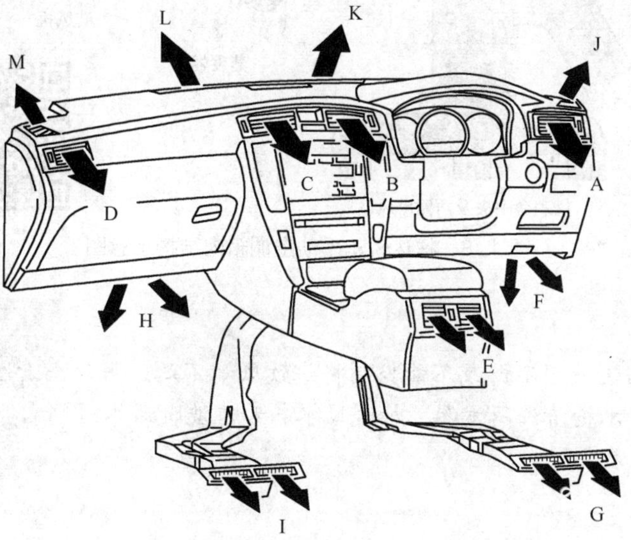

图 1–7 车内自动空调出风口位置

完成任务

让图 1-7 中的 M、L、K、J 和 A、B、C、D 出风口同时出风，应将图 1-6 中的送风模式开关放到哪个位置？________________。

3）手动空调的送风模式

图 1-8 所示为捷达轿车手动空调箱内结构示意图。

（1）在捷达轿车空调控制面板上进行冷（蓝）、暖（红）选择时，在蒸发器内部是通过控制混合风挡板是否遮住暖风散热器来实现的。

（2）在按下内、外循环切换开关时，在蒸发器内部是控制内、外循环切换真空阀。

（3）吹前风挡是前风挡出风口切换挡板打开，吹脚是脚下出风口打开，吹脸是中央及两侧出风口打开。在出风口处还设有三个控制风量和风向的手动调节装置。

（4）风速选择开关控制鼓风机转速。

（5）四个控制风挡板的伺服机构可以采用金属拉丝或真空膜盒控制，一般内、外循环切换真空阀和混合风挡板多为真空控制，而其他两个风挡板多为拉丝直接控制。

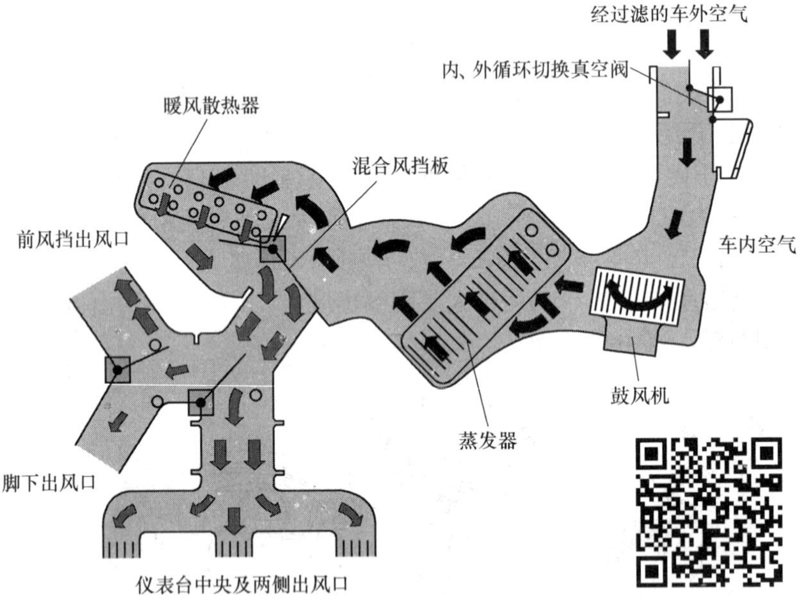

图 1–8　捷达轿车手动空调箱内结构示意图

技师指导

出风口切换挡板关闭不严或不能控制将导致风量不足。另外，看图 1-8 可知，拆下鼓风机可以用风枪和水枪清洗蒸发器；换暖风水箱和清洗暖风水箱则需要抬仪表台，再拆空调箱总成取出暖风水箱。

完成任务

根据图 1-8 分析，在吹脸和脚模式时风挡板是如何控制的？____________________。在吹脚和前风挡模式时风挡板是如何控制的？____________________。

1.2 制冷系统元件

任务驱动项目

分小组轮换拆装空调压缩机、各种膨胀阀、蒸发器总成和风扇控制器，能说出四种元件的结构，能说出制冷系统的工作原理。

制冷系统组成和工作原理参考图 1-5。

技师指导

用压力表可以测量空调系统制冷剂的过多或过少。让空调压缩机停转一段时间，待高、低压管压强相等时，常温、静态压强一般为 0.5～0.6MPa，这个压强一般可作为正常依据。天气气温越高，这个静态压强越高。当室温为 30～35℃、发动机加速到 1500～2000rpm 保持稳定时，将空调调到最冷，风速开到最大，此时歧管压力表高压侧读数应为 1.4～1.6MPa（14～16kgf/cm^2），低压侧读数应为 0.15～0.25MPa（1.5～2.5kgf/cm^2）。

完成任务

在学习空调压力表后，要用空调压力表测量一下正常轿车不同温度下的静态压强，不同发动机转速下高、低压管的动态压强，判断一下制冷剂的数量是否合适。

技师指导

高、低压开关通常不仅控制空调压缩机是否工作，也控制冷凝器风扇转速。例如，高压管高于 3.2MPa 或低于 0.2MPa 时，空调压缩机都停转，空调开关和鼓风机开关都打开时，风扇低速转动；高压管高于 1.6MPa 时，风扇高速转动。在自动空调中，高、低压开关可由压力传感器代替。

1. 空调压缩机

汽车空调压缩机按照结构形式分为曲柄连杆活塞式、摇盘式、斜盘式和涡旋式等。摇盘式和斜盘式较多。客车多用曲柄连杆活塞式压缩机，低档轿车多用定排量摇盘式、斜盘式和涡旋式压缩机。

压缩机轴转动一周排出液体的体积叫排量，转动一周排出的液体量能变化的称为变排量压缩机。中、高档汽车采用两级排量变换的斜盘式或无级变量摇盘式压缩机。固定排量的空调压缩机在现代汽车上应用得越来越少，变排量空调压缩机是在定排量压缩机的基础上发展起来的。

两级排量变换式压缩机在压缩机工作初期，因为蒸发器气体压力大，压缩机在最大排量下工作，这时功率消耗与固定排量压缩机相同，当汽车室温下降到一定温度时，压缩机排量切换到一半时的排量工作，这时消耗功率是比较小的，约为压缩机额定消耗功率的 1/2。

无级变量式压缩机由于采用变量控制阀控制，没有固定排量压缩机总频繁切断离合器的现象，压缩机的负荷变化较缓，对汽车发动机的冲击很小，发动机可平稳工作，改善了发动机工作条件，节省了燃油。

1）曲柄连杆式压缩机

图 1-9 所示为曲柄连杆式压缩机及其空调系统组成。曲柄连杆式压缩机的结构与活塞式发动机结构基本相同，只是把发动机的进、排气门换成了阀片，由曲轴、连杆、活塞、进气阀片、排气阀片等所组成，通常为两活塞或四活塞式。

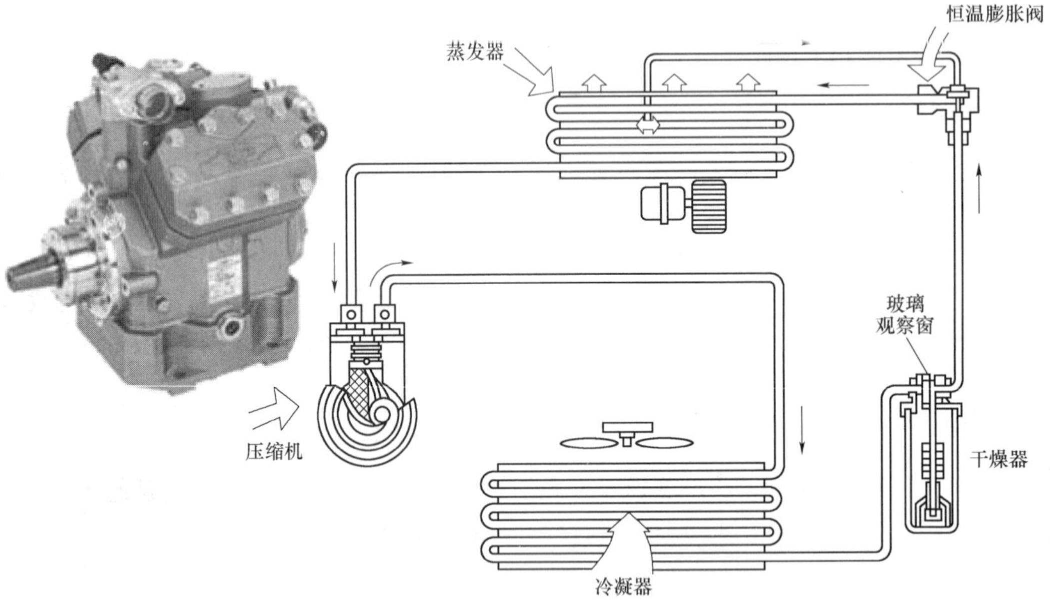

图 1-9　曲柄连杆式压缩机及其空调系统组成

压缩机通过发动机皮带轮或副发动机带动旋转，利用活塞在汽缸内的往复运动实现吸气、压缩和排气两个行程三个状态的变化。当活塞由上止点向下止点运动时，汽缸内形成一定的真空，在汽缸内、外压力差的作用下，进气簧片阀门打开，制冷剂蒸气通过进气阀片进入汽缸内。当活塞由下止点向上止点运动时，进气簧片阀门关闭，进入汽缸内的制冷剂蒸气被压缩，其压力和温度增高，当压力达到一定值时，排气簧片阀门打开，高压、高温的制冷剂蒸气经排气阀片和连接管道输送到冷凝器。

曲柄连杆式压缩机由于体积大、往复惯性力大而造成振动大，目前主要用在客车上。

2）两级排量变换的斜盘式压缩机

（1）全容量（100%）工作

如图 1-10 所示，在全容量工作中，没有电流流至电磁线圈，电磁阀由弹簧弹力压下，从而打开 a 孔，关闭 b 孔。这时，在前面产生的高压气体经过旁通回路，从 a 孔进入电磁阀，压向柱塞后端，柱塞克服弹簧力，向左移动。在这种情况下，排出阀（与柱塞构成一整体）压在阀盘上，封闭了后部五个汽缸。通过由旋转斜盘转动产生的活塞运动，后部五个汽缸也产生高压，即压缩机的十个汽缸都工作。与此同时，在压缩机后部产生的高压将单向阀向上推，来自压缩机后部的高压气体与来自压缩机前部的高压气体一起流至冷凝器。

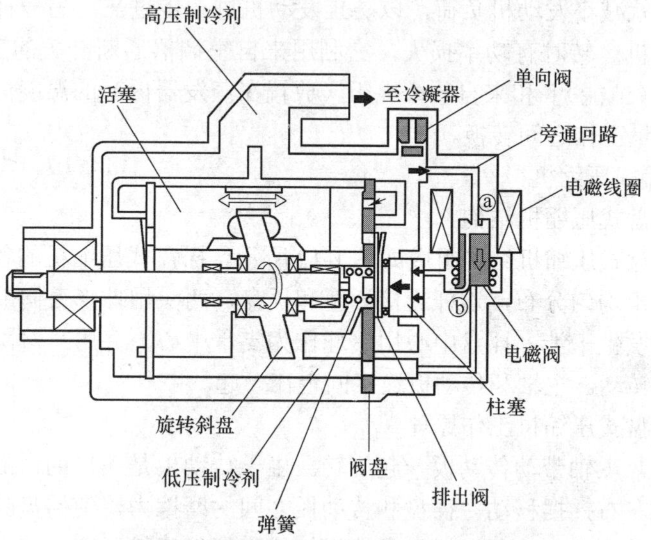

图 1-10　变排量压缩机全容量工作状态

（2）半容量（50%）工作

如图 1-11 所示，在半容量工作中，电流流至电磁线圈，将电磁阀向上吸，从而关闭 a 孔，打开 b 孔。这时，在压缩机前面产生的高压气体不能经过旁通回路进入电磁阀，因此使作用在柱塞后端的压力降低，柱塞被弹簧弹力推回到右侧。这就使排出阀（与柱塞构成一整体）离开阀盘，后部五个汽缸因与低压制冷剂保持相通而不能工作。于是，压缩机仅前部五个汽缸继续运转，即以半容量工作。此时，单向阀因前后压力差而被吸出，关闭从后部排气高压气体的排出通道，防止在压缩机前部产生的高压气体回流。

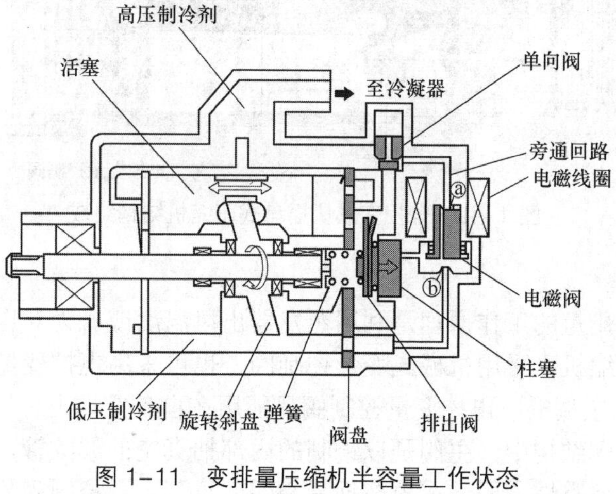

图 1-11　变排量压缩机半容量工作状态

（3）压缩机关断时的工作

当压缩机关断时，高压和低压端内部压力逐渐平衡。因此，柱塞被弹簧弹力推回到右侧。单向阀也随高压端压力下降而落下，关闭在后部高压制冷剂的排出通道。结果使排出阀和单向阀以半容量工作。当压缩机启动时，以半容量工作，从而减小压缩机启动时的振动。

这种可变排量压缩机的控制系统有两种类型：一种是根据冷却液温度进行控制，若发动机开始出现过热，就减小发动机负荷，以防止发动机进一步过热；另一种是由热敏电阻进行控制，为防止压缩机运转时有功率损失，它利用来自空调器通断开关的工作方式信号［A/C（空调器）或ECO（节能）］和来自热敏电阻（放置在蒸发器内）的温度信号，这样，电磁线圈在全容量与半容量工作之间转换。

3）变排量摇盘式压缩机

（1）变排量摇盘式压缩机结构

电控变排量摇盘式压缩机结构组成如图1-12所示。摇盘式压缩机的各汽缸以其主要轴线为中心，五角或七角均匀分布，连杆连接活塞和摇盘，两头用球形万向节使摇盘的摆动和活塞的移动协调而不发生干涉。摇盘中心用钢球作为支承中心，并用一对固定圆锥齿轮限制摇盘只能摇动而不能转动。主轴和传动板连接固定在一起。

（2）变排量摇盘式压缩机工作原理

压缩机工作时，主轴带动传动板一起旋转。由于传动板是楔形的，故其转动将迫使摇盘作以钢球为中心的左右摇摆移动。摇盘和传动板之间的摩擦力，使摇盘具有转动趋势，但被固定的一对圆锥齿轮所限制，所以摇盘只能沿轴线作往复直线运动，从而带动活塞在缸内作往复运动，完成吸气、排气过程。主轴旋转一周，摇盘上的各缸分别完成一个工作循环。

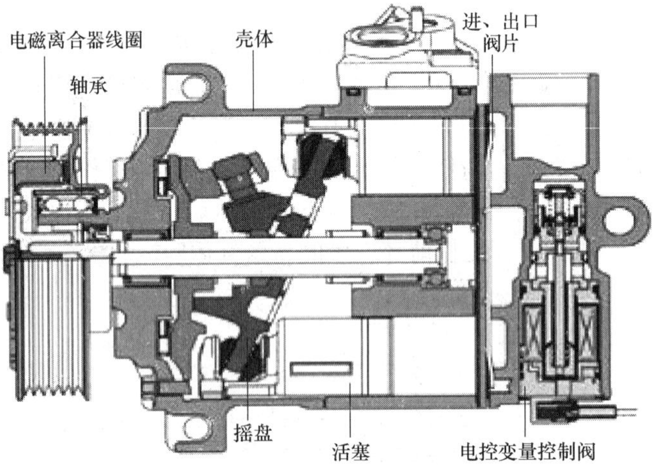

图1–12 电控变排量摇盘式压缩机结构组成

（3）变量控制

摇盘式压缩机变排量的工作原理是利用蒸发器出风温度或压力对压缩机行程进行无级调节。变排量摇盘式压缩机可采用机械式变量控制阀，也可采用电控变量控制阀。机械式变量控制阀可用在手/自动空调上，电控变量控制阀只能用在自动空调上。

机械式变量控制阀结构中，主阀是以铜制的内部抽真空的波纹管，波纹管内装有弹簧。前端的阀杆、后端的调整螺钉固装在内部抽真空的波纹管上。控制阀的主阀压力在控制阀装配时，根据预定的压力值，通过吸气压力进行调整。调好后在外壳上冲两个凹槽嵌入调整螺钉的槽内，以防止调整螺钉松动，影响预定的压力值。修理中，变量控制阀结构复杂，要求精度高，所以不可以拆卸控制阀内部。

机械式变量控制阀的工作原理如图1-13所示。在活塞缸缸体上有一个固定的节流孔，高压腔高压制冷剂经固定节流孔进入摇盘箱在活塞背部形成活塞背压。在发动机低转速，高压管压力也相对不高时可调节流孔关闭，在活塞背压形成接近高压管的压力。当车室内温度升高时，蒸发器内的气体压力升高，中间阀室的压力也随着升高。由于曲轴箱内压力和吸气压力的共同作用，主阀开启，曲轴箱内压力迅速下降，活塞的吸气阻力减小，斜盘摆角加大，活塞行程增大，制冷量迅速增加，车室内温度快速下降。由于吸气压力和曲轴箱内压力逐渐降低，主阀开度减小，直至关闭，而此时排气压力逐渐提高，其排气压力作用于副阀上，打开副阀，并利用弹簧顶开主阀，使曲轴箱内压力再次降低，大排量输出。当车室内温度快速下降至某温度时，吸气压力下降，主阀和副阀关闭，曲轴箱内压力逐渐升高，吸气阻力加大，斜盘摆角变小，活塞行程减小，排量减小，使压缩机工作在小排量输出状态。

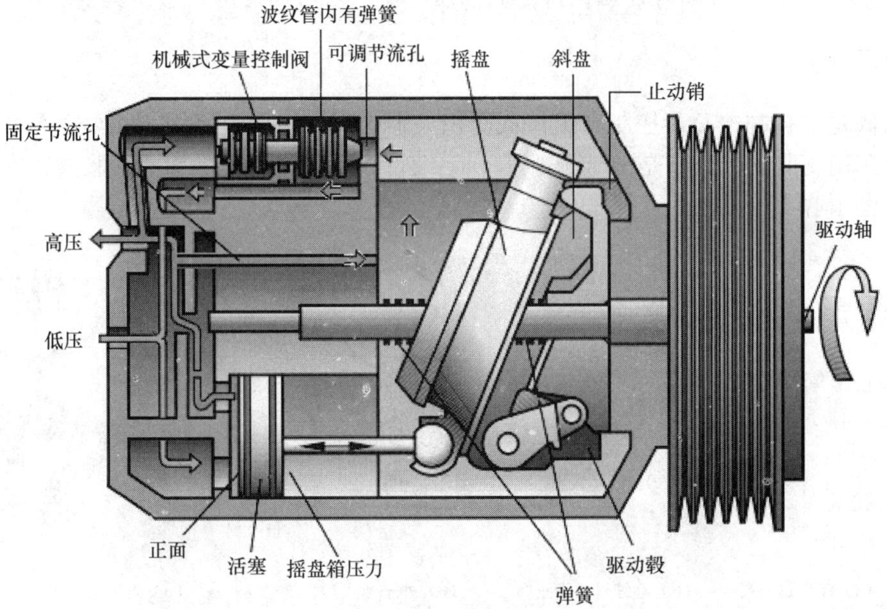

图 1–13　机械式变量控制阀的工作原理

近年来部分大众汽车采用了电控调节的变排量控制技术，有一部分汽车还取消了压缩机前部的电磁离合器，压缩机一直运转，无接合冲击，进一步提高了舒适性。自动空调通过调节蒸发器的温度使制冷量和热负荷及能量消耗完美匹配，减少了再加热过程，使出风口的温度、湿度恒定调节。由于排量可以减小到接近 0，省去了电磁离合器的电磁线圈，也减小了皮带轮体积，可使质量减轻 20%（500～800g），压缩机的功率消耗下降，燃油消耗下降。新结构的皮带轮用于皮带传动和空调压缩机之间的力传递，消除了扭矩波动，并同时起到过载保护的作用。

4）压缩机保养

为了减少空调压缩机的磨损，必须使压缩机各摩擦副之间有良好的润滑。冷冻机油（简称冷冻油）是空调压缩机专用的润滑油，用于压缩机和系统中各活动部件的润滑和密封，使系统保持正常工作。在给压缩机加注冷冻机油时，应严格按照压缩机铭牌上要求的加注量及油牌号进行，在任何情况下均不得使用其他油代替。冷冻机油很容易吸收潮气，故在保存中和使用后应将油桶盖严封。

技师指导

每次对制冷系统管路元件进行拆装时，都要重新补加冷冻机油（如 SD7V16 压缩机润滑油量 135mL），有的压缩机自带冷冻机油。具体加多少，与拆下空调元件体积大小有关，最好详见手册，更换什么件对应补加多少冷冻机油也有要求。冷冻机油加注口在压缩机上，也可在高压管和低压管的加注口加入。

空调工作时高压管指示偏低，低压管指示偏高，关闭空调后压力表指示高、低压系统压力很快趋于一致，说明压缩机损坏，这时应该检修或更换压缩机。压缩机上通常也安装有安全阀，可在压力过高时泄压，这是继高压开关保护后的最后一道防线。

2. 膨胀阀

膨胀阀是根据制冷负荷控制节流口截面积大小的阀，也称节流阀。汽车空调系统中一般采用四种车用膨胀阀，分别是 H 形膨胀阀、毛细管式膨胀阀、外平衡式膨胀阀、内平衡式膨胀阀，如图 1-14 所示。

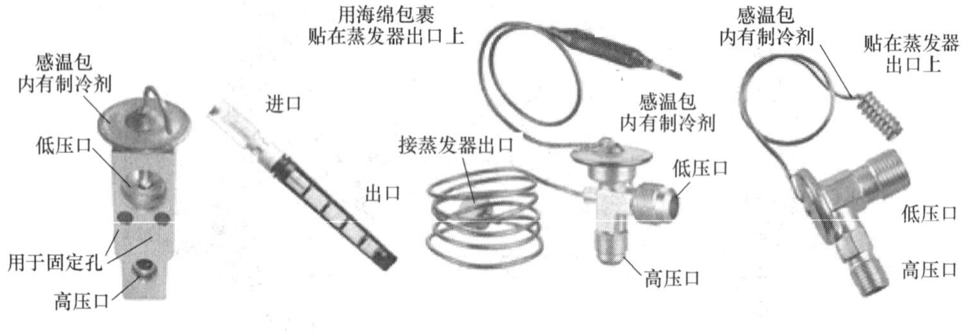

（a）H 形膨胀阀　（b）毛细管式膨胀阀　（c）外平衡式膨胀阀　（d）内平衡式膨胀阀

图 1-14　四种车用膨胀阀的对比

膨胀阀安装在蒸发器的入口处，其作用是将来自储液干燥器的高压液体制冷剂节流降压和降温，根据蒸发器出口温度自动控制进入蒸发器的液体制冷剂量，使之适应制冷负荷的变化。

进入蒸发器的低温、低压制冷剂量要适应制冷负荷的变化，进入蒸发器的制冷剂液体蒸发后足以吸收车厢内的热量，保证车厢内的温度降低到设定温度。如果进入蒸发器的制冷剂量过少，车厢内将得不到足够的冷气。如果进入蒸发器的制冷剂量过多，将会造成蒸发器过度冷却，导致蒸发器外部结霜而影响通风能力，进而影响制冷能力。膨胀阀损坏或感温包位置安装错误是导致进入蒸发器的制冷剂量过多的主要原因。

外平衡式膨胀阀的节流口调节是根据感温包内压力和蒸发器出口压力进行的，已淘汰。

内平衡式膨胀阀和 H 形膨胀阀都是利用空调蒸发器出口温度进行调节的。感温包内制冷剂受蒸发器出口温度影响进行热胀冷缩，从而控制膨胀阀开关的大小，出口温度靠感温包远距离感觉。H 形膨胀阀与 H 象形，有四个孔，即正面两个、背面两个，可直接感觉蒸发器出口温度。控制规律是蒸发器出口温度高时，开大 H 形膨胀阀高压管的节流口，放入更多制冷剂，增大制冷量，反之相反。

毛细管式膨胀阀阀口不根据蒸发器出口温度进行调节，因此一定要采用变排量压缩机与之相配合。

H形膨胀阀是目前采用最多的膨胀阀，分为内置感温包和外置感温包两种。图1-15所示为内置感温包的H形膨胀阀结构。该膨胀阀利用充入特殊气体的感温包感受蒸发器出口温度，气体膨胀后下移推动膜片下移，推杆推开球阀下部弹簧打开阀口向蒸发器内放入制冷剂，这时的制冷剂经节流孔的节流作用由液态变为气态吸热。当车内温度下降时，蒸发器从车内吸收的热量有限，蒸发器内的气态制冷剂温度较低，流经蒸发器时使H形膨胀阀的感温包内气体温度下降，球阀在下部调节弹簧的作用下上移关闭节流孔。

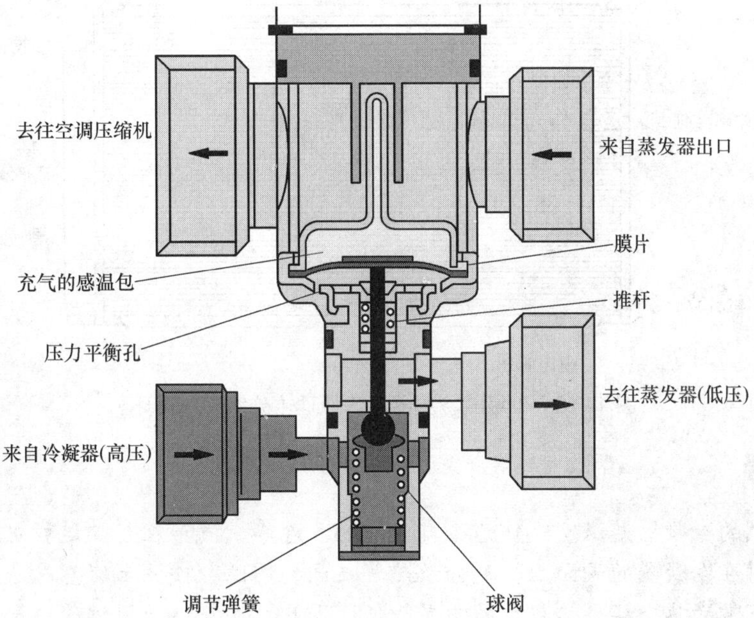

图1-15 内置感温包的H形膨胀阀结构

技师指导

膨胀阀上的空调管路接口粗细不同，不会接错。膨胀阀都不可修理，发现节流孔控制不正确应更换。

空调压力表高压指示正常、低压指示偏高，低压管路外部有白色结霜，且制冷效果下降，这说明膨胀阀开启过大，且节流后喷入的液体尽管量多，但没有吸收汽化潜热过程。这时应重点检查膨胀阀热敏管的安装位置和完整情况，若安装是良好的，就要考虑更换膨胀阀。若有清洗空调管路的情况，最好能同时更换膨胀阀，以防止再次堵塞管路，甚至损坏压缩机。

3. 冷凝器和蒸发器

蒸发器外形与冷凝器外形基本相同，但作用不同，容易弄混。汽车空调制冷系统中常见蒸发器的形式主要有以下三种：管翅式、管带式和板翅式。

1）冷凝器

冷凝器紧贴在发动机散热器前部，冷凝器在电子扇的帮助下把制冷剂热量传给外界空气。在一些大、中型客车上，常把冷凝器安装在车厢下部两侧、车厢后侧或车外的车棚上部。

近几年出现了分级制冷循环（见图 1-16），分为冷凝和超冷两个部分，传统的冷凝器仅有分级制冷上层的冷凝部分。在冷凝和超冷两个部分之间有一个液气分离器（调节器），经过调节器的液体制冷剂在超冷部分被再次冷却，增加了制冷剂自身的冷却容量，从而可以得到高效的制冷性能。在分级制冷循环中，制冷剂气泡消失的地方低于系统所需的制冷剂量的液面。因此，如果系统以气泡消失的地方作为标准排放制冷剂，将导致制冷剂不足，这样就会影响系统的冷却性能。如果系统添加了过多的制冷剂，同样也会降低冷却性能。

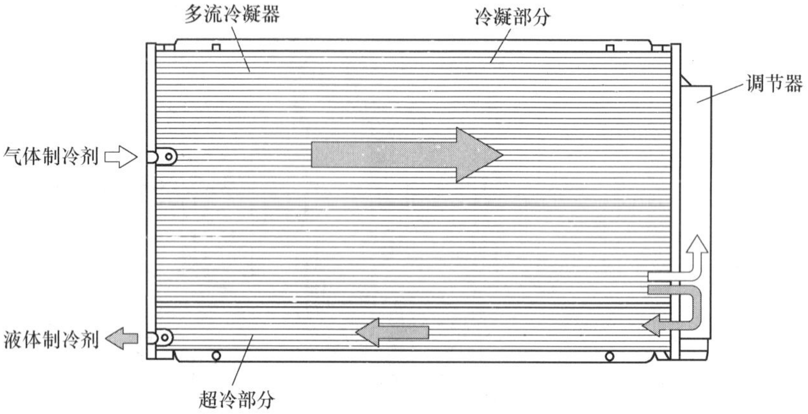

图 1–16　分级式冷凝器工作原理（分级制冷循环）

技师指导

汽车空调的冷凝器是以空气作为冷却介质的。春季，汽车在行驶过程中经常有车外灰尘和柳絮粘附在冷凝器的表面上，部分散热片之间的间隙会被泥土堵塞而造成其与外界空气不能进行正常的热交换，传热效果明显降低。因此，在空调使用过程中，应定期检查和清洁冷凝器。用水清洗时控制好水枪和冷凝器的距离，防止高压水冲倒冷凝器翅片。怀疑冷凝器的管接头有漏点时，涂抹肥皂水检漏比较方便。

2）蒸发器

蒸发器在车内仪表台的右侧，它吸收车内空气热量传给制冷剂。为了减少异味和细菌的滋生，有的蒸发器体涂抹了一层含有灭菌剂的树脂（见图 1-17）。在这层树脂的下面是一层保护蒸发器的铬酸盐自由层。

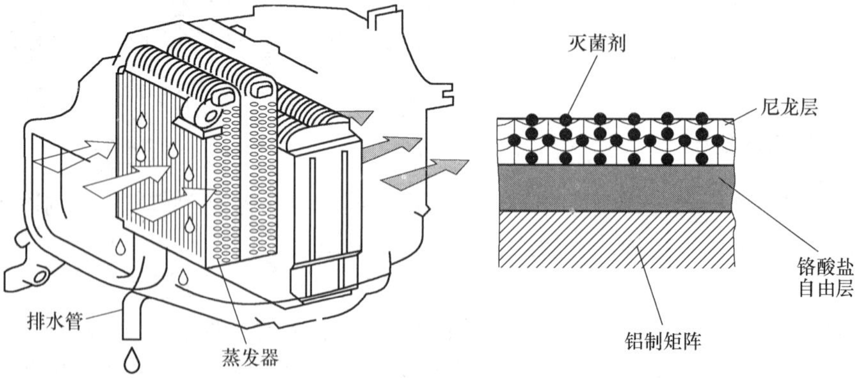

图 1–17　带灭菌剂的蒸发器

技师指导

汽车空调的蒸发器在外循环过滤不佳和车内过脏时会将车外灰尘和车内灰尘（主要是烟灰）粘附在其表面上，造成其与空气不能进行正常的热交换，制冷效果明显降低，长时间不用甚至会发霉。因此，在空调使用过程中，应定期检查和清洁蒸发器。实践中可行的办法是拆下鼓风机，先用风吹，后用水清洗蒸发器，水会从排水管排出，注意也不要弄倒蒸发器翅片。

4．低压侧集液器和高压侧储液干燥器

把集液器和储液干燥器放在一起讲的目的是让大家不要弄混。

1）低压侧集液器

图 1-18（a）所示为低压侧集液器结构。低压侧集液器安装在冷凝器和膨胀阀这段高压管路之间，其作用是临时储存从冷凝器流出的制冷剂液体，以便在制冷负荷发生变化时，及时补充和调整供给膨胀阀的制冷剂量，以保证制冷系统工作的稳定性；同时，还可防止过多的液体制冷剂残留在冷凝器内，影响冷凝器的散热效果；另外，在集液器中安装有干燥过滤器，其作用是除去混在制冷剂中的杂质和水分，防止或减少膨胀阀和制冷系统管路发生杂质堵塞或冰冻堵塞的故障。

2）高压侧储液干燥器

图 1-18（b）所示为高压侧储液干燥器结构。壳体通常用无缝钢管或铝合金制成能承受压力的圆形容器。干燥器主要由过滤网和干燥剂组成。过滤网用 50～100 目网眼的黄铜丝制成，安装在储液干燥器的进口端。制冷剂液体经过滤网过滤后，由出口流出进入膨胀阀。干燥剂的种类很多，常用的有无水氯化钙、硅胶、活性氯化铝和分子筛等。无水氯化钙的吸水能力强，其缺点是吸水后易成糊状堵塞系统，因此只能作为临时性吸潮剂。硅胶使用广泛，吸水后呈粉红色，干燥后呈深蓝色，故称为变色硅胶，它可较长时间地存放在系统中使用。

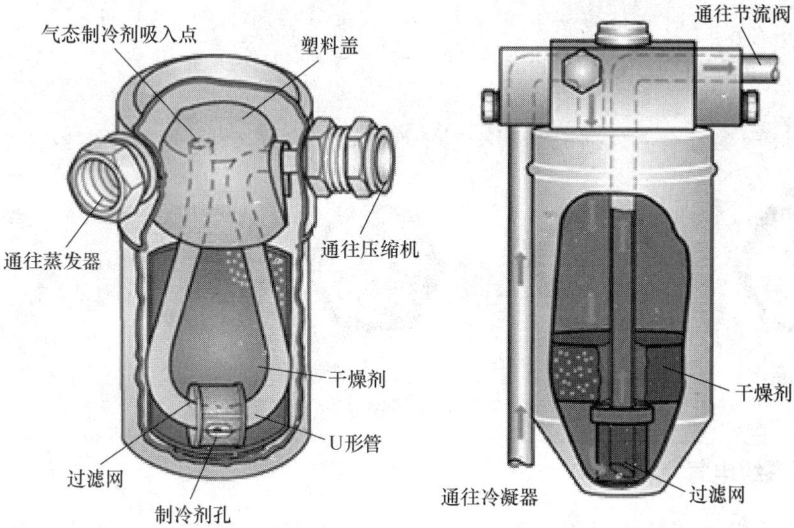

（a）低压侧集液器结构　　（b）高压侧储液干燥器结构

图 1–18　低压侧集液器与高压侧储液干燥器结构

技师指导

储液干燥器顶部通常安装视液镜，用于观察制冷剂的状态。早期为了保护空调压缩机在储液干燥器顶部设计有易熔塞，当制冷剂温度过高时，一般在105～110℃易熔合金立即熔化（正常温度只有 50℃左右），将储液干燥器内的高压制冷剂全部释放，起到安全保护作用。易熔塞仅能用一次。现代汽车空调压缩机采用弹簧安全阀后易熔塞被取消，弹簧安全阀开启压强最小为3.6MPa，最大为4.4MPa，当管内压强降至3.25MPa才关闭。

5. 视液镜

通过视液镜可观察系统中制冷剂的流动情况，当发生缺液或含有水分时，视液镜的观察玻璃能显示不同的颜色和气泡，同时还能观察管路中冷冻油的流动情况。在观察玻璃下设置有随水分含量变化而变化的指示片，水分极少时呈淡蓝色，水分增多时变为淡红色。有些汽车空调系统中视液镜直接安装在过滤器与膨胀阀之间，也可旁通在立管或水平管上。

技师指导

下面介绍空调系统制冷剂多少的测量方法。让压缩机停转较长时间，高、低压管压强相等的常温、静态压强 0.5～0.6MPa 作为正常依据，天气气温越高，这个静态压强越高。也可观察视液镜显示情况确定空调系统情况。启动发动机，将发动机转速稳定在1500～2000r/min，把空调功能键置于最大制冷状态，风机置于最高转速，开动空调系统5min后通过视液镜进行观察（见图1-19）。

观察的现象、结论和处理方法如下。

（1）制冷剂加入量正常时，现象是视液镜一片清晰，送风口有冷风吹出。在发动机转速提高后或降低时，可能有少量气泡出现，关闭空调开关后，气泡大量出现，然后渐渐消失，大约45s，如图1-19（a）所示。制冷剂加多时，视液镜没有气泡流过，甚至关闭空调开关15s后，气泡还不出现。

（2）制冷剂不足时，视液镜会有少量气泡流过，如图1-19（b）所示。

（3）制冷剂严重不足或根本没有时，视液镜气泡多，呈油雾状、有机油条纹状，如图1-19（c）所示。

（4）储液干燥器内干燥剂混到制冷剂中时，视液镜呈云堆状，如图1-19（d）所示。

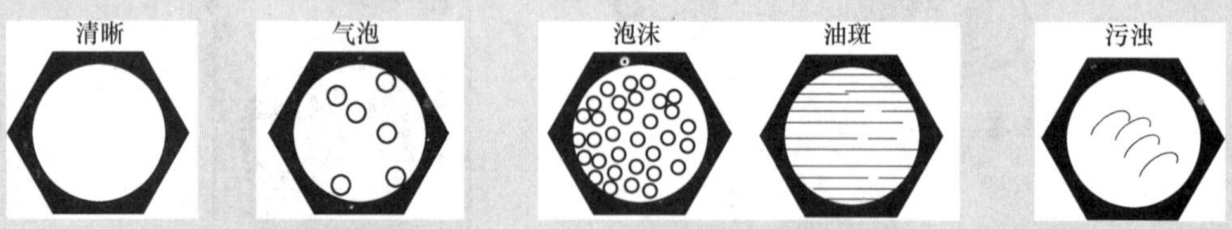

（a）制冷剂量正常　（b）制冷剂量偏少　（c）制冷剂量严重偏少　（d）干燥剂混入

图1-19　空调视液镜制冷剂液流状态

6. 空调系统电气元件

为了保证汽车空调系统的正常工作，维持车内所需要的温度，空调系统中还有一些自动控制和调节的元件，下面就对其分别加以介绍。

1）电磁离合器

电磁离合器安装在压缩机前端的皮带盘内，其结构和工作原理如图1-20所示。为了使空调系统的启停不受汽车发动机工作的影响，压缩机的皮带轮是通过轴承浮动支撑在压缩机前端伸出的细颈壳体上的，皮带轮随发动机常转，皮带轮内有电磁线圈，压力盘（带毂弹簧盘）驱动压缩机内部元件。

通过控制电磁离合器线圈的通、断电，便可接通或切断发动机与压缩机之间的动力传递。当电磁离合器线圈通电时，功率一般为 48W 左右，最小结合电压一般为 7.5V。

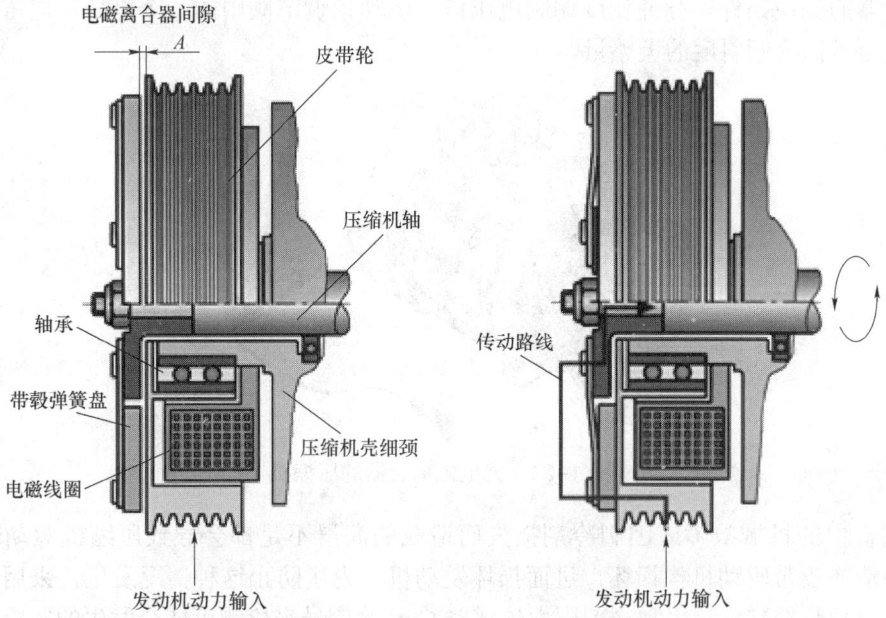

（a）电磁离合器未通电　　（b）电磁离合器通电

图 1-20　电磁离合器的结构和工作原理

完成任务

汽车空调压缩机电磁离合器的间隙为_________。若怀疑压缩机轴承响，是否可采用拆下空调压缩机皮带的方法判别？____________。若采用听诊法，应该具体听哪个位置？_________。压缩机工作时和外环境的温差为多少度？____________。

技师指导

空调压缩机轴承是易损坏的元件，特别是在皮带轮调整得过紧时，修理时可更换轴承。发动机工作，空调压缩机轴承也工作，所以可用穿心螺丝刀听诊，也可拆掉皮带看声音是否消失。换空调压缩机的价格是换轴承价格的 20 ~ 30 倍，所以最好更换轴承，而不是更换空调压缩机。另外，电磁离合器间隙过大会打滑，电磁离合器的电磁线圈很少出现故障。实践中，极少数汽车还存在电磁离合器吸合后不断开，造成启动时发动机运行困难或很难启动，这是极端的例子，不能作为典型案例。

大众汽车国内部分车型的空调压缩机的皮带轮驱动机构采用带有一体式橡胶的过载保护装置，没有电磁离合器，空调压缩机处于常工作状态，为了防止过载，压缩机上由调节阀 N280 根据制冷负荷控制压缩机排量，如图 1-21 所示。自动空调控制单元 J255 对压缩机调节阀 N280 进行占空比控制实现无级调节，控制依据包括驾驶员设定的温度、汽车外部与内部温度、蒸发器温度及制冷剂压力的变化情况。关闭空调后，多楔带仍驱动压缩机继续运转，调节阀 N280 控制斜盘倾斜位置改变为正常排量的 2%，因此运行阻力很小。

大众汽车的该电磁调节阀 N280 安装在压缩机中，并用一个弹簧锁止垫圈固定。它是压缩机片阀组件上部低压管区、高压管区与空调压缩机摇盘背部压力之间的接口，并且是取消电磁离合器的先决条件。脉冲宽度调制电压信号驱动该调节阀中的一个挺杆，电压作用的持续时间决定了摇盘倾斜度的调整量。

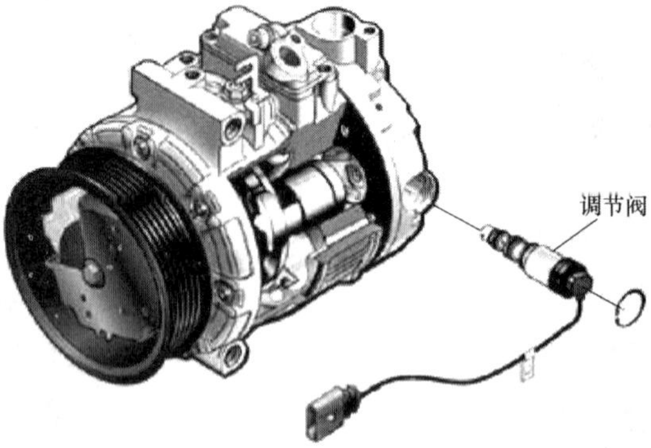

图 1-21　无电磁离合器的压缩机

压缩机中的机械故障或因制冷剂损失而造成的润滑不足都会导致压缩机驱动轴卡死不转，这会造成皮带驱动机构损坏，进而损坏发动机。为了防止这种情况发生，采用了两种保护措施：一种是控制单元用制冷剂压力传感器 G65 的信号来检测可能会发生的制冷剂损失，若全部损失，制冷功能将被关闭；另一种是采用带橡胶的驱动盘，这个驱动盘在压缩机正常工作时如图 1-22 所示，多楔带的皮带轮与驱动盘之间的橡胶件保证压缩机能被发动机驱动。

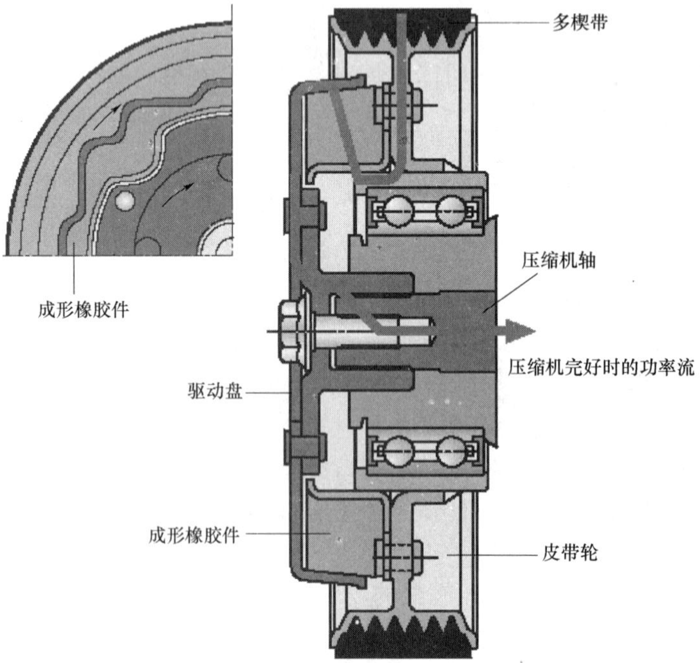

图 1-22　正常情况下的波浪形橡胶传力

空调压缩机一旦出现驱动盘堵转后，如图 1-23 所示，皮带轮与驱动盘之间的传动力变大，橡胶件被皮带轮按照转动方向压到堵转的驱动盘上，橡胶件上的变形部分被剪切下来，皮带轮与驱动盘之间连接的波浪形橡胶部分被切断，皮带轮空旋转，排除了发动机损坏的可能性。在工作中，波浪形橡胶部分被切断后一般修理要整体更换空调压缩机，当然也可更换成形橡胶件和驱动盘修理。

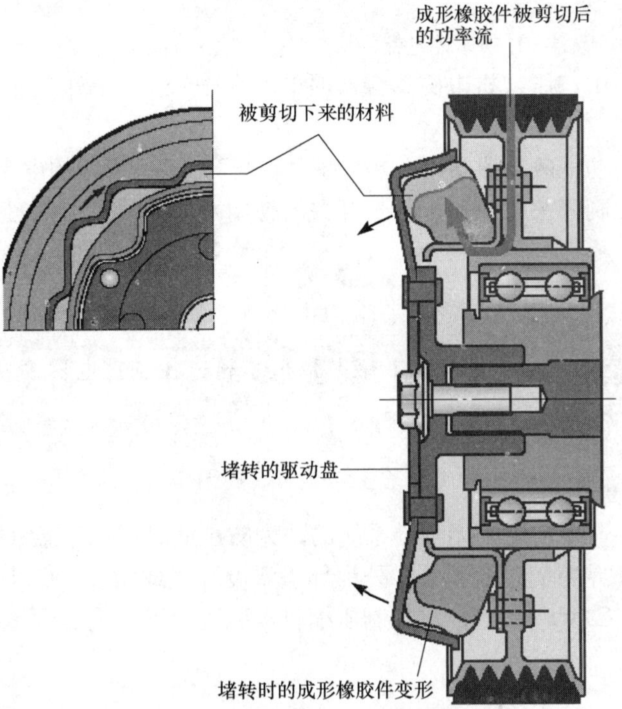

图 1-23 空调压缩机堵转：波浪形橡胶被切断

2）高压和低压开关

当空调制冷系统中制冷剂压力出现过低或过高异常时，压力开关便会自动切断电磁离合器的电路，使压缩机停止工作，从而保护制冷系统不致损坏。

高压和低压开关都安装在空调制冷系统中从冷凝器到膨胀阀之间的高压管路上。低压开关在正常压力工作时为常闭状态，制冷剂泄漏和其他原因造成制冷剂缺少或完全没有时，如果此时压缩机仍继续工作，就会引起压缩机内部润滑油循环不良，甚至使压缩机卡死或烧坏，这时低压开关便会直接或间接切断电磁离合器的电路。高压开关也为常闭型，当制冷系统高压一侧的压强高于 2.1～2.5MPa（21～25kgf/cm^2）时，其触点断开，切断电磁离合器的电路，使压缩机停转，从而保护压缩机不会过载；压强恢复正常值时，触点再闭合，接通电磁离合器的电路。

高、低压开关可以是两个独立的开关，为了减少在高压管上制作两个独立压力开关底座的麻烦，也可采用一个高、低压组合开关代替高、低压两个开关。自动空调中也可采用压力传感器代替高、低压开关。

技师指导

高、低压开关也可由压力传感器代替。通常高压管高于3.2MPa或低于0.2MPa时，空调压缩机都停转，空调打开时风扇一挡低速转动；高压管高于1.6MPa时，风扇二挡启动高速。

3）空调离合器继电器和风扇继电器

在汽车空调电路中，压缩机电磁离合器的电流为4～5A，需采用空调离合器继电器控制其通、断电。

如果冷凝器和发动机散热器共用散热风扇（单扇），风扇消耗的电流可达15A到数十安培。为了减小流入控制开关的电流，延长开关的使用寿命，设置散热器风扇继电器控制风扇转速。

技师指导

德国大众汽车空调离合器继电器和散热器风扇转速控制继电器装在一个控制盒中，两个继电器实际中损坏较多。

4）外界环境温度开关

低温环境下是不需要使用空调制冷系统的，为防止低温情况下意外打开空调制冷系统损坏空调元件，设计外界环境温度开关。外界环境温度开关通常在1℃以下时断开（也有些厂家将此开关设计为5℃以下时断开），控制压缩机电磁离合器继电器电路不工作，电磁离合器不吸合。

技师指导

外界环境温度开关发生故障很少，在夏季开关为闭合，怀疑有断路故障时可拆下测电阻。

完成任务

捷达轿车空调外界环境温度开关在什么位置？__________。若脱开外界环境温度开关，空调压缩机的电磁离合器能否吸合？__________。

5）散热器的电子扇

发动机散热器的电子扇（电子风扇，本书中也简称风扇）不仅为发动机散热器散热，也为空调冷凝器散热。电子扇的调速分为有级调速和无级调速两种。

（1）有级调速电子扇

有级调速电子扇一般分高、低速两挡，多用于手动空调。

① 发动机散热器和空调冷凝器共用一个电子扇时，电子扇端子上有三根线，即两根12V电源线、一根地，电动机内有一个电阻，一根12V电线串这个电阻时为低速，一根12V电线直接给电动机供电时为高速。

② 发动机散热器后部有两个电子扇的电路中，每个电动机端子上有两根线，显然电

动机内部无调速电阻。通常，丰田汽车采用两个电子扇串联形成低速，每个电动机分 6V 电压；两个电子扇并联时形成高速。这类电路一般用三个继电器控制，发动机 ECU 的控制依据为空调压力和发动机散热器温度。丰田汽车三继电器、带高速和低速的双电子扇控制电路如图 1-24 所示。

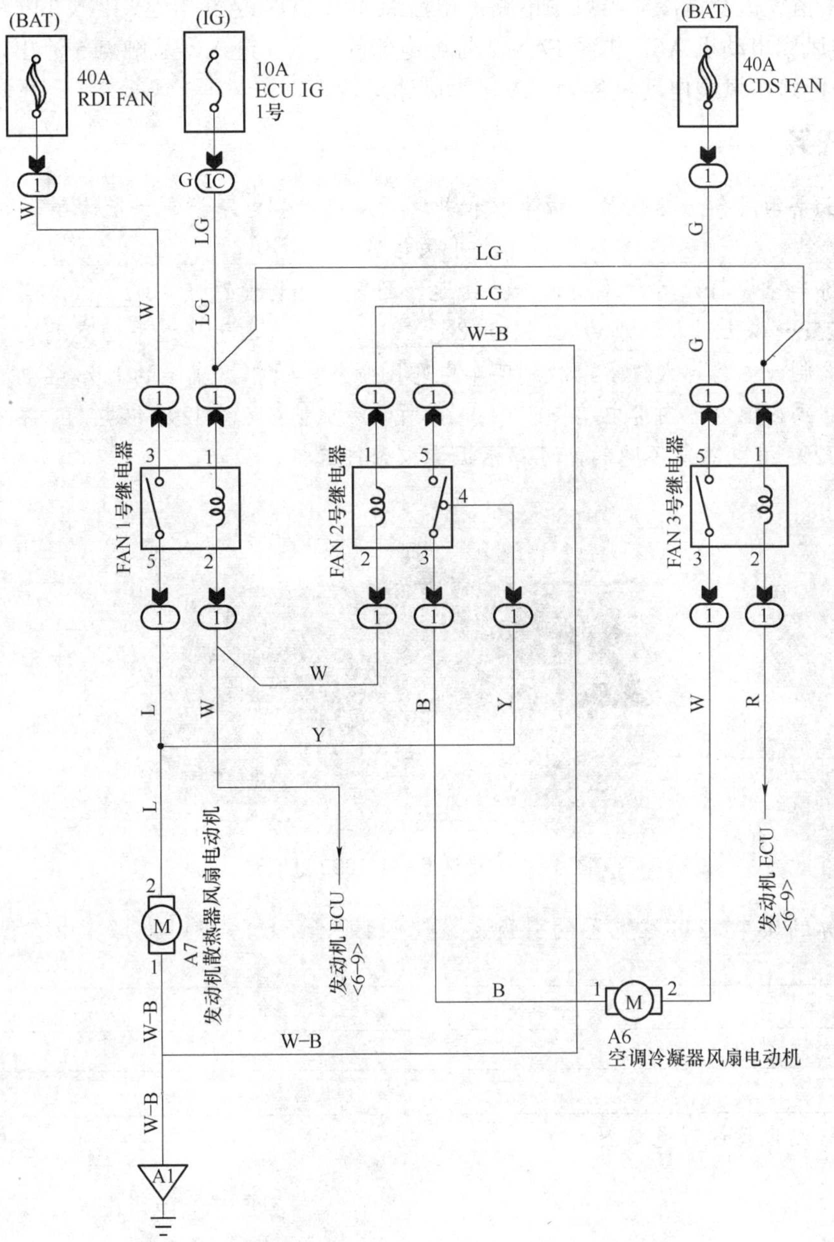

图 1–24　丰田汽车三继电器、带高速和低速的双电子扇控制电路

a．低速串联电路。如图 1-24 所示，当发动机为第一级过热或空调打开时，发动机散热器风扇电动机和空调冷凝器风扇电动机为串联电路。发动机 ECU 控制 FAN 3 号继电器工作，电流经 40A CDS FAN 熔丝、FAN 3 号继电器触点、空调冷凝器风扇电动机 A6，再经 FAN 2 号继电器的触点 3 进入，从触点 4 流出，最后经发动机散热器风扇电动机 A7 到 A1 搭铁，两

个电动机串联，每个电动机分压为6V，为低速运转。

b．高速并联电路。当发动机温度超过第二级或空调压力超过第二级时，发动机散热器风扇电动机和空调冷凝器风扇电动机为并联电路。发动机散热器风扇电路：电流经 40A RDI FAN 熔丝，经 FAN 1 号继电器的触点 3 进入，从触点 5 流出，最后经发动机散热器风扇电动机 A7 到 A1 搭铁。空调冷凝器风扇电路：电流经 40A CDS FAN 熔丝、FAN 3 号继电器触点、空调冷凝器风扇电动机 A6，再经 FAN 2 号继电器的触点 3 进入，从触点 5 流出，直接到 A1 搭铁。两个电路中风扇电动机各为12V，为高速运转。

完成任务

请写出丰田汽车三继电器、带串联和并联的风扇控制电路控制。低速串联电路：__________________________。高速并联电路：__________________________。

捷达轿车空调打开时，风扇为一挡转速，还是二挡转速？__________。当高压管的高压上升至25bar以上时，风扇为几挡转速？__________。由于捷达手动空调风扇经过 J293 双继电器控制，电路样式较多，找到实车电路图资料，请根据实车的 J293 继电器，拆下继电器盒盖，画出继电器内部电路图。图 1-25 所示为捷达 5V 的 J293 继电器。不同车型、不同年款的 J293 继电器是不同的，可以根据学校条件选择。

图 1-25　捷达 5V 的 J293 继电器

写出你的实车 J293 继电器的引脚定义（两插头共计 14 个引脚，其中有很多备用引脚）：____。

J293 继电器内部电路图

（2）无级调速电子扇

电子风扇由风扇电动机模块和风扇电动机组成。发动机电脑根据散热器出口处水温传感器信号、空调压力、空调设置、车速信号，计算出风扇转速，输出频率一般为10～100Hz，以调频信号改变电子风扇转速。风扇转速随着冷却水温度和空调压力的升高而提高，以及随着本车行驶速度的提高而下降。

技师指导

大众汽车的自动空调通常采用双电子扇控制，风扇转速主要根据发动机出液口温度传感器（G62）信号、散热器出液口温度传感器（G83）信号，以及通过CAN通信传来的空调压力传感器（G65）信号进行计算，然后输出占空比信号至安装在主散热风扇上的散热风扇控制器（J293），以实现对主散热风扇（V7）和副散热风扇（V35）进行开启及无级调速。

技师指导

电子风扇电动机模块是功率器件，损坏频率较高。在用万用表检测电子风扇的电源和搭铁线均正常后，接上空调压力表，打开空调，这时随着空调压力的升高，示波器显示的输出频率也升高，即数值在10～100Hz范围内变化。由此可判断发动机电脑在调速，可以推导出电子风扇电动机模块不良。散热器风扇电路是经常损坏的电路，如风扇不转、只有低速、只有高速、风扇常转不停等。汽车的空调风扇电路和汽车的雨刮电路是汽车电气的两个复杂的基本电路，也是修理厂或服务站进行技能考核的主要内容。

完成任务

空调高压管内的压力升高，风扇转速向高调还是向低调？__________。发动机散热器进口和出口温差小，风扇无级调速是高还是低？__________。

技师指导

在大众速腾（SAGITAR）的自动空调中，自动空调控制器J255通过一个脉宽调制（PWM）信号来控制鼓风机转速，同时内置在鼓风机内部的风扇功率控制器反馈风扇功率控制器自诊断后的状态信号给自动空调控制器J255。例如，当反馈信号中有一个脉冲时，表明没有故障；当有两个脉冲时，表明电流被限制；当有三个脉冲时，表明温度太高，可能导致输出功率降低，甚至鼓风机不工作。

6）恒温开关

恒温开关可防止制冷剂流入蒸发器过多而使蒸发器外部翅片结霜，导致翅片的通风性变差。恒温开关用内部充有制冷剂的感温管插入蒸发器的翅片处，感温管内制冷剂的膨胀和收缩触发感温管末端的恒温开关闭合和断开，从而能根据蒸发器出口温度来控制空调压缩机的启停。如图1-26所示，恒温开关多插在蒸发器内，也有少数恒温开关布置在H形膨胀阀上。

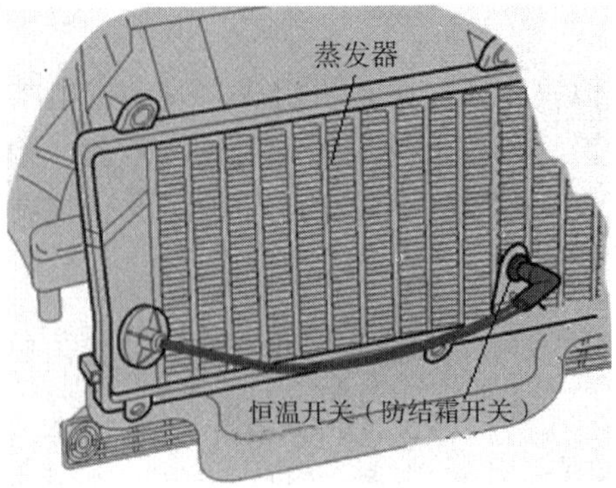

图 1-26　插在蒸发器内的恒温开关

技师指导

手动空调恒温开关细管内也是制冷剂。恒温开关感温管要插入蒸发器指定深度，进入翅片，才能感受到蒸发器的温度，判别是否结霜。细管内制冷剂出现泄漏将导致压缩机无法在蒸发器结霜的情况下控制压缩机电磁离合器继电器。恒温开关的触点接触力的大小也是可以调节的，这样可在一定范围内调节恒温开关的断开温度。自动空调中的恒温开关也可以用温度传感器来代替。

7）鼓风机

鼓风机安装在蒸发器总成内，其作用是将车内空气或车外新鲜空气通过风道强制吹过蒸发器，冷却后的空气从出风口送至车厢内。鼓风机风扇多采用离心式，即沿转轴的平行方向吸气，朝径向（即离心力的方向）排气。风扇由一个 60～150W 的直流电动机驱动。

鼓风机调速分为有级调速和无级调速两种。

（1）有级调速可用电阻器来调速，分高、较高、中和低四挡，以适应不同出风量的要求。

（2）无级调速鼓风机控制是空调电脑以一个线性的电压信号或频率信号输出至鼓风机放大器来实现鼓风机转速的变化。鼓风机功率可通过空调控制模块控制输出电压或频率提高，鼓风机转速也随着提高。一般功率放大器位于空调蒸发器外的鼓风机的电动机附近，插接器有五根线，分别为 12V 电源线、接地线、A/C 电脑控制信号线（信号线在 2.1～7.2V 范围内变化，信号电压为 2.1V 时为鼓风机最低挡，信号电压大于 7.2V 时为最高挡，鼓风机全速转动），最后剩下的两根线为鼓风机电动机供电线。

完成任务

思考：自动空调的鼓风机转速控制与什么有关？____。

1.3 自动空调系统

任务驱动项目

能说出自动空调和手动空调的区别；能操作自动空调控制面板，根据现在状态说出下一步的空调控制什么，比如将汽车驾驶室的温度调低，说出自动空调的什么执行元件会响应，进行什么样的动作；能对实车的自动空调电路图进行讲解，并在实车上找到ECU的外围元件位置，说出传感器和执行器的性质；要求能通过诊断仪进行故障码、数据流、执行元件驱动的操作，配合的典型故障最好不是线路故障，而是元件性能或机械性能故障，具体由教师确定。

汽车空调分为手动空调和自动空调两种。有没有空调控制器（也称控制单元，ECU）是区分手动空调和自动空调的根本依据。

（1）手动空调是驾驶员通过冷热调节开关选择蒸发器和暖风水箱之间混合风挡板的位置，通过选择鼓风机转速和选择出风风道来实现空调控制。

（2）自动空调分为半自动空调和全自动空调两种。半自动空调（Climatic）有空调ECU，空调控制面板的温度需求和车内的温度传感器可以实现闭环控制，但有部分执行器是不能控制的，如鼓风机转速仍采用手动调节，或者某些空气模式的翻板控制也仍采用手动控制金属拉丝和真空控制。全自动空调（Climatronic）是根据驾驶员所设定的温度，结合实际车内温度、车外温度和太阳辐射热等，自动调节混合风挡板位置和鼓风机转速，从而将车内温度保持在设定的温度，风道内的伺服电动机也会自动调节。全自动空调不仅对鼓风机转速进行控制，同时也对驾驶员设定的出风（送风）模式进行修正，比如冬季开启除霜开关时，也会优先对脚进行吹暖风。在自动空调中，每个传感器独立地将信号传送至空调ECU，空调ECU根据预先编制的程序识别这些信号，从而独立地控制一个或多个执行器。空调ECU还有自我诊断功能，诊断空调电控系统故障。

1. 自动空调控制

汽车空调自动温度控制（Automatic Temperature Control，ATC）系统俗称恒温空调系统。一旦设定目标温度，ATC系统即自动控制使车内温度保持在设定值。

自动空调电脑接收以下信号。

（1）接收发动机水温信号以控制发动机散热器风扇无级转动或高、低速转动。

（2）接收空调高压管路的压力信号以控制散热器风扇无级转动或高、低速转动。

（3）接收自动变速器信号以在强制降挡时通知空调控制器断开电磁离合器。

（4）接收外部环境温度信号以控制是否接通电磁离合器。

（5）接收驾驶室内的出风口温度信号和位置伺服电动机的信号，以控制各风道到达理想的开度。

（6）接收阳光强度和外界温度可确定向车内输入热量的情况，以进行预控制。

（7）室内湿度传感器（只见于高档轿车上，一般位于室内后视镜上部）用于检测风挡玻璃附近的空气湿度，实现自动开启除雾功能。

一些安全类传感器（如高压管的压力传感器、蒸发器的温度传感器）用于断开空调电磁离合器。另外，还有一些自检类传感器，例如，空调压缩机转速信号结合发动机转速信号用于空调控制器判断电磁离合器打滑或皮带打滑，暖风散热器的温度用于控制鼓风机转速。最后，还有空调控制面板的开关的信号输入及CAN通信的信号。

目前，空调压力传感器输出有脉宽调制（PWM）信号和LIN总线输出两种。当采用脉宽调制信号时，空调压力越高，输出的脉宽调制信号占空比越大。

2．自动空调元件位置

图 1-27 所示为自动空调系统主要元件的位置。

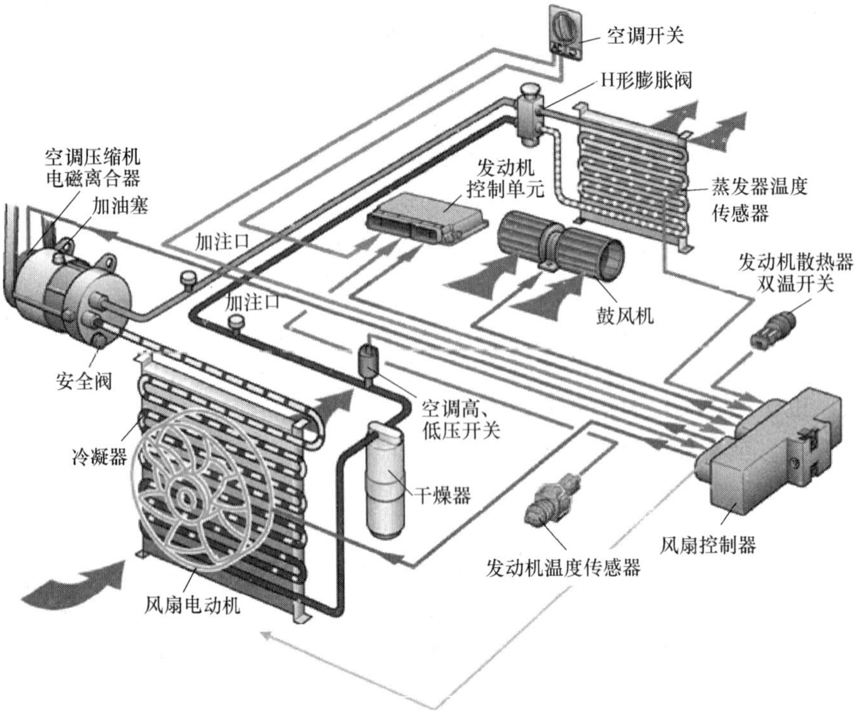

图 1-27　自动空调系统主要元件的位置

3．自动空调传感器

自动空调传感器包括车外温度传感器、车内温度传感器、日照传感器（阳光强度传感器）、蒸发器温度传感器、发动机温度传感器。

（1）车外温度传感器（Outside Temperature Sensor）一般位于空调冷凝器前部支架上，采用负温度系数热敏电阻。

（2）车内温度传感器（In-vehicle Sensor）一般安装在通风道内，采用负温度系数热敏电阻，用于反馈车内的实际温度。

技师指导

大众速腾汽车空调系统在控制面板上内置室内温度传感器，代替过去在一个下通风道内测量流过空气温度的室内温度传感器 G56，同时还可用来测量控制面板表面温度、控制单元温度、阳光强度。相对于前一代，它具有以下优点：传感器支架受到保护，因此传感器不易变脏；没有机械旋转元件，传感器更耐久；不需要通风格；成本更低。此传感器实际上是一个集成了光电二极管和负温度系数热敏电阻的光热传感器，因此它既可以测量温度，又可以测量太阳光的热辐射强度。传感器将温度和光强信号传递给控制单元，控制单元对信号进行评估，准确地计算出驾驶室内的实际温度。这样即使传感器表面受光照影响变得很热，控制单元仍可以准确地计算出车内实际温度。

（3）日照传感器（Sun Load Sensor）由光敏二极管或光敏三极管制成，用来感应阳光照射车辆的强度，计算外界向车内输入的热量，通常装在仪表台上方。

（4）蒸发器温度传感器（Evaporator Temperature Sensor）一般安装在蒸发器翅片上，以精确感应蒸发器的温度，采用负温度系数热敏电阻。

（5）发动机温度传感器（Engine Temperature Sensor）一般安装在暖风水箱上，以精确测量水温，采用负温度系数热敏电阻。

4. 自动空调执行机构

1）鼓风机转速控制

自动空调控制单元根据设定的目标温度、车内实际温度、车外温度、阳光强度、蒸发器温度等信号，发送不同的指令给鼓风机电动机和电控变量控制阀。

由于空调的鼓风机或风扇的功率较大，电脑不能直接提供电流，只能通过功率放大器进行无级转速控制，或采用继电器进行有级控制。无级控制是对直流 12V 进行 PWM 波控制，这样在鼓风机附近会有一个功率放大器。

当发动机启动或冷却液温度低于预定值时，自动空调控制单元使鼓风机不起作用。

完成任务

鼓风机转速控制相当于手动空调控制面板的什么操作？________________。

2）混合风控制

混合风执行器的作用是控制暖风水箱和蒸发器哪个起作用，根据驾驶员设定的温度，自动空调控制单元自动控制混合风挡板的位置，来控制车内温度。

技师指导

在捷达轿车的手动空调中，混合风控制钮是蓝色和红色钮，中间传动过程采用金属拉丝控制，控制位置完全由驾驶员决定。对其他气道翻板的控制采用了真空膜盒控制，翻板只有开和关的功能。

在自动空调中，各翻板的控制采用带有位置反馈的电动机来实现位置控制，这种电动机称为伺服控制电动机。对于最新的中、高档轿车，为实现更精确的位置控制采用了步进电动机控制。

混合风控制的例子如下。比如冬季，当车厢内实际温度为 16℃，而驾驶员设定温度为 22℃时，自动空调控制单元发送指令给位置反馈电动机，关闭蒸发器侧通道，并打开从暖风散热器一侧来的通道，使车内温度迅速升高到 22℃。比如夏季，当驾驶员设定温度为 22℃，而车厢内实际温度为 28℃时，自动空调控制单元发送指令给位置反馈电动机，打开从蒸发器一侧来的通道，并关闭暖风散热器侧通道，使鼓风机电动机高速运转，使车内温度迅速下降到 22℃。

完成任务

混合风控制相当于手动空调控制面板的什么操作？________________。

3）出风口控制

根据驾驶员选定的出风口模式，自动空调控制单元控制各出风口的位置反馈电动机，从而改变空调出风口。

完成任务

出风口控制相当于手动空调控制面板的什么操作？__________。

4）空调压缩机离合器控制

当驾驶员选择“A/C”时，自动空调控制单元使压缩机离合器控制继电器的线圈搭铁，触点闭合，电流通过电磁离合器线圈，使电磁离合器吸合，压缩机转动。

当车外温度传感器检测到外部环境温度低于设定值时，控制单元使压缩机离合器不起作用，相当于手动空调的外界环境温度开关。

发动机系统在节气门全开或处于高速运转时，控制单元使压缩机离合器不起作用，让动力全部用于加速汽车。

完成任务

空调压缩机离合器控制相当于手动空调控制面板的什么操作？__________。

5）双温水阀

高档轿车采用双区或多区空调，前空调空气经蒸发器被降温除湿，然后通过加热器。在双区空调中，双区空调加热器被分为左、右两个部分，左侧加热器与汽车左侧出风口相通，右侧加热器与汽车右侧出风口相通。通过双温水阀分别对加热器左、右两通道的冷却液流量进行控制。

双温水阀是一个占空比电磁阀，不通电时为常开阀，由自动空调控制单元控制。双温水阀可以控制流入暖风水箱左、右两侧的冷却液流量。双温水阀依靠实际温度与设定温度之间的差值来控制电磁阀的占空比。

6）膨胀阀控制

电子膨胀阀包括电热式膨胀阀、电磁式膨胀阀和以步进电动机为执行机构的新一代膨胀阀，工作原理是以蒸发器出口温度或压力为信号来控制膨胀阀的流量。

5. 自动空调控制单元

空调控制单元（ECU）通过计算、比较设定温度与车内实际温度，结合车外温度、阳光强度、节能修正量信号向执行机构发出指令，由执行机构执行相应操作。

自动空调不再使用真空膜盒操纵内、外循环切换及混合风控制、出风口控制，而是通过电脑控制各个元件上的位置反馈电动机实现风道切换。

技师指导

汽车自动空调系统可以根据需要调节风速和风量，改变压缩机运行状态，同时自动空调具有故障自诊断功能。

6．分区空调

分区空调是指不同位置的乘员能对自己所在位置的空气状态进行独立调节，乘员的温度可以分别设置。

双区空调是指驾驶员和副驾驶两侧的温度可分别控制，后排没有空调调节装置。三区空调是除了驾驶员与副驾驶可以控制外，后排还设置了小型的中控台，后排乘客通过这个后排的中控台可控制后排的温度，多为高档轿车和 MPV 类车型配置。四区空调是指四个座位均可独立控制本区域的温度，后座中央和 B 柱都设置了空调出风口，中间的中控台控制也是两个控制调节装置，目前四区空调只配备在豪华座驾上。

完成任务

你实习所用汽车的空调是几区空调？__________。都是哪几区？__________。

7．自动空调控制面板

奔驰轿车的自动空调控制面板如图 1-28 所示。

1—左 AUTO 按钮；2—左侧空气四方向控制；3—左侧出风量控制；4—左侧温度控制；5—显示屏；6—右侧温度控制；7—右侧出风量控制；8—右侧空气四方向控制；9—右侧 AUTO 按钮；10—后风挡除霜；11—切换至后空调控制；12—关闭；13—A/C OFF；14—休息钮；15—进行活性炭过滤；16—内循环按钮；17—前风挡除霜

图 1-28　奔驰轿车的自动空调控制面板

技师指导

A/C 灯亮，说明压缩机启动，也就是制冷；AUTO 灯亮，说明启动了自动控制功能，它会根据车内的温度来控制风速、压缩机和内外循环等；REST 休息钮用于汽车发动机停机后水循环。

8．前、后蒸发器总成

图 1-29 所示为奔驰前蒸发器总成。从图中的蒸发器总成可知翻板（或挡板）较多，根据作用可定义翻板名称，反过来也可根据名称参考其作用，如前风挡除霜翻板等。这里可与手动空调对比记忆蒸发器总成功能。

完成任务

比较一下自动空调和手动空调的蒸发器。____________________

______________________________。

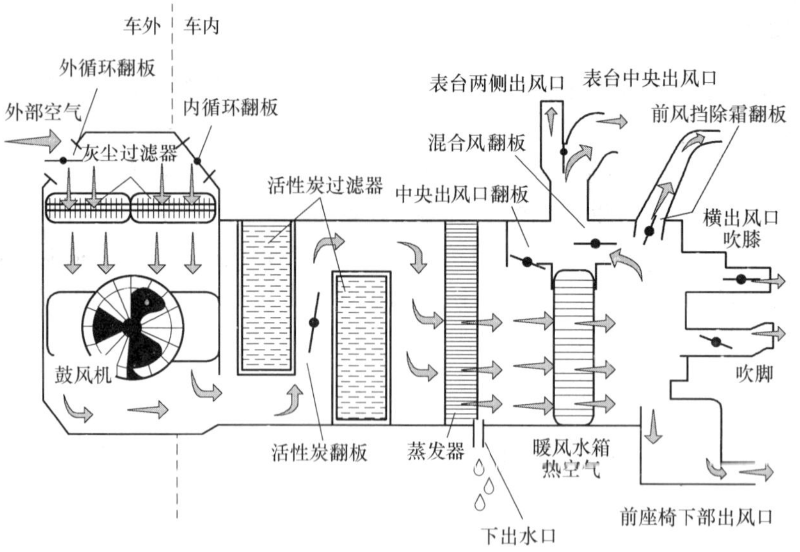

图 1–29 奔驰前蒸发器总成

自动空调蒸发器总成与手动空调蒸发器总成相比增加了活性炭过滤器，并由活性炭翻板状态控制是否进行过滤。这意味着这种蒸发器总成有滤毒功能，换滤芯时灰尘过滤器和活性炭过滤器都要更换，不能像手动空调那样只换灰尘过滤器；这些控制空气走向的翻板与手动空调蒸发器总成相比，是把金属拉丝或真空膜盒换成了步进电动机进行位置控制，步进电动机可控制翻板有很多位置，这是手动空调做不到的，各出风口处翻板位置可由空调控制器自动调节；除湿功能与手动空调相同，都是先经蒸发器制冷去水，再制热吹出；与手动空调相比，鼓风机可以是有级的或无级的送风，多为无级速度调节。

图 1-30 所示为奔驰后蒸发器总成。对于有后独立空调的，采用独立空调产生制冷和制热，出风口有后部人员脚部加热出风口、B 柱出风口和后中央出风口。

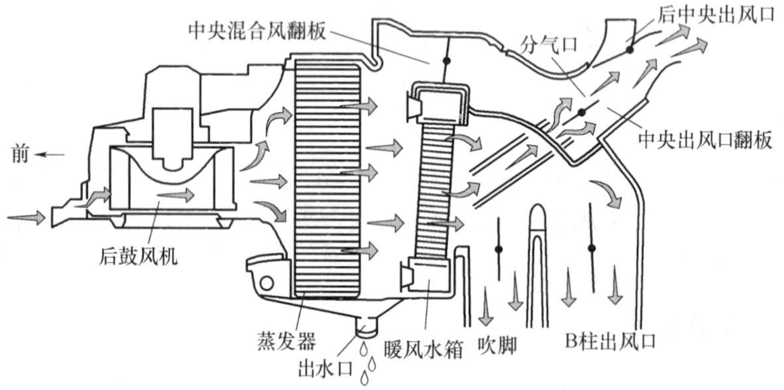

图 1–30 奔驰后蒸发器总成

9. 执行元件自诊断

自动空调可进行执行元件自诊断。例如，大众速腾的执行元件自诊断如下：左侧温度翻板位置电动机 V158、右侧温度翻板位置电动机 V159、空气再循环翻板位置电动机 V113、进气翻板电动机 V17、除霜翻板电动机 V107、中央翻板电动机 V70、空调压缩机调节阀 N280、鼓风机电动机 V2。

10. 故障引导程序

例如，大众速腾轿车的自动空调的故障引导程序如下。

+ Body（车身电气）
  + Heating　　Ventilation　　A/C system（加热、通风、制冷系统）
    + 01-Systems capable of self-diagnosis（系统自检）
      + Climatronic（自动空调）
        + Functions（功能）
          Basic settings（基本设定，需要用故障引导程序）
          Check cooling performance（制冷性能）
          Value block，reading out（读取数据）

完成任务

在进行“Check cooling performance”检测时，提示影响制冷性能的因素有哪些，根据提示进行检测；检测时参考温度与压力的关系，按提示进行检测；按实际值进行检测，最终将检测出是什么因素影响到制冷。

1.4 空调保养和常见维修作业

任务驱动项目

分组实习更换空调滤清器操作；检查制冷系统制冷剂量；对系统抽真空，加注制冷剂和制冷油，检查制冷系统的出风口温度和出风量是否令人满意。

1. 汽车空调系统的维护与保养

1）空调滤清器的更换

空调滤清器俗称花粉滤清器。空调滤清器的作用是过滤从外界进入车厢内部的空气，使空气的洁净度提高。空调滤清器分为普通型空调滤清器和活性炭系列空调滤清器两类。

（1）普通型空调滤清器多单层，起抑制灰尘和颗粒物进入的作用。

（2）活性炭系列空调滤清器是由夹有微小的颗粒活性炭做成的活性炭滤布，再深加工制作成的空调滤清器。活性炭系列空调滤清器能在空气经过的很短时间段里利用颗粒活性炭本身的物理吸附特性，吸附空气中的微小和有害物质。

空调的鼓风机挡位已经开到了够大，但是制冷或制热的出风量很小，可能是使用的空调滤清器有通风效果差的质量问题，或是空调滤清器使用时间过长堵塞，这种情况应及时更换。空调工作时吹出的风有异味，原因可能是空调系统已过久没有使用，内部蒸发器、暖风散热器和空调滤清器受潮发霉，建议清洗空调系统，并更换空调滤清器。

技师指导

正常灰尘环境下的汽车行驶，空调滤清器的更换里程为 8000 ~ 10000km，时间大约为一年。换不换主要根据环境和空调的使用频率，可取下空调滤清器看是否能继续使用。更换空调滤清器时，如果滤清器仅是有灰尘，可使用压缩空气从出侧向进侧反向清洁，气枪与滤清器保持 5cm，并以 500kPa 吹大约 2min。

2）压缩机的维护与保养

在停用制冷系统后，每两周启动压缩机工作 5min，这样做有以下好处。

（1）将冷冻机油输送到轴封上，防止轴封收缩变形，降低密封作用。

（2）压缩机是精密元件，长时间不用，其精密的配合表面会产生“冷焊”现象，增大磨耗。

（3）制冷剂和冷冻机油长期不用会产生化学变化，压缩机长期不工作，易在配合表面形成蚀点，破坏零件的光洁度和精度。

（4）压缩机要注意检查轴封及压缩机与进排管的连接部位是否有泄漏。发现冷冻机油泄漏要及时修理，并按规范加注汽车专用冷冻机油，不可多加，也不可少加。

（5）皮带张力过大，易造成压缩机皮带轮轴承早期失效，表现为压缩机噪声大，不及时修理也会造成电磁离合器损坏。检查皮带张紧程度，向下皮带时，正常挠度为 10～15mm。

技师指导

普通轿车空调系统，冷冻油量为 135mL 左右。

3）冷凝器的维护与保养

一定要保证冷凝器有最大的气流量，因此平时要注意经常清洁冷凝器通道，不要被杂物、油污、泥土和昆虫堵塞。清洗时需注意以下两点。

（1）高压水枪近距离直喷或斜喷易使散热翅片变形，冷凝器更加堵塞，降低散热效果，可稍远距离用低压直射，一旦有散热翅片变形，应用梳子梳整齐。

（2）除了清洁冷凝器表面外，还需清理发动机散热器的散热翅片，如果这里堵塞严重，往往造成发动机水温过高，同时也极大地影响制冷效果。

技师指导

清洗冷凝器时，操作水枪的距离为 2m 左右，水要垂直射向冷凝器表面。实车操作时不要将水大量喷到发动机或线束上。

4）蒸发器的维护与保养

蒸发器同冷凝器一样都是换热器，要求保持通风口清洁、排水管畅通、鼓风机运转正常等。

完成任务

不拆出冷凝器，想直接清洗蒸发器时，可拆下鼓风机后，从拆掉鼓风机的蒸发箱孔处将水用软管引入。用水清洗蒸发器翅片内的污物，直到排水管中排出清水。

2．汽车空调储液罐的更换

储液罐正常使用两年后要及时更换，因为储液罐内的干燥剂使用两年左右就会失效，如果是过饱和地吸收了水分，干燥包容易爆裂，干燥剂粉末会堵塞管路。每次拆开管路进行修理或清洗时，必须更换新的储液罐。

3．汽车空调接头的检查

检查各管路接头是否有油污，有油污表明该部位有泄漏，应及时进行维修。汽车空调管路中多采用弹簧锁快速接头，拆卸管接头时必须使用专用工具，共有三种规格：1/2 英寸、5/8 英寸和 3/4 英寸。

4．汽车空调维修其他注意事项

（1）汽车必须使用专用制冷剂及专用冷冻机油。

（2）空调系统必须使用清洁的、干燥的制冷剂和冷冻机油，其中有空气、水分及污物都可能对系统的温度和压力产生不良的影响，降低制冷效果，导致系统元件损坏、管路堵塞等。

（3）维修时，打开管路的 O 形圈必须更换，并在装配前涂上冷冻机油。

（4）打开管路进行检修后必须更换储液罐。

5．空调压力表的使用

如图 1-31 所示，空调压力表有低压侧压力表和高压侧压力表，三个软管接头中一个接低压检修阀，一个接高压检修阀，最后一个接制冷剂罐或真空泵吸入口，低压手动阀（LO）和高压手动阀（HI）用于控制低压管和高压管是否与中间管相通。

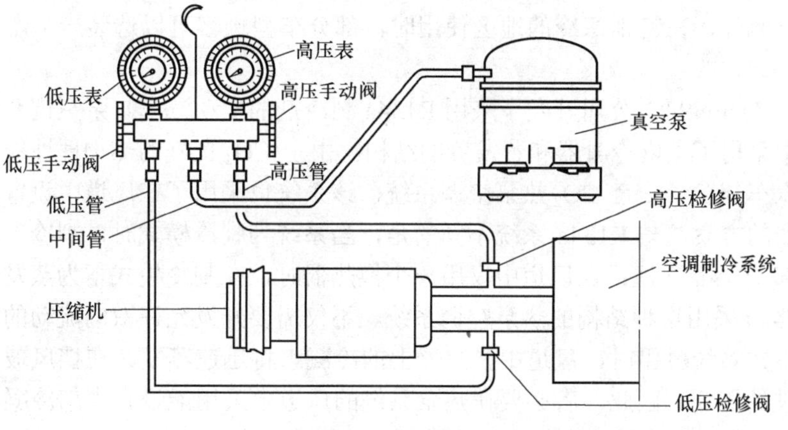

图 1–31　制冷系统抽真空时的管路连接

技师指导

高、低压管对外接法永不变，变化的只是中间管。中间管功能包括向外排放制冷剂、给系统抽真空、给系统打压、给系统加注制冷剂等。图 1-31 所示为制冷系统抽真空时的管路连接。加注制冷剂时只是把图 1-31 中的真空泵换成制冷剂罐。抽真空的时间一般不少于 30min，使得歧管压力表低压侧显示为负 750mmHg 或更高，保证系统内空气与水汽完全被抽出。（压强单位换算：100kPa=1bar=0.1MPa=1kgf/cm^2=760mmHg。）

空调压力表用胶皮软管与汽车空调系统连接，在胶皮软管末端接头上带有顶销，用于顶开压缩机上的气门阀。胶皮软管有多种颜色，按规定，蓝色软管用于低压侧，红色软管用于高压侧，中间管为黄色软管，对外连接。

空调压力表主要用于对空调系统抽真空、加注或排放制冷剂及判定空调系统故障等。

（1）低压手动阀开启，高压手动阀关闭，此时可以从低压侧向制冷系统加注气态制冷剂。

（2）低压手动阀关闭，高压手动阀开启，此时可使系统放空，排放制冷剂，也可以从高压侧向制冷系统加注液态制冷剂。

（3）两个手动阀均关闭，可用于检测高压侧和低压侧的压力。

（4）两个手动阀均开启，内部通道全部相通。如果接上真空泵，就可以对系统抽真空。

压力表上所标出的压力一般为表压力，为了抽真空时应用方便，压力表上还标有真空刻度。

完成任务

在教师的指导下，根据原厂修理资料完成一次空调抽真空和加注制冷剂操作。

1.5 电动汽车空调（扩展）

国外电动汽车空调发展相对国内来说较成熟，国外电动汽车空调不乏与国内相似的模式，但在热泵电动汽车空调上已经有了一定的基础，日本本田纯电动汽车就采用了电驱动热泵空调系统。此外，在特别寒冷的地区使用时，部分车型顾客可以选装一个燃油加热器采暖系统。

日本电装（DENSO）公司开发了采用 R134a 制冷剂的电动汽车热泵空调系统，其在热泵系统的风道中采用了车内冷凝器和蒸发器的结构。由于 CO_2 良好的热物理性能，日本电装公司也为电动汽车开发了一套 CO_2 热泵空调系统，该系统也采用了在风道中设置蒸发器和冷凝器两个换热器的方案，与 R134a 系统不同的是，当系统为制冷模式时，制冷剂同时流经内部冷凝器和外部冷凝器。（注：在风道中仅用一个换热器时，在制冷模式下为蒸发器，在制热模式下为冷凝器。）采用这种结构的热泵空调系统，不仅需要开发允许双向流动的膨胀阀，并且在热泵工况下，系统融霜时，风道中换热器上的冷凝水将迅速蒸发，在挡风玻璃上结霜，不利于安全驾驶的需要。因此，有必要在热泵系统的风道中采用能设有内部冷凝器和蒸发器的结构，车外冷凝器和蒸发器共用一个热交换器。

为了减少空调对蓄电池的电能消耗，美国 Amerigon 公司开发了空调座椅，这种空调座椅上装有热电热泵。热电热泵的作用就是通过需要调温的空间之外的水箱转移热量，从而实现需要调温的空间制冷或制热。这种空调座椅除了节能，还可以改善驾驶、乘坐的舒适性，在电动汽车上配套使用比较适合。

电动汽车和传统汽车的驱动动力不同，使得它们的空调系统也有很大的区别：电动汽车没有用来采暖的发动机余热，不能提供作为汽车空调冬天采暖用的热源，电动汽车的空调系统必须自身具有供暖的功能，即要求采用热泵空调系统；同时，压缩机也只能采用电动机直接驱动，结构上与现有的压缩机形式不完全相同。由于用来给热泵空调系统提供动力的电池主要是用来驱动汽车的，空调系统能量的消耗对汽车每充一次电的行程的影响很大。如果电动汽车仍采用现有能效比较低的空调系统，将要求耗费 10%以上的电功率，这就意味着要在增加电池的制造成本和降低电动汽车的驱动性能指标中选择。与燃油汽车相比，对电动汽车空调系统的节能高效提出了更高的要求。同时，电动汽车空调必须要解决制冷、制热两大问题。根据电动汽车的特有性质，目前电动汽车空调有半导体式（热电偶）、电动热泵式、燃油加热式、PTC 加热式，其中电动热泵空调是最有发展前途的。

1．半导体制冷/制热

半导体制冷又称电子制冷或温差电制冷，是从 20 世纪 50 年代发展起来的一门介于制冷技术和半导体技术边缘的学科，与压缩式制冷和吸收式制冷并称为世界三大制冷方式。半导体制冷器的基本元件是热电偶对，即把一个 N 型半导体和一个 P 型半导体连接成热电偶（见图 1-32），通上直流电后，在接口处就会产生温差和热量的转移。在电路上串联起若干对半导体热电偶对，而传热方面是并联的，这样就构成了一个常见的制冷热电堆。图 1-32 所示为半导体制冷片结构。借助于热交换器等各种传热手段，使热电堆的热端不断散热并且保持一定的温度，而把热电堆的冷端放到工作环境中去吸热降温，这就是半导体制冷的原理。

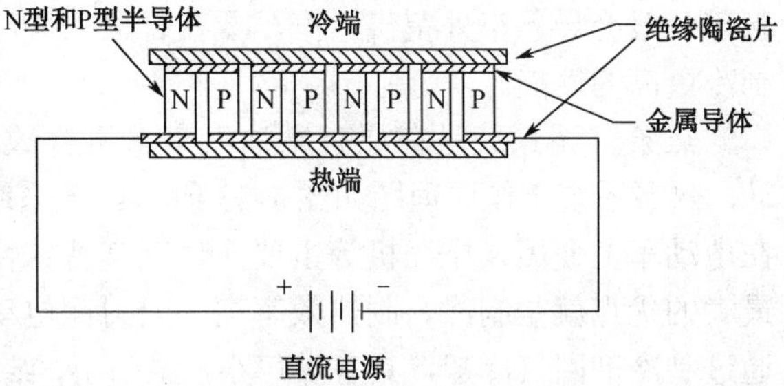

图 1–32　半导体制冷片结构

半导体制冷作为特种冷源，在技术应用上具有以下优点和特点：不需要任何制冷剂，可连续工作；没有污染源，没有旋转部件，不会产生回转效应；没有滑动部件，是一种固体片件，工作时没有振动、噪声，寿命长，安装容易。半导体制冷片具有两种功能，既能制冷，又能加热，制冷效率一般不高，但制热效率很高，永远大于 1。因此，使用一个片件就可以代替分立的制热系统和制冷系统。半导体制冷片是电流换能型片件，通过输入电流的控制，可实现高精度的温度控制，再加上温度检测和控制手段，很容易实现遥控、程控、计算机控制，便于组成自动控制系统。半导体制冷片热惯性非常小，制冷、制热时间很短，在热端散热良好、冷端空载的情况下，通电不到 1min，制冷片就能达到最大温差。半导体制冷片的反向使用就是温差发电，半导体制冷片一般适用于中、低温区发电。半导体制冷片的单个制冷元件（热电偶对）的功率很小，但组合成热电堆，用同类型的热电堆串、并联的方法组合成制冷系统，功率就可以做得很大，因此制冷功率可以做到几毫瓦到上万瓦的范围。半导体制冷片的温差从正温度 90℃到负温度 130℃都可以实现。

从空调技术成熟性和能源利用效率比较来看，对于半导体制冷片技术的电动汽车空调系统，目前热电材料的优值系数较小，制冷性能不够理想，并且热电堆产量受到构成热电元件元素产量的限制，不具备电动汽车空调节能高效的要求。这使得电动汽车空调更倾向于选用节能高效的热泵空调，该技术方案对于不同类型的电动汽车通用性较好，并且对整车结构改变较小，是将来电动汽车空调的发展趋势。

技师指导

目前还没有汽车采用半导体制冷片技术做成制冷、制热系统，该技术现在主要应用在家庭饮水机内，将来是否应用于汽车内未知。

2. 热泵空调系统制冷/制热

在理论上，制冷循环逆转可以用于制热（采暖）。但在环境气温低的情况下，制热性能会下降，无法满足在低温区具备高制热性能的汽车制热性能要求。利用电动压缩机压缩冷媒并使其循环，行驶时，冷媒在冷凝器中受风冷却。而且，在冬季，当冷凝器（制热时改为蒸发器）结霜时，制热性能也难以发挥。这就需要考虑为冷凝器（制热时为蒸发器）增加加温除霜的系统。

制热原本在某些情况下需要比制冷更高的性能。例如，在冬季制热行驶时，为防止车窗起雾一般会导入车外空气，汽车要在行驶的同时向车外排放加热了的空气，此时制热需要比制冷更高的性能。

热泵空调系统是在原有燃油汽车上进行改进的，压缩机由永磁直流无刷电动机直接驱动。热泵系统工作原理图如图 1-33 所示。该系统与普通的热泵空调系统并无本质区别，由于在电动车上使用，压缩机等主要元件有其特殊性。国外热泵技术具备了一定的基础，该技术最大的优点就是制冷、制热效率高。全封闭电动涡旋式压缩机由一个直流无刷电动机驱动，通过制冷剂回气冷却，具有噪声小、振动小、结构紧凑、质量轻等优点。在环境温度为 40℃、车内温度为 27℃、相对湿度为 50%的工况下，系统稳定时它能以 1kW 的能耗获得 2.9kW 的制冷量；当环境温度为-10℃、车内温度为 25℃时，它能以 1kW 的能耗获得 2.3kW 的制热量。在-10℃～40℃的环境温度下，它均能以较高的效率为电动汽车提供舒适的驾乘环境，若能在零部件技术上得到改进，相应效率还可以得到提高。

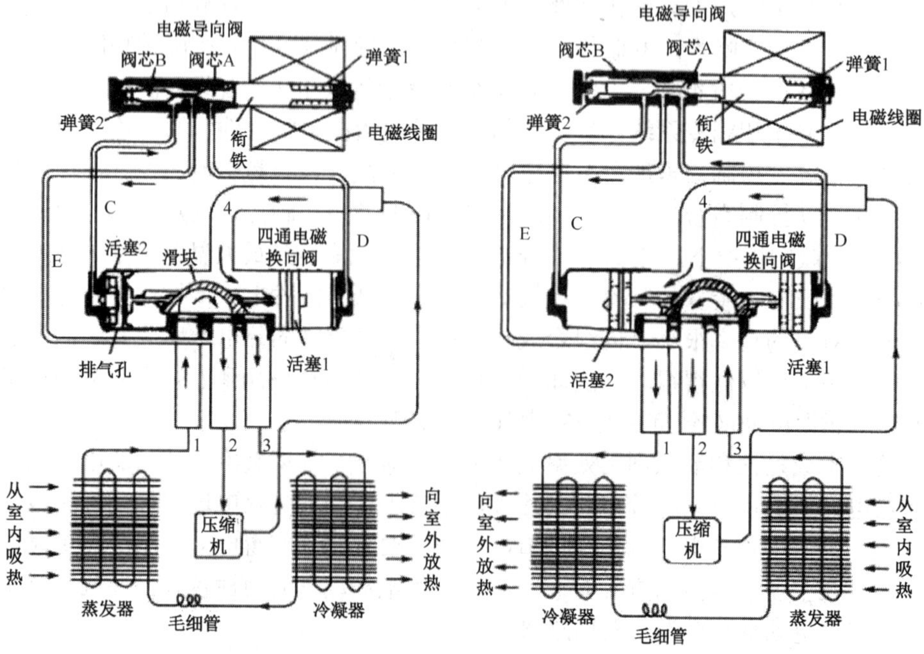

图 1-33　热泵系统工作原理图（由于客车空间大，所以多采用）

目前，热泵电动汽车空调最大的软肋是低温制热问题，尤其是在东北地区，这也是将来该行业的研究课题之一。为了使热泵电动汽车空调更节能高效，一般从以下几个角度去着重解决：开发更高效的直流涡旋压缩机；开发控制更精准、更节能的硅电子膨胀阀；采用高效的过冷式平行流冷凝器；改善微通道蒸发器结构，使制冷剂蒸发更均匀。此外，受电动汽车开门次数影响，以及在行车中受车速、光照、怠速等因素的影响，空调湿热负荷大。压缩机乃至整个空调系统都要适应这种多因素变化的工况，因此热泵电动汽车空调系统变工况设计尤为重要。

蒸发器鼓风机的风量与车室内温度、设定温度、环境温度、太阳辐射强度、蒸发器出风口温度之间的关系是非线性的，可使用如下公式计算所需的风量。

$$风量 = T_{amb} + mT_{set} + nT_{in} + aT_{out} - S_{solar} - K$$

式中，T_{amb}、T_{set}、T_{in}、T_{out}、S_{solar} 分别为环境温度、设定温度、车室内温度、蒸发器出风口温度、太阳辐射强度；m、n、a、K 为常数。通过查表的方法来控制蒸发器的风量。

汽车空调热泵系统与普通家用空调比较接近，是对普通家用空调的一种使用场合的扩展。为防止制热时因除霜导致室内舒适性下降，采用热气旁通不间断制热除霜方式。除霜时，运行原理基本与制热相同，只是将融霜电磁阀打开，让从压缩机出来的高温、高压的过热气体有一部分被分流到室外换热器的入口，迅速把室外换热器的温度提高到 0℃以上，融掉室外换热器上的霜层，使换热器保持良好的换热效率。

注：现在已有客车采用此种家用空调技术改进来的制冷和制热系统，作者进行开发试制时就经历过这样的大客车，客车由于有足够的空间，所以采用这种方法较好。

3．驻车加热器制热

纯电动汽车由于无法再利用发动机余热制热，用电制热的方式在电池容量不高而价格高时不经济，国内一部分电动汽车采用传统燃油汽车使用的驻车加热器作为加热源（见图 1-34），虽然有燃油作为燃料的不足，但至少能促进电动汽车的进一步前进。加热器安装是通过与仪表台下的原散热器冷却循环串联。这是利用另加的油箱来供油，并通过燃烧汽油所产生的热量来加热散热器，同时使驾驶室升温。热交换器是发动机冷却水采暖系统的心脏，它的作用是把冷却水热量传给空气。

（a）气暖式驻车加热器　　（b）水暖式驻车加热器

图 1-34　气暖式和水暖式驻车加热器

驻车加热器的工作原理：遥控器或定时器给 ECU 一个启动信号，计量油泵从油箱泵油，并以脉冲形式将燃油打到燃烧室前的金属毡上，笔状点火器加热到 900℃左右，将喷溅的细小油滴汽化，空气由燃烧空气鼓风机吸入，与汽油混合后并点燃，火焰将热能传递给发动机冷却水，电动循环水泵推动冷却水循环进入蒸发器内的散热器，鼓风机吸入使车内冷空气通过散热器，把变热的空气鼓入车内。

技师指导

这种方法是加速电动汽车在特殊地区（北方地区）产业化的一种方式，特别是在客车上，因为过去客车就采用过驻车加热器作为冬季供暖的设备。

4．PTC 加热器的电制热

若电动汽车采用加热器的电制热方式，加热器一般配置在驾驶席和副驾驶席之间的地板下方。加热器由可用电发热的 PTC（Positive Temperature Coefficient）元件将热量传送至冷却水的散热扇。因要求加热器具有较高的制热性，因此电源使用的是驱动电动机的锂离子充电电池的高压，而非辅助电池（12V）。如果是纯电动汽车（EV）专用产品，也可以不使用冷却水，直接用鼓风机吹送经 PTC 加热器加热的暖风。

技师指导

工程上一般 $1mm^2$ 纯铜线可通过 5A 电流，3.6kW 加热器（12V）则需要供电线为 $60mm^2$，可以说这样的线又粗又硬，无法在车上使用。

由于要制造的加热单元使用动力电池的高电压，用少量放热元件产生大量热量，因此加热器的生产需要丰富的设计和制造技术经验。加热器机身内部有板状加热器元件，通过在元件两侧通入散热剂（冷却水）提高散热性。加热器元件采用普通 PTC 元件。PTC 元件夹在电极中间，具有电阻随元件温度改变的性质。在低温区，电阻小，电流流通产生热量，随着温度升高，电阻逐渐增大，电流难以流通，发热量随之减少。PTC 元件的特性据称符合汽车的制热性能要求——具备在低温区的高制热性能。

电动汽车沿用汽油车的制热结构。发动机车的制热系统由发动机、冷却水、加热芯和送风的鼓风机电动机组成。吸收发动机的热量而温度升高的散热剂在加热芯内部流过，车内冷空气从加热芯外部流过，为车内制热，所以只要有暖风散热器和电动水泵就能工作。

此外，目前加热器的 ECU 与空调系统整体是各自独立的，也可将 ECU 与加热器融为一体。汽车厂商努力为 EV 配备多个加热器元件，可以使其制热能力提高到与发动机车相当。但是，为了尽量把电池容量留给行驶，汽车厂商在设计时对制热耗电进行了抑制。弱混电动汽车以市区行驶速度（40～60km/h）行驶时，在某些条件下，使用制热时的行驶距离要短于使用制冷时。制热的电池消耗比制冷的电池消耗要大。弱混电动汽车采用手动空调，用户按下“MAX”开关后，温控性能和风量会以最高设定运行。目前，弱混电动汽车的制冷系统和制热系统各自独立。

技师指导

此种制热方法是目前在轿车和部分客车上采用最多的方法。

1.6 电动汽车空调制冷方式（扩展）

早期的国产电动汽车由于受到蓄电池能力的限制，为了不影响电动汽车的续行里程，大多数电动汽车都没有配备空调系统。随着国内电动汽车逐步产业化、市场化，电动汽车必然要配备空调系统。受到电动汽车独特性的影响，国内汽车厂商在传统燃油汽车空调的基础上进行部分替换设计，将燃油发动机带动的压缩机替换成直流电动机直接驱动的压缩机，控制上相应改变，来完成空调制冷的功能。目前，替换设计效果基本能解决电动汽车空调的制冷问题，但制冷效率有待提高。

在空调的主要零部件选用上，目前国内的电动汽车除了压缩机和控制模式外，其他主要零部件还是沿用燃油汽车空调的零部件，冷凝设备主要用的是平行流冷凝器，蒸发设备主要用的是层叠式蒸发器，节流装置仍然是热力膨胀阀，制冷剂仍然是 R134a。据不完全了解，国内在大力开发电动汽车的厂商（如奇瑞、比亚迪、一汽、上汽、江淮等）目前的电动汽车空调配套情况基本差不多，都处于上述发展现状。

汽车空调压缩机大致分为三类。

（1）发动机或变频电动机通过传动皮带带动传统的活塞式压缩机结构，压缩机可采用摇盘式和斜盘式。

（2）对于使用发动机和电动机驱动的混合动力汽车，面向需要提高现有内燃机效率、实现小型化的汽车厂商，供应的是借助传统发动机皮带传动类型的压缩机；面向以发动机为主、电动机为辅的车辆［Mild-HEV（弱混）］，供应的是皮带传动和电动机驱动兼顾的混合式压缩机。

（3）对于以电动机为主的车辆［Strong-HEV（强混）、EV］，供应的是电动压缩机。

1. 分体式电动空调压缩机

电动客车多采用变频器控制三相电动机驱动压缩机，因为有独立的电动机变频器，电动机和压缩机之间采用皮带传动方式，其他结构和图 1-5 基本相同。

2. 整体式电动空调压缩机

新款 Prius 上的 ES18 电动变频压缩机由内置电动机驱动。除了由电动机驱动的部件外，压缩机的基本结构和工作原理与旧款 Prius 上的涡旋式压缩机相同。空调变频器提供的交流电（201.6 V）驱动电动机，空调变频器集成在混合动力系统的变频器上。因此，即使发动机不工作，空调控制系统也能工作。这样，能达到良好的空气状况，也减少了油耗。由于采用电动变频压缩机，压缩机转速可以被控制在空调 ECU 计算的所需转速内。因此，冷却性能和除湿性能都得到了改善，并降低了功率消耗。压缩机的进气、排气软管采用低湿度渗入软管，这样，可以减少进入制冷循环中的湿气。压缩机使用高压交流电。如果压缩机电路发生开路或短路，HV-ECU 将切断空调变频器电路来停止向压缩机供电。为了保证压缩机和压缩机壳内部高压部分的绝缘性能，新款 Prius 采用有高绝缘性的压缩机油（ND11）。因此，绝对不能使用除 ND11 型压缩机油或它的同等品外的压缩机油。

1）结构

如图 1-35 所示，电动变频压缩机包含一对螺旋线缠绕的固定蜗形管（定子）和可变蜗形管（晃子）、无刷电动机、油挡板和电动机轴。固定蜗形管安装在壳体上，轴的旋转引起可变蜗形管在保持原位置不变时发生转动，这时由这对蜗形管隔开的空间大小发生变化，实现制冷剂的吸入、压缩和排放等功能。将进风口直接放在蜗形管上可以直接吸气，从而可以提高进气效率。压缩机中有一个内置油挡板，可以挡住制冷循环过程中与气态制冷剂混合的压缩机油，使气态制冷剂循环顺畅，从而降低机油的循环率。

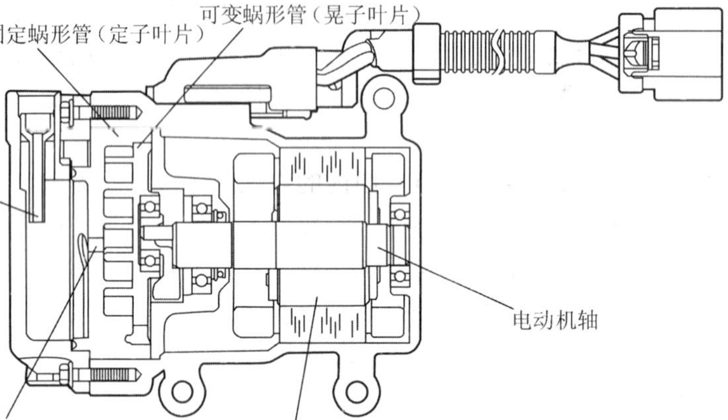

图 1-35　电动变频压缩机内部结构

2）工作原理

图 1-36 所示为电动变频涡旋式压缩机的定子叶片和晃子叶片实物图。

（a）定子叶片　　（b）晃子叶片

图 1-36　电动变频涡旋式压缩机的定子叶片和晃子叶片实物图

电动变频涡旋式压缩机的工作过程如图 1-37 所示。

（1）吸入过程：在定子（固定蜗形管）叶片和晃子（可变蜗形管）叶片间产生的压缩室的容量随着晃子叶片的晃动而增大，这时气态制冷剂从进风口吸入。

（2）压缩过程：吸入过程完成后，随着晃子叶片继续转动，压缩室的容量逐渐减小，这样，吸入的气态制冷剂逐渐压缩并被排到定子叶片的中心。当晃子叶片转约两周后，制冷剂的压缩完成。

（3）排放过程：气态制冷剂压缩完成而压力较高时，通过按压排放阀，气态制冷剂通过定子叶片中心排放口排出。

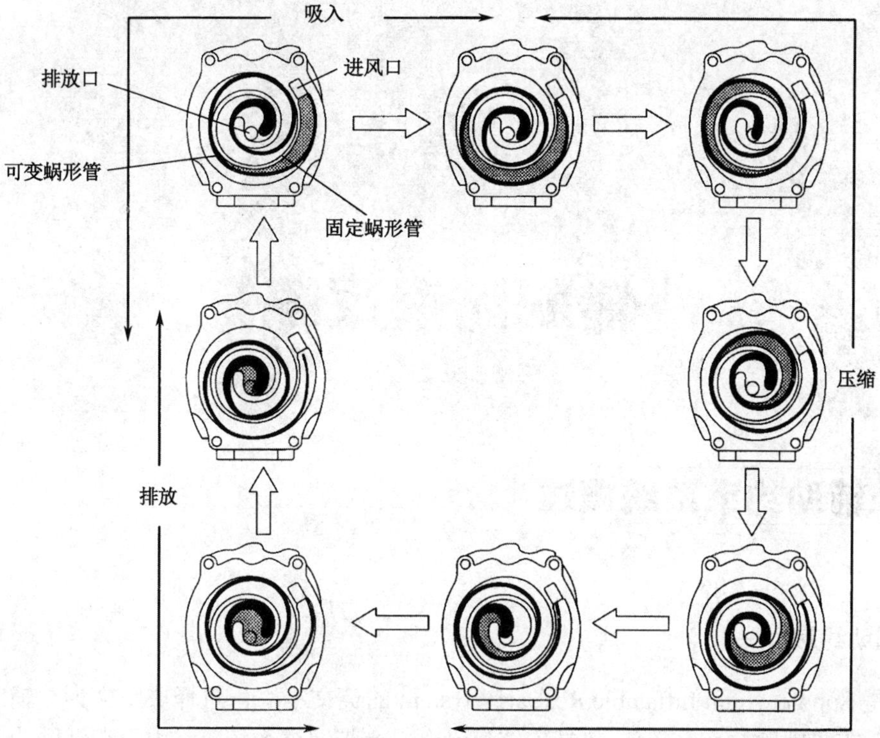

图 1-37 电动变频涡旋式压缩机的工作过程

第 2 章

辅助约束系统

2.1 辅助约束系统概述

1．辅助约束系统

SRS 是 Supplemental Inflatable Restraint System 的英文缩写，直译成中文为“辅助可充气约束系统”或“辅助约束系统”，包括安全气囊、安全带馈缩系统等。由于在辅助约束系统中的安全气囊多为标配，而其他的仅在稍高级的车上才能见到，所以一般认为辅助约束系统为安全气囊。安全气囊的位置如图 2-1 所示。装有安全气囊的容器外部都印有“SRS”字样，有的汽车也把安全气囊写为 AIR BAG。

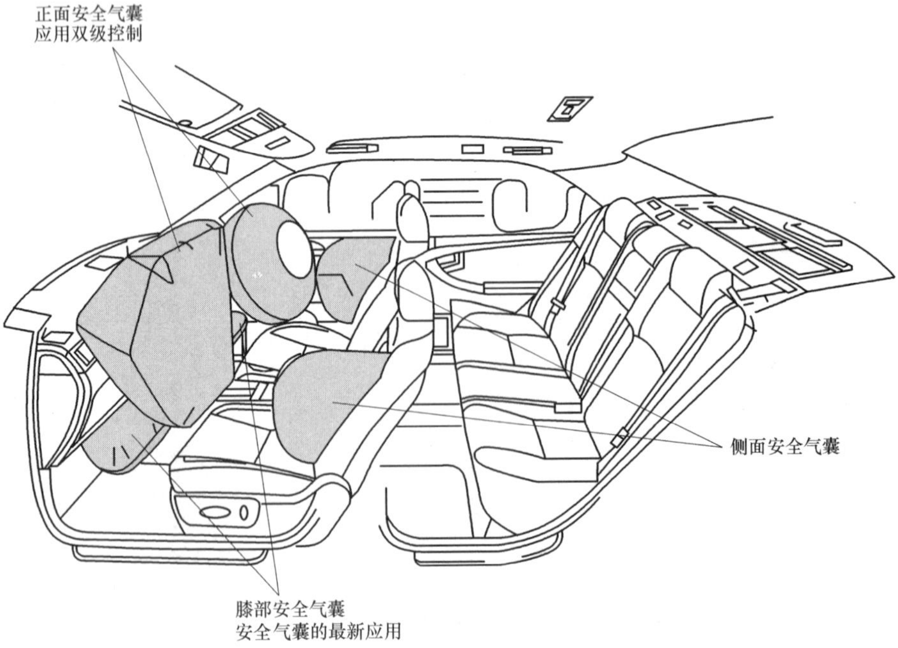

图 2-1　安全气囊的位置

安全气囊按其在汽车上的位置分为正面安全气囊、侧面安全气囊、头部安全气囊和膝部安全气囊。

（1）正面安全气囊分主驾驶安全气囊和副驾驶安全气囊，作用是一旦发生正面的碰撞，正面安全气囊作为座椅安全带的辅助设备会减轻由于车辆碰撞而给驾驶员和前排乘客造成的头部和胸部的主要伤害。

（2）侧面安全气囊也称侧安全气囊或侧气囊，作用是一旦发生侧面的碰撞，侧面安全气囊减轻由于车辆侧面碰撞而给驾驶员和乘客造成的头部和侧面身体的主要伤害。侧面安全气囊一般分为前排侧气囊和后排侧气囊。前排侧气囊一般安装在前排座椅外侧，目前部分高端或高配车型都装备了前排侧气囊。后排侧气囊安装在后排车座上靠近窗户的一边，只会出现在高端车型上。

（3）头部安全气囊也称头部气囊或侧气帘，在碰撞时弹出遮盖车窗，以达到保护乘客的效果。一般情况下，大多数的头部气囊都是前后贯通式的，只有少数品牌仅有前排头部气囊。前排头部气囊通常安装在挡风玻璃两侧钢梁内侧。后排头部气囊安装在后部车顶处。

（4）膝部安全气囊有助于减小驾驶员和前排乘客在发生碰撞时所造成的膝部损伤。

当前，安全气囊出现了两种发展趋势。美国和日本的汽车公司正在努力增大气囊尺寸来保护乘员。而欧洲的一些汽车制造公司（如奔驰、宝马和沃尔沃等）则认为，安全气囊本身绝不是保障乘员安全的灵丹妙药，它必须在一个统一的汽车被动安全系统中才能有效地发挥作用，在这个系统中，一定要具备紧缩式安全带、结构可靠的座椅、儿童专用座椅和一系列其他部件，这些功能也称安全气囊的扩展功能，而且最好在车身结构设计开始时就考虑到这个安全系统所有必需的组成部件。

安全气囊的智能化是指在事故发生的短暂时间内能够提供可靠的碰撞环境方面的信息。这些信息包括汽车碰撞方向和剧烈程度等级，乘员的身材、体重、乘坐位置和乘坐姿态，以及乘员是否系有安全带等。智能安全气囊系统根据探测到的信息，通过其电子控制系统的计算分析，决定哪个安全气囊何时及以何种程度展开，从而对乘员提供最优化的保护。

完成任务

SRS是什么的缩写？________________________________。

正面安全气囊有____________和____________。侧面安全气囊有____________和____________。

什么是安全气囊的智能化？____。

2. 主动安全系统和被动安全系统

1）主动安全系统

能尽量阻止事故发生的安全装置都属于主动安全系统。主动安全系统包括防抱死制动系统（ABS）、驱动防侧滑调节（ASR）、车身稳定控制（VSC，德ESP）、电子制动力分配控制（EBD，德EBV）、自适应巡航控制（ACC）、电子差速器锁止系统（EDS）等。

2）被动安全系统

被动安全系统是指在发生事故时所有用于防止乘员受伤或者降低受伤危险的工程设计和

装备。尤其是在发生碰撞时，被动安全系统除了自我保护之外，还能在发生事故时兼顾对其他车辆和行人的保护。目前，车辆被动安全系统最主要的部件包括：带安全带预紧器的安全带系统，儿童保护系统，配备了正面、侧面、头部安全气囊的安全气囊系统，高强度车身和具有相应车顶强度与前后及侧面部位变形区域的抗变形乘员区（它们通过针对性地消除碰撞能量来保护乘员），敞篷车的翻车保护装置，蓄电池断开装置等。

GIDAS（德国事故深入研究）是一个由德国联邦公路局和德国汽车技术研究协会创办的机构，每年对在汉诺威、德累斯顿两座城市及其周边区域发生的约 2000 起事故进行调查研究。该机构调查得出的数据表明，正面碰撞占 51.1%，侧面碰撞占 32%，后面碰撞占 14.1%，碰撞翻车占 2.8%。被动安全系统工作说明如表 2-1 损伤。

表 2-1　被动安全系统工作说明

碰撞情形	气囊动作
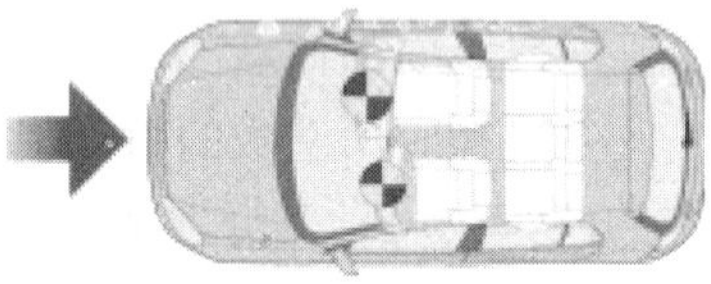 正面碰撞	正面碰撞：根据事故的严重程度，可能只触发驾驶员和副驾驶员的安全带预紧器或者安全带预紧器和正面安全气囊
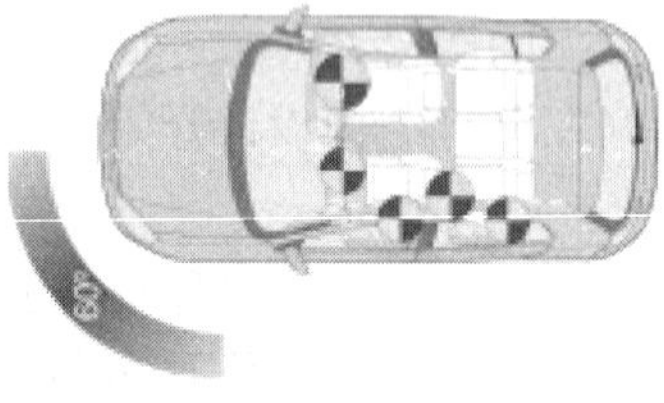 正面斜向碰撞	正面斜向碰撞：可能会触发驾驶员和副驾驶员的安全带预紧器或者安全带预紧器及正面安全气囊和（或）相应的头部安全气囊和（或）相应的侧面安全气囊
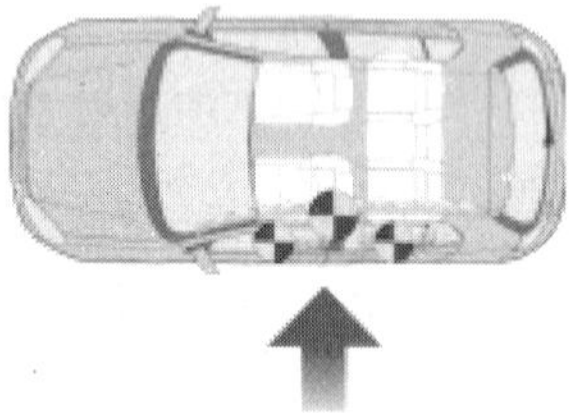 侧面碰撞	侧面碰撞：根据车型的不同，可能会触发侧面安全气囊、头部安全气囊及碰撞所涉及车辆侧面的安全带预紧器。启动被撞一侧的侧面安全气囊和侧气帘，另一侧的侧面安全气囊和侧气帘可能工作，也可能不工作
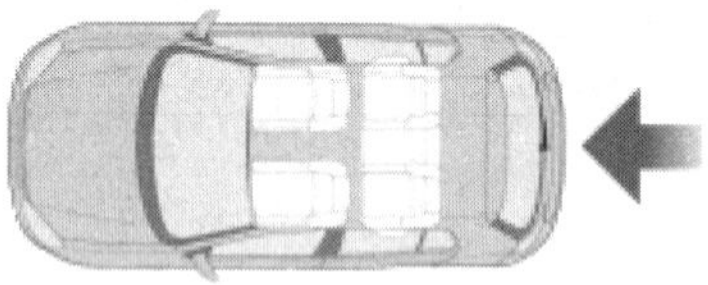 后面碰撞	后面碰撞：根据车型的不同，可能会触发安全带预紧器和蓄电池断开元件，并启动头枕前移
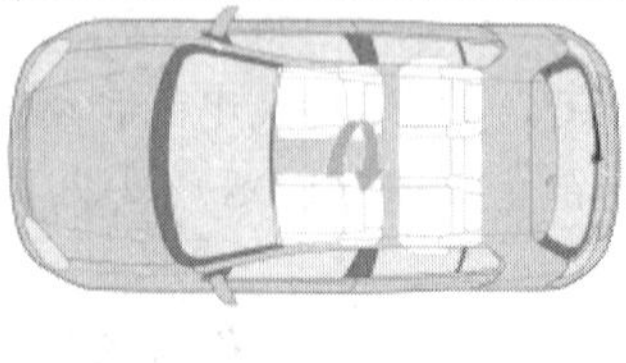 碰撞翻车	碰撞翻车：用于敞篷车，后排启动抽屉式头枕上升。对于一些车型（如 EOS 和新甲壳虫敞篷车），已在安全气囊控制单元 J234 中集成了附加的翻车识别传感器，如果识别到翻车，安全带预紧器和头部安全气囊将被触发

2.2 安全气囊

1. 安全气囊的组成及作用

安全气囊由外部碰撞传感器、控制单元（ECU）和传爆管电路组成。

1）外部碰撞传感器

检测碰撞传感器本身在纵向或横向的汽车减速度，本传感器不能确定汽车的真实减速度，主要是为了在碰撞情况下获得汽车延时时间。

2）安全气囊控制单元

安全气囊控制单元的功能如下。

（1）内置整车纵向和横向碰撞减速度传感器，检测汽车的减速度。

（2）正确时间触发安全气囊和安全带预紧器。

（3）采用冗余微控制器思想，识别和处理输入信息，并监控传感器、控制单元本身和传爆管电路故障。

（4）在撞车电源断电后，通过电容器独立地供电大约 150 ms。

（5）存储故障和碰撞信息，通过故障报警灯来指示有故障。

（6）将碰撞信息通过 CAN 总线或单独的撞车信息输出（异步通信）线通知其他的系统控制单元，实现发动机断油、车门开启、蓄电池断电等安全控制。

3）传爆管电路

传爆管电路也称雷管电路，用于引爆气体发生器内气体发生药片产生气体。雷管电路可用于安全气囊和馈缩式安全带控制上。

2. 外部碰撞传感器类型

外部碰撞传感器分为纵向和横向减速度传感器两种。纵向减速度传感器放置在车辆前部，发动机散热器水箱框架上或大灯总成下部，左侧和右侧各一。控制单元把减速度大于相当于汽车以 16～24km/h 的速度撞击绝对不动墙时产生的车身减速度确认为有效碰撞。前排横向减速度传感器放在前排车门内，后排横向减速度传感器放在 C 柱下侧。

外部碰撞传感器按其结构可分为机械式、机电式和电子式三种。外部碰撞传感器按信号还可分为开关型和线性型。值得一提的是，遭遇碰撞前门时，即使车门变形，汽车横向减速度会基本没有或很小，所以近几年出现了检测车门变形的传感器，通常采用空气压力式。

1）机械式碰撞传感器

机械式碰撞传感器的原理是当方向盘（也称转向盘）衬垫中的重块的减速度达到某一特定值时，传感重块便将机械触发机械撞针引发传爆管爆炸。这种结构没有安全气囊控制单元，2000 年以前就已淘汰。

2）机电式碰撞传感器

机电式碰撞传感器是指传感器为机械开关式，传感器内置一定的电子电路结构。机电式碰撞传感器主要有滚球式、偏心锤式、水银开关式等，现在也几乎全淘汰。

技师指导

在使用水银开关式以外的安全传感器时，在气囊已作用充气之后，气囊传感器不可重复使用。因为在气囊动作时，会有大电流流过传感器触点，使触点表面产生烧蚀而令电阻过大，造成可靠性降低。

3）电子式碰撞传感器

电子式碰撞传感器对汽车的减速度进行连续测量，并将测量结果输送给控制单元，控制单元内有一套复杂的碰撞信号处理程序，能够确定气囊是否需要膨开。这种传感器理论上还可以反复使用。

电子式碰撞传感器主要有压敏电阻桥式和电容桥式两种。

（1）压敏电阻桥式

电子式碰撞传感器可以是压敏电阻桥式，桥式电路上部为稳压电路，其结构如图 2-2 所示。汽车的减速度越大，惯性质量部分变形越大，则输出的电压 V_S 也越大。

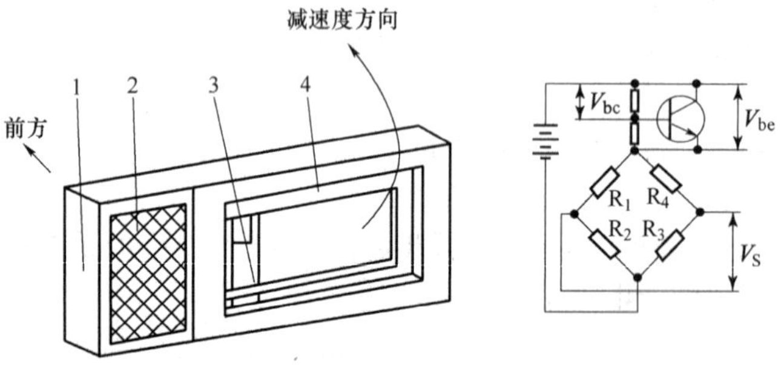

1—传感器；2—动态应变仪；3—半导体应变片；4—悬架臂

图 2-2　压敏电阻桥式碰撞传感器

（2）电容桥式

微电容在减速度作用下，电容器的电容发生变化，可直接用来确定减速度。电容两端的电压直接作为信号输入微控制器。如图 2-3 所示，车辆无减速度时，电容电桥有 $C_{2Ref}/C_{1Sens}= C_{2Sens}/C_{1Ref}$，电桥是平衡的；车辆有减速度时，$C_{1Sens}$ 和 C_{2Sens} 的电容变化正好相反，这样比较器就有了信号输出。通过电容度量时钟开关来给电桥进行正向供电和反向供电。

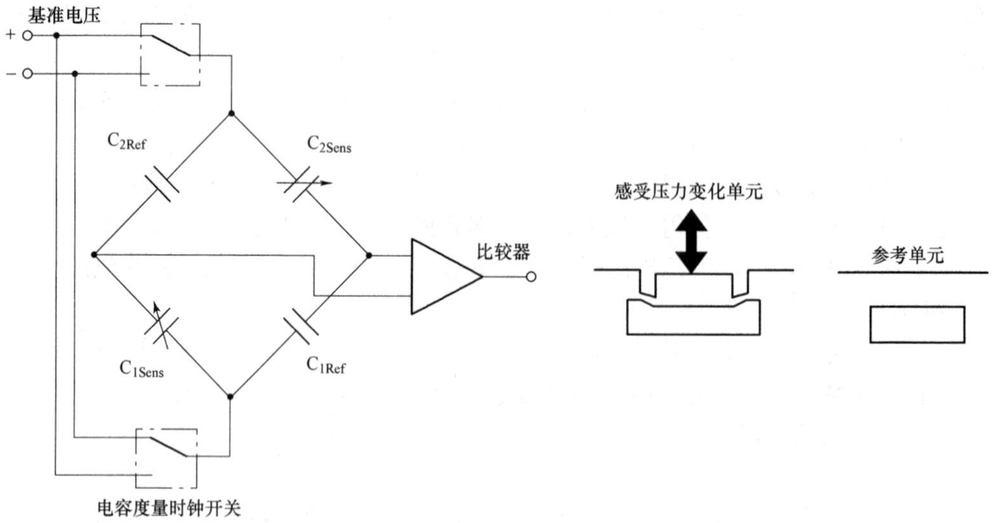

图 2-3　电容桥式碰撞传感器

完成任务

出现减速时，若电容 C_{1Sens} 的极板距离在增大，则电容 C_{2Sens} 的极板距离一定在＿＿＿＿＿，C_{2Ref}、C_{1Ref} 各自的极板距离＿＿＿＿＿＿。这种电容桥式碰撞传感器输出本质上是开关信号还是线性信号？＿＿＿＿＿＿。

事实上，电子式碰撞传感器还作为汽车整车的减速度传感器，放在控制单元内部。

4）车门变形检测传感器

德国大众汽车前排侧面碰撞传感器和后排侧面碰撞传感器采用两种不同的形式。

前排侧面安全气囊碰撞传感器 G179（见图 2-4）和 G180 为压力传感器。这些传感器安装在左、右侧的前车门中。车门变形时在短时间内会造成车门板内空气压力升高。该压力升高被传感器探测到，并将其传递给安全气囊控制单元 J234，控制侧气囊和气帘充气弹出。

后排侧面安全气囊碰撞传感器 G256（见图 2-5）和 G257 为加速度传感器。这些传感器安装在车辆左、右侧的 C 柱下侧的区域中，由于传感器位置在车身上，可用加速度传感器。它们用于测量车辆的横向加速度，并将其传递给安全气囊控制单元 J234，控制侧气囊和气帘充气弹出。

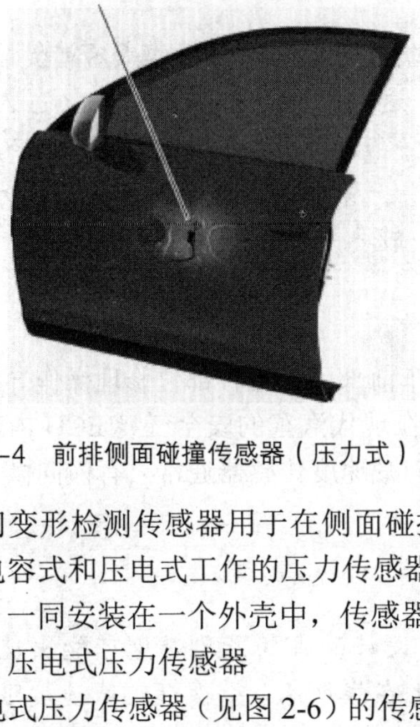

图 2-4 前排侧面碰撞传感器（压力式）

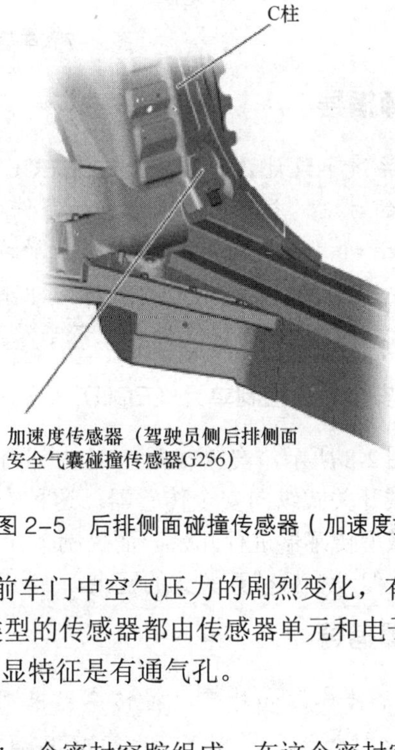

图 2-5 后排侧面碰撞传感器（加速度式）

车门变形检测传感器用于在侧面碰撞时测量前车门中空气压力的剧烈变化，有两种类型，即电容式和压电式工作的压力传感器。两种类型的传感器都由传感器单元和电子分析装置组成，一同安装在一个外壳中，传感器壳体的明显特征是有通气孔。

（1）压电式压力传感器

压电式压力传感器（见图 2-6）的传感器单元由一个密封空腔组成，在这个密封空腔中有一个带有压电晶体的张紧的薄膜。通过施加压力将薄膜压入，从而导致压电晶体中产生电荷位移。该电荷位移作为电压由电子分析装置进行处理，然后作为信号传递给安全气囊控制单元 J234。

（2）电容式压力传感器

电容式压力传感器（见图 2-7）的传感器单元结构如同一个电容器。电容板 1 安装在密封空腔中，电容板 2 作为薄膜在空腔中被张紧。如果给薄膜施加压力，则电容板之间的距离（d）会发生变化。这种变化由电子分析装置进行处理，然后作为信号传递给安全气囊控制单元 J234。

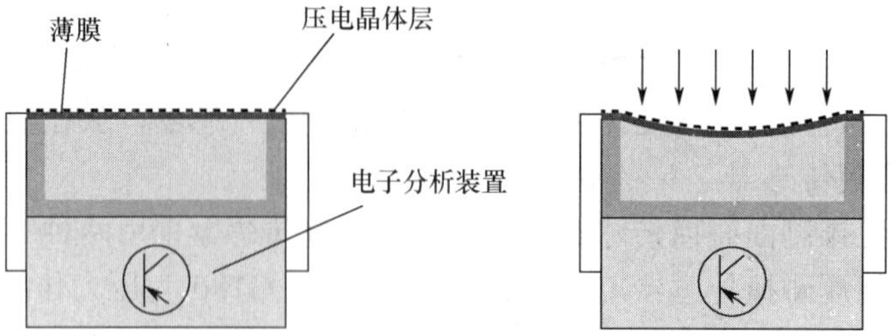

图 2–6　压电式车门变形检测传感器

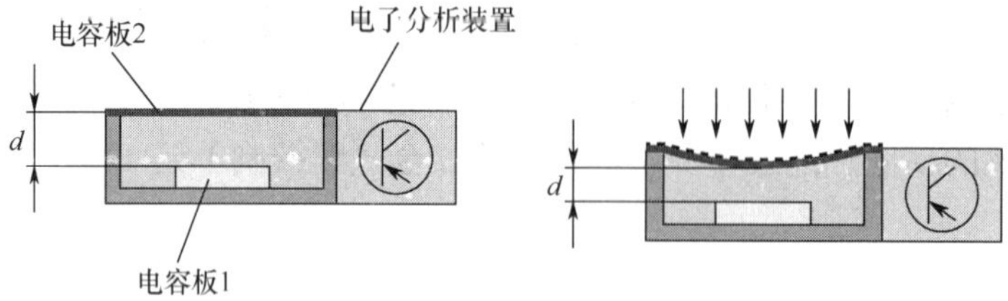

图 2–7　电容式车门变形检测传感器

技师指导

日系汽车设计认为在安全气囊 ECU 外部，车辆的前部采用碰撞传感器可提前获知碰撞发生的时刻，并作为发生碰撞的条件之一信号，这个条件要和安全气囊 ECU 内的安全传感器逻辑“与”后，再控制是否触发安全气囊。只有驾驶员正面安全气囊的大众汽车，在安全气囊 ECU 外部一般不设计碰撞传感器，只采用内部的安全传感器作为安全气囊的触发条件；而中、高档大众汽车及奥迪汽车一般要采用外部碰撞传感器。

3．安全气囊控制单元（ECU）

如图 2-8 所示，安全气囊 ECU 内部内置防止汽车前部因保险杠部位修理操作导致气囊误爆的机械开关式纵向安全传感器。这种安全传感器在现代汽车的安全气囊 ECU 内部也可采用纵向微型传感器进行冗余。而控制单元内部的横向减速度传感器通常只有横向微型减速度传感器，但没有机械开关式的冗余。

技师指导

安全传感器和外部碰撞传感器采用“与门”设计的目的是要避免可能出现的两种情况：一种情况是修理中安全气囊电脑可能在车上在线跌落，导致超过减速度限值造成气囊误爆；另一种情况是如汽车前部钣金修复时的振动使碰撞传感器信号超过限值，导致发生误爆。

最后，安全气囊 ECU 采用几个大容量的电解电容器并联作为碰撞时引爆气囊的备用电源。

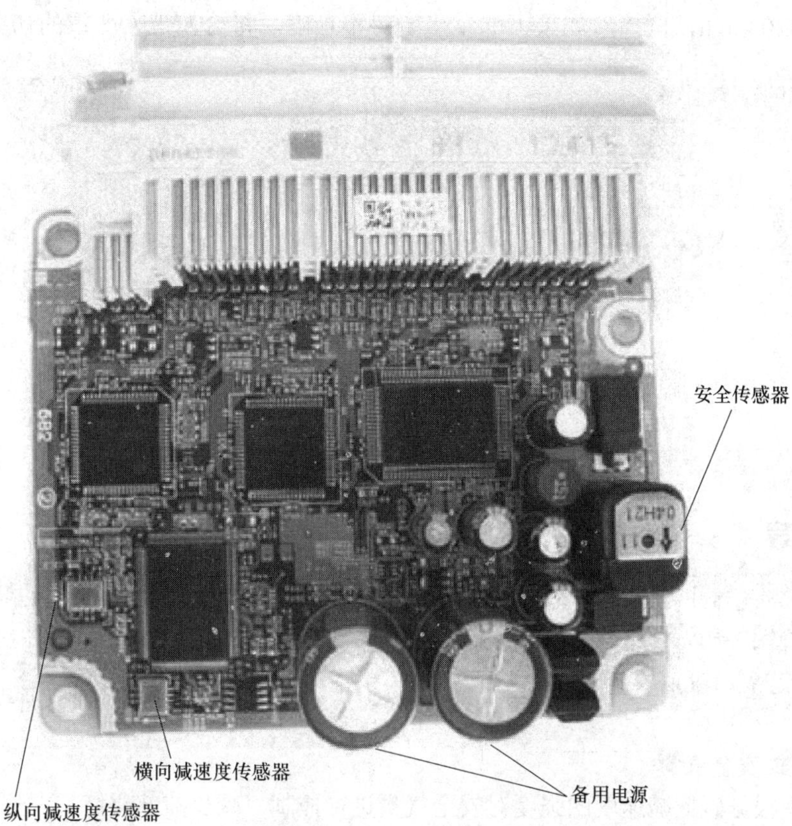

图 2-8 丰田汽车的安全气囊 ECU 内部图

完成任务

如图 2-8 所示，横向减速度传感器的作用是________________，纵向减速度传感器的作用是________________，两个大的电解电容器的作用是________________，安全传感器的作用是________________。

4. 安全气囊总成

安全气囊总成按气体发生器个数分为单级式和双级式。气体发生器按气体来源分为固体燃料气体发生器和混合式气体发生器两种。

1）单级式安全气囊

单级式安全气囊由气囊和气体发生器组成。气囊由薄薄的带橡胶衬里的特种织物制成，折叠在方向盘衬垫内或副驾驶仪表台手套箱的位置。如图 2-9 所示，与安全气囊连接的充气器内部装有叠氮化钠（NaN_3）和硝酸钾（KNO_3）药片，药片内有电热丝，叠氮化钠（NaN_3）遇热生成氮气，这部分电路称为点火器电路。固体燃料的量产气量约 0.6L/g，固体燃料多时可达 350g。

在发生碰撞时，安全气囊充气大约需要 0.03s。非常快的充气速度可确保当乘客的身体被安全带束缚不动而头部仍然向前行进时，安全气囊能及时到位。在头部碰到安全气囊时，安全气囊通过气囊表面的气孔开始排气。

气体的排出有一定的速率，确保让人的身体部位缓慢地减速。由于安全气囊弹开充气的速度可高达 320 km/h，碰撞时如果人的乘坐姿势不正确，将给人带来严重的伤害。

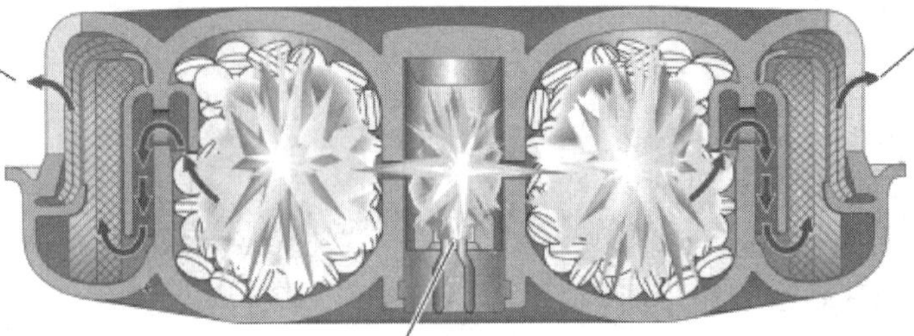

图 2-9　点火器点火时的气体产生过程

技师指导

过去的充气器中的产气材料，可能会在 15 年后发生变质，使气体产生得过于剧烈，而更趋向爆炸，所以有汽车 15 年更换气囊总成的说法。现在气体发生燃料技术进步，15 年更换气囊总成的说法在资料中已经看不见了。

2）双级式安全气囊

为了实现根据碰撞减速度的强度对安全气囊进行控制，减少前部碰撞，在驾驶员侧（也称司机侧）和副驾驶员侧（也称副司机侧）两个位置分别安装具有延时功能的双级式安全气囊（见图 2-10）。这种安全气囊起爆根据碰撞的种类及碰撞的强度的不同，间隔时间不同，但在一次碰撞中两级起爆都要执行。

在碰撞强度低时，第一级和第二级的起爆时间间隔稍长，可降低气囊对驾驶员的伤害。在碰撞强度高时，第一级和第二级的起爆时间间隔较短。前部安全气囊采用两级的气体发生器放射式展开，两级展开的时间有一定的间隔，间隔时间范围为 5～40ms，这个间隔时间与碰撞强度有关。

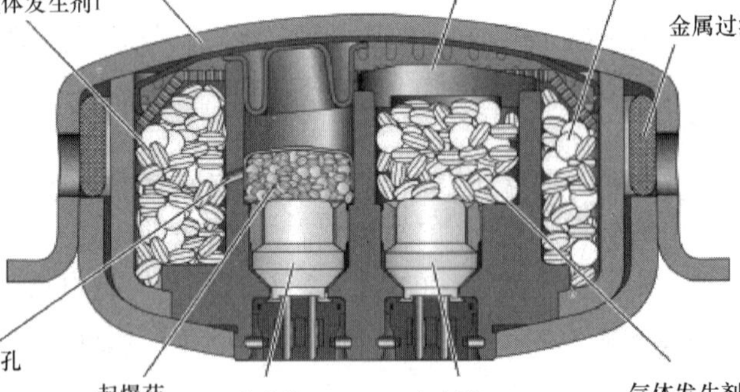

图 2-10　双级式安全气囊系统结构

值得一提的是，有些汽车为了降低生产成本，又要在功能上实现和双级式安全气囊性能相同的控制思想，在驾驶员侧和副驾驶员侧两个位置分别安装采用传爆管电路来扩大放气孔功能的单级式安全气囊。碰撞强度达到时，气囊控制单元控制气囊起爆，几乎同时（稍后一段时间），气囊控制单元控制传爆管电路起爆切割气囊形成新的放气孔，使气囊放气速度加快，降低了气囊对驾驶员的伤害。

3）混合式气体发生器

混合式气体发生器同样有两个分开的固体燃料触发级，其结构如图 2-11 所示。这两个触发级与装有集成式活塞系统的高压储气瓶相连，即一部分高压气体是事先存在的，另一部分气体是化学反应产生的。在该活塞系统上连接有一个外壳，外壳上有一个用于安全气囊充气的出气口。

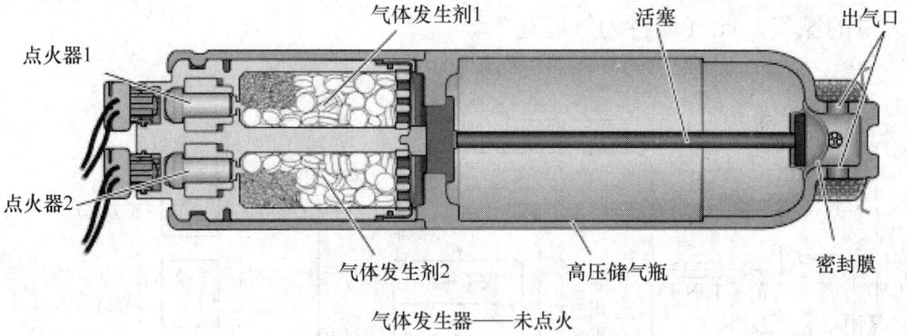

图 2-11　混合式气体发生器结构

点火器 1 被激活，使气体发生剂 1 被点燃（见图 2-12），产生的气体用于加速活塞，使高压储气瓶的密封膜打开，混合气体继续流入安全气囊。

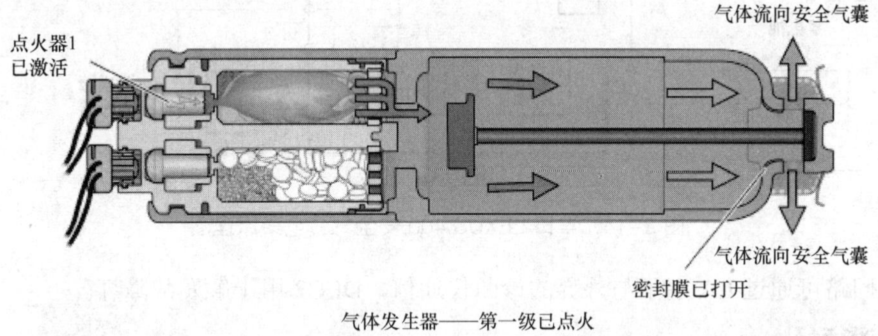

图 2-12　混合式气体发生器工作过程 1

点火器 2 被激活，使气体发生剂 2 被点燃（见图 2-13），其他过程与第一级触发相同，混合气体流入安全气囊。

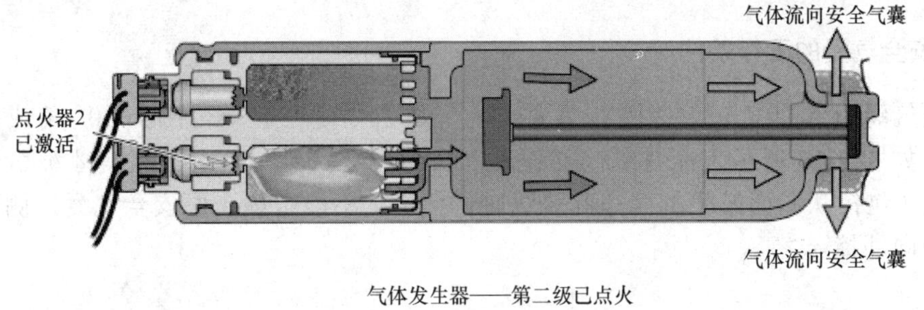

图 2-13　混合式气体发生器工作过程 2

5．安全气囊的工作原理

以丰田 LEXUS 400 安全气囊电路原理图（见图 2-14）为例进行介绍。汽车发生碰撞减速度达碰撞极限时，ECU 外部的左、右前碰撞传感器开关闭合，同时内置的安全传感器（检测传感器）的开关闭合。通常车身碰撞时，由于车身的吸能作用，安全传感器（检测传感器）的减速度限值会比前碰撞传感器小。左、右前碰撞传感器和安全传感器（检测传感器）的开关闭合后，形成电路通路：电源→安全电路→安全传感器（检测传感器）→两处气囊→左、右前碰撞传感器→搭铁。安全气囊的电热线通电后，电热丝迅速生热，引发迅速的化学反应，生成大量的氮气，此气体将为气囊充气。

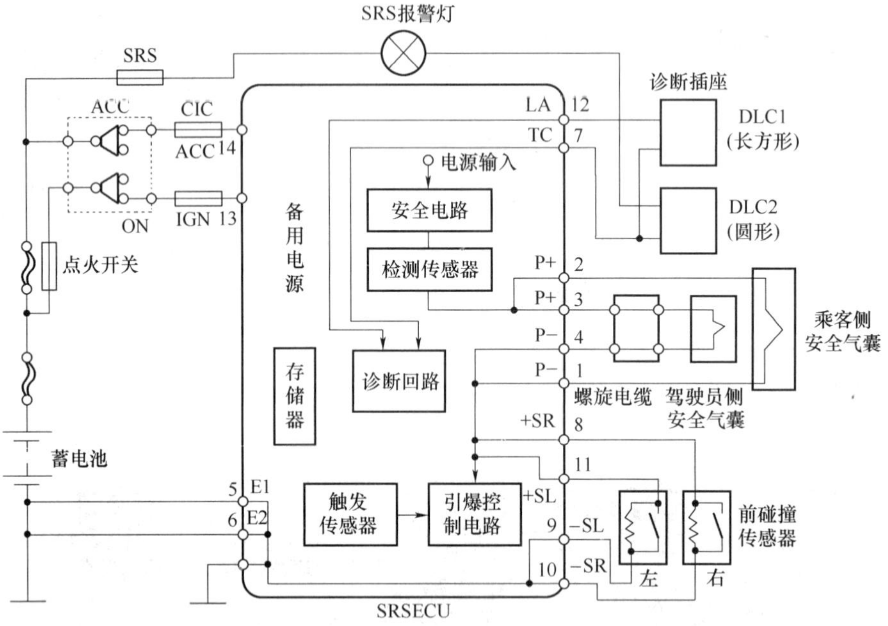

图 2-14　丰田 LEXUS 400 安全气囊电路原理图

诊断回路可通过 LA 端子与外界的诊断仪通信，DLC2 用于触发故障灯。

技师指导

绝对禁止用万用表测量气囊中电热丝的电阻（尽管有短路片设计），即使是数字万用表也不可以。若想读出气囊中电热丝的电阻，可用诊断仪读出，电阻一般为 1.5 ~ 3.5Ω，不过没有任何实际意义。

6．安全气囊的工作条件

安全气囊引爆有其有效范围。正面安全气囊引爆是在有效范围上 30° 角或斜前方发生撞车，如图 2-15 所示，而且纵向加速度（负值）达到某一值时，气囊才被引爆，而横向加速度（包括从侧面发生的撞车和绕纵轴的侧翻）不能引爆正面安全气囊，侧向气囊可用于防侧向冲撞。

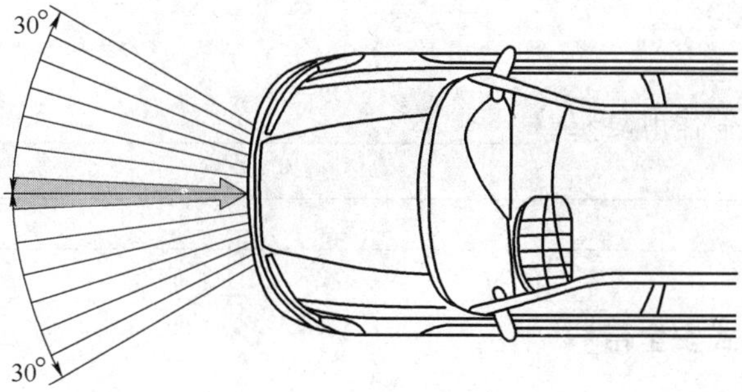

图 2–15 安全气囊工作条件

完成任务

车主驾驶一辆红旗奔腾 B70 以约 120 km/h 的速度行驶，一连正面撞倒路旁边十几个栅栏，最后汽车撞在沟中的一棵大树上停下来，整个过程有 3 ~ 4s，汽车损坏很严重，气囊并没有弹出，车主向服务站讨要说法。车主要求解释安全气囊未弹出的原因，否则就要求赔车和赔付医药费。如果你是服务站人员，你会向车主如何解释？____。

2.3 安全带控制

1957 年出现了两点固定式的腰部安全带。1959 年出现了三点固定式的安全带。1968 年出现了头枕。1969 年出现了安全带自动收缩装置。

1. 理想的安全带作用过程

首先，及时收紧，在事故发生的第一时刻把人“按”在座椅上。然后，适度放松，待冲击力峰值过去，或者人已能受到气囊的保护时，即适当放松安全带，避免因拉力过大而使人肋骨受伤。先进的安全带配有预收紧装置和拉力限制器。

在事故发生时，人向前迅速移动，此时如果安全带过松，则后果很可能是乘员从安全带下面滑出去，或者人已碰到了气囊，而此时安全带由于张紧余量过大而未能及时绷紧，即未能像希望的那样先期吃掉一部分冲击力，而是将全部负担都交给了气囊。这两种情况都有可能导致乘员严重受伤。

由于乘员的衣服本身有一定的厚度，另外在安全带装置中也多少隐藏了部分松动余地，这种余地无法消除，而在遇到事故时，这种余地应该尽量消除。

为此出现了这种安全带预收紧装置，它负责提供瞬间绷紧的安全带。

驾驶员忘系安全带，或者未将安全带锁舌插入锁扣到位，启动发动机后仪表板上的安全带报警灯将会持续闪烁，起车后还会发出蜂鸣声（持续一段时间后不响），提醒驾驶员系好安全带。

完成任务

叙述理想的安全带作用过程：____

____

____。

2. 传统惯性锁紧式安全带

安全带组成和卷带筒结构图如图2-16所示。安全带由织带、带扣锁、紧急锁止式卷收器和固定件构成。紧急锁止式卷收器有收卷和储存织带的功能，也有紧急锁止织带的功能。

汽车安全带的锁止装置一般采用棘轮、棘爪机构。棘轮与卷带筒连成一体，棘爪装在汽车安全带的支架上，控制机构接到速度变化率敏感装置上，当车辆的速度变化率超过规定值时，立即控制棘轮、棘爪啮合，阻止卷带筒旋转锁止织带。

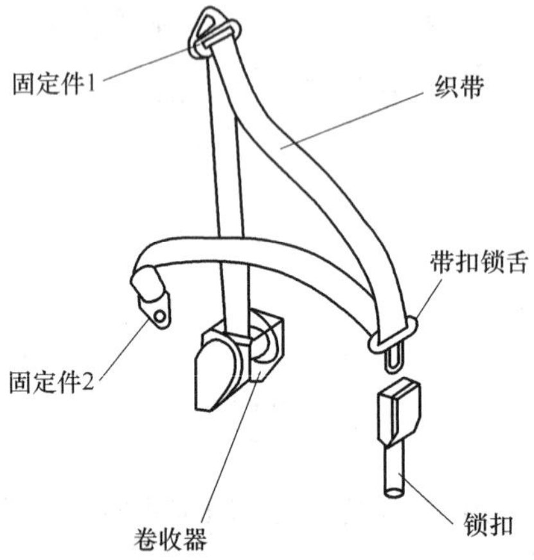

（a）安全带组成

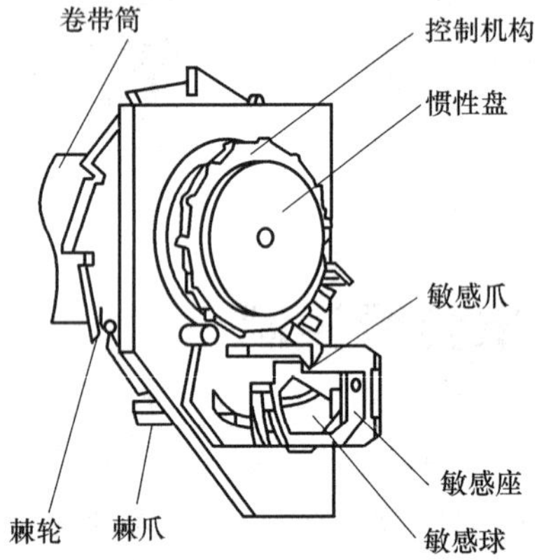

（b）卷带筒结构

图2-16　安全带组成和卷带筒结构图

惯性锁紧式安全带保护乘员的作用是明显的，但工作时安全带高速伸出一小段距离，导致乘员身体向前倾的距离过大，损伤乘员面部。为此设计敏感球触发敏感座先锁止控制机构的棘轮，阻止安全带高速伸出，同时在乘员向前倾时，安全带爆炸回缩装置起作用，安全带主动回缩，将乘员固定在座椅上，防止过度身体前倾。

完成任务

叙述传统惯性锁紧式汽车安全带工作过程：____

____

____。

3. 安全带预紧器

安全带预紧器也称馈缩式安全带。安全带预紧器在发生碰撞时沿安全带拉伸的反方向卷起，由此来拉紧安全带（缩小安全带和身体之间的空隙）。这样便能通过安全带及早防止乘员向前运动（相对于车辆的移动）。安全带预紧器能够在大约 13ms 内卷起安全带 130mm。如果作用在安全带上的反作用力大于安全带预紧力，则安全带预紧结束。

按照结构和工作原理，安全带预紧器可分为拉索式安全带预紧器、滚珠式安全带预紧器、三角转子式安全带预紧器、齿条式安全带预紧器。这些安全带预紧器既可以被机械触发，也可以被电动触发。根据车辆的配置程度，这些安全带预紧器可以只安装在前排座椅上，也可以安装在后排座椅上。

1）拉索式安全带预紧器

拉索式安全带预紧器与安全带自动收卷装置构成一个模块，其结构和工作过程如图 2-17 所示。拉索式安全带预紧器用于驾驶员和副驾驶员座椅。

气体发生器点火时，产生的混合气体向上推动管路内的活塞上移，活塞带动固定在活塞上的拉索上移，拉索缠绕在耦合盘外圈上，拉索带动耦合盘外圈逆时针转动，耦合盘外圈带动内圈沿收卷方向（逆时针）转动，内圈和卷轴一体，从而带动安全带向内收卷。

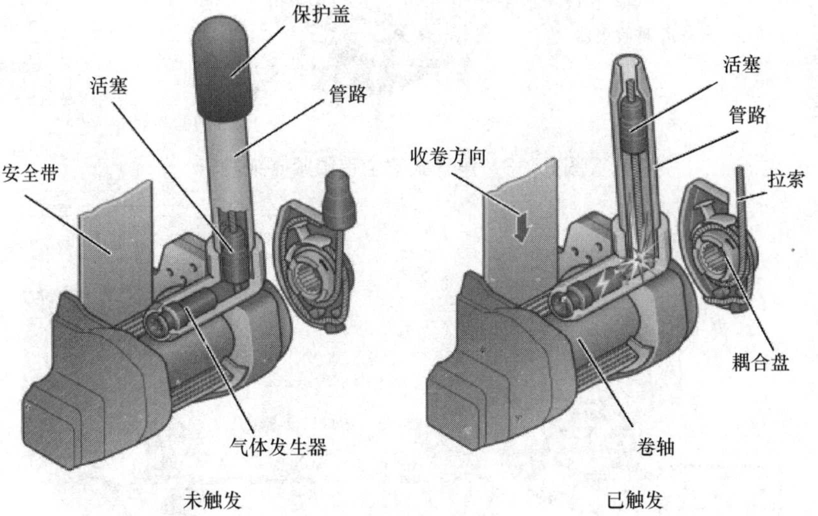

图 2–17　拉索式安全带预紧器结构和工作过程

完成任务

根据图 2-17 叙述拉索式安全带预紧器工作过程：____
____
____。

2）滚珠式安全带预紧器

在大众汽车上采用了机械或电动触发的滚珠式安全带预紧器（见图 2-18）。滚珠式安全带预紧器由一个包括了安全带佩戴识别装置和安全带限力器在内的紧凑单元组成。该安全带预紧器可用于前排和后排座椅。仅当安全带佩戴识别装置识别出安全带已佩戴后才会发生机械触发。

安全带预紧器由滚珠驱动，滚珠存放在储存管中。碰撞时，触发单元点燃气体发生剂。在电动触发的安全带预紧器上，触发单元由安全气囊控制单元激活。如果气体发生剂被点燃（见图 2-19），则膨胀气体推动滚珠，并通过齿轮将其击入滚珠收集器中。因为安全带卷筒与齿轮固定相连，所以安全带卷筒被滚珠带动而拉紧安全带。

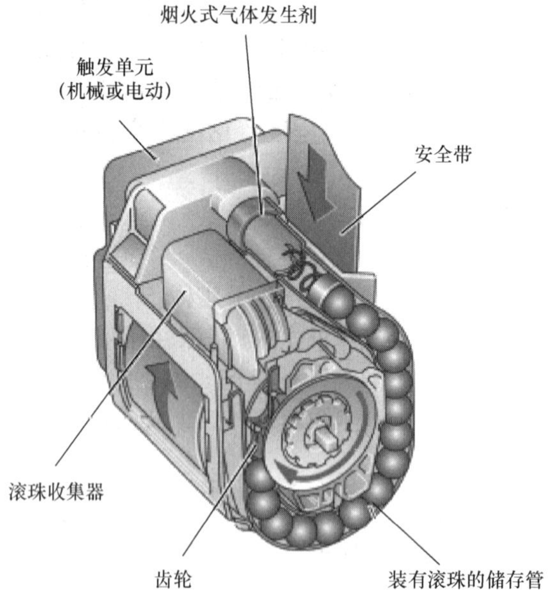

图 2-18　滚珠式安全带预紧器结构

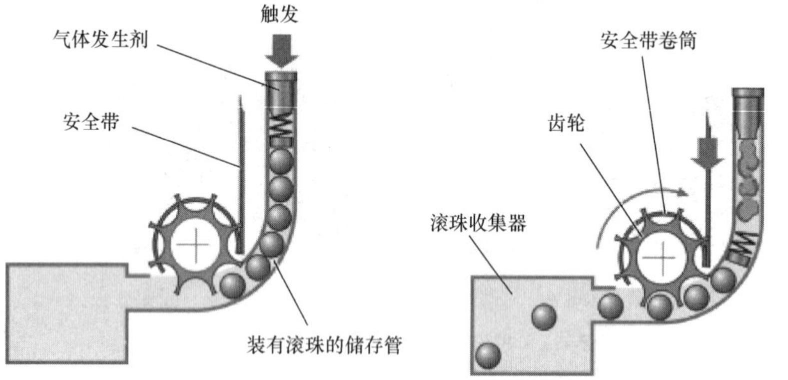

图 2-19　滚珠式安全带预紧器工作过程

钢球结构在大众 GOLF、CC 和 MAGATON 中常用。其中在碰撞后大钢球用于锁止安全带棘轮转轴，防止安全带再次伸出，只允许收缩预紧装置起作用。

3）三角转子式安全带预紧器

三角转子式安全带预紧器（见图 2-20）按旋转活塞的原理工作，它通常安装在后排座椅上。

第 1 个引燃丸被机械或电动触发（见图 2-21），通过膨胀气体使三角活塞顺时针转动。因为三角活塞与安全带卷轴相连，所以安全带开始拉紧。

在达到某个旋转角度后（见图 2-22），气体经过气流通道到达底部第 2 个引燃丸底火撞针处，通过燃烧室 1 中的工作压力将第 2 个引燃丸点燃，由此，三角活塞便继续旋转，在燃烧室 1 中的气体通过排气孔排出。

第 2 个引燃丸产生的气体推动三角活塞继续顺时针转动，气体到达上部第 3 个引燃丸底火处触发机械撞针点燃第 3 个引燃丸（见图 2-23），产生气体，三角活塞继续旋转，在燃烧室 2 中的气体通过排气孔排出。

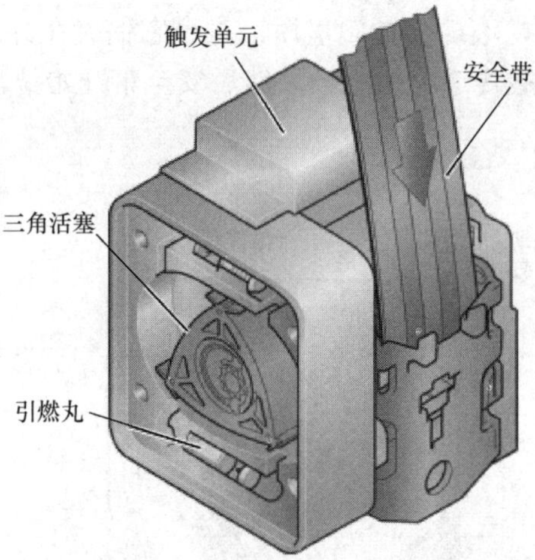

图 2-20　三角转子式安全带预紧器结构

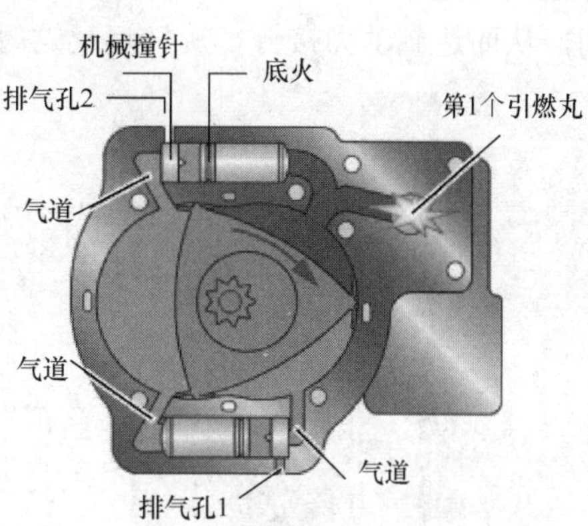

图 2-21　三角转子式安全带预紧器工作过程 1

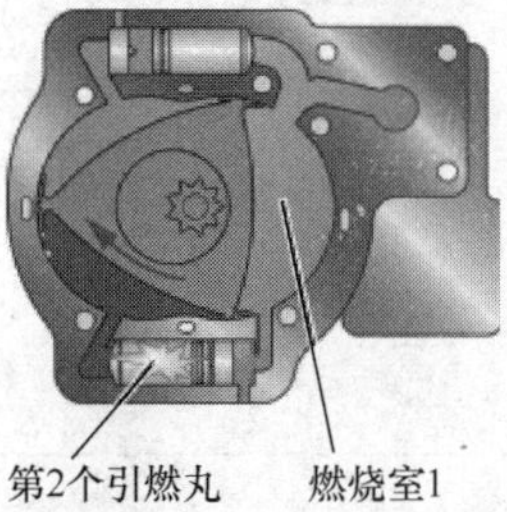

图 2-22　三角转子式安全带预紧器工作过程 2

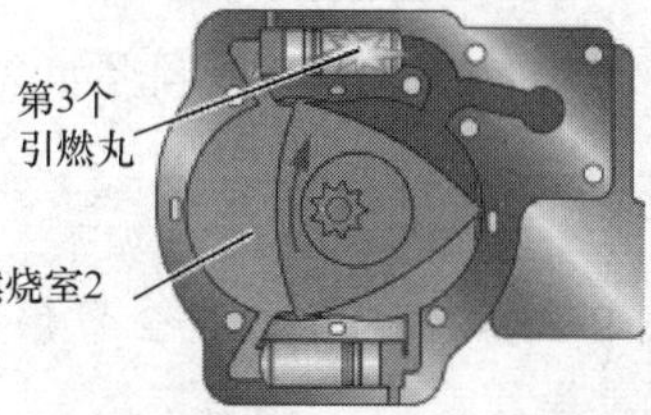

图 2-23　三角转子式安全带预紧器工作过程 3

4）齿条式安全带预紧器

齿条式安全带预紧器（见图 2-24）与安全带自动收卷装置构成一个模块。齿条式安全带预紧器用于驾驶员和副驾驶员座椅。

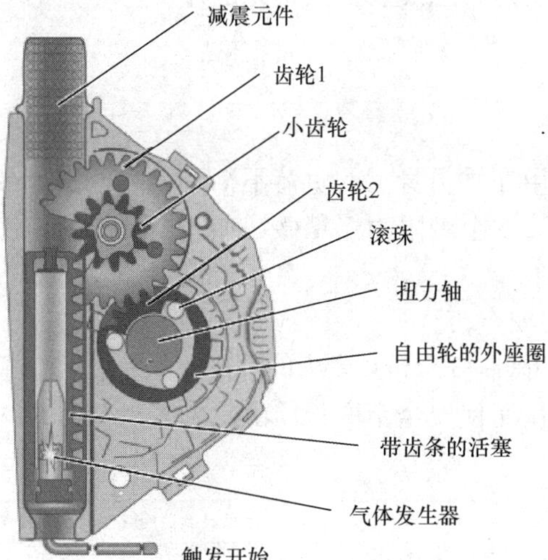

图 2-24　齿条式安全带预紧器结构

安全气囊控制单元的信号点燃气体发生器中的气体发生剂（见图 2-25），通过压力升高，使得与齿条相连的活塞向上运动。齿条通过小齿轮转动齿轮 1 和齿轮 2。齿轮 2 与扭力轴自由轮的外座圈固定相连。如果这时外座圈转动，滚珠会被向里压，直至它们夹在外座圈和扭力轴之间，从而达到动力接合，旋转运动这时被传递给扭力轴，然后安全带开始拉紧。

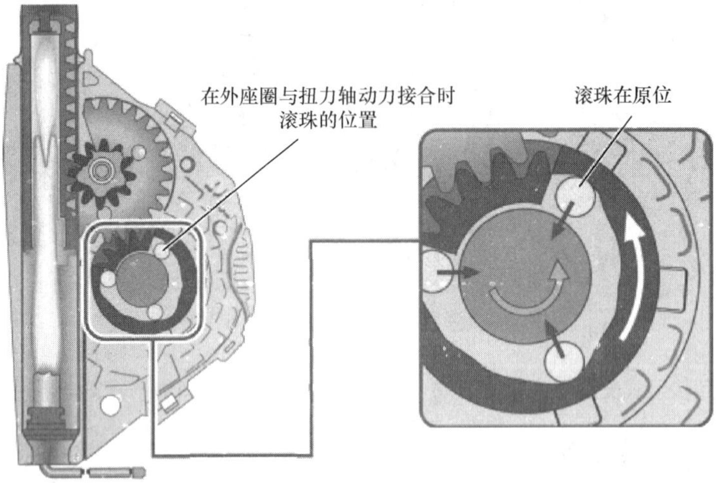

图 2-25　齿条式安全带预紧器工作过程

完成任务

根据图 2-25 叙述齿条式安全带预紧器工作过程：________________________

____

____。

安全带收卷一旦被触发，乘员将被固定在座椅上，可能出现安全带解除困难，所以在车内要备有安全带割刀或锯齿刀来割断安全带。修理时要更换整个安全带总成，修理人员会拆下安全带总成向客户展示安全带触发后安全带无法伸出，对于钢球式预紧器，在摇晃时，收集器中的钢球会有声响。

4．安全带限力器

为了在发生事故时作用在乘员身上的负荷不至于太大，安全带自动收卷装置装有安全带限力器。自某一负荷值起，安全带限力器稍微增加安全带长度，使乘员能够被裹在已展开的安全气囊中。

1）带安全带缝合区的安全带

一种技术上非常简单的限制安全带拉紧力的解决方案是采用带缝合区的安全带（见图 2-26）。拉力太大时，线缝裂开，从而使安全带变长，由此来减小拉力并减轻乘员的负荷，设计力据说在 6000 N。

2）扭力限力器

安全带扭力限力器不仅安装在滚珠式安全带预紧器、三角转子式安全带预紧器、拉索式安全带预紧器中，还安装在齿条式安全带预紧器中。安全带的拉力由安全带卷筒中的扭力轴（见图 2-27）加以限制，以此来降低最高负荷。

如图 2-27 所示，安全带受力方向沿箭头方向，安全带带动卷筒，卷筒通过左侧带动扭力轴，在右侧扭力轴被齿轮上的棘爪固定。左侧的卷筒和棘轮间有耦合器，低速拉动安全带时允许耦合器分离，左侧的单向棘轮和棘爪机构是防止在碰撞开始时安全带伸出，右侧的单向棘轮和棘爪机构是允许正常时的安全带拉出。

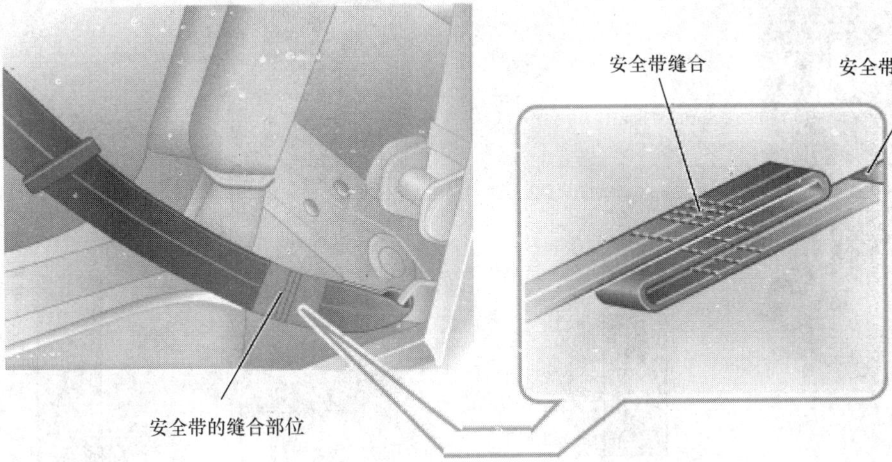

图 2-26　安全带拉紧力限制：安全带限制缝合区

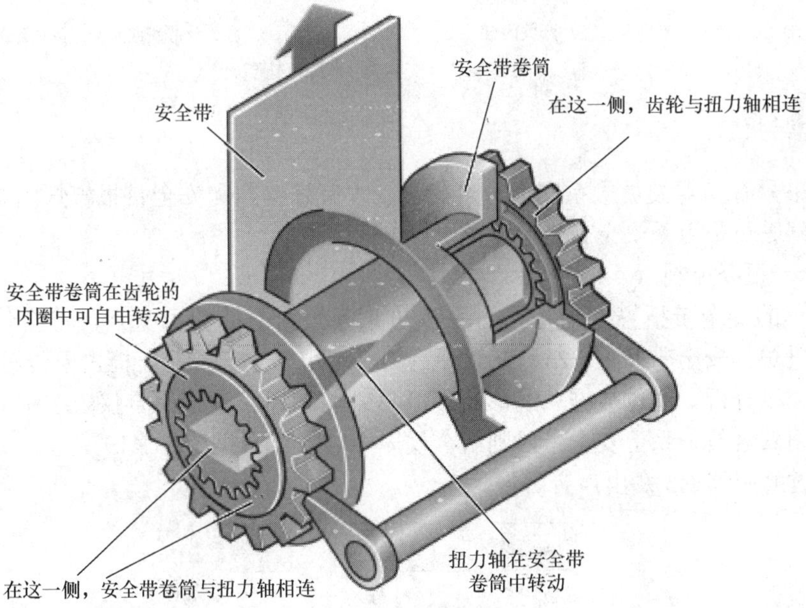

图 2-27　安全带拉紧力限制：扭力限力器

5. 安全带开关

驾驶员侧安全带开关 E24 和副驾驶员侧安全带开关 E25 这两个组件集成在前排座椅的安全带锁扣中。一种安全带开关是机械式的开/合开关，另一种是所谓的簧片开关。

簧片开关由永磁体触发。如图 2-28（a）所示，安全带锁扣未被触发时（锁舌未插入），簧片开关闭合。在该位置上，安装在 Spring Thorn*上的电磁铁会对簧片开关产生影响。

如图 2-28（b）所示，如果安全带锁舌插入安全带锁扣，则簧片开关打开。插入的锁舌导致 Spring Thorn*被提升，这样 Spring Thorn*上的电磁铁不再对簧片开关产生影响，于是开关打开。

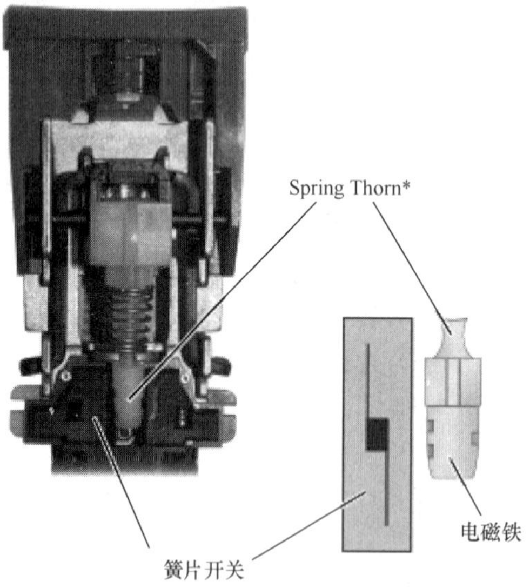

（a）安全带锁舌未插入，簧片开关闭合

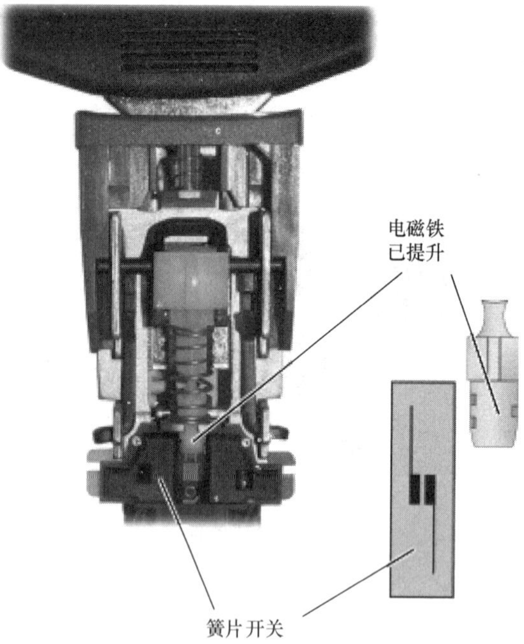

（b）安全带锁舌插入，簧片开关打开

图 2-28　安全带开关结构

6．安全带报警

一般汽车只有当驾驶员未系安全带时，仪表才有蜂鸣声和安全带报警灯闪烁，最近的技术是也对副驾驶员是否系安全带进行检测。

1）安全带报警控制

大众汽车的安全带报警控制方式如图 2-29 所示。打开点火开关后，安全气囊控制单元 J234 检查驾驶员侧安全带开关 E24、副驾驶员侧安全带开关 E25 及座椅占用传感器 G128，并对这些信息加以分析。通过数据总线诊断接口 J533 将信息传递给组合仪表控制单元 J285。如果驾驶员或副驾驶员未系上安全带，则组合仪表中的安全带报警灯 K19 亮起。如果达到特定车速，则通过蜂鸣器 H3 发出声音警告。

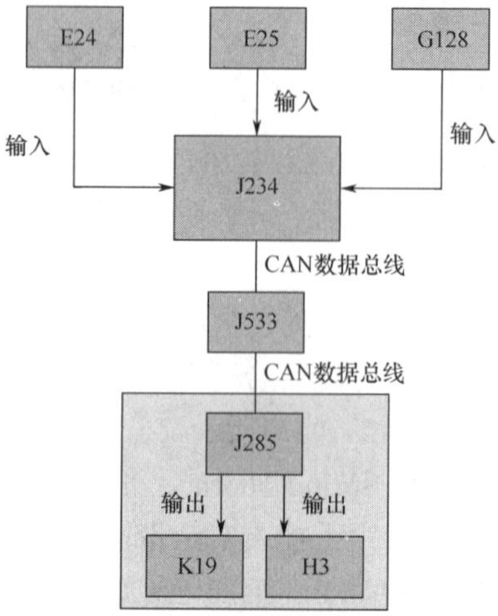

图 2-29　大众汽车的安全带报警控制方式

2）副驾驶员侧座椅占用传感器 G128

副驾驶员侧座椅占用传感器 G128（见图 2-30）是安全带报警系统的组件。该传感器由一层塑料薄膜和多个独立的触点传感器组成。副驾驶员侧座椅占用传感器 G128 安装在副驾驶员座椅的座椅套和坐垫之间，座椅占用传感器的位置延伸至副驾驶员座椅的后部区域，如此便确保能够探测到座椅面的关键区域。

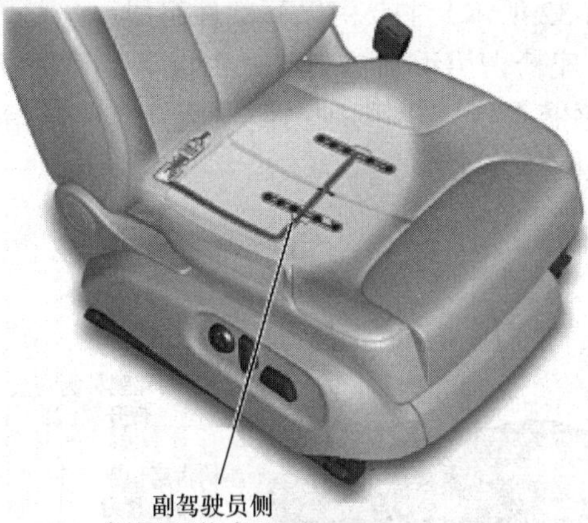

G128的电阻分析	
约430Ω或更大	座椅未被占用
约140Ω或更小	座椅已被占用

图 2–30 副驾驶员侧座椅占用传感器 G128

副驾驶员侧座椅占用传感器 G128 根据负重改变其电阻。如果副驾驶员座椅未被占用，则副驾驶员侧座椅占用传感器G128的电阻很大。负重越大，电阻就越小。负重自约5kg起，安全气囊控制单元 J234 就将座椅识别为“座椅已被占用”。

3）辅助系统

为了满足一些国家法定的和特定的要求，车辆可配备各种辅助系统。可能的辅助系统包括翻车识别和保护装置、副驾驶员侧座椅占用识别系统、膝部安全气囊。

（1）翻车识别和保护装置

对于一些车型（如 EOS 和新甲壳虫敞篷车），已在安全气囊控制单元 J234 中集成了附加的翻车识别传感器。如果识别到翻车，安全带预紧器和头部安全气囊将被激活。

在新甲壳虫敞篷车中，设计有翻车保护装置（见图 2-31）。传感器识别到翻车后，安全气囊控制单元 J234 控制翻车保护装置电磁铁 N309 和 N310 通电释放左侧和右侧的翻车保护装置锁止，保护装置在弹筑簧的作用下上移，从而在乘员头部形成三角区，保护装置伸出后不能被压缩。

图 2-31 翻车保护装置（处于起始位置）

修理中，只有手动解除棘爪时，才能再将保护装置压回，让保护装置重新挂在翻车保护装置锁止槽内，重新受电磁铁控制。

（2）副驾驶员侧座椅占用识别系统

如图 2-32 所示，如果安全气囊控制单元 J234 得到副驾驶员座椅未被占用或安装有儿童座椅的信息，则安全气囊控制单元关闭副驾驶员正面安全气囊。如果副驾驶员正面安全气囊已被停用，则会通过副驾驶员侧安全气囊关闭指示灯（PASSENGER AIRBAG OFF）和组合仪表中的字符信息向乘员显示这一情况。

副驾驶员侧座椅占用识别系统（如图 2-32 所示）主要由以下部件组成：坐垫、座椅占用识别垫、座椅占用识别压力传感器 G452、座椅占用识别控制单元 J706、副驾驶员侧安全带开关 E25、座椅占用识别安全带拉紧力传感器 G453、副驾驶员侧安全气囊关闭指示灯 K145（PASSENGER AIRBAG OFF）、安全气囊控制单元 J234。

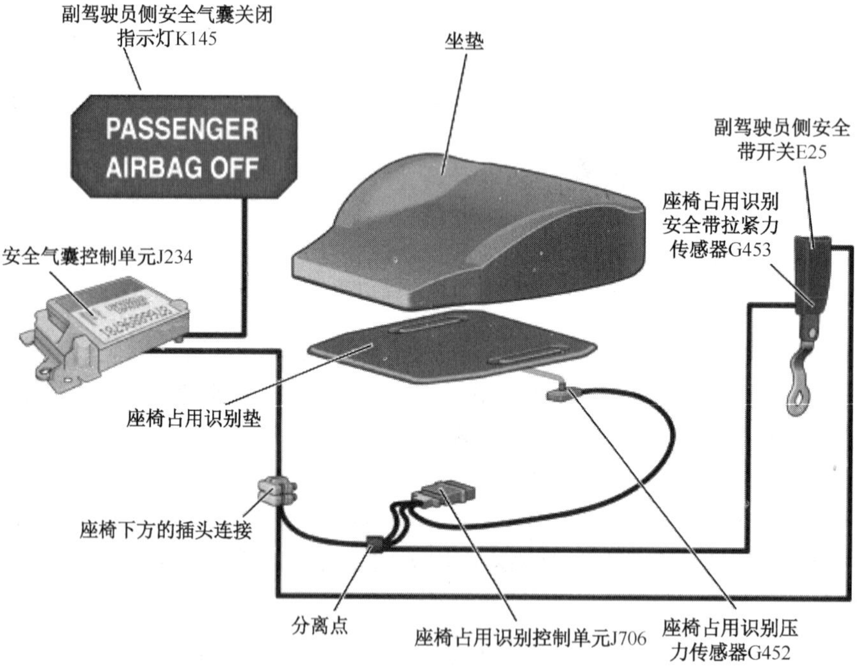

图 2-32　副驾驶员侧座椅占用识别系统

① 座椅占用识别控制单元 J706 用于分析座椅占用识别压力传感器 G452 和座椅占用识别安全带拉紧力传感器 G453 的信号。座椅占用识别安全带拉紧力传感器的信号用于说明安全带上的拉力有多大。借助座椅占用识别压力传感器的信号，座椅占用识别控制单元可识别出副驾驶员座椅的负重情况。如果副驾驶员座椅负重小于 20kg，并且识别出没有安全带拉紧力或安全带拉紧力很小，则座椅占用识别控制单元确定为“儿童座椅”，并将这一情况通知安全气囊控制单元，副驾驶员正面安全气囊即被安全气囊控制单元关闭。如果副驾驶员座椅负重约 25kg，并且安全带拉紧力超过一个预定的值，则座椅占用识别控制单元识别到，儿童座椅被具有儿童座椅固定功能的安全带压在坐垫上，安全气囊控制单元将副驾驶员正面安全气囊关闭。当负重大于 25kg 和很小的安全带拉紧力时，座椅占用识别控制单元将座椅视为被一个成人占用，副驾驶员正面安全气囊保持激活状态。接通点火开关后，传感器的信息将被持续分析，这样可以确保座椅占用识别控制单元识别到座椅占用的变化情况。

安全气囊控制单元 J234 和座椅占用识别控制单元 J706 之间的数据交换通过 LIN 数据总线进行。诊断监控由安全气囊控制单元承担。

② 座椅占用识别压力传感器 G452（见图 2-33）和座椅占用识别垫组成一个部件。座椅占用识别垫充有硅凝胶，位于副驾驶员座椅的坐垫下。如果副驾驶员座椅被占用，则座椅占用识别垫中的压力发生变化，座椅占用识别压力传感器识别出该压力变化，并以电压信号形式将这一情况报告给座椅占用识别控制单元 J706。根据负重情况，电压在 0.2V（大负重）和 4.8V（小负重）之间变化。座椅占用识别控制单元向传感器提供的电压为 5V。在进行安装作业时，严禁弯折压力软管和座椅占用识别垫。

③ 座椅占用识别安全带拉紧力传感器 G453 集成在副驾驶员座椅的安全带锁扣中。它主要由两个可相互移动的部件和一个位于电磁铁 I 和 II 之间的霍尔传感器组成。一根经设定的弹簧使这两个部件位于静止位置。在该位置上，电磁铁 I 和 II 对霍尔传感器没有影响。按规定佩戴好安全带后即在安全带锁扣上产生拉力，霍尔传感器至电磁铁 I 和 II 之间的距离发生改变。因此，电磁铁对霍尔传感器的影响也会改变，进而改变霍尔传感器的电压信号。安全带锁扣上的拉力越大，这两个部件相对位移也越大。座椅占用识别控制单元收到这些信息，并对其加以分析。机械挡块用于确保在碰撞时传感器元件不会裂开。

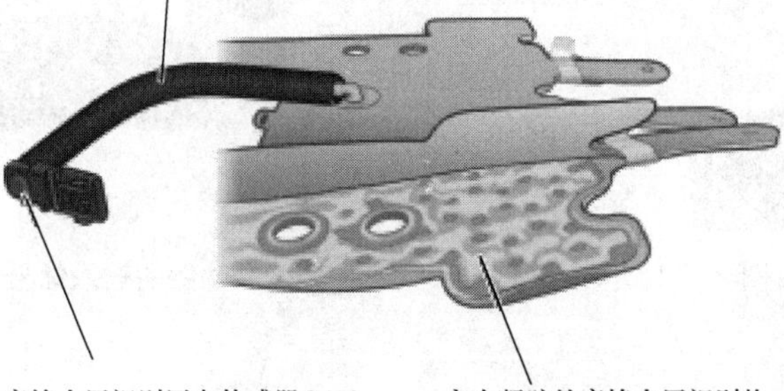

图 2-33 座椅占用识别压力传感器 G452

2.4 大众速腾安全系统

1. 系统组成

完成任务

根据图 2-34 写出大众速腾轿车外部输入传感器的信号：____。

写出内部输入传感器的信号：________________________________。

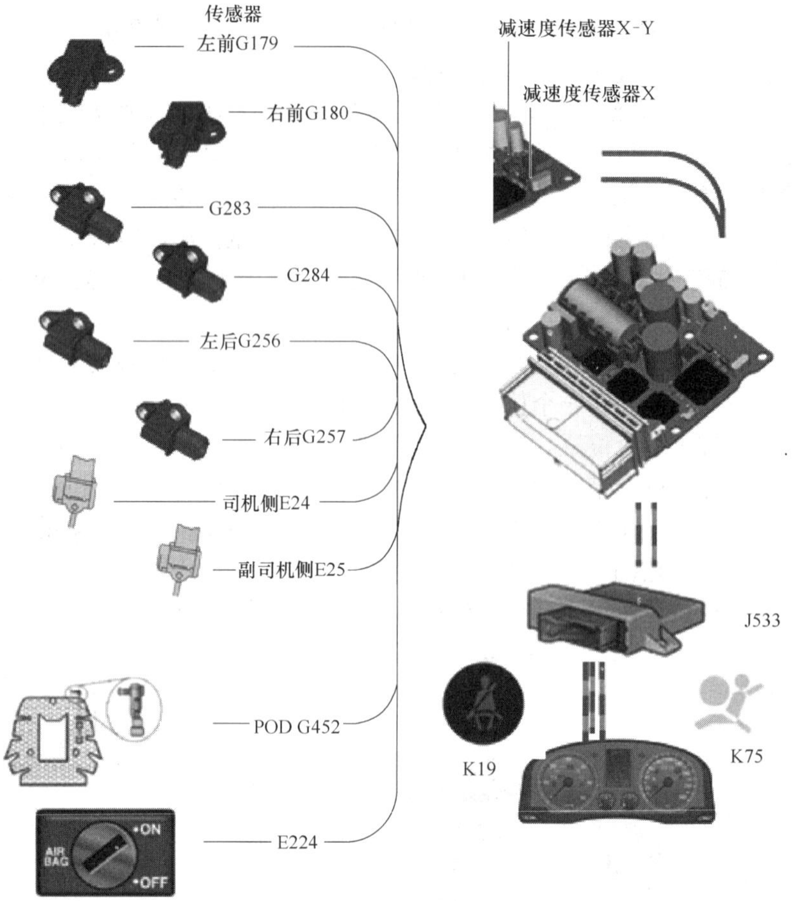

图 2–34　大众速腾安全气囊及其扩展功能的输入信号

完成任务

画出安全带指示灯和安全气囊故障灯的符号图。

安全带指示灯:　　　　　　　　　　　　安全气囊故障灯:

完成任务

根据图 2-35 写出大众速腾轿车外部输出执行器的名称。

N95、N96: ________________。N131、N132: ________________。N199 ~ N202: ________________。K145: ________________。N251、N252: ________________。N153、N154: ______________。N196、N197: ______________。

安全带卷缩器采用什么形式？＿＿＿＿＿＿＿＿。
J527 在这里边的作用是＿＿＿＿＿＿＿＿。

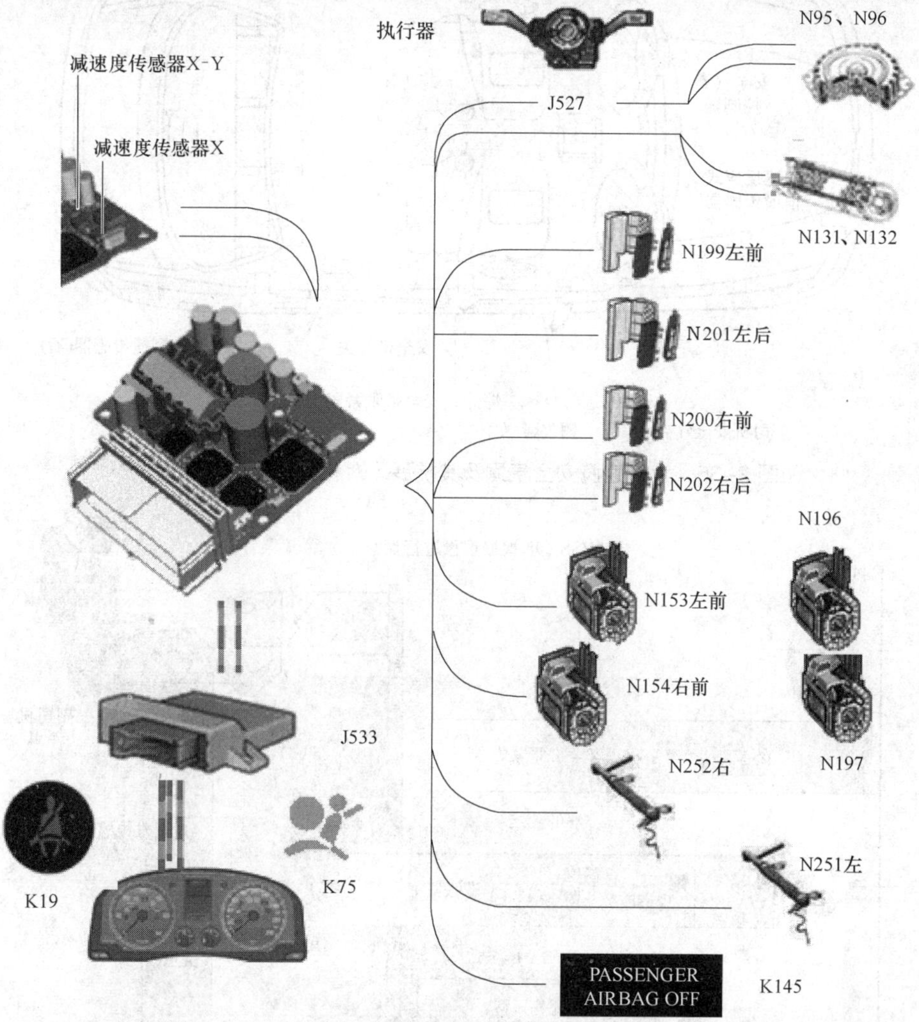

图 2–35　大众速腾安全气囊及其扩展功能的输出信号

完成任务

将大众速腾轿车元件的大众代码写到如图 2-36 所示汽车中的相应位置。

2. 典型技术应用

1）副司机座椅占用识别系统（PODS）

副司机座椅占用识别系统（Passenger Occupation Detection System，PODS）用来检查是否有人坐在座椅上。若有人坐在座椅上，同时副司机的安全带没系上，将触发仪表进行安全带不系报警。

图 2-37 所示为副司机座椅占用识别系统（PODS），它说明碰撞死亡与身体的重量有关，同时不同年龄的儿童安全带张紧范围是不同的。

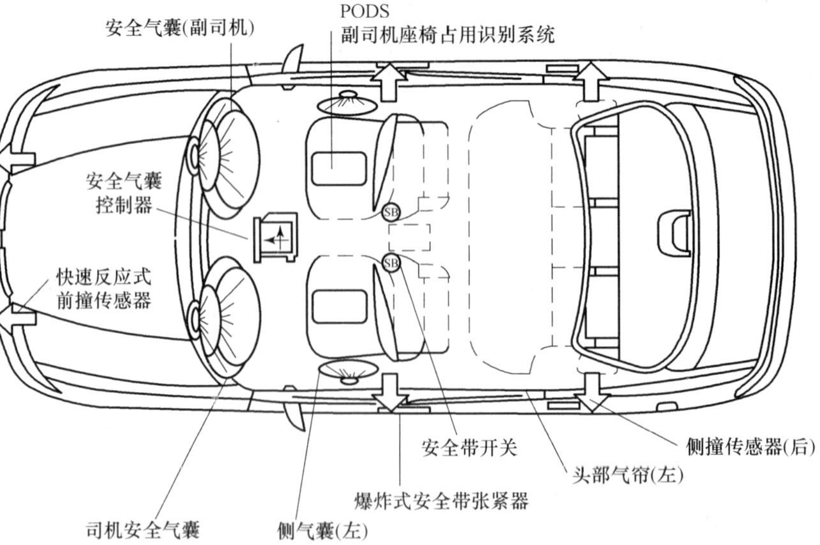

图 2-36　大众速腾安全气囊及其扩展（对称图形为对称元件）

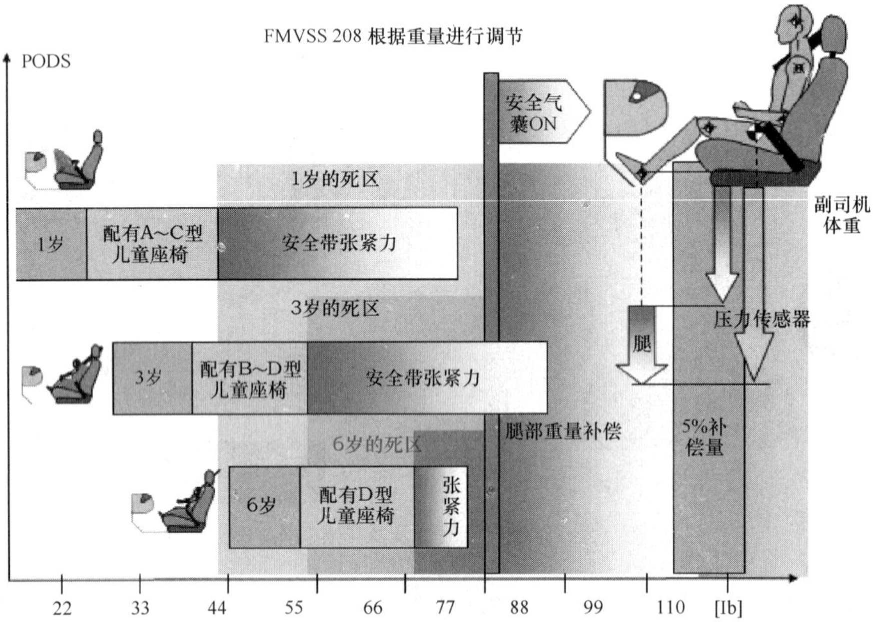

图 2-37　副司机座椅占用识别系统（PODS）

副司机座椅识别传感器 G128 由几个单独的压力电阻组成，感知座椅相关部位。该传感器根据压力改变电阻。若传感器承受的负重大于 5kg，则安全气囊控制单元确定“座椅被占”。座椅未被占时，传感器电阻很大，一般为 430Ω，一旦该座椅被占，电阻减小，一般为 140Ω。不占位时，若电阻超过 480Ω，则安全气囊控制单元判定为断路，并存储故障。安全气囊控制单元利用该传感器和安全带锁开关判断是否有人，以及人是否系了安全带，其电路如图 2-38 所示。

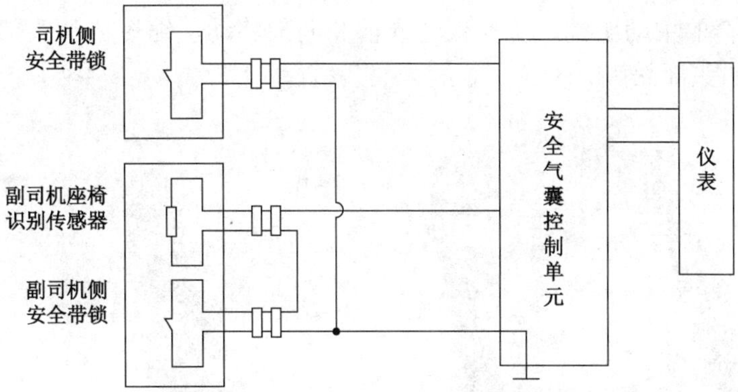

图 2-38　副司机座椅占用识别系统电路

完成任务

大众速腾轿车副司机座椅占用识别系统的传感器类型是压力电阻型，还是电容型？______________。作用是什么？______________________________________。

2）儿童座椅安装位置（ISO FIX）

如图 2-39 所示，不同年龄和体重的儿童座椅不同，按照 ISO FIX 标准，第二排两个靠外的座椅上预留了儿童座椅安装锁紧扣，使得儿童座椅可以快速、轻松、安全地装卸，从而保证儿童乘坐时得到特殊的最佳保护。

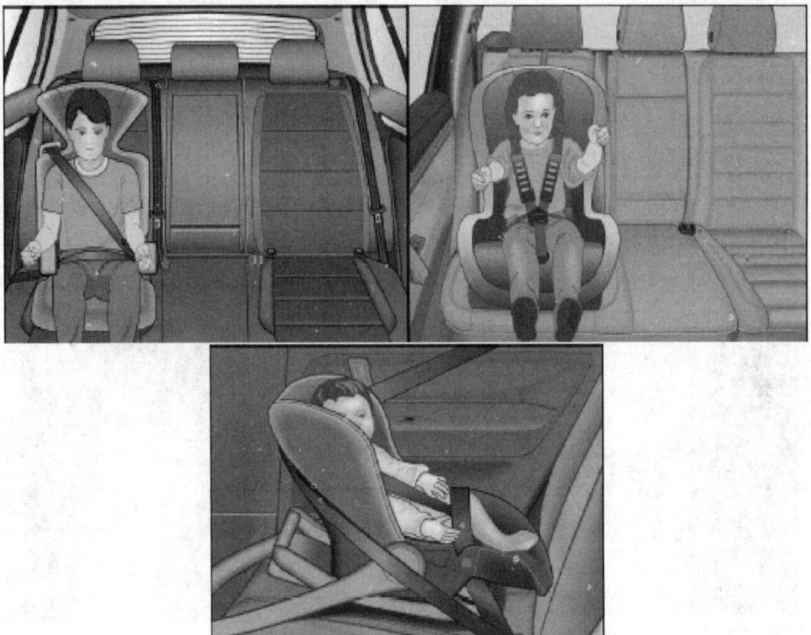

图 2-39　儿童座椅安装位置（ISO FIX）

3）机械式主动头枕

如图 2-40 所示，发生车尾碰撞时车内乘员被压入座椅，乘员身体产生的压力作用在靠背上，触发前排座椅的主动头枕，头枕快速向前和向上移动，缩短成员头部和头枕之间的距离，从而降低成员头部受伤的风险。

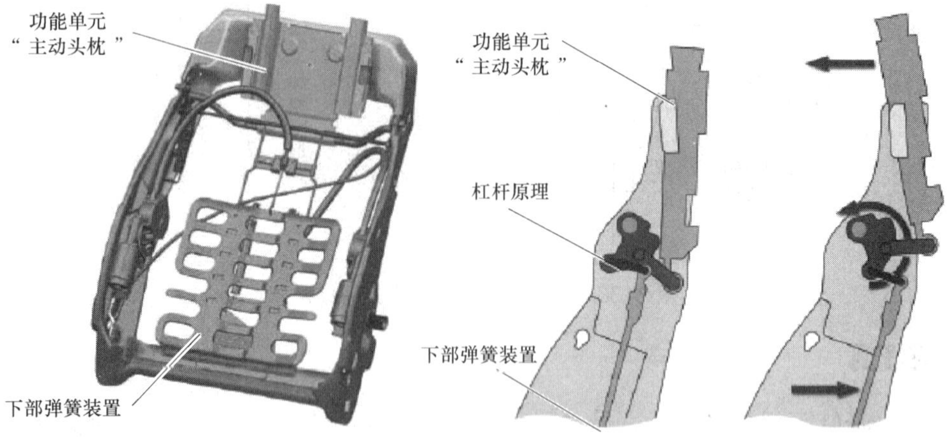

（a）后部未撞车　　（b）后部撞车

图 2-40　高度可调的主动头枕

完成任务

根据图 2-40 分析高度可调主动头枕的工作原理：______________________________
____
____
____
____。

4）副司机侧安全气囊关闭开关

如图 2-41 所示，副司机侧安全气囊可以用钥匙通过手套箱中的开关关闭，要用钥匙插入转动到 OFF。关闭后，为了提醒司机，由 K145 指示灯点亮指示开关关闭。

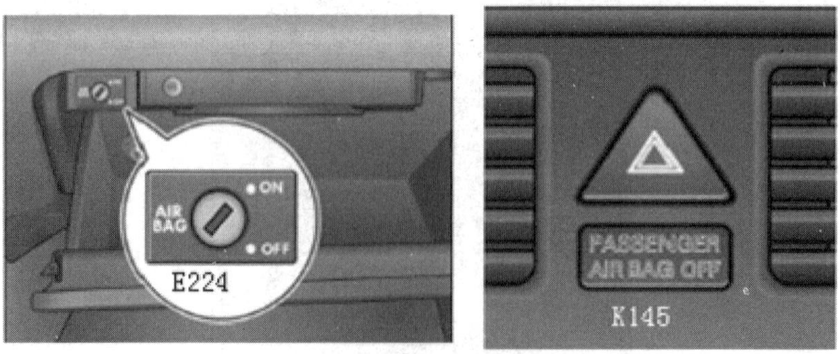

图 2-41　副司机侧安全气囊关闭开关

图 2-42 所示为副司机侧安全气囊关闭开关电路。在开关 E224 中，采用电阻分压式。处于图中开关位置时，电阻 R2 被旁路，R1 与位置 294 构成一个回路，R3、R4 与位置 294 构成一个回路。开关转动后，R3 与位置 294 构成一个回路，R1、R2 与位置 294 构成一个回路。

安全气囊控制单元 J234 利用这个导致回路中电流发生变化，采样电阻的分压发生变化来识别开关状态。这样设计的好处是通过两根信号线可以实现开关的自诊断。

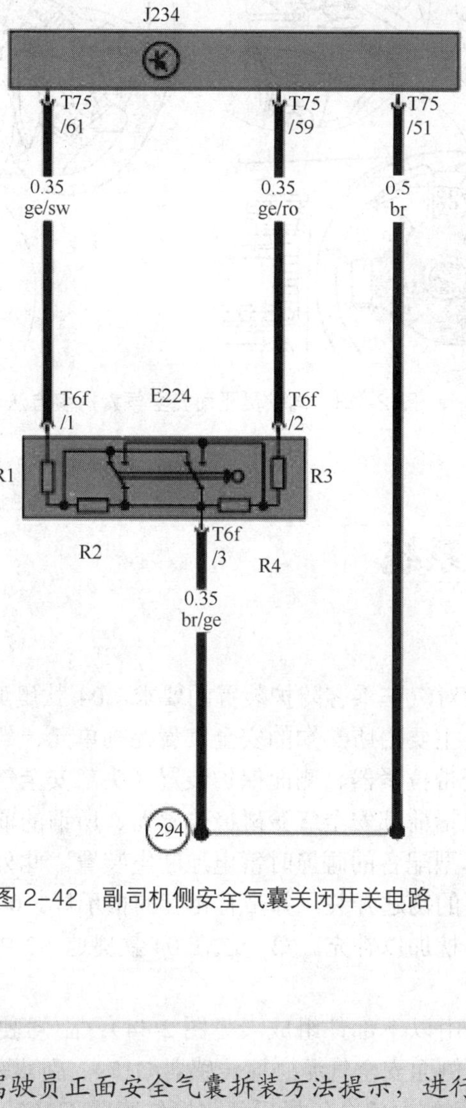

图 2–42 副司机侧安全气囊关闭开关电路

3. 正面安全气囊拆装

完成任务

根据如图 2-43 所示的驾驶员正面安全气囊拆装方法提示，进行一次驾驶员正面安全气囊拆装。注意：一定要拔下钥匙和断开蓄电池负极电缆后进行，通常还要等安全气囊控制单元内的电容放电后再进行。电容放电所需时间最多为 10min，10min 后可拆方向盘衬垫。拆完后，进行逆向安装，装好气囊衬垫后，打开点火开关，再安装蓄电池接柱，也可以先安装蓄电池电缆，但要在副驾位上打开点火开关，防止安全气囊爆开充气的意外危险。完成在线上打钩：__________。

请对螺旋电缆进行一次“方向盘对中”操作，保证向左和向右转动方向盘时不会发生扯断螺旋电缆。完成在线上打钩：__________。

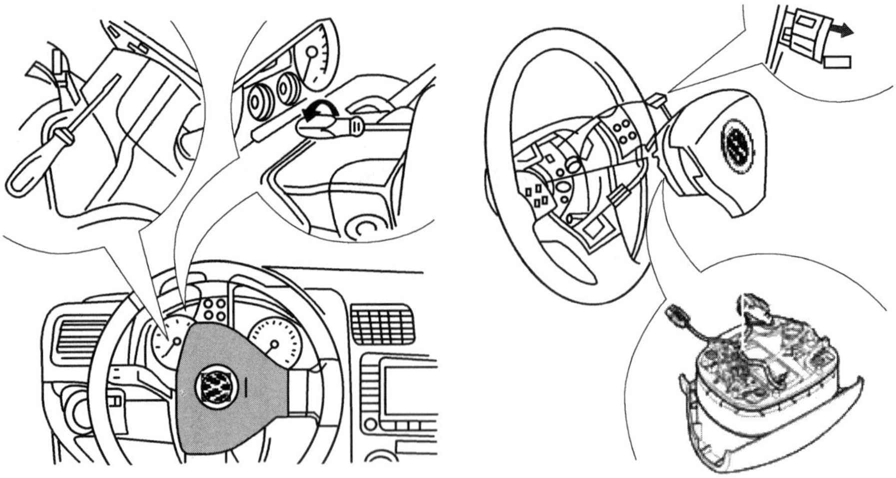

图 2-43　驾驶员正面安全气囊拆装方法

2.5 奥迪安全系统

为了满足当前和今后对汽车乘客防护装置的要求，04 款奥迪 A3 中的安全系统被修改并进行了相应的调整。系统主要由所熟知的安全气囊控制单元、驾驶员和副驾驶员安全气囊、前侧面安全气囊、前安全带拉紧器、侧面保护装置（头部安全气囊）及侧面碰撞识别传感器等组成。最新所应用的包括前部安全气囊碰撞传感器、所谓的前部碰撞识别传感器、蓄电池安装在行李箱内的汽车车型配备的碰撞时蓄电池断电装置。此外，还可为汽车配备一个用于关闭副驾驶员侧安全气囊的钥匙开关，并带有相应的指示灯。04 款奥迪 A3 中的安全系统通过前排座椅中的主动型头枕加以补充。第一次在 04 款奥迪 A3 中安装不受更换周期限制的安全气囊模块。

奥迪 A3 的安全系统由以下部件组成（见图 2-44）：副驾驶员侧安全气囊断电钥匙开关 E224、驾驶员侧（B 柱）侧面安全气囊碰撞传感器 G179、副驾驶员侧（B 柱侧面安全气囊碰撞传感器 G180、驾驶员侧侧面安全气囊后部碰撞传感器 G256、副驾驶员侧侧面安全气囊后部碰撞传感器 G257、驾驶员侧前部安全气囊碰撞传感器 G283、副驾驶员侧前部安全气囊碰撞传感器 G284、安全气囊控制单元 J234、仪表板 J285、舒适系统中央控制单元 J393、数据总线诊断接口（网关）J533、发动机控制单元 J623、电池断电继电器 J655、安全气囊指示灯 K75、副驾驶员侧安全气囊关闭指示灯 K145、驾驶员侧安全气囊触发器 N95、副驾驶员侧安全气囊触发器 N131、驾驶员侧安全带拉紧器触发器 N153、副驾驶员侧安全带拉紧器触发器 N154、驾驶员侧侧面安全气囊触发器 N199、副驾驶员侧侧面安全气囊触发器 N200、驾驶员侧头部安全气囊触发器 N251、副驾驶员侧头部安全气囊触发器 N252、16 脚自诊断接口 T16。

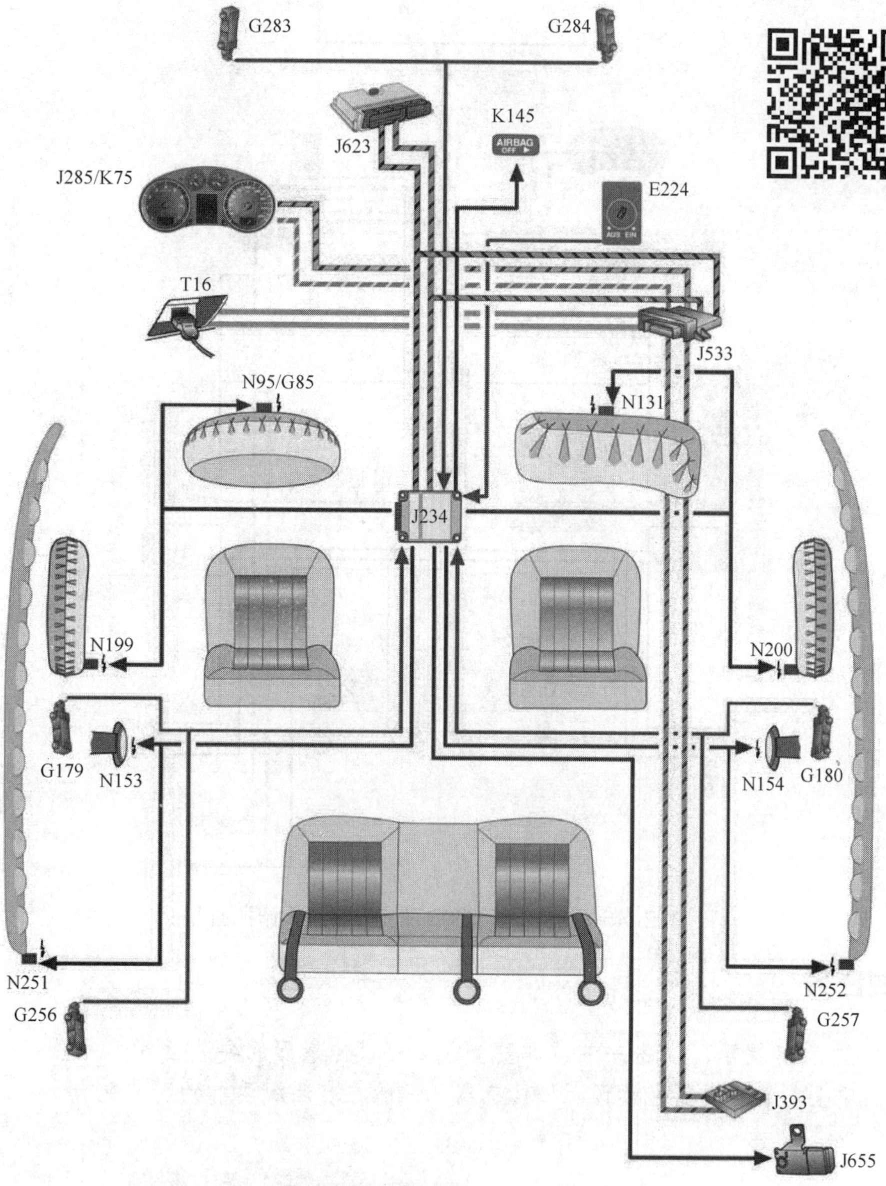

图 2–44　奥迪 A3 的安全系统（俯视图）

完成任务

在出现碰撞事故时，舒适系统中央控制单元 J393 控制四个车门控制单元 J386、J387、J388 和 J389 打开车门（有的车会降下玻璃 10cm），用于放掉车内的烟气，也利于逃生，同时中央电气控制单元 J519 控制转向灯打开给外人以警示。请用诊断仪 VAS5051B 为学生执行出现碰撞时的车门和转向灯控制。完成在线上打钩：________。

完成任务

在图 2-45 中写出所有元件的大众代码和名称。

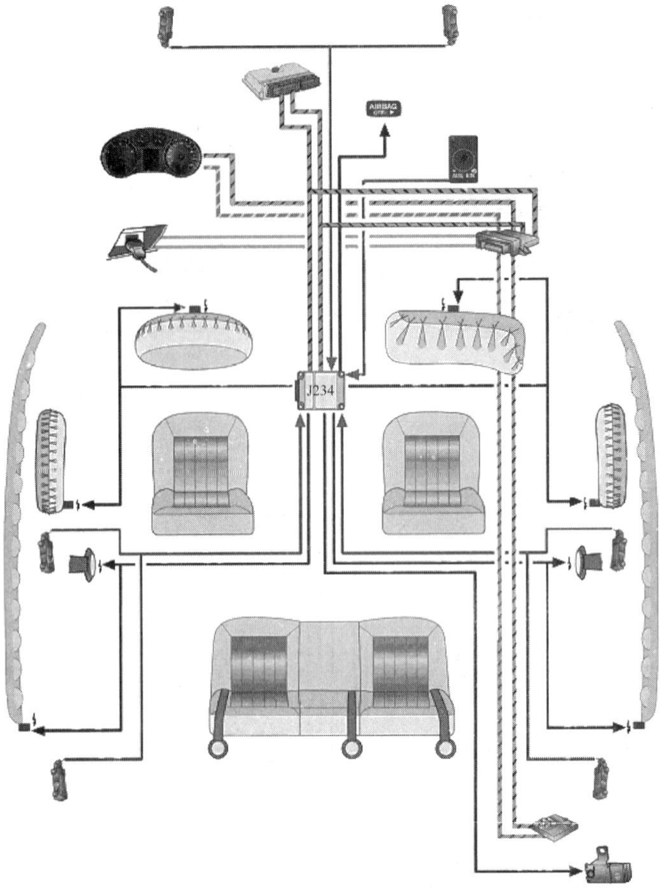

图 2-45　任务：奥迪 A3 的安全系统（俯视图）

完成任务

根据图 2-46 提示，描述一下前部安全气囊碰撞传感器的安装位置：________。大众正面安全气囊传感器也称预碰撞传感器，一般在有法规要求的国家配有。

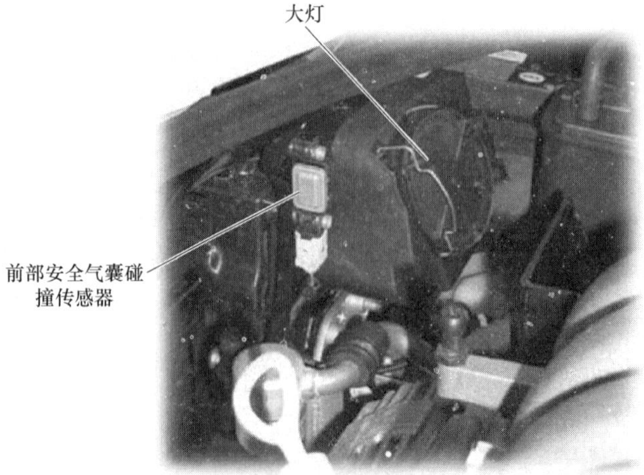

图 2-46　前部安全气囊碰撞传感器安装在大灯的左、右侧各一

技师指导

大众汽车安全气囊控制单元编码只能编一次。

2.6 碰撞安全控制

1. 碰撞安全控制概述

此外，安全气囊控制单元还将碰撞事件通知其他的控制单元。例如，碰撞发生的信息发给发动机控制单元，其他控制单元发出响应控制指令。一般控制如下。

（1）发动机控制单元 J220（直喷式 J623）切断发动机系统的燃油供应，具体操作是停止燃油泵继电器 J17 的线圈供电。

（2）如果配有蓄电池断开元件，则会在触发安全气囊时激活蓄电池断开元件。

（3）通过舒适系统中央控制单元 J393 打开车门，以便于驾驶员逃生。

（4）通过舒适系统中央控制单元 J393 降下玻璃 100mm 左右，目的是放出安全气囊产生的烟气。

（5）通过中央电气控制单元 J519 控制转向灯闪亮。

完成任务

写出大众汽车在碰撞后进行安全控制的控制单元，以及每个控制单元的控制内容：

____

____。

2. 发动机断油控制

汽车在碰撞后，安全气囊控制单元会向发动机系统发送让燃油泵继电器断开的指令，称为碰撞断油控制。

3. 车门和灯光控制

汽车在碰撞后，大众汽车的中央电气控制单元 J519 会控制转向灯闪亮，同时舒适系统中央控制单元 J393 会控制四个车门控制单元 J386、J387、J388 和 J389 将四个车门打开。

4. 起动机控制

蓄电池/发电机到起动机（有的书中用启动机，用法不统一，本书中用起动机）30 接线柱这段粗的正极电缆上并没有熔丝，一旦碰撞这段电缆与车身接触就会发生短路失火，极其危险。大众车系在设计汽车时，优先对把蓄电池放电车内或后行李箱内的情况设计起动机正极电缆断开装置。

1）起动机正极电缆断开控制方式

（1）第一种是在蓄电池正极电缆上加装“起动机供电断电继电器”，也称“起动机 30 接线柱断电继电器”。

（2）第二种是在蓄电池正极接线柱上安装正极电缆爆破断开装置，爆破断开装置为一次性装置。

2）起动机供电断电继电器

（1）方式一

如图 2-47 所示，在奥迪轿车的后备箱内有起动机供电断电继电器 J655（大众错称为电池断电继电器），其任务是，在发生撞车时，切断起动机和发电机与蓄电池的连接线，这样就避免了当汽车着火时有可能导致的短路问题。在通过安全气囊控制单元释放后，在元件的视窗中可以看到一块白色的区域，而并非铜线圈。安全气囊控制单元承担触发及诊断监控的作用，并将所发生的故障存储起来。蓄电池断电继电器只安装在蓄电池位于行李箱中的汽车上。

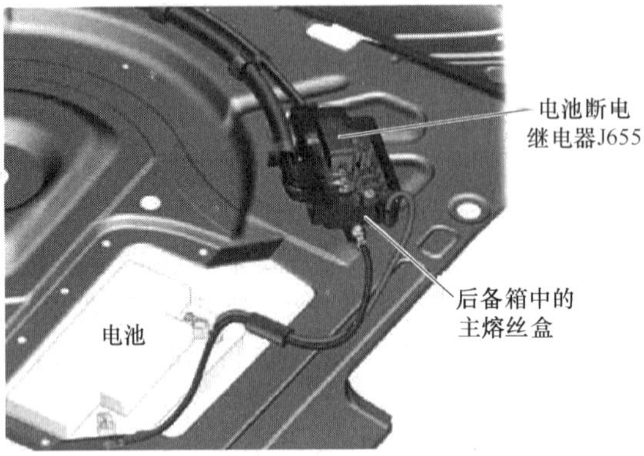

图 2-47　奥迪 A3 汽车后备箱中的电池断电继电器 J655

如图 2-48 所示，电池断电继电器 J655 的工作原理如下：J655 本身是电子型继电器，①为点开开关供电，②为搭铁，Ⓐ为继电器常电引脚 30，Ⓑ为继电器的 87 引脚，输出至起动机，③是安全气囊控制单元 J234 来的单向碰撞信号，④是安全气囊控制单元 J234 来的双向信号，作诊断用。

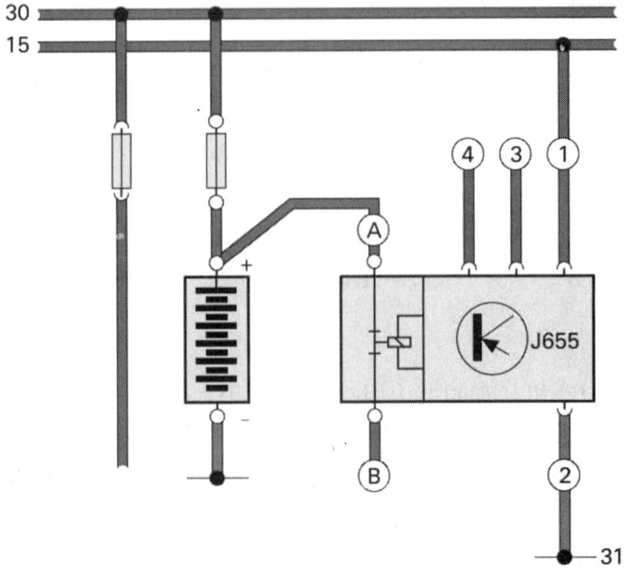

图 2-48　起动机供电断电继电器 J655 电路图一

（2）方式二

如图 2-49 所示，由安全气囊控制单元 J234 触发继电器 J655 线圈通电，控制开关 E74 断开。除了控制功能之外，安全气囊控制单元 J234 还承担诊断监控功能，并存储出现的故障。

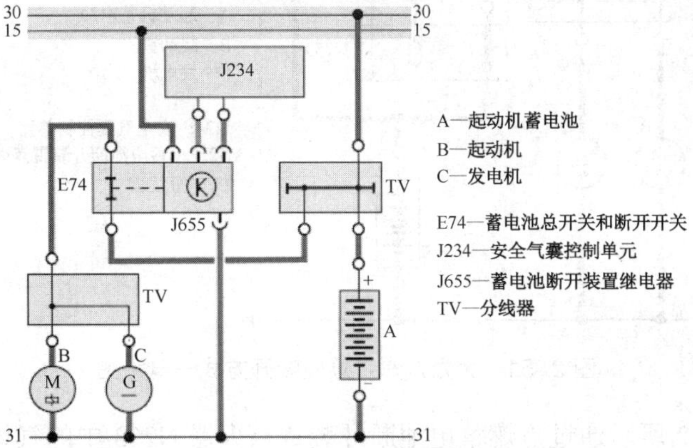

图 2-49　起动机供电断电继电器 J655 电路图二

通电的蓄电池断开装置继电器 J655（见图 2-50）可通过观察窗加以识别。撞车后，继电器 J655 线圈通电后，开关 E74 断开时，在观察窗显示为白色，需要更换蓄电池断开装置继电器 J655 才能恢复起动机 30 接线柱正常供电。

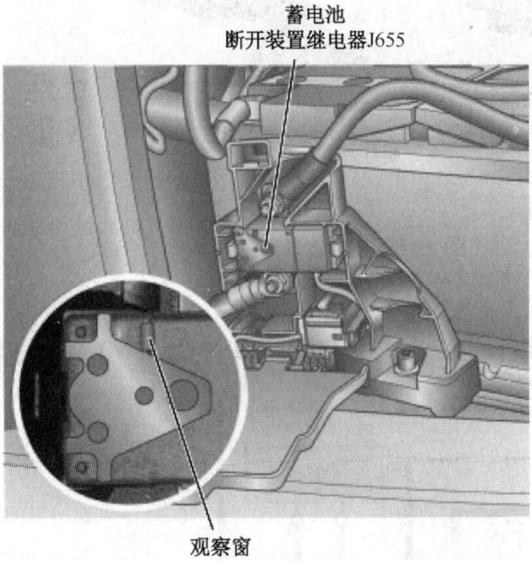

图 2-50　带有观察窗的蓄电池断开装置继电器

3）爆破断开控制

（1）方式一

在路波 3L 和辉腾中，蓄电池正极接线柱通过一个螺钉夹箍直接固定在起动机蓄电池正极上，接线柱内装点火器 N253。安全气囊控制单元 J234 借助点火器 N253 实现爆破断开，可以使起动机蓄电池和起动机之间的导线断路，如图 2-51 所示。

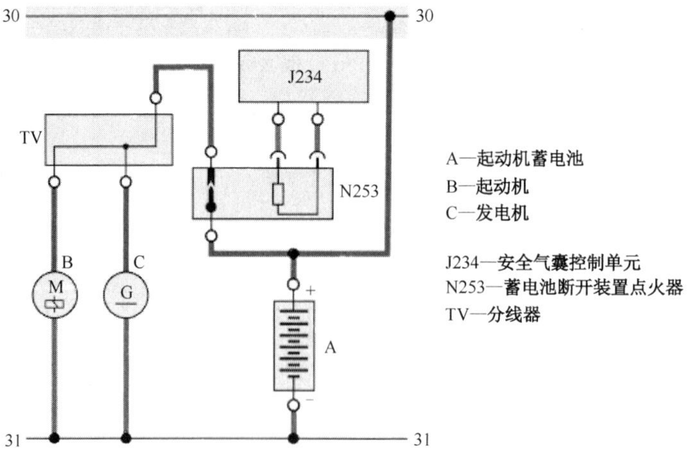

图 2-51　大众汽车：爆破断开方式一电路图

具体是如图 2-52 所示通过点燃蓄电池断开装置点火器 N253 中的气体发生剂及由此而产生的气体，锥形销被沿箭头方向推出其起始位置；在锥形销被产生的气体推动后，通过止逆轴承来避免锥形销弹回，因此起动机蓄电池和起动机之间的电气连接继续保持断路。

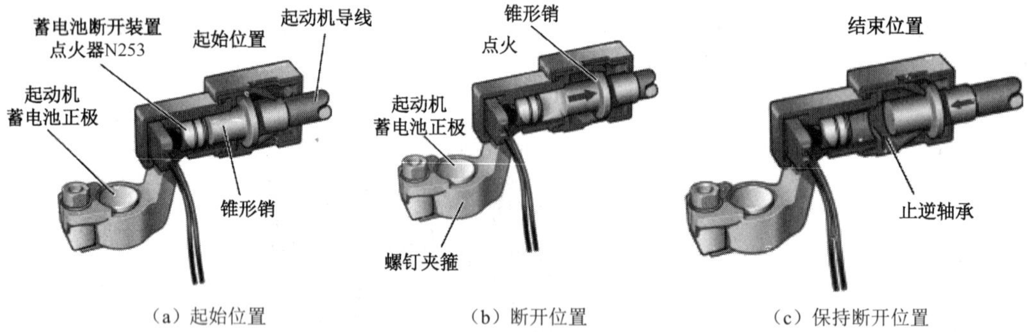

图 2-52　大众汽车：爆破断开方式一

（2）方式二

蓄电池断开装置点火器 N253 安装于起动机蓄电池旁一个单独的塑料壳中，如图 2-53 所示。

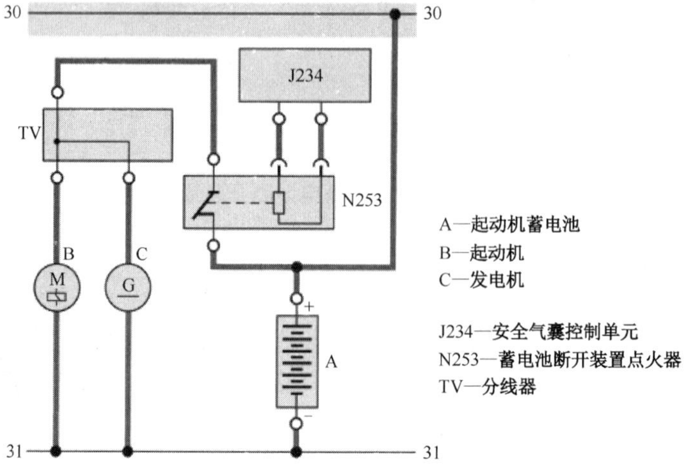

图 2-53　大众汽车：爆破断开方式二电路图

点火后，气体发生剂在蓄电池断开装置点火器 N253 内部燃烧，由此产生的气体推动活塞和销，使起动机蓄电池和起动机接头之间的接触中断，如图 2-54 所示。

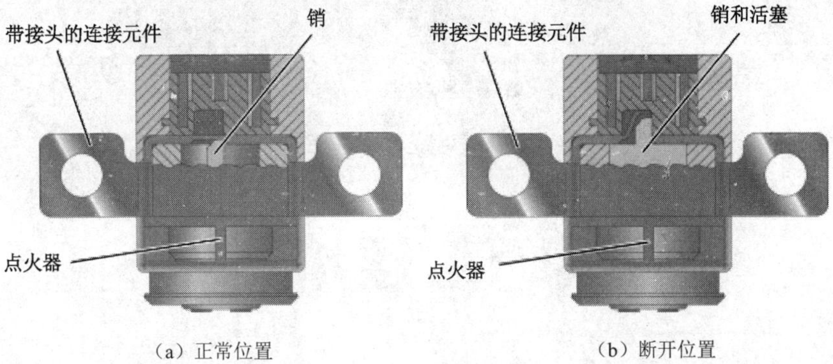

图 2-54 大众汽车：爆破断开方式二

5. 混动汽车碰撞控制

混合动力汽车碰撞控制方法：发生碰撞时，如果 HV-ECU 接收到安全气囊传感器总成发出的安全气囊张开信号或变频器中的断路器发出的执行信号，HV-ECU 将关闭 SMR（系统主继电器），从而切断总电源以确保安全，如图 2-55 所示。

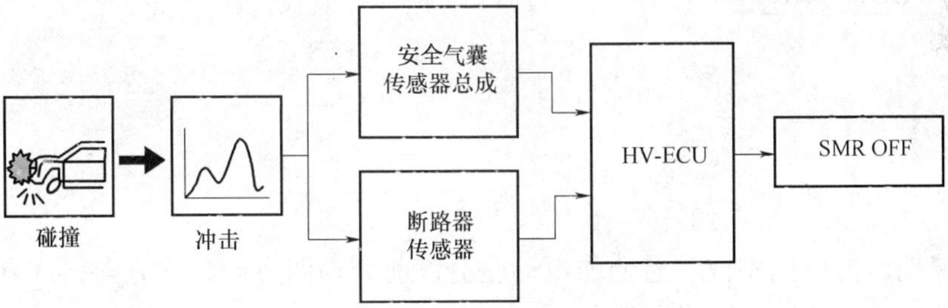

图 2-55 混合动力汽车碰撞控制

·第3章·

电动座椅

电动座椅是指以电动机为动力，通过传动装置和执行机构来调节座椅的各种位置，为驾驶员提供便于操作方向盘、具有良好视野、坐感舒适的乘坐位置。

3.1 功能和操作

1. 功能

1）座椅功能

按照座椅调节方向的不同，普通的电动座椅以前分为四方向、六方向、八方向，先进的电动座椅功能方向调节数目甚至可达到20个方向。

（1）可具备坐垫的前后调节（100～160mm）、上下调节（30～50mm）及坐垫前部的上下调节。

（2）椅背的倾斜调节、腰椎支撑位置四方向调节、腰部夹紧调节。

（3）头枕的上下、前后调节。

（4）腿托位置调节。

（5）各部分调节的记忆功能。

（6）加热功能。

（7）空调功能。

一般电动座椅只有前后调节（100～160mm）、上下调节（30～50mm）、坐垫前部的上下调节、椅背的倾斜调节，即八方向调节，一般不会有上述的这么多功能。

腰部的调节一般用小电动机驱动空气泵完成气垫的充气，有些制造厂用可调节移动的支撑块对驾驶员的坐姿进行调节，使驾驶员感觉更加舒适和安全。图3-1所示为带存储功能的八方向电动座椅开关。

图 3-1 带存储功能的八方向电动座椅开关

完成任务

在图 3-2 中写出开关的作用。

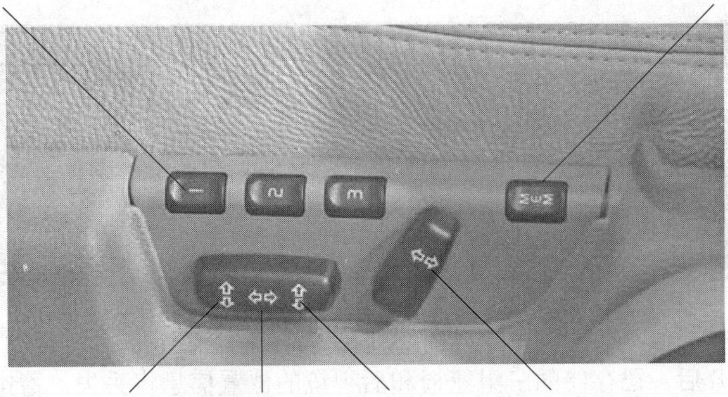

图 3-2 任务：带存储功能的八方向电动座椅开关

完成任务

根据图 3-3 说出下列开关的功能和实现方式[电动机，还是流体（液压或气压）实现]。

腰部支撑：__________。腰部支撑调节最可能实现方式：__________。腿托：__________。腿托调节最可能实现方式：__________。肩部前后调节最可能实现方式：__________。

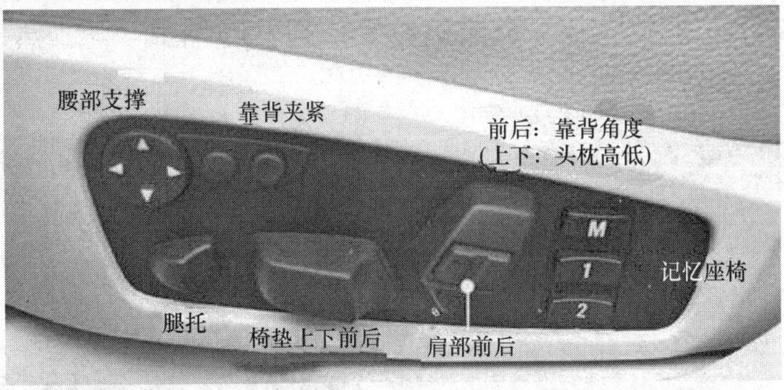

图 3-3 带存储的多功能调节电动座椅开关

电动座椅调节控制功能较少时，还可以直接用开关进行电动机换向控制。当电动机很多时，电动机控制线束会很多，造成成本升高和可靠性下降，因此需要采用电控单元控制。ECU 接收开关信号后，ECU 直接控制在 ECU 内的两个继电器动作实现电动机正、反转，这与电动车窗和中控锁的原理是一样的，这样设计可使原理一目了然。

2）带位置存储功能的电动座椅

通常只有驾驶员座椅具有记忆功能，为了不造成座椅位置变动后后视镜（也称观后镜）位置要重新调节的麻烦，司机在调节完座椅和后视镜后进行座椅位置存储时，ECU 不仅记录座椅位置，还要记录后视镜位置。当驾驶员再次上车时，驾驶员选定自己存储时的按键号，座椅和后视镜会自动移动到这个驾驶员存储的位置。倒车时，右侧后视镜的角度也会根据驾驶者的不同进行调节。记忆系统被人为关闭后，座椅和后视镜仍可手动调节。

图 3-4 所示为 2003 款宝来电动座椅的位置存储开关。M 为存储，1、2、3 代表不同三个人的位置，STOP 为功能取消（比如这三个位置没有一个是你存储的，而你又想为自己存储一个位置，有时也写为 OFF）。

图 3-4　2003 款宝来电动座椅的位置存储开关

当蓄电池断开后，已存储的三组座椅和后视镜的位置信息将丢失；蓄电池上电后，要让车主重新调节座椅和后视镜并重新存储。

完成任务

根据图 3-4 说出座椅位置存储操作。

打开点火开关，先进行的调节是________，再进行的调节是________，再选自己的位置号，最后按________。有的车位置存储完成后会有声音提示。

3）座椅加热和按摩功能

座椅除了具有方向调节功能外，还有电加热型及按摩型座椅。电加热型座椅的电加热程度可进行多级调节，如图 3-5 所示。

图 3-5　座椅电加热和加热开关

通常电加热型座椅 1min 内有温热，3min 会达到最高温度。座椅加热的传统控制方法是用一个简单的恒温开关；最新发展是电子控制结合热敏电阻的方法，系统包括开关、电位器、定时装置、短路和断路探测装置。目前，座椅电加热一般是选装或自己后加装。

按摩型座椅采用电动机振动来实现按摩功能。

2. 电动座椅结构

电动座椅一般由多个双向电动机、传动机构和座椅调节开关等组成，如图 3-6 和 3-7 所示。

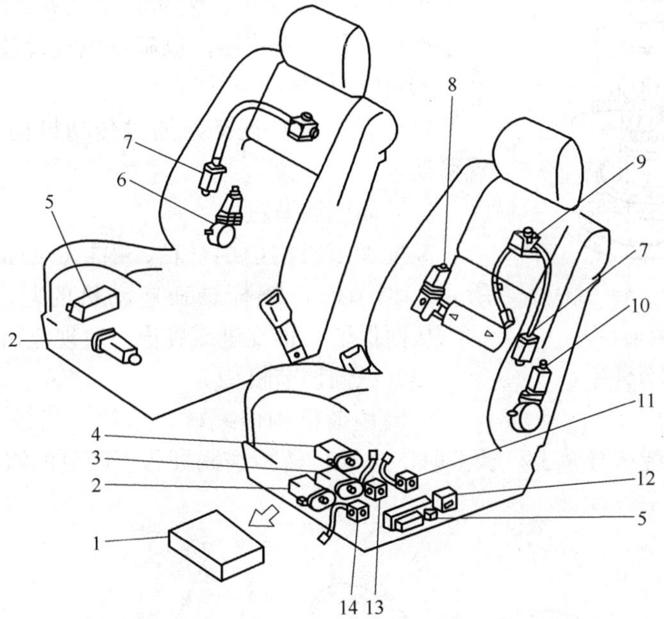

1—电动座椅 ECU；2—滑动电动机；3—前垂直电动机；4—后垂直电动机；5—电动座椅开关；6—倾斜电动机；7—头枕电动机；8—腰垫电动机；9—位置传感器（头枕）；10—倾斜电动机和位置传感器；11—位置传感器（后垂直）；12—腰垫开关；13—位置传感器（前垂直）；14—位置传感器（滑动）

图 3-6　电动座椅的结构 1

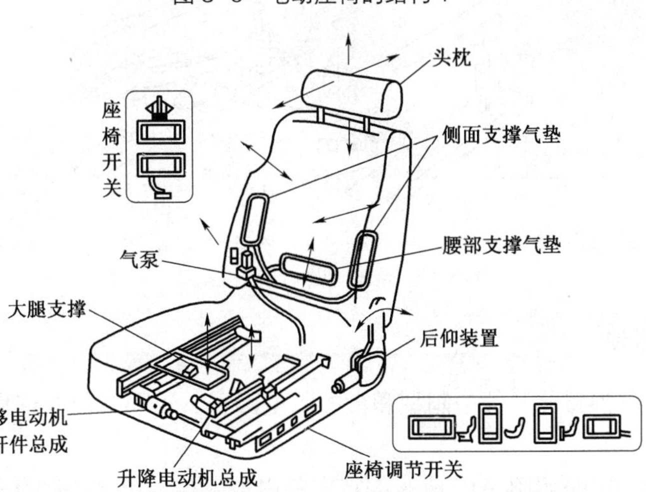

图 3-7　电动座椅的结构 2

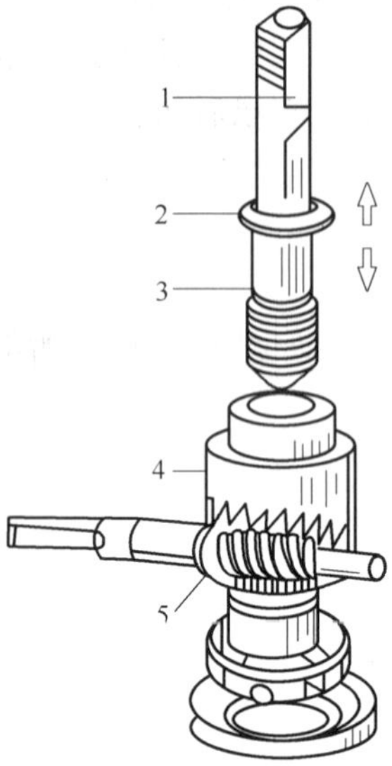

1—铣平面；2—止推垫片；3—心轴；
4—蜗轮；5—挠性驱动蜗杆轴
图 3-8 高度调节机构

1）双向电动机

大多数电动座椅采用永磁式电动机（内装有短路器），通过开关来操纵电动机按不同方向旋转，为电动座椅的调节机构提供动力。此类电动机多采用双向电动机，即电枢的旋转方向随电流的方向改变而改变，以达到座椅调节的目的。电动机的数量取决于电动座椅的类型，通常双向移动座椅装有两个电动机，四向移动座椅装有四个电动机，最多可达六个电动机。为防止电动机过载，电动机内装有能进行自恢复的断路器，以确保电气设备的安全。

2）传动机构

电动机的旋转运动，通过传动机构实现座椅的空间位置移动。

（1）高度调节机构

高度调节机构由蜗杆轴、蜗轮、心轴等组成，如图 3-8 所示。调节时，蜗杆轴在电动机的驱动下，带动蜗轮转动，从而保证心轴旋进或旋出，实现座椅的上升与下降。

（2）纵向调节机构

纵向调节机构由蜗杆、蜗轮、齿条、导轨等组成，如图 3-9 所示。齿条装在导轨上，调节时，电动机转矩经蜗杆传至两侧的蜗轮上，经导轨上的齿条，带动座椅前后移动。

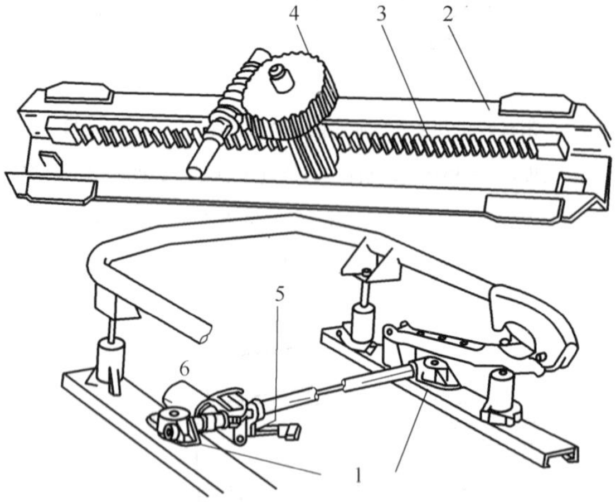

1—支撑及导向元件；2—导轨；3—齿条；4—蜗轮；5—反馈信号电位计；6—调整电动机
图 3-9 纵向调节机构

3．电动座椅控制

电动座椅控制分为直接开关控制型和微控制型两种。下面主要介绍直接开关控制型。

1）直接开关控制型

电动座椅的控制电路如图 3-10 所示，它主要由蓄电池、组合控制开关和三个电动机等组成。组合控制开关内部有四套开关触点，驾驶员或乘员通过控制开关上的按钮来调节座椅的位置。

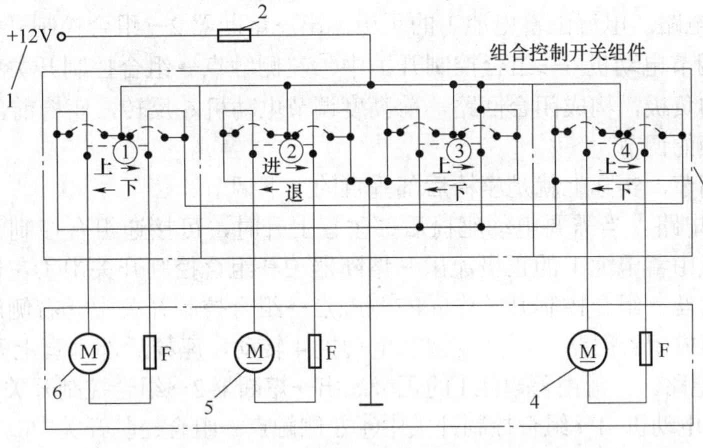

1—蓄电池；2—熔断器；3—控制开关；4—后高度调节电动机；5—前后移动电动机；6—前高度调节电动机

图 3-10　电动座椅的控制电路

电动座椅最常用的形式是使用三个电动机实现座椅六个不同方向的位置调节：上下、前后、前倾/后倾。三个电动机分别称为前高度调节电动机、后高度调节电动机、前后移动电动机。用这三个电动机控制座椅的前部高度、后部高度及座椅的前后移动，实现座椅位置调节。组合控制开关通过控制电动机的搭铁和与电源的连接，使三个电动机按所需的方向旋转。

当组合控制开关置于上或下位置时，前、后高度调节电动机同时旋转；当组合控制开关置于前倾或后倾位置时，只有一个高度调节电动机旋转；当组合控制开关置于前进或后退位置时，前后移动电动机旋转。

（1）座椅前倾的调节

座椅前倾的调节，实际上就是座椅前部垂直的上下调节。

① 前部上升电路。前部上升电路如图 3-11 所示。当需要电动座椅前部垂直上升时，可接通组合控制开关 3 中的前倾开关，此时电路中电流的流动方向为：电流由蓄电池 1 的正极流出→熔断器 2→组合控制开关中①左侧触点→前高度调节电动机 6→熔丝→组合控制开关中①右侧触点→组合控制开关中③右侧触点→搭铁→蓄电池 1 的负极，构成闭合回路，前高度调节电动机 6 转动，座椅前部垂直上升。

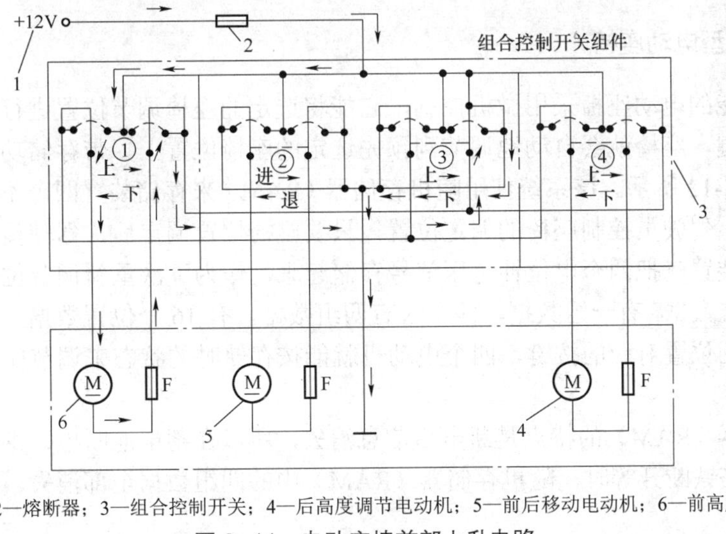

1—蓄电池；2—熔断器；3—组合控制开关；4—后高度调节电动机；5—前后移动电动机；6—前高度调节电动机

图 3-11　电动座椅前部上升电路

② 前部下降电路。电流由蓄电池 1 的正极流出→熔断器 2→组合控制开关中①右侧触点→熔丝→前高度调节电动机 6→组合控制开关中①左侧触点→组合控制开关中③左侧触点→搭铁→蓄电池 1 的负极，构成闭合回路，前高度调节电动机 6 反转，座椅前部垂直下降。

（2）座椅后倾的调节

座椅后倾的调节，实际上就是座椅后部垂直的上下调节。

① 后部上升电路。当需要电动座椅后部垂直上升时，可接通组合控制开关 3 中的后倾开关。这时，电流由蓄电池 1 的正极流出→熔断器 2→组合控制开关中④左侧触点→后高度调节电动机 4→熔丝→组合控制开关中④右侧触点→组合控制开关中③右侧触点→搭铁→蓄电池 1 的负极，构成闭合回路，后高度调节电动机 4 转动，座椅后部垂直上升。

② 后部下降电路。电流由蓄电池 1 的正极流出→熔断器 2→组合控制开关中④右侧触点→熔丝→后高度调节电动机 4→组合控制开关中④左侧触点→组合控制开关中③左侧触点→搭铁→蓄电池 1 的负极，构成闭合回路，后高度调节电动机 4 反转，座椅后部垂直下降。

2）电动座椅常见故障的排除

电动座椅常见故障有如下两种。

（1）座椅完全不能调节

① 原因：熔断器断路、线路断路、座椅开关有故障等。

② 排除：可以首先检查熔断器是否断路，若熔断器良好，则应检查线路连接是否正常，最后检查开关。对于有存储功能的电动座椅系统，还应检查控制单元（ECU）的电源电路和搭铁线是否正常，若开关、线路等都正常，应检查控制单元。

（2）座椅某个方向不能调节

① 原因：该方向对应的电动机损坏，或者开关、连接导线断路。

② 排除：先检查线路是否正常，再检查开关和电动机。

3.2 典型电动座椅

1. 微控制型电动座椅

带存储功能的电动座椅采用微机控制，它能将选定的座椅调节位置进行存储，使用时只要按选定的按键，座椅就会自动地调节到预先选定的座椅位置上。带存储功能的电动座椅系统示意图如图 3-12 所示。该系统使用随机存储器（RAM）来存储装置四个不同驾驶员的调节位置，操作时，驾驶员控制座椅的调定位置，只要座椅位置调定后，驾驶员按下存储器的按键，电子控制装置就把四个电位计电压信号存储起来，作为下次重新调节位置时的基准。一个人有四个位置数据，有一组数据，四个人有四组数据，有 16 个位置数据。使用时，只要按一下自己设定的位置对应的按键，四个电动机就能按存储时的状态来调节座椅位置以适应这个驾驶员。

随机存储器（RAM）的特点是断电后信息消失，所以在蓄电池断电、供电熔丝断开、控制单元脱开、搭铁断开等时，随机存储器（RAM）中的四组数据全部消失，要重新存储才能使用。

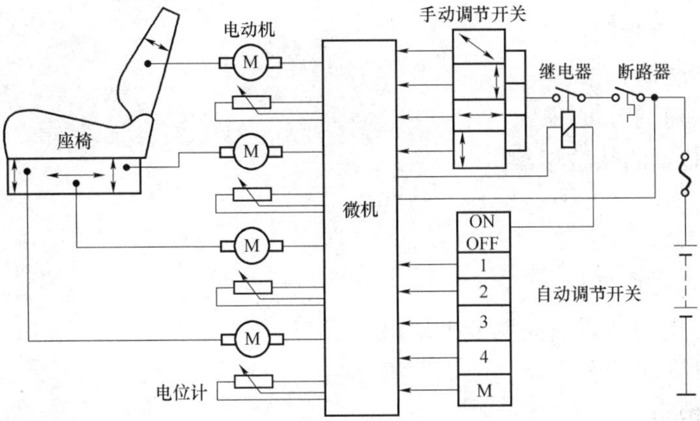

图 3-12 带存储功能的电动座椅系统示意图

完成任务

图 3-12 所示为几方向控制座椅？______________。分别是什么方向？_____________。图 3-12 中的自动调节开关一共可存储几个位置？______________。在直控电路中，是否有位置反馈电位计？__________。为什么在带存储功能的电动座椅控制中要用到位置反馈电位计？___________。断路器的作用是什么？______________。为什么要用继电器？__________________。M 是什么的缩写？___________。ON/OFF 开关的作用是什么？_______________________________。

在售后服务中，换蓄电池后，车主说座椅位置控制消失，你应该向车主如何解释？____。

2．大众典型电动座椅

完成任务

如图 3-13 所示，2007 款迈腾驾驶员侧电动座椅靠背和腰部支撑装置是真接控制还是微机控制？_________。每个开关实现正向和反向电动机控制用了几条线？_____________。开关是几个接线柱？_________。

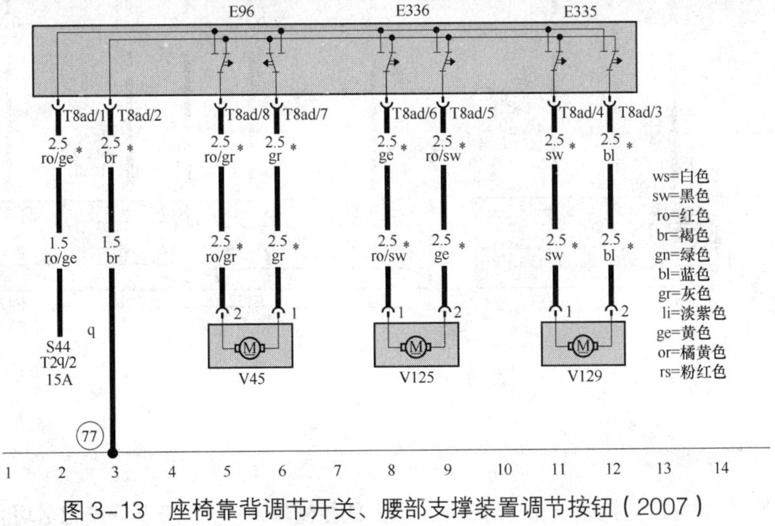

图 3-13 座椅靠背调节开关、腰部支撑装置调节按钮（2007）

E96 驾驶员座椅靠背调节开关
E335 腰部支撑装置高度调节按钮
E336 腰部支撑装置纵向调节按钮
S44 驾驶员座椅调节装置的热敏熔丝 1
T2q 2 芯插头连接
T8ad 8 芯插头连接
V45 驾驶员座椅靠背调节电动机
V125 驾驶员座椅腰部支撑装置纵向调节电动机
V129 驾驶员座椅腰部支撑装置高度调节电动机
77 左侧 B 柱下部接地点
* 横截面可能为 1

分析 2007 款迈腾驾驶员侧带记忆功能的座椅调节装置，完成任务。

完成任务

根据图 3-14 写出下列元件名称。
E336: ______________。E418: ______________。E425: ______________。E451: ______________。E452: ______________。J136: ______________。S44: ______________。

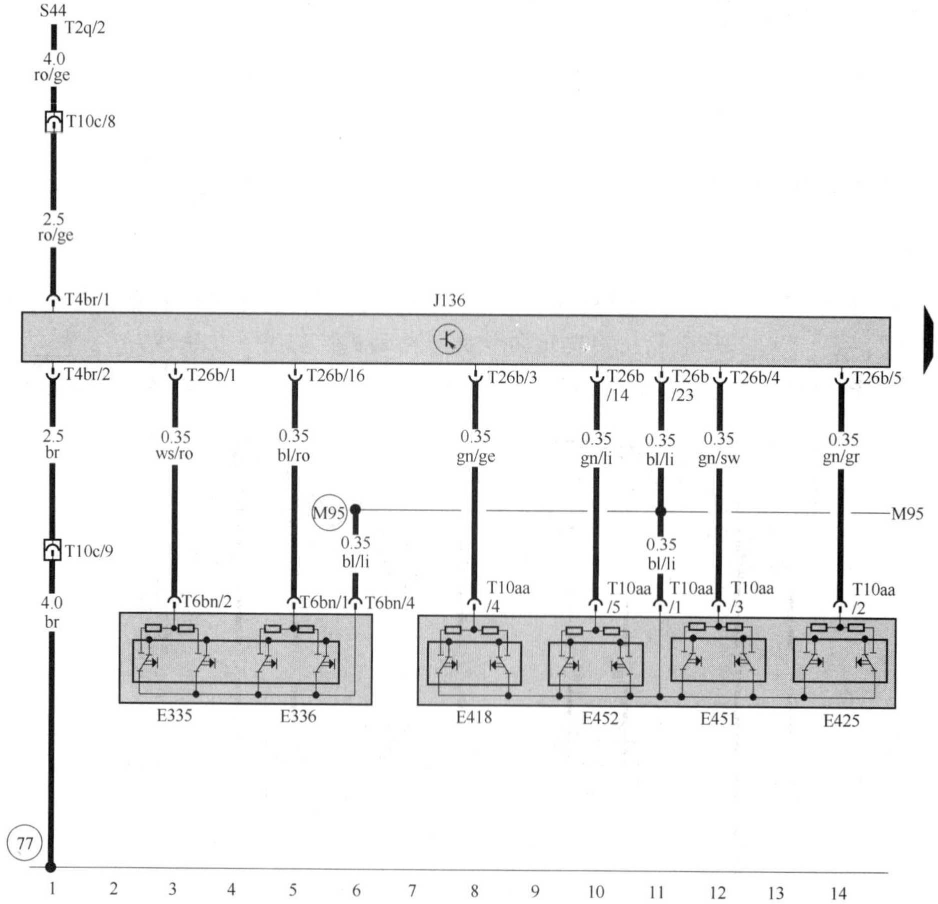

图 3–14 带记忆功能的座椅调节和转向柱调节装置的控制单元——驾驶员座椅记忆功能的操作单元

E335 腰部支撑装置高度调节按钮
E336 腰部支撑装置纵向调节按钮
E418 座椅纵向调节按钮
E425 座椅靠背调节按钮
E451 前部座椅高度调节按钮
E452 后部座椅高度调节按钮
J136 带记忆功能的座椅调节和转向柱调节装置的控制单元
S44 驾驶员座椅调节装置的热敏熔丝 1，在仪表板左下方
T2q 2 芯插头连接
T4br 4 芯黑色插头连接
T6bn 6 芯蓝色插头连接
T10aa 10 芯插头连接
T10c 10 芯黑色插头连接，驾驶员侧连接位置，在座椅下
T26b 26 芯白色插头连接
77 左侧 B 柱下部接地点
M95 座椅调节装置线束中的连接 3

完成任务

根据图 3-15 写出下列元件名称，并回答问题。

E218: ______________。E219: ______________。E220: ______________。E337: ______________。E447: ______________。J136: ______________。E 代表______________。

开关 E218 中为什么是两个开关？______________。开关 E218 上部的电阻和开关 E219 上部的电阻值相等吗？______________。为什么？______________。

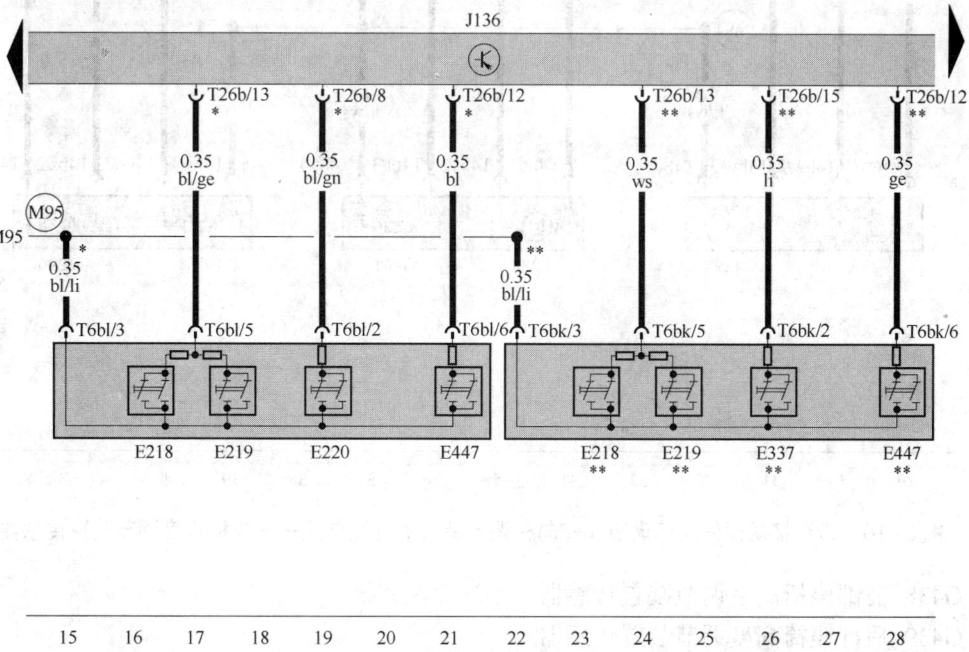

图 3-15 带记忆功能的座椅调节和转向柱调节装置的控制单元——座椅记忆功能设置按钮 1～3

E218 座椅记忆功能设置按钮 1
E219 座椅记忆功能设置按钮 2
E220 座椅记忆功能设置按钮 3
E337 按摩功能按钮
E447 座椅位置存储按钮
J136 带记忆功能的座椅调节和转向柱调节装置的控制单元
T6bl 6芯黑色插头连接
T6bk 6芯黑色插头连接
T26b 26芯白色插头连接
M95 座椅调节装置线束中的连接 3
* 仅限于不带按摩功能的座椅
** 仅限于带按摩功能的座椅

完成任务

根据图 3-16 写出下列元件名称。

G438: ______________。G439: ______________。G441: ______________。V285: ______________。V288: ______________。V296: ______________。J136: ______________。G 代表______________。V 代表______________。

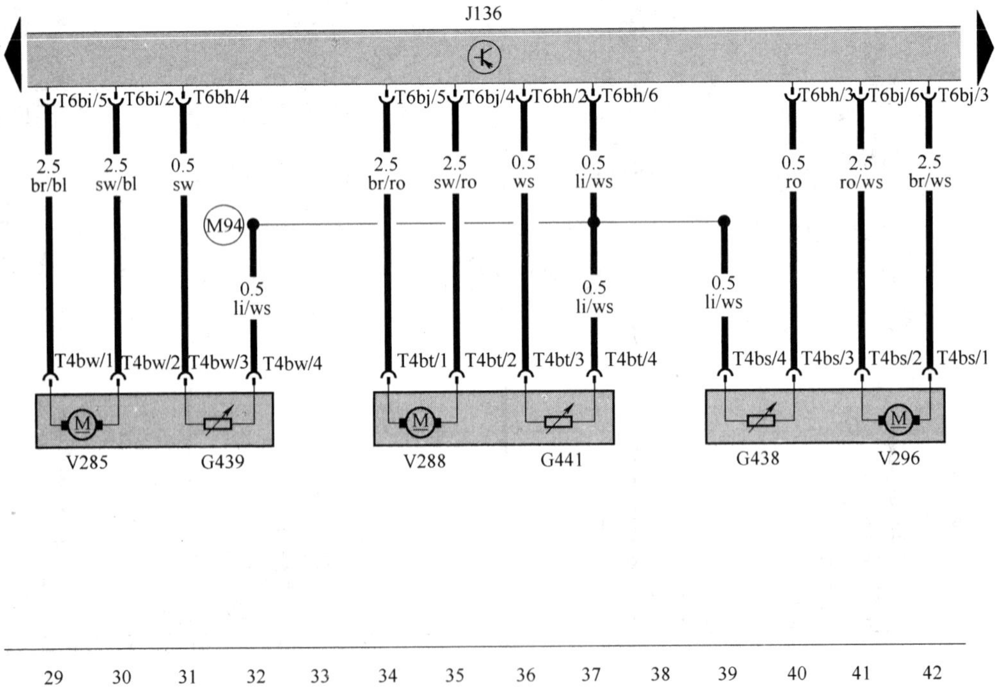

图 3-16 带记忆功能的座椅调节和转向柱调节装置的控制单元——座椅高度调节装置传感器

G438 前部座椅高度调节装置传感器
G439 后部座椅高度调节装置传感器
G441 座椅纵向调节传感器

J136 带记忆功能的座椅调节和转向柱调节装置的控制单元
T4bs 4 芯黑色插头连接
T4bt 4 芯黑色插头连接
T4bw 4 芯黑色插头连接
T6bh 6 芯棕色插头连接
T6bi 6 芯蓝色插头连接
T6bj 6 芯黑色插头连接
V285 后部座椅高度调节装置电动机
V288 座椅纵向调节电动机
V296 前部座椅高度调节装置电动机
M94 座椅调节装置线束中的连接 2

完成任务

根据图 3-17 写出下列元件名称，并回答问题。
G374: ______________。G375: ______________。V229: ______________。V230: ______________。J136: ______________。
G374 是什么类型的位置传感器？______________。

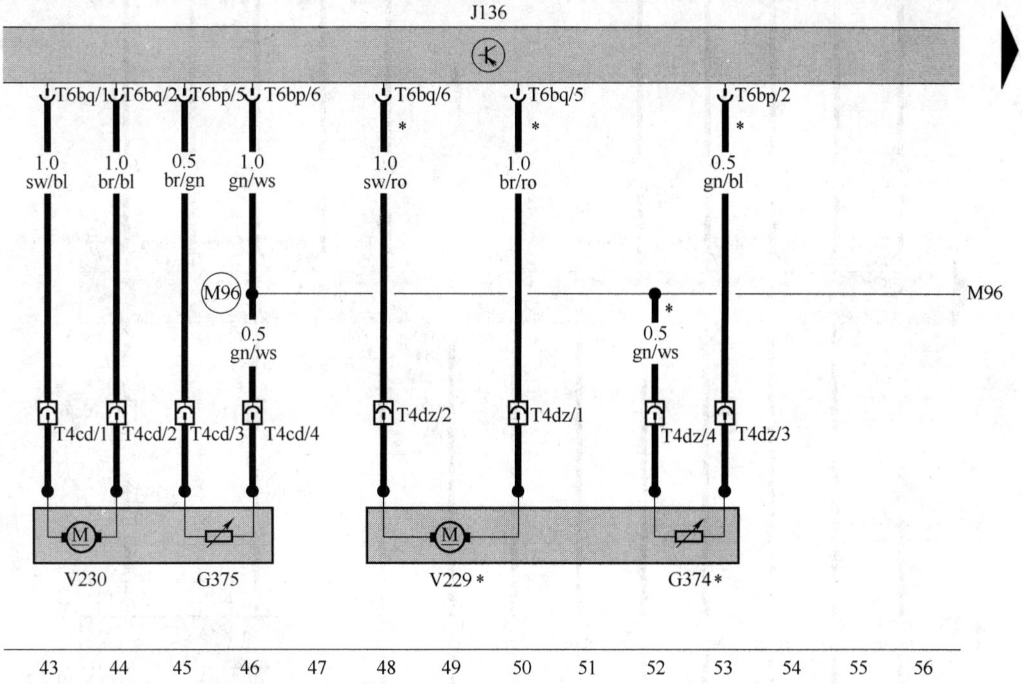

图 3-17 带记忆功能的座椅调节和转向柱调节装置的控制单元——腰部支撑装置的操作单元

G374 腰部支撑装置高度调节传感器
G375 腰部支撑装置纵向调节传感器
J136 带记忆功能的座椅调节和转向柱调节装置的控制单元
T4cd 4 芯黑色插头连接
T4dz 4 芯黑色插头连接

T6bp　6 芯蓝色插头连接

T6bq　6 芯白色插头连接

V229　腰部支撑装置高度调节电动机

V230　腰部支撑装置纵向调节电动机

M96　座椅调节装置线束中的连接 4

*　仅限于不带按摩功能的座椅

完成任务

根据图 3-18 写出下列元件名称，并回答问题。

G423: ______________。G440: ______________。V286: ______________。V328: ______________。J533: ______________。

J533 在这里的作用是什么？______________。J136 能否进行自诊断？______________。

执行元件诊断的顺序是什么？____。

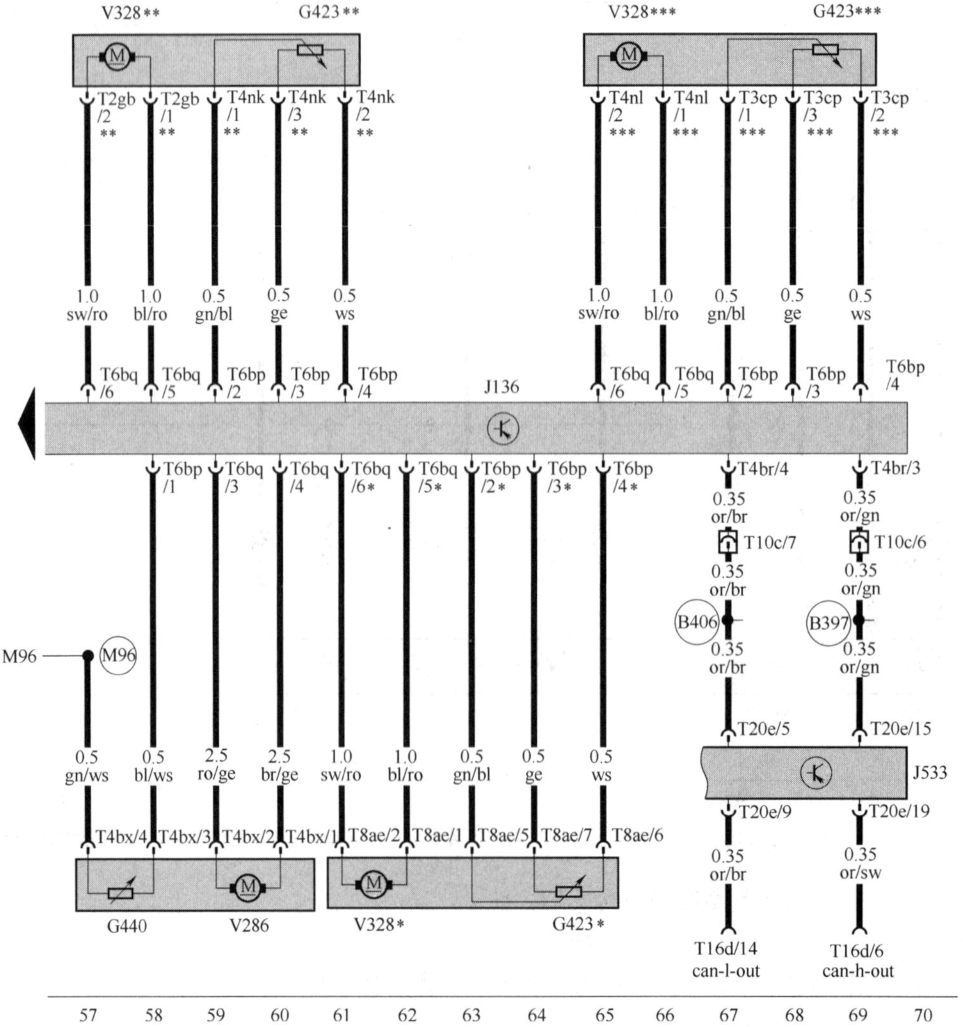

图 3-18　带记忆功能的座椅调节和转向柱调节装置的控制单元——数据总线诊断接口、自诊断插头

G423 带按摩功能的腰部支撑装置高度调节的电位计
G440 座椅靠背调节传感器
J136 带记忆功能的座椅调节和转向柱调节装置的控制单元
J533 数据总线诊断接口
T4nk 4芯黑色插头连接，座椅内
T4nl 4芯黑色插头连接，座椅内
T6bp 6芯蓝色插头连接
T6bq 6芯白色插头连接
T8ae 8芯黑色插头连接，座椅内
T10c 10芯黑色插头连接，驾驶员侧连接位置，在座椅下
T16d 16芯插头连接，自诊断插头
T20e 20芯插头连接
V286 座椅靠背调节电动机
V328 腰部支撑装置按摩功能的泵
B397 连接1（舒适/便捷功能系统CAN总线High），在主线束中
B406 连接1（舒适/便捷功能系统CAN总线Low），在主线束中
M96 座椅调节装置线束中的连接4
* 仅限于带按摩功能的座椅，有效期至2005年4月
** 仅限于带按摩功能的座椅，有效期从2005年5月至2006年4月
*** 仅限于带按摩功能的座椅，有效期从2006年5月开始

分析2007款迈腾副驾驶员侧直接控制座椅。

完成任务

根据图3-19写出下列元件名称，并回答问题。

E418：__________。E421：__________。E424：__________。E425：__________。V31：__________。V46：__________。V244：__________。V246：__________。

电动机不控制时，电动机两端电位都是__________。开关是几接线柱开关？__________。

完成任务

根据图3-20写出下列元件名称，并回答问题。

E177：__________；V130：__________；V126：__________。

电动机不控制时，电动机两端电位都是__________。开关是几接线柱开关？__________。

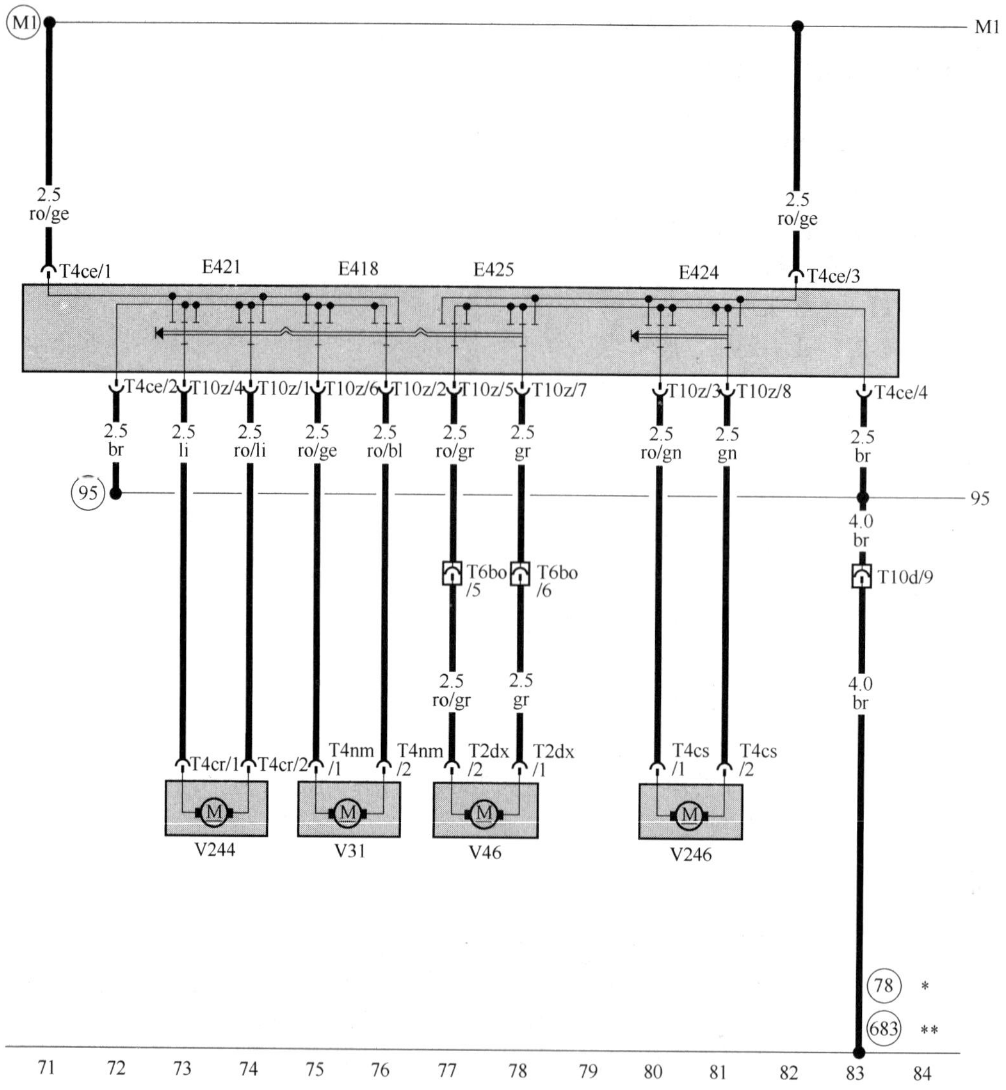

图 3-19　副驾驶员座椅纵向调节、高度调节、靠背调节装置——靠背倾斜度调节

E418 座椅纵向调节按钮

E421 座椅靠背倾斜度调节按钮

E424 座椅高度调节按钮

E425 座椅靠背调节按钮

T2dx　2 芯插头连接

T4ce　4 芯插头连接

T4cr　4 芯插头连接

T4cs　4 芯插头连接

T4nm　4芯黑色插头连接

T6bo　6 芯插头连接

T10d　10 芯黑色插头连接，副驾驶员侧连接位置，在座椅下

T10z　10 芯插头连接

V31 副驾驶员座椅纵向调节电动机

V46 副驾驶员座椅靠背调节电动机
V244 副驾驶员座椅倾斜度调节电动机
V246 副驾驶员座椅高度调节电动机
78 右侧 B 柱下部接地点
95 接地连接 1，在座椅调节装置线束中
683 右侧前部边梁上的接地点
M1 正极连接 1（30），在座椅调节装置线束中
* 有效期至 2005 年 4 月
** 有效期自 2005 年 5 月起

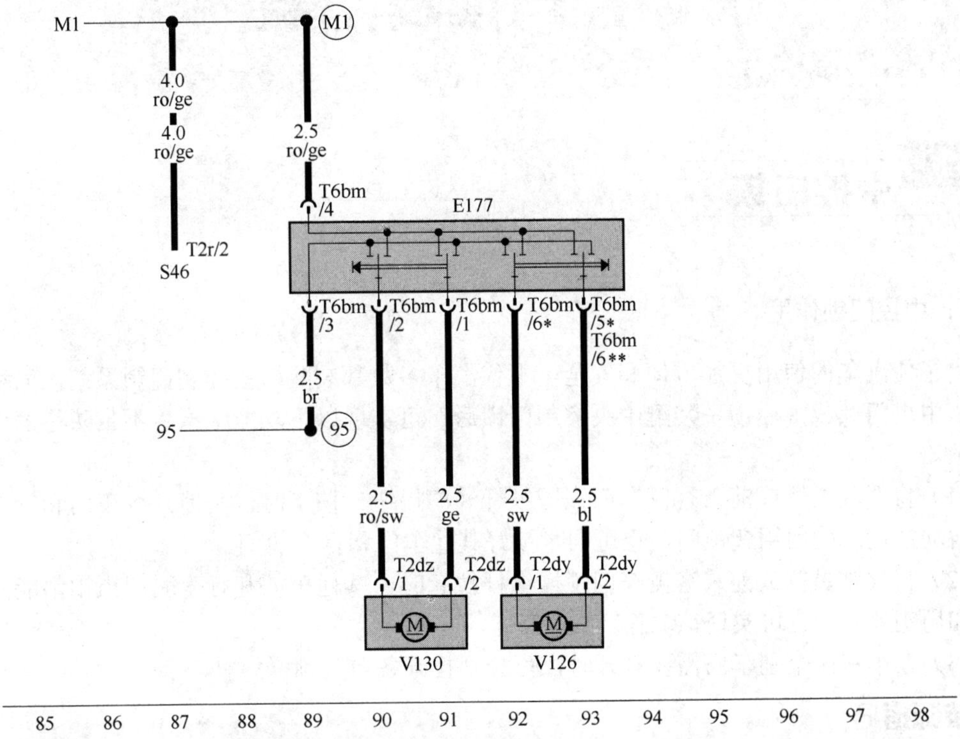

图 3-20 副驾驶员座椅腰部支撑调节开关

E177 副驾驶员座椅腰部支撑调节开关
S46 副驾驶员座椅调节装置的热敏熔丝 1
T2r 2 芯插头连接
T2dy 2 芯插头连接
T2dz 2 芯插头连接
T6bm 6 芯插头连接
V126 副驾驶员座椅腰部支撑装置纵向调节电动机
V130 副驾驶员座椅腰部支撑装置高度调节电动机
95 接地连接 1，在座椅调节装置线束中
M1 正极连接 1（30），在座椅调节装置线束中
* 有效期至 2005 年 4 月
** 有效期自 2005 年 5 月起

·第 4 章·

中控门锁及防盗

4.1 中控门锁

1. 中控门锁作用

为了使汽车的使用更加方便和安全，现代汽车多数都装配中央控制门锁系统，简称中控门锁、中央门锁或中控锁。装配中央控制门锁后，可实现以下功能（指“不带防盗器”的中控门锁）。

（1）将驾驶员侧或前乘客侧车门锁操纵杆（门提钮）按下时，其他几个车门和行李舱门都能自动锁定，如用钥匙锁门，也可同时锁好其他车门和行李舱门。

（2）将驾驶员侧或前乘客侧车门锁操纵杆拉起时，其他车门和行李舱门锁扣都能同时打开，如用钥匙开门也可实现该动作。

（3）在车室内个别车门需要打开时，可分别拉开各自门锁操纵杆。

技师指导

一般中控门锁没有遥控功能，车外开门和锁门只有钥匙一种方法，车内开门和锁门通过车门锁操纵杆一种方法，这种中控门锁多安在两门货车上。

中控门锁与电子防盗器组合工作后，中控门锁系统的作用是能通过遥控器或钥匙对车门及行李舱门进行集中控制。当驾驶员对左前门（或驾驶员侧前门）进行控制（锁门、开门）时，所有的车门及行李舱门能同时实现相同的控制效果。在中控门锁系统不工作时，乘客仍可使用各车门的机械弹簧锁来开、关车门。

技师指导

中、低档轿车一般原车中央控制门锁和后加装防盗器组合一起作用。中控门锁和防盗器组合后，车外有遥控开门/锁门功能，车外还有钥匙开门/锁门功能，这样车外开门和锁门有两种方法，车内开门和锁门通过车门锁操纵杆或车内遥控开门/锁门，也是两种方法。若原车中控门锁盒有车速信号输入，一般当车速超过10km/h时自动上锁。图4-1所示为机械钥匙和防盗遥控器分体，只要拿其中一个即可开门和锁门，当然启动还是需要钥匙，看到机械钥匙和防盗遥控器分体就可以说明原车不是变码送码防盗。

2. 中控门锁类型

中央控制门锁的类型如下。

（1）电磁线圈式：两个位置不同的电磁线圈形式是其中一个线圈通电生磁吸引铁芯移动至一个位置，另一个电磁线圈通电生磁吸引铁芯移动至另一个位置，这种中控门锁已经淘汰。

（2）双压力泵式：双压力泵式则是利用双向空气压力泵产生压力或真空通过门锁执行元件（膜盒）来完成门锁的开、关动作，也接近淘汰。

（3）直流电动机式：目前使用最广泛的是直流电动机式，直流电动机式是通过改变各个车门门锁电动机的旋转方向来实现门锁的动作。

图 4-2 所示为电动车门锁执行器的内部结构。由于电动机转速很高，电动机需要多级齿轮组成的减速机构控制齿条移动。一个小功率电动机带动一系列起减速作用的圆柱齿轮，最后一个齿轮驱动齿条，该齿条与执行杆相连。

图 4–1 机械钥匙和防盗遥控器分体

图 4–2 车门锁电动机和减速机构

3. 中控门锁直接控制

直接利用开关控制直流电动机的正、反转来实现门锁的开、关动作称为直接控制型，主要由电动机、继电器、门锁开关及连杆操纵机构组成。直接控制型中控门锁如图 4-3 所示。

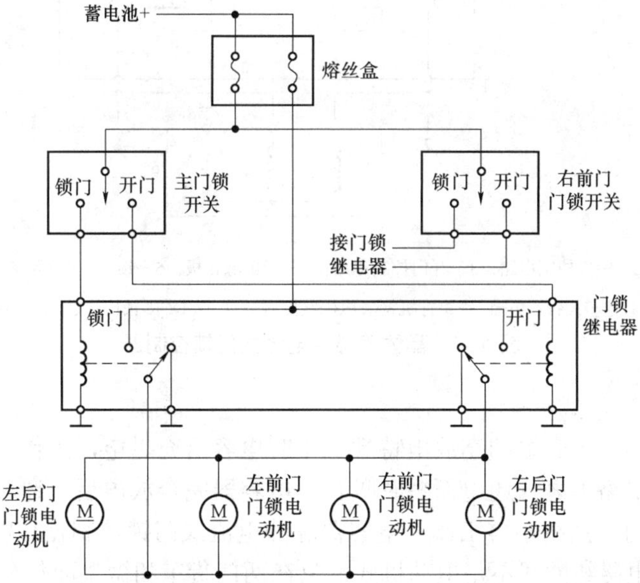

图 4–3 直接控制型中控门锁电路图

四个电动机的旋转方向由电动机电枢的极性决定。主门锁开关控制锁门继电器和开门继电器的线圈，控制两个继电器的哪个接负（地）引脚变为接正。这样利用电动机的正转和反转，就可完成车门的开门和锁门动作。右前门一般不设计门锁开关，若像图 4-3 中有的话，也像主开关一样接到门锁继电器线圈上，相当于两个控制开关并联。

4．中控门锁电子控制

门锁机构在工作时要消耗电能，为缩短工作时间，门锁电路装有定时装置。这种装置的工作原理一般是利用电容器的充放电特性，在超过规定时间后，输送给门锁机构的电流就自行中断，正常锁门或开门也如此，定时装置可以保护电路和用电器的安全。四门轿车使用电动机多，为防止电控门锁开关过载，一般增装继电器，通过门锁开关控制继电器，再控制电动机。

为门锁执行机构提供锁/开脉冲电流的控制装置称为门锁控制器，常用形式有以下三种。

1）晶体管脉冲电流式

晶体管脉冲电流式门锁控制器内部有两个继电器：一个控制锁门，另一个控制开门。继电器线圈电流由晶体管开关控制，它利用电容器的充放电过程控制通过一定时间的脉冲电流（如 1～2s），使执行机构完成锁门和开门动作。晶体管脉冲电流式门锁控制器如图4-4 所示（要说明的是，这个例子是电磁线圈式不是电动机式）。

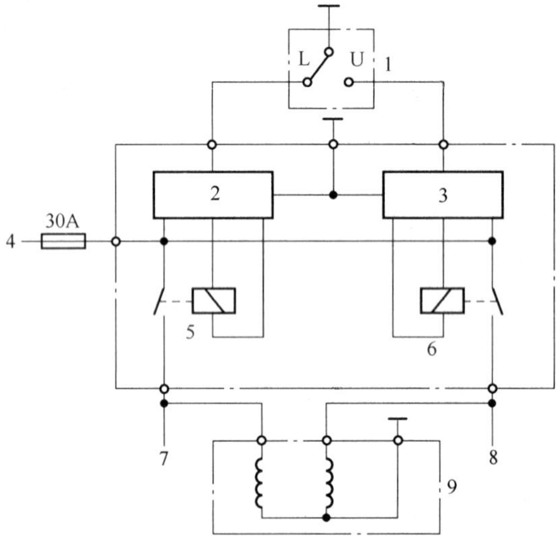

1—门锁开关；2—锁门控制电路；3—开门控制电路；4—接电源正极；5—锁门继电器；6—开门继电器；
7、8—接其他车门锁；9—门锁执行机构（电磁线圈式）；L—LOCK 锁门；U—UNLOCK 开门

图 4–4　晶体管脉冲电流式门锁控制器

2）电容器脉冲电流式

该门锁控制器利用电容器的充放电特性，平时电容器充足电，工作时把它接入控制电路使电路放电，使两电路中之一通电而短时吸合；电容器完全放电后，通过继电器的电流中断而使其触点断开，门锁系统不再工作。电容器脉冲电流式门锁控制器如图 4-5 所示（要说明的是，这个例子是电磁线圈式不是电动机式，只在两门货车和微型面包车上有使用）。

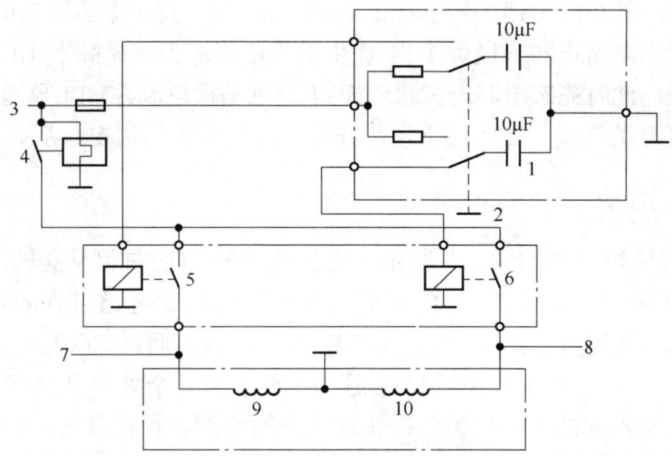

1—电容器；2—门锁开关；3—接电源正极；4—热敏断路器；5—锁门继电器；6—开门继电器；7—接其他车门锁（锁）；8—接其他车门锁（开）；9、10—门锁执行机构（电磁线圈式）

图 4-5　电容器脉冲电流式门锁控制器

3）带车速感应的脉冲电流式

在中控门锁系统中加载车速为 10 km/h 的感应开关，当车速在 10 km/h 以上时，若车门未上锁，驾驶员不需要动手，则门锁控制器自动将门上锁，个别车门要自行开门或锁门可分别操作。带车速感应的脉冲电流式中控门锁系统如图 4-6 所示。

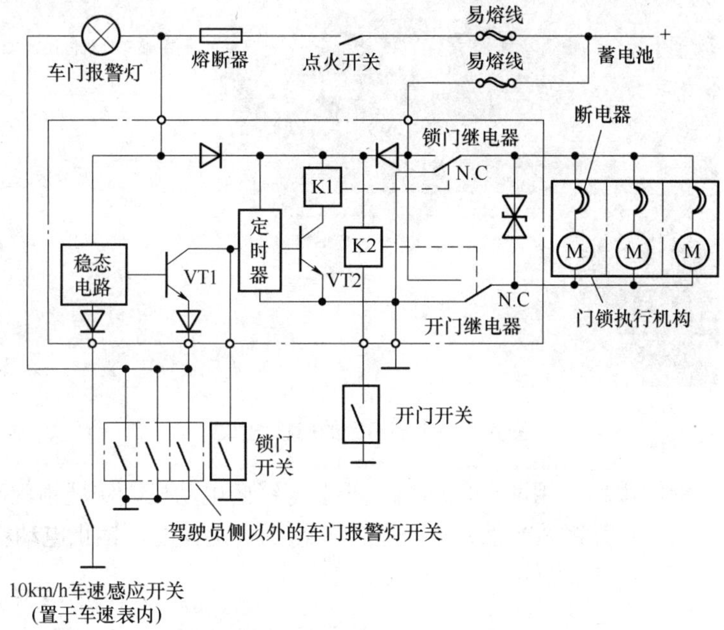

图 4-6　带车速感应的脉冲电流式中控门锁系统

当点火开关接通时，电流流经报警灯可使三个车门的报警灯开关（此时门未锁）搭铁，报警灯亮。若按下锁门开关，定时器使三极管 VT2 导通一下，在三极管 VT2 导通期间，锁门继电器线圈 K1 通电，动合触点闭合，门锁执行机构通正向电流，执行锁门动作。若按下开门开关，则开门继电器线圈 K2 通电，动合触点闭合，门锁执行机构通反向电流，执行开门动作。汽车行驶时，若车门未锁，当车速低于10 km/h时，置于车速表内的10 km/h车速感应开关闭合，此时稳态电路不向三极管 VT1 提供基极电流；当车速高于 10 km/h 时，10 km/h 车速感应开关断开，此时稳态电路给三极管VT1提供基极电流，VT1导通，定时器触发端经VT1和车门报警灯开关搭铁，如同按下锁门开关一样，使车门锁定，从而保证行车安全。

5. 中控门锁门锁块

中控门锁的门锁块实物如图4-7所示。直流电动机的正向和反向转动带动伸缩杆伸出和缩回实现开门和锁门（落锁）；车内门提钮和车外机械钥匙通过杆的传动可强制电动机减速机构的齿条反向推齿轮转动，电动机伸缩杆伸出或缩回；车内开门手扣和车外开门拉手只有在电动机、车内门提钮、车外机械钥匙三个中的一个处于开锁状态时才能开门。

这种一个电动机形式的中控门锁门锁块在防一般偷盗者时较有用，但对懂中控门锁门锁块的修理人员来说，可通过主车门的车门和玻璃的门饰条插入金属钩提出车内门提钮实现开门，或者用大螺丝刀直接强制机械钥匙转动及破坏玻璃钢窗拉出门提钮等多种方式打开。日本车通常不在车门窗边设计门提钮，而把门提钮设计到开门手扣里。

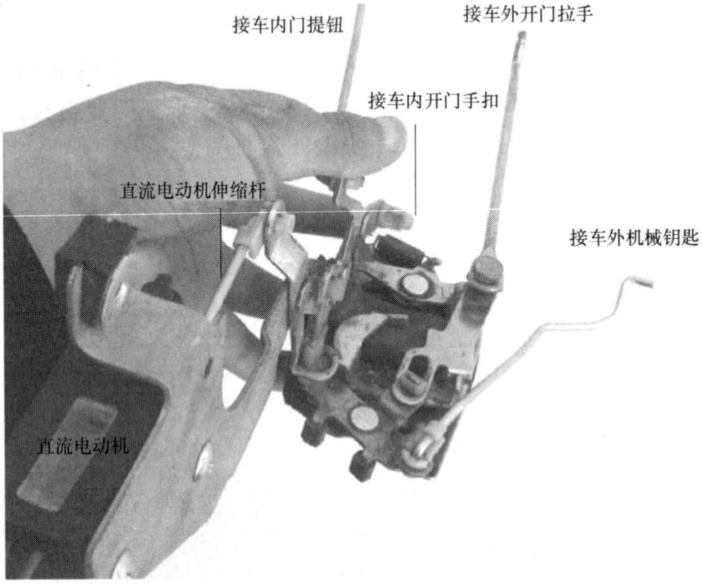

图4-7 中控门锁的门锁块实物

安全的中控门锁门锁块采用两个电动机：一个为锁门电动机，实现锁门和开门；另一个为锁止电动机，防止强制开锁。当然，如果强制开锁到一定程度，锁止电动机也就没用了。

完成任务

中控门锁门锁块是个重要的实习项目，学会了它，才能和电路图真正联系起来，才能在脑中实现电气部分和机械部分联动。找一个中控门锁门锁块仔细研究一下。

6. 加装中控门锁

1）加装电动机式中控门锁

主司机门门锁块共有五根线，分别是电动机蓝、绿线两根一个插头，棕、白两根信号线和一根黑搭铁线为一个插头。如果是开门，钥匙操作（也可以是上拉门提钮）将棕色信号线和搭铁线接通，电动机此时由中控盒供电，向中控盒发出信号以证明司机门的开启状态，从而同时向其他几个车门电动机进行控制和主门锁电动机动作一致。如果是锁门，钥匙操作将白线和搭铁黑色线相通。

一种是钥匙操作（也可以是上拉门提钮）产生信号给中控门锁控制门锁块；另一种是利用遥控器来控制，在原中控盒上多了一个信号接收器接收发自遥控器的信号来控制门锁电动机动作。手动机械式由司机操纵主门锁电动机完成，从而带动其他车门电动机动作，这种情况很少。中央控制门锁大多是加装的，一般它与防盗器配套使用，如铁将军防盗器等。加装中控门锁有两种方式：一种是“二控二”式，如图4-8所示；另一种是“一控三”式，如图4-9所示。

“二控二”指主司机门和副司机门都采用五线门锁块，其他两个后门采用两线门锁块，主、副钥匙都可以控制其他车门的开或锁。

完成任务

分析如图4-8所示的“二控二”式接法，若用钥匙开副驾驶员侧车门，其他门是否开启？__________。

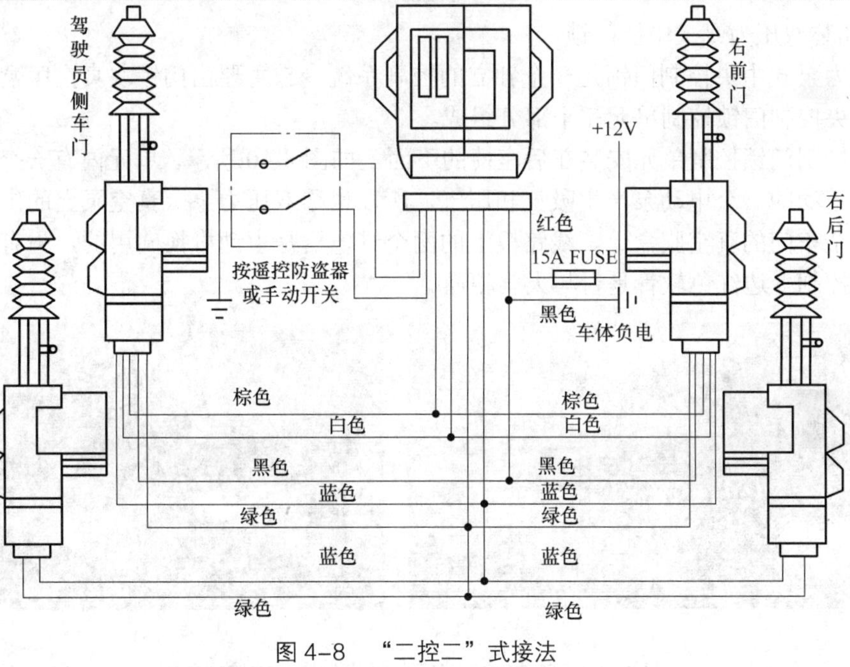

图4–8 “二控二”式接法

“一控三”指司机侧车门电动机采用五根线，可以控制其他三个车门，司机侧车门电动机锁门后其他车门再锁门，开门也是主门电动机先动作，其他三门电动机后动作。

完成任务

分析如图4-9所示的“一控三”式接法，若用钥匙开副驾驶员侧车门，其他门是否开启？__________。

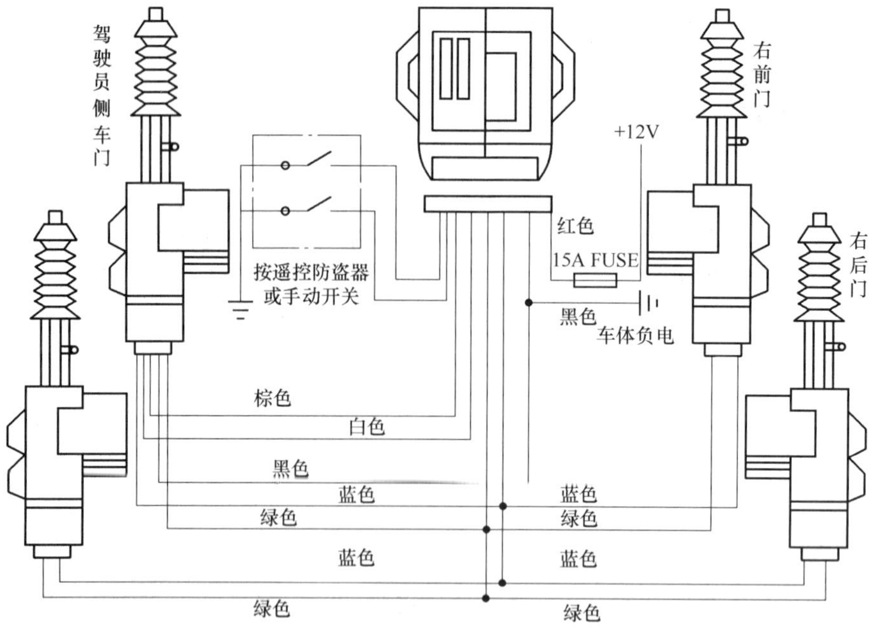

图 4-9 “一控三”式接法

2）加装双压力泵式中控门锁

双压力泵式中央控制门锁是一个独立的控制系统，它主要由门锁块真空膜盒部分、空气管路和中央控制门锁控制单元三个部分组成。

中央控制门锁控制单元安装在后座椅的下面，如图 4-10 所示。单元内有一个电动机通过正、反转带动的一个电动泵产生吸气和压气，所以也称双压力泵。真空泵上的出口分出四根管接至四个车门的真空膜盒上。线路板上的两个继电器是电动机换向用的，另有一个放气电磁阀用来控制上边红色软管是否与大气相通。

（a）

（b）

图 4-10 奥迪 100 双压力泵式中控门锁控制单元

外部用五个插头与中央控制门锁线束来连接，插座的 1 端子接电源，2 端子接搭铁，3 端子接右前门门锁开关，4 端子接左前门门锁开关，5 端子为空，6 端子接点火开关 75 号线。

（1）工作原理

图 4-11 所示为奥迪 100 双压力泵式中控门锁控制系统控制电路示意图。

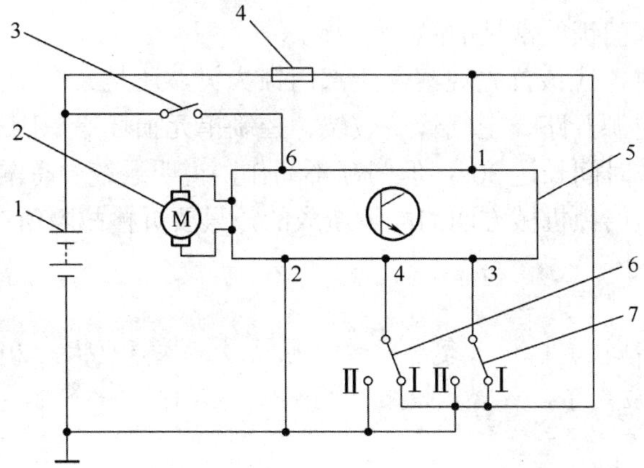

1—蓄电池；2—双向压力泵；3—点火开关；4—熔断器；5—中控门锁控制单元；6—左前门门锁开关；7—右前门门锁开关

图 4–11　奥迪 100 双压力泵式中控门锁控制系统控制电路示意图

① 当用钥匙或拔出两前门的任一门锁操纵杆来打开车门时，由于门锁通过连接杆与前车门锁执行元件相连接，连接杆被向上拉起，车门锁执行元件中的门锁开关的触点 I 闭合，控制单元收到此信号后，立即控制双压力泵转动以压缩空气，系统管路中呈正压，气体进入四个车门及行李舱门门锁的执行元件（膜盒）内，膜片推动连接杆向上运动将车门打开。

② 当用钥匙或按下前两门的任一门锁操纵杆来锁住车门时，连接杆被压下，车门锁执行元件中的门锁开关的触点 II 闭合，控制单元收到此信号后，立即控制双压力泵向另一个方向运转，用以抽吸真空，系统管路中呈负压，各门锁的执行元件进入真空状态，膜片带动连接杆向下运动将车门锁住。

③ 后车门及行李舱门门锁执行机构元件与前车门有所不同的是，它们没有门锁开关及接线，只是一个气动执行元件（真空膜盒）。

④ 如图 4-12 所示，在装有控制单元和双向压力泵的塑料盒内有一个双触点开关，压力泵不转动时两对触点都断开，压力泵转动 3～7s 后，无论是正压还是负压，都会使一对触点闭合，控制单元收到此信号后，立即使双压力泵停止转动。如果管路或膜盒出现漏气，压力泵虽然转动，但建立起的正压或负压不足以使触点闭合，经过约 7s 后，压力泵仍然转动。控制单元具有压力泵强行保护功能，即延迟电路每次只允许压力泵转动 30s 便自动停转，其作用是当管路或膜盒出现漏气故障后，防止压力泵因长时间运转而损坏。塑料盒内的系统管路上还装有一个放气电磁阀，每当压力泵停止转动后，此阀打开，使系统中管路与大气相通，以备下次操作；每当压力泵转动之前，此阀立即关闭，使系统中管路与大气隔绝。

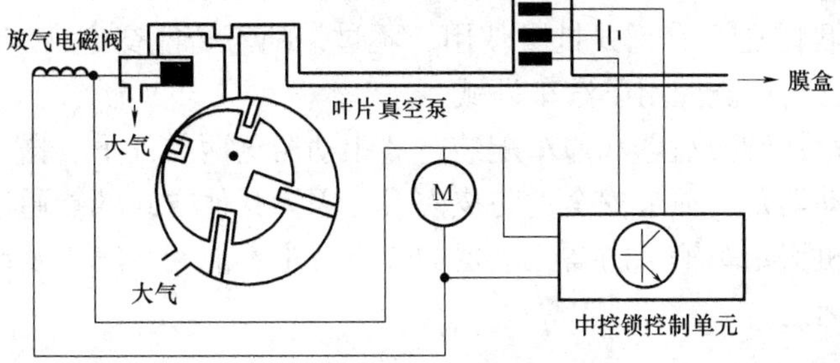

图 4–12　奥迪 100 双压力泵式中控门锁控制系统控制

（2）气动中央控制门锁的常见故障

在门锁系统失灵时，应该首先观察是全部门锁失灵，还是某个车门锁失灵。如果是全部门锁失灵，一般是由电源开路、空气管路破裂、控制单元损坏等原因造成的。若打开或关闭前门锁时，双压泵工作时间长达30s，但门锁不动作，说明系统中有漏气处。如果只是某个车门锁失灵，一般是由该门锁机械方面的故障造成的，只要拆检故障所在车门即可查出。

技师指导

由于气动中控门锁控制机构太复杂，故障也较多，噪声也大，2000年之前的奥迪、奔驰车用过，现在极少应用了，或者说没有应用的了，只作为一个分类而存在。

4.2 铁将军防盗器

1．防盗系统的功用与种类

1）防盗系统功用

汽车防盗系统的任务是必须达到使偷盗者放弃偷盗汽车企图的目的。理想的防盗装置应能使偷盗者不能开动汽车，使之迷惑不解，汽车并能发出一种报警信号，给偷盗者一种心理上的冲击。报警一般以灯光闪烁与发声报警形式发出，报警发生后持续时间约为1min，但发动机启动电路直到车主用车钥匙打开汽车门锁之前都始终处于断路状态。

2）防盗系统种类

常见的汽车防盗系统有三类：机械式、电子式和网络式。

（1）机械式防盗系统

机械式是在拔掉钥匙后，用一个锁舌锁住方向盘，几乎现在汽车上全有这种功能。要记住的是，转不动钥匙时，可左右转动一下方向盘再转动钥匙。

（2）电子式防盗系统

电子式防盗系统国内有汽车加装防盗器和原车配装防盗止动器两类，本书重点讲解。

（3）网络式防盗系统

该类系统利用卫星进行定位跟踪（GPS）。网络式防盗系统主要用于出租车事后寻车，并不能阻止第一现场用发动机动力盗走车辆，只有当车主或家人让指挥中心寻车时，才能停止车辆。它必须在没有盲区的网络下才能工作，更主要的是需要公安部门设立监控中心。发达国家已开始试用，我国还没有正式批量使用。不过，随着智能交通（ITS）和通信技术的发展、成熟，该技术必将广泛应用于汽车领域。

总体来说，汽车加装防盗器和原车配装防盗止动器这两类几乎占据了全部国内汽车。其中原车配装防盗止动器是目前最安全的防盗方式，因为其他方式都能通过简单的改线或拆除防盗装置启动发动机盗走车辆。防盗止动器的优点就是不能利用汽车发动机的动力行驶，当然你可以用集装箱运走。

2．加装防盗器方式

防盗器应用一般有两种情况：一种是防盗器单独使用，通过声光报警来吓走盗贼，通过断点火功能（或断起动机启动功能）来阻止汽车启动，原车无中控门锁模块，防盗器又配了四个开门/锁门螺线管电磁阀，也可遥控开门/锁门；另一种是原车有中控门锁，防盗器要和原车中控门锁联合使用，实现做阻吓、断点火功能、遥控开门/锁门功能。

3．铁将军防盗器功能

铁将军防盗器外接各元件（见图 4-13）功能如下。

（1）喇叭用于报警；转向灯用于远距离识别是否接收到遥控信号，当遥控开门/锁门时转向灯应闪烁。

（2）振动探测传感器用于测量外界施加的振动，用于触发声光报警。

（3）车门开关要接在左前车门开关上，开门时实现负触发，用于识别车门是否关严，以进行语音提示。

（4）行李箱电动机通过继电器控制，防盗器控制线圈搭铁，可遥控行李箱开锁/闭锁。

（5）断电继电器（常闭继电器）可以在设定防盗时，断开启动电路或点火线圈电路。

（6）接脚刹开关的目的是车辆行驶的过程中防止误开车门，修理人员对这个功能一般情况下不用。

（7）天线用于接收遥控信号。

（8）LED 在进入防盗状态时闪烁。

（9）粗红和粗黑用于供电，点火开关 KEY ON 在这里作为信号输入，是为了识别汽车钥匙是否在点火开关内。

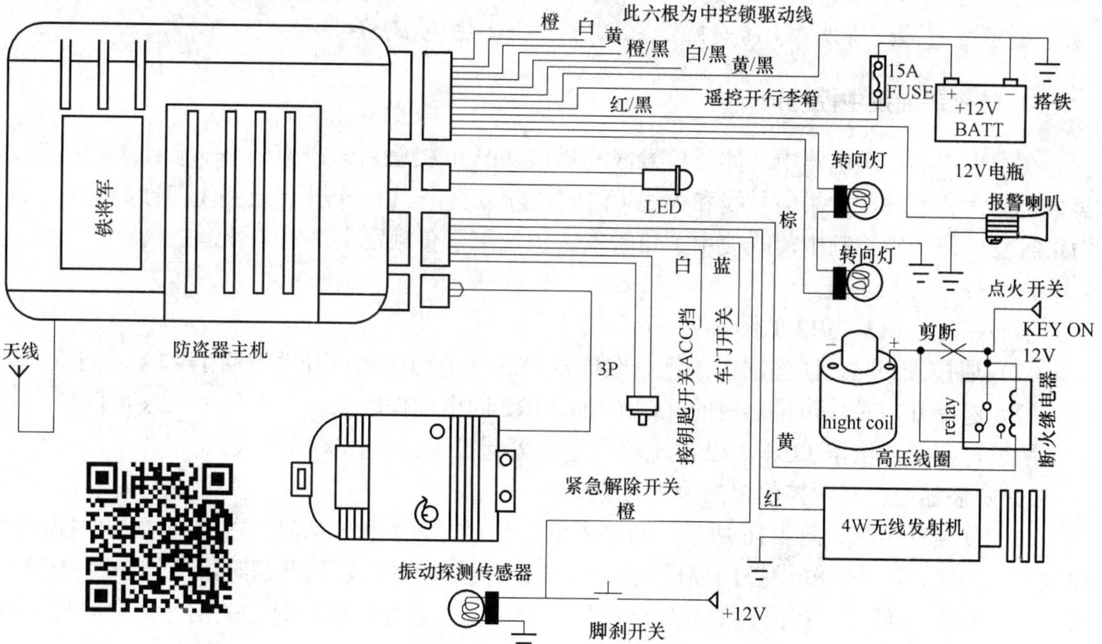

图 4-13　铁将军 G191FAA1 汽车防盗报警器系统接线示意图

完成任务

请对照图 4-13 和图 4-14，说出原理图中的五个继电器（继电器型号 NT73CS10 和 D12-SHS）的作用是什么。

提示：图 4-13 中靠近 LED 那边的是 JR4 双触点左右转向灯继电器，而图 4-14 中的 CN7 为 LED。

JR1：________。JR2：________。JR3：________。JR4：________。JR5：________。

完成任务

请对照图 4-13 和图 4-14，写出连接器外接元件。

CN5（3 根线，也称 3 针或 3pin）：____________。CN6（7 根线）：____________。CN8（12 根线）：____________________________________。接收头电路（3 根线）：____________。CN8 的第 4 引脚是什么？____________。CN8 的第 6 引脚是什么？__________。CN8 的第 5 引脚是什么？__________。JR5 本质是几脚继电器？________。JR2 线圈不通电时为 8、9 之间导通，一旦通电时是 8 跟__________之间导通。JR5 线圈不通电时为 11、12 之间导通，一旦通电时是 11 跟________之间导通。

技师指导

夏利 N3 轿车上配有铁将军防盗器，用遥控器遥控开锁时，转向灯还能闪，但就是无法遥控开锁。后用钥匙直接开锁，中控门锁能正常开锁和闭锁。怀疑继电器 JR2 和 JR5 有故障，一时找不到 NT73CS10 继电器，采用两个五脚欧姆龙微型继电器替换了 JR2 和 JR5 后，故障消失，以后没有出过故障。本车为“一控三”式接法。

4．防盗器遥控中控门锁

在中央控制门锁电路中，如果信号线和搭铁（0V）接触后，产生一个开启或关闭门锁的信号，称为负触发。如果信号线和火线（12V）接触后，产生一个开启或关闭门锁的信号，称为正触发。在个别控制中，既使用了正触发，也使用了负触发来产生信号。

1）JR3 和 JR2 继电器

不遥控时，JR3、JR2 如图 4-15 所示。

（1）遥控锁门时，防盗器内的锁门继电器 JR3 通电动作触点开关下移 1～2 s 后回位。

（2）遥控开门时，防盗器内的开门继电器 JR2 通电动作触点开关下移 1～2 s 后回位。

所以，实际要依据 JR3、JR2 继电器在遥控器遥控下的动作灵活接入。

2）防盗器主机对中控门锁的输入方式

（1）负触发接线如图 4-16 所示，防盗器的关信号（白）和开信号（白/黑）要与中控门锁控制单元相接，事先已知中控门锁控制单元是采用负触发的。遥控开门时，开信号（白/黑）与黄/黑搭铁，拉低了中控门锁的开信号电位，控制开门。遥控锁门时，关信号（白）与黄搭铁，拉低了中控门锁的关信号电位，控制锁门。

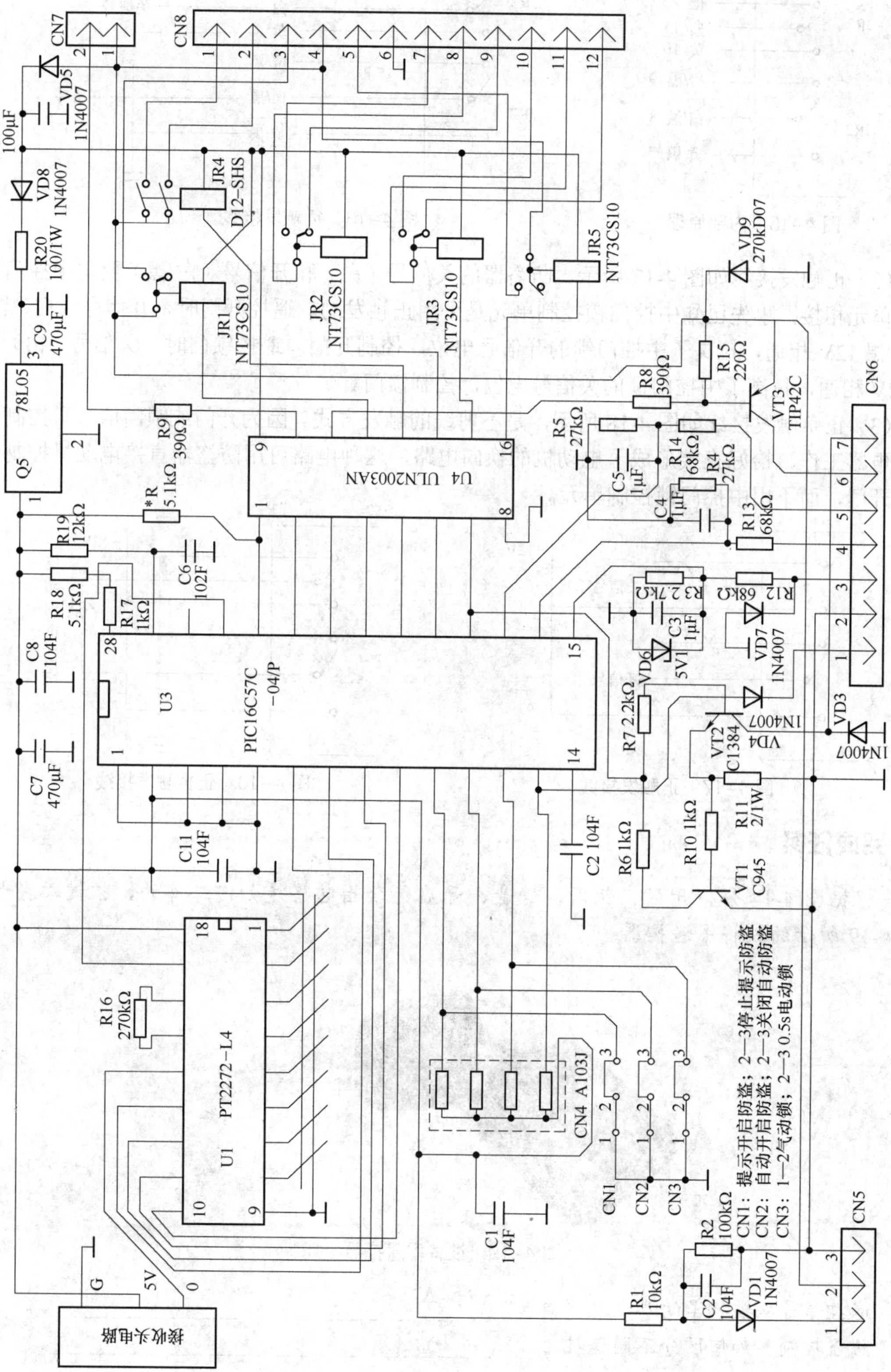

图4-14 铁将军G19FAA1汽车防盗报警器主机原理图

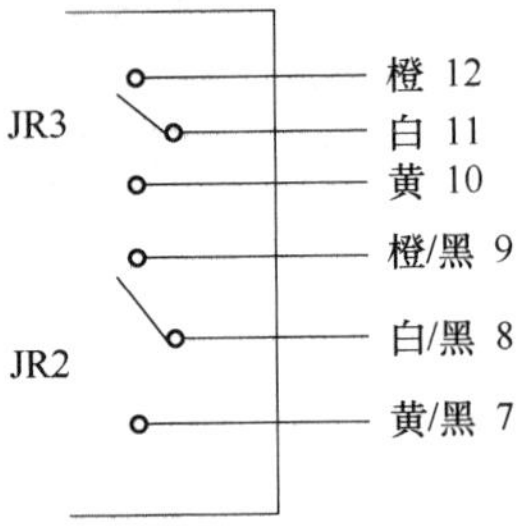

图 4-15　内部原理

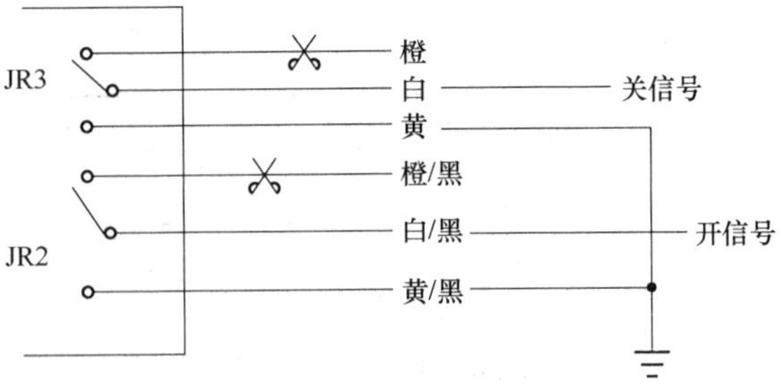

图 4-16　负触发接线

（2）正触发接线如图 4-17 所示，防盗器的关信号（白）和开信号（白/黑）要与中控门锁控制单元相接，事先已知中控门锁控制单元是采用正触发的。遥控开门时，开信号（白/黑）与黄/黑 12V 相通，拉高了中控门锁的开信号电位，控制开门。遥控锁门时，关信号（白）与黄 12V 相通，拉高了中控门锁的关信号电位，控制锁门。

（3）正负触发接线如图 4-18 所示，是不剪线的触发方式。因为开门或锁门信号只控制一个继电器工作，恰好直接形成了电动机的换向电路，这种电路可用防盗器直接电动机控制锁门和开门，而不用中控门锁控制单元。

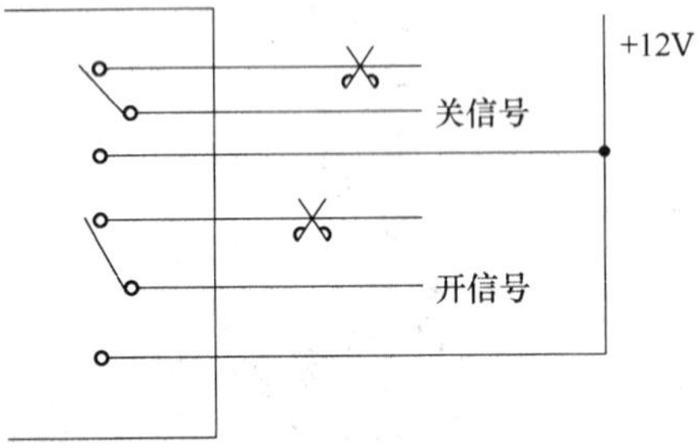

图 4-17　正触发接线

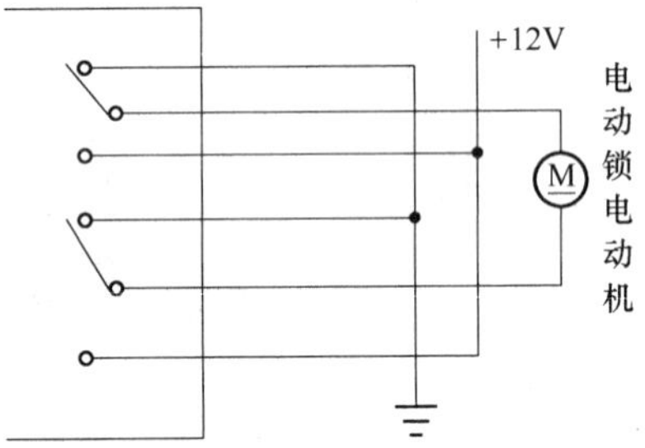

图 4-18　正负触发接线

完成任务

根据图 4-14 分析开门、锁门、静音、开启行李箱电路是如何工作的，按键参考如图 4-19 所示的铁将军遥控器。

图 4-19　铁将军遥控器

遥控信号从铁将军的哪个元件输入？________________________。

防盗控制器如何区分不同遥控信号？________________________。

5. 原车中控门锁单线负触发电路防盗改装

1）原车中控门锁单线负触发电路防盗改装电路

图 4-20 所示为天津一汽威志轿车原车单线负触发中控门锁电路（接地开锁）。原车单线负触发是指中控触发线接地，电动机开锁，断开接地，电动机实现上锁。防盗器对中控门锁遥控控制。图 4-21 所示为原车中控门锁单线负触发电路加装防盗器电路（静态）的电路图。

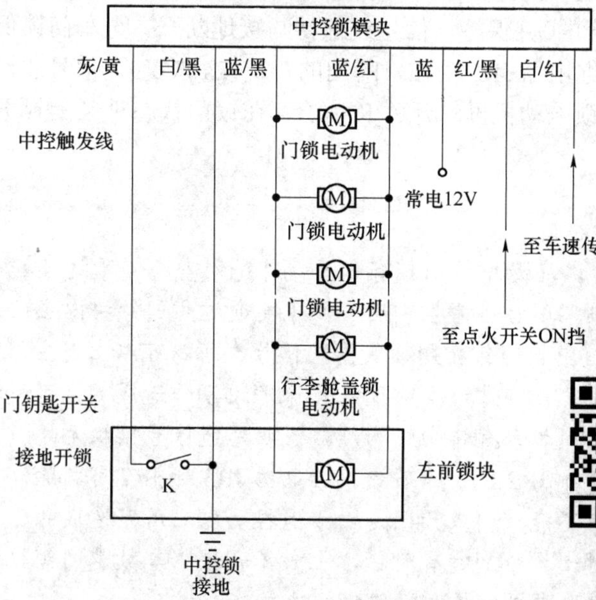

图 4-20　天津一汽威志轿车原车单线负触发中控门锁电路（接地开锁）

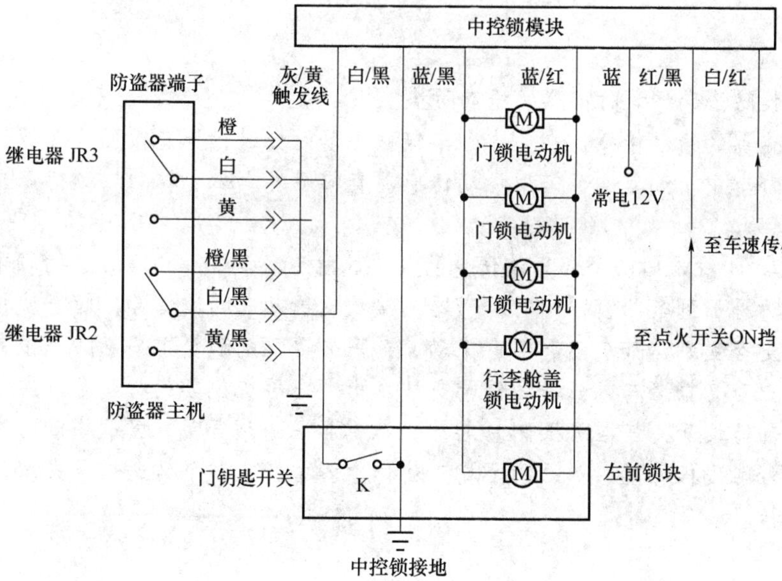

图 4-21　原车中控门锁单线负触发电路加装防盗器电路（静态）的电路图

2）控制过程

（1）当防盗器处于不动作状态时，防盗器主机内继电器 JR3 和继电器 JR2 处于静态，信号由防盗器主机的白/黑色线→橙/黑色线→橙色线→白色线→驾驶员车门主门锁开关 K，中控门锁系统可以照常工作，车外用钥匙或车内拉动驾驶员门锁提钮都能正常开或锁全车所有门锁。车辆行驶时，车速达到 10km/h 以上时，全车门锁均能自动上锁，停车后关闭点火开关，全车门锁均能自动开启。

（2）当遥控防盗器执行锁门动作时，继电器 JR3 动作（瞬间的，1～2s 恢复），信号线检测到与接地断开信号，全车门锁上锁，驾驶员门锁电动机里的开关 K 被电动机动作联动断开（在开门状态时 K 是闭合的）并保持，信号线保持与接地断开，全车门锁保持上锁。当遥控防盗器执行开门动作时，继电器 JR2 动作（瞬间的，1～2s 恢复），信号线检测到接地信号，全车门锁开启，驾驶员门锁电动机里的开关 K 闭合（在锁门状态时 K 是断开的）并保持，全车门锁保持开锁。

技师指导

是防盗系统有故障，还是中控门锁有故障，可先检查门锁开关 K 控制中控门锁是否正常工作。多数中控门锁采用防盗器控制后，由于要通过主门锁块内主门电动机先动作，促使门锁开关 K 动作后给中控门锁控制模块输入信号，所以可以出现主门能遥控锁门，但其他三门却不能锁门的情况，这时为门锁开关 K 未联动动作造成的，可更换主门锁块排除故障。如果遥控锁门或开门时只有转向灯闪烁，说明无线信号接收无故障，故障多在防盗器主机的两个继电器 JR3 和 JR2 上，一般更换继电器 JR3 和 JR2 可排除。

多数防盗器遥控时不能锁门或开门是由于遥控器电池用完造成的。另外，遥控器遥控中控门锁锁门或开门时出现个别锁有时锁不上或不开锁，多数是门锁机械生锈导致不顺畅造成的，可通过换门锁块、调整或润滑门锁解决。

技师指导

超声波监控防盗和加装防盗器的振动防盗。

铁将军防盗器的振动传感器在感应到车辆被振动时会进行声光报警，在低档车中应还可以，在高档轿车中（如奥迪）若用振动传感器直接触发喇叭和转向灯进行声光报警那就有损形象了。

奥迪在汽车 B 柱采用四个超声波传感器（左、右侧各两个）以 40Hz 的频率发射波信号（人耳无法听见）到车门窗，同时传感器又接收反射回来的波信号，超声波控制单元分析反射回来波是否受到诸如车门和门窗振动，如果必要，则触发报警，防盗报警器控制单元使扬声器发出声音报警与闪烁转向信号交替发出。当司机侧车门打开后，内部监控功能主动中断。内部监控开关装在司机侧 B 柱上，只需按一下该开关，就能中断防盗器的监控功能，防止意外触发报警器。如果四个超声波传感器中的某一个传递信号失败，则将中断对该车窗的监控。

4.3 安装汽车防盗器

1. 安装注意事项

（1）首先拆装车辆时要认真仔细，并对各种车型结构要了解清楚，在无把握的情况下不可拆装，以免给客户造成损失。

（2）对各种车型的线路要按规定方式科学查找，不可凭经验。只查找与安装防盗器有关的线路，千万不要好奇。严禁测试电脑线路和安全气囊、ABS 线路。

（3）因为很多车都带电脑，会因断点火线造成电脑故障；刹车带助力的车型、方向盘带助力的车型，若断点火（ON）线，在设定防抢时，会在 30s 左右灭火，此时的车辆在高速时，熄火后车辆的刹车及转向都很沉重或失效，将会给第三者造成重大伤害。因此，建议断接启动马达线，不要断点火线。

（4）当可断 ON 线的车型（如化油器、柴油车类不带电脑的）安装时，30A 断电器的小白线要接在 ON 线上，防盗器上输出负电的小黄线要接在断电器上的小黄线上。

2. 安装防盗器的程序

（1）先查验车辆的状况：如电瓶电压、水温表、机油表、大灯、小灯、转向灯、刹车灯、室内灯、气囊灯、ABS 灯、SRS、天窗等。

（2）安装：查找要接的+12V 常火线、负电（搭铁）、转向灯线、门边线、刹车线、启动马达线、中控线、开/关信号线等。

（3）查接安装后必须要自检车辆全部功能是否正常，之后再把所拆下饰板件装回原样。

（4）交车给车主：将遥控器上按键使用方法、功能一一介绍给用户，并进行演示，让用户掌握使用，向用户强调如果车子被借出，归还后，要把遥控器清码和重新学习一次（看说明书），安全无忧。

（5）说明书最后一页供用户保留，为安装之后的售后服务凭单。

3. 安装工具与工艺

（1）安装时需正确使用工具，正确拆装车辆装饰板、车门及仪表盘（需要时）。注意工具使用规格尺寸的正确。工具包括不同规格的十字螺丝刀、剥线钳、内梅花、内六角、剪钳等。

（2）正确剥线、接线和缠线。根据线径粗细不同，将接线端外缘皮剥去 25mm 左右。在搭接启动线或点火线时，剥线应长至 30mm。剥皮时要注意内部铜线可能受伤或被剪断，铜线应完好无损。线皮剥好后，先将铜线一分为二，然后将两根线的一分为二的部分分别扭紧在一起，再将它们合二为一扭紧，用胶布缠好。使用的胶布要符合电工标准，注意其绝缘性和有效期。缠绕胶布时，要稍用点力将胶布稍稍拉长，然后缠绕。这样，缠好的胶布会自然地抢紧在搭接好的导线上，这样的胶布不易松开，安全性、牢固性较好。缠绕常火线、启动线和 ON 线时，需按胶布的使用方法缠绕两次。缠绕时胶布要有外延，不得有铜线丝露出。断电继电器下的几根粗线，接好后不要用胶布大面积长长地将几根粗线缠绑在一起，否则不易散热，易出危险。

（3）应注意正确使用试电笔和万用表等仪器、仪表。注意万用表的挡位设置要正确。

4．安装防盗器技术要求

（1）车辆各个门及部分车的后行李箱、引擎舱盖要有保护，加门开关，如金杯经济型、夏利、奥拓等。

（2）布线要求：先找好主机固定的位置，布线分两路，一路往方向盘底盖，包括电源线（红色）、ON 线（白色）、控制 30A 断电器线（黄色）、转向灯线（两根棕色）；其余的线往保险盒及左前方、前盖，包括喇叭线（米红色）、车门开关线（蓝色）、中控门锁线、仪表台上 LED 线及天线。

（3）注意事项：安装前，先将线全部接上，自检线路正确无误后，再分别把电源、震动感应器、LED 插上主机；主机及震动感应器的位置应避开音响喇叭等高磁场的地方，注意该位是否为有高温产生的电器部位，还要注意防水（漏水）；防盗器装得好与不好，反映在查找车线是否正确、接线质量是否过关等方面，线的查找必须正确，线不能虚接，不该搭铁的地方不能搭铁，搭铁的地方必须搭实，接线处必须紧固、绝缘，否则极易造成烧毁防盗器主机或烧损车辆电路的严重后果；安装时，认为防盗器主机、遥控器或其他元件有问题时，请将有问题的元件原封不动地退回经销商，任何单位或个人，请勿擅自拆卸主机、遥控器等任何元件。

4.4 常见故障疑难解答

1．问题和可能原因

（1）按一下遥控器按键，显示符号全显示一遍，并且有装电池时一样的叫声。

出现此问题最大的可能性为遥控器电池已没有电，当按遥控器时发射需要电流较大，有些品牌的电池低压特性不好，引起电池电压降低很多，引起复位，更换电池既可。一般 7 号碱性电池可以使用一个月左右。当电池电压不足时，遥控和报警距离会变近，更换电池即可。建议使用 7 号 AAA 碱性电池，不要使用一般锌锰干电池。如果更换电池后仍有此现象，则可能遥控器主板有问题，更换一个遥控器，重新学习一下即可。

（2）按遥控器时，主机没有任何反应，但主机可以报警，开门会闪灯。

当出现此问题时，检查另外一个遥控器能否遥控。如果另外一个遥控器能遥控，则说明主机是正常的，不能工作的遥控器重新学习对码，看能否学习成功，如果能，则说明遥控器正常，只是主机丢了一个密码，重新学习即可；如果不能够学习对码，则可能遥控器有问题，建议更换一个新的遥控器，重新学习对码。如果另外一个遥控器也不能遥控操作，重新学习一下遥控器（即重新对码），如果重新对码后遥控器操作正常，则说明主机密码丢失，重新学习即可；如果重新学习不成功，则问题不在遥控器这方面，检查一下主机天线及其他连接线，如果没有问题，则应该是主机接收电路出问题，建议更换主机。我们的解码电路采用双备份密码形式，丢失密码的机会很少，但并不能完全避免，如果有的主机经常丢码，建议更换主机，可能主机解码电路有问题。

（3）遥控器上没有显示或显示状态不会改变，按遥控器，主机有反应，上、下锁正常，遥控器不会报警。

汽车在行驶状态下，按遥控器上、下锁时遥控器上显示状态不会改变，此属正常现象，因为在此状态下没有必要改变显示，因为踩脚刹可以下锁，改变显示容易引起混乱，设计就是不改变显示的。但在其他状态下，遥控器上的显示应该随防盗状态不同而改变，如果按遥控器，主机有反应，但遥控器上显示不改变或无显示，检查另外一个遥控器是否正常，如果另外一个遥控器有相同的现象，则可能主机发射报警电路有问题；如果另外一个遥控器正常，则说明遥控器报警接收电路有问题，更换一个新的遥控器重新学习，故障应该可以消除。如果只有一个遥控器，建议去安装商处先更换一个遥控器，对码之后看是否正常。

（4）遥控器遥控和报警距离变近，有时有电池符号出现。

这种情况应该是电池没电了。更换电池既可。一般7号碱性电池可以使用一到两个月。当电池电压不足时，遥控和报警距离会变近，更换电池即可。建议使用7号AAA碱性电池，不要使用一般锌锰干电池。如果更换电池后仍有此现象，则可能遥控器有问题，更换一个遥控器，重新学习一下即可。

（5）遥控器遥控和报警距离近，或者遥控和报警距离有时近有时远。

遥控器遥控和报警距离有时远有时近，有可能为周围环境的电磁波干扰所致。如果地处无线电台、电视台附近，或者BB机发射台、移动电话中继站、雷达站或其他发射台站附近，电磁波干扰很大，距离较近属正常。有一些工业设备（如高周波塑压机等）也可产生很大干扰，如果在这些设备附近，也会引起距离近。如果排除这些干扰，检查一下接收天线接触是否良好，天线安装位置是否正确。如果天线安装在金属柱子或铁板上，则会对距离有很大影响，应该安装在玻璃内侧离边缘5～10cm处。另外，天线安装位置应该避开贴太阳膜的部分，因为太阳膜含有金属成分，也会对距离产生影响。

一般情况下，在空旷地，620C-FM型直线遥控距离有1000m左右，报警距离有1500m左右，800m、900m、1100m都属正常，因为周围环境不同。620B-AM-FM混合型遥控距离有100～200m，50～100m也属正常，报警距离有1000m左右，700～1000m都属正常。在居民区中，620C型300～500m都属正常，主要看中间的障碍物有多少、有多高、有多大。一般隔两栋多层楼房仍可以正常遥控和报警，隔更多栋楼房时要看具体情况，可能会比较不稳定；但一栋楼房周围无论如何都应该可以很轻松地遥控和报警，不管是在正面还是在背面。如果在地下停车场，车在地下一层时，在地面100～200m范围内可以遥控已算比较好的情况；车在地下二层时，可能连地面都不能走到已不能遥控，主要看楼房是钢筋混凝土结构还是钢架结构。但在地下停车场均为有人值守，安全应无大问题。

（6）遥控器报警时，开锁和关锁符号同时出现。

此属正常现象，出现这种现象有两种情况：一是此遥控器没有进入防盗状态，用另外一个遥控器进入防盗状态，当有报警时，此遥控器上会有开锁和关锁两个符号同时显示；二是在行驶状态下，如果用遥控器进入防抢状态，遥控器上也会有开锁和关锁两个符号同时显示，这些都属正常现象。

（7）更换电池后，遥控器无反应，显示不正常。

检查电池极性有无装反，电池是否为电量正常的新电池。换过电池后需要查询一下汽车状况才会显示正常，或者重新进入或取消防盗一下才会显示正常。一般碱性电池可以使用一到两个月，换电池一般不会引起其他问题。

（8）防盗器安装后主机没有反应，喇叭不叫。

首先检查按遥控器时主机继电器有无滴答声，如果有再检查喇叭是否正常（直接接到电瓶上试即可），如果喇叭正常看喇叭驱动线上的熔丝是否正常，如果正常再用试电笔看有无输出，如果无输出拍打几下主机看是否有插座接触的问题，一般主机没有输出的可能性较小。如果主机继电器无滴答声，说明主机根本没有加电，检查电源线上有无 12V 电压，电源线上的熔丝是否正常，插座接触是否正常，重新插一下主机大插座看有没有反应，一般上电无反应的机会很少。

（9）防盗器安装后进入和取消防盗中控门锁不动作，锁没有反应，叫声正常。

如果只是锁没有反应，首先看中控门锁连线上的两个熔丝是否正常，插座是否插好，然后再看接线方式是否正确。如果有原厂中控盒或加装的中控盒的，一般为负触发，具体需要测量一下。如果为奥迪、奔驰、红旗等车型，接法比较特别，需仔细参考安装图。首先试验中控盒是否能正常操作，再看接线是否正确，用测电笔测试防盗器能否输出负电。如果没有中控盒，只是加装中控电动机，则应采用正负触发的方式，可以在锁两端直接测能否输出正负电，再看接地是否可靠，接线是否正确，然后再怀疑主机的问题。但是如果换过主机后还是不行，肯定不是防盗器的问题，应检查电线或连接等其他问题，如锁有无问题、电线有无问题等。

（10）对气动锁驱动车辆（奥迪、奔驰、红旗等），中央控制门锁不动作，或者能开不能关。

如果接线检查无误，出现此问题，最大可能性为中央控制门锁驱动时间不够，因为这些车型的中央控制门锁为压缩气体驱动的气动型，驱动时间必须达到 3s 以上。这样必须剪断主机上的选择线，然后再插上主机，注意剪断后主机需要断一下电，则中央控制门锁驱动时间会延长为 3～4s。一般电动门锁的驱动时间只有 0.5s。另外注意这种驱动方式接线方式比较特别，需要仔细参看说明书，如果接线正确一般不会有问题。

（11）进入防盗后，开门不报警。

如果开门不报警，很大可能性为门线接错。如果接线正确，在没有进入防盗时，打开车门，车灯会闪烁一段时间；如果不闪，可以把门线直接接地，看车灯是否闪，如果闪，说明门线没有接对，如果不闪，检查接线插座是否连接良好。如果主机报警，遥控器不报警，则可能遥控器有问题，需要更换遥控器，重新学习。

（12）进入防盗后，振动不报警，或者进入防盗后 10s 后就开始振动报警。

进入防盗后 10s 后才开始检测振动感应器，这样是为了避免关门时的振动没有停止。如果 10s 后振动还不报警，首先检查振动感应器灯能否亮，连线是否正确，插座是否可靠连接，灵敏度调节是否合适（灵敏度调到最低时根本不能触发）。如果还不行，可更换感应器试一下，但如果更换感应器后仍不能报警，则可能是主机问题。

如果进入防盗后 10s 后就开始振动报警，此种情况一般是由于振动感应器太灵敏。可以先拔掉振动感应器看是否还有此现象，如果还有则应是主机的问题；如果没有则是振动感应器的问题，降低灵敏度应该可以消除此现象。

技师指导

一般不要把振动感应器灵敏度调得太高，这样经常会出现莫名其妙的振动报警，或者夜间会偶尔叫几声，也会出现有车经过时都会叫几声。灵敏度调到用力拍打玻璃会叫就可以了。

（13）进入防盗后，用钥匙打火不报警，或者报警时可以用钥匙启动汽车。

如果进入防盗后用钥匙打火不报警，最大可能为接错线。在取消防盗后，把钥匙扭到ON位置，此时按遥控器关锁和开锁，主机应该只上、下锁，喇叭不叫；如果喇叭还叫，ON线应该是接错了，或者检查连线和插座是否接触良好，线的次序有无错误等。

如果在防盗状态用钥匙打火时，还可以打着汽车，但报警是正常的，如果停止打火，汽车不会自动熄火，需要检查断电器是否正常，主机有无输出断电信号，断电器接线是否正确，插座有无插好等。如果汽车还会自动熄火，此种情况一般为汽车电瓶电量不足，打火时电池电压被拉得很低，导致断电器不能正常断开，但此情况在打火停止时，电压会回升，断电器会重新起作用，所以还会熄火防盗，此情况属正常。

（14）进入防盗后，防盗器LED不闪。

一般情况下，此问题为连线问题，检查插座连接是否可靠，如果不行换一根LED线，主机出问题的可能性很小。

（15）按遥控器进入遥控启动状态后，主机叫四声，不启动。

此种情况为启动模块未加电，或者启动模块和主机连接信号线未连接好，或者手刹未拉起或手刹接线不正确，检查启动模块的电源熔丝是否正常，手刹接线是否正确，和主机连线是否正常。

（16）打着火后又熄火重打火，如此反复打六次。

此现象为启动检测信号线信号太弱，或者信号线接线不正确，才导致已经启动检测不到已经启动的信号而熄火又反复启动，一般需在高压线上绕5～10圈。对于有一些电喷车高压线不在外面，可能无法检测到信号，只能接到机油灯上或直接接到电源上，如果接到电源上无法打六次火，可能导致主机以为已经打火成功而实际并未启动成功的情况出现。

技师指导

现在许多中、高档车都带有电子防盗，此种汽车没有检测到原厂钥匙是不打火的，所以这类带有电子钥匙的汽车不能安装遥控启动模块。

（17）打火六次后还打不着火。

很大可能性为低档汽车比较难启动，或者冷天比较难启动，对于这种情况，下车后需要把风门拉起来，以利于启动

（18）打着火后，暖车一会儿就熄火。

这种情况一般也是汽车的问题，启动后怠速可能较低，不能维持长时间的运行，可能会偶尔熄火，把风门拉起也有利于避免此情况。

（19）在平时偶尔或经常有振动报警（遥控器上显示有锤子）。

此种情况一般是由于振动感应器太灵敏。可以先拔掉振动感应器看是否还有此现象，

如果还有则应是主机的问题；如果没有则是振动感应器的问题，降低灵敏度应该可以消除此现象。

（20）正常使用时主机有时有反应，有时没有反应。

出现此问题的最大可能性为接触问题，仔细检查连线接触是否良好，熔丝是否接触良好，各种连线连接是否良好，接地是否良好；如果都没有问题，则可能主机内部有接触问题，更换主机。

（21）进入防盗下锁后，主机多叫三声，半分钟后开始报警。

出现此现象有两种可能：一是门未关好未关紧，或者门接线有问题，或者门线被磨破短路；二是有些车有关门延时功能。有的产品可以识别 30s 的关门延时，如果延时超过此时间则会引起报警，如果出现此问题可以和产品售后服务部联系，更改设计。使用中也可以关门一会儿后再进入防盗，从而可以避免此问题。

（22）行驶过程中车灯闪，喇叭叫，过一会儿熄火。

此现象为进入了防抢状态，可能在行驶过程中有意或无意按了两次遥控器的查询键，或者由于撞击等其他原因碰了两次查询键，才会进入防抢状态，如果进去后，按取消防盗键即可取消此状态。如果由于受到强烈干扰使主机工作混乱进入此状态，先减速把车停到一边，再熄火按遥控器把此状态取消，不过强烈干扰使主机工作混乱的可能性很小。

（23）行驶过程中不能进入防抢状态。

先按一次查询键，遥控器会叫三声，然后在 3s 内再按一次查询键，主机才会进入防抢状态。进入防抢状态后，主机先闪灯 30s，喇叭再叫 30s，然后汽车会熄火一直报警。

2. 单向防盗器安装时会出现的问题及解决方法

（1）问题：① 设定防盗后，经常出现振动误报警时，喇叭间歇鸣叫；② 设定防盗后，振动不灵；③ 设定防盗后，振动不会报警。

解决方法：

① 检查振动感应器灵敏度是否太高，应逆时针方向调节感应器调节旋钮位置。

② 检查振动感应器灵敏度是否太低，应顺时针方向调节感应器调节旋钮位置。

③ 检查是否关闭振动感应器功能，请查阅功能说明书。

（2）问题：设定防盗 10s 后，报警喇叭连续鸣叫不停，按遥控器解除后，重新设定防盗后，情况一样。

解决方法：

① 检查车辆所有车门是否关妥，车门未关妥时，设定防盗后车转向灯会闪三下，提示关好车门。

② 检查边门感应线是否接错，重新接正边门感应线。

③ 检查原车所有边门开关有无漏电或损坏、短路现象，修理或更换边门开关。

（3）问题：用遥控器不能进行上锁和开锁。

解决方法：

① 检查原车中央控制门锁系统动作是否正常，关好车门，操作原车控锁开关。

② 检查防盗器主机与中央控制门锁之间连线是否有松动、错接现象，请重新详阅中央控制门锁线路安装说明，接正中控配线。

③ 检查防盗器主机配线、熔丝是否有烧断现象，应先查明原因，再更换熔丝。

（4）问题：设定防盗后，车辆触发时转向灯会闪，但报警时喇叭不鸣叫。

解决方法：

① 检查静音功能是否开启，请解除静音防盗。

② 检查喇叭与主机间连线是否有问题。

③ 检查报警时主机喇叭线是否有+12V 电压输出，可用试灯进行喇叭测试。

④ 检查报警喇叭是否有问题，直接供给报警喇叭正极+12V 电源，观察是否正常发声。

3．双向防盗器安装时会出现的问题及解决方法

（1）解除防盗后，打开车门转向灯不会闪。

解决方法：只有钥匙开 ON 位置处或车在发动中，打开车门转向灯才会闪。

（2）设定防盗后，振动报警太灵敏或不灵敏。

解决方法：请调节振动感应器灵敏度。

（3）设定、解除防盗或车报警时车灯会闪，但车喇叭不会响。

解决方法：检查车是否已设定为静音功能，喇叭线是否连接良好。

（4）设定防抢功能后，车不会报警和熄火，其他功能正常。

解决方法：车必须在没有熄火或行驶中，用遥控器设定防抢后，车离开遥控器 500m 后，此功能有效。另外，若断电器接在马达线上，防抢报警不会熄火；若断电器接在 ON 线上，防抢报警并同时熄火。

（5）遥控器装上电池后，按键有符号显示，但是汽车无任何反应。

解决方法：用手按下主机上的“配遥控器/紧急解除”按钮，若车灯或喇叭有反应，就检查射频头天线与主机间的插头是否插牢，或者重新配码。

（6）车发动后，放下手刹，不会自动上锁；关车钥匙后，不会自动开锁。

解决方法：检查手刹线和白色 ON 线是否接在正确位置上。

（7）使用一段时间后，用遥控器能开锁但不能上锁，其他功能正常。

解决方法：检查开锁熔丝是否烧断。

（8）在使用中，遥控器有时有报警声，但车辆状况正常。

解决方法：检查遥控器电池是否有电。

（9）装到气锁车型上后，不能开锁和上锁，其他功能正常。

解决方法：检查防盗器主机气锁延时插销是否去掉，开、关锁信号线是否接对。

（10）装遥控启动型，用遥控启动后，有二次打马达现象。

解决方法：检查棕色感应线是否正确接在充电指示灯线或机油压力指示灯线上。

（11）装车后，用遥控器能开锁和上锁，但报警喇叭不会响，车转向灯不闪。

解决方法：防盗器主机白色 ON 线错接在常有电的线位上。

（12）装车后，用遥控器不能开启行李箱，其他功能正常。

解决方法：确定原车是否有电子开关控制开行李箱功能，若原车无此功能，可另加装二线电动机控制开启后行李箱。

（13）设定有音防盗后，有时会转成静音防盗，有时正常。

解决方法：检查遥控器电池是否接触良好，遥控器是否受静电干扰（遥控器上电时为静音防盗）。

4.5 防盗系统

大众汽车第一代防盗系统为固定码防盗系统，而在国内 1998 年以后在中、高档汽车上采用了变码送码防盗系统，称为第二代防盗系统，设计思想是阻止利用发动机动力盗走车辆，称为 Immobiliser，译为阻止车辆移动，也简称为防盗止动器。防盗止动器发展到今天已经到了第五代，不过核心仍是第二代的变码送码防盗的原理。

完成任务

铁将军防盗器不是第一代防盗器，为什么？________________。第一代防盗器是________________。是否能装铁将军这类防盗器？________。第二代防盗（止动防盗）是否能装铁将军类的防盗器？________。为什么？________。

技师指导

阻吓式防盗的特点是用声光来阻吓人，不是汽车厂随车装置。它通过一个常闭触点继电器控制点火供电或控制起动机 50 接线柱，但并不能阻止盗贼强行启动发动机，阻止利用发动机动力盗走车辆。变码送码式防盗是利用防盗器控制单元来确认钥匙和发动机控制单元，三者必须全是原车的才能驱动汽车。盗贼要偷这种车要么将车整体拖走，要么就将钥匙单元、防盗器控制单元和发动机控制单元全更换掉。

1. 第二代防盗系统

1）第二代防盗系统组成

第二代防盗系统的组成包括防盗器控制单元、点火开关上的读写线圈（天线）、点火钥匙（内置送码器）、发动机控制单元，如图 4-22 所示。

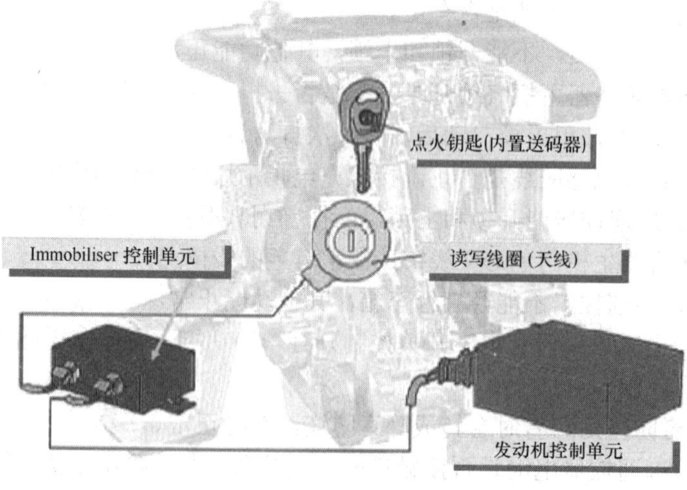

（a）有单独 Immobiliser 控制单元

图 4-22　第二代防盗系统组成

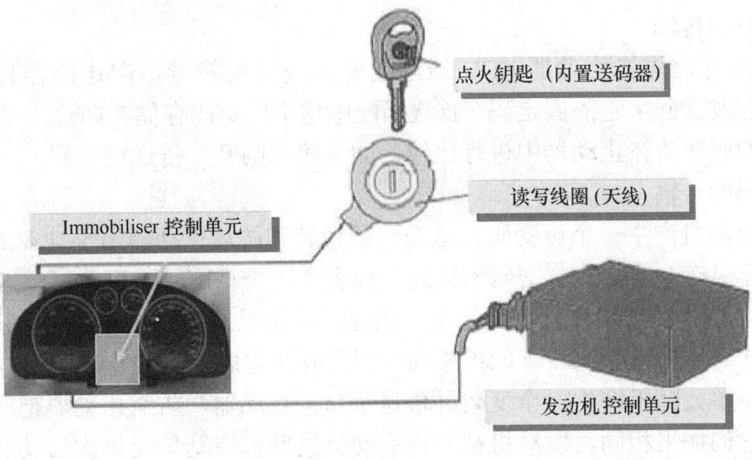

（b）Immobiliser 控制单元在仪表内

图 4-22　第二代防盗系统组成（续）

近几年，汽车厂家将中控门锁遥控和电子防盗钥匙系统集成在一把钥匙上，这样的钥匙有机械开/锁门、中控门锁遥控开/锁门和防盗识别功能，如图 4-23 所示。中控门锁模块采用了电子控制，并且与其他控制单元有通信功能和自诊断功能，可用检测仪进行通信协助检查故障。

（a）机械钥匙+防盗识别　　（b）机械钥匙+防盗识别+中控门锁功能

图 4-23　功能集成的钥匙

2）第二代防盗系统工作原理

图 4-24 所示为第二代防盗系统工作原理。

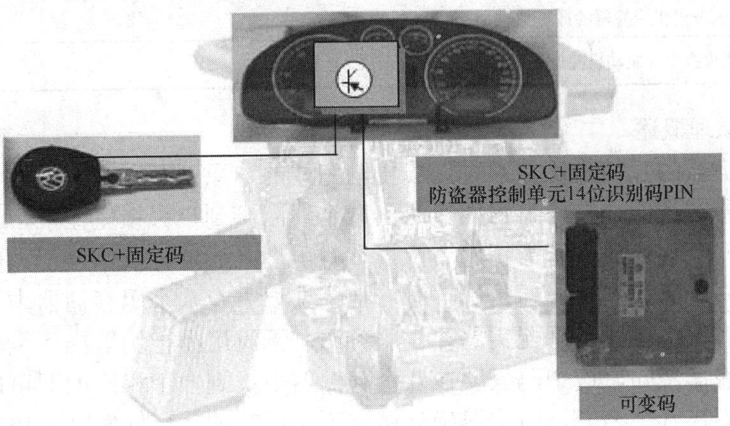

图 4-24　第二代防盗系统工作原理

（1）固定码的传输

点火开关打开，防盗止动器 ECU 通过改变天线磁场能量，向送码器传输数据提出质询，然后，钥匙发送回来它的固定码（首次匹配中这个固定码存储在防盗止动器中），传送的固定码与存储的码在防盗止动器中进行比较，如果相同则开始传送可变码。

（2）可变码的传输

防盗止动器随机产生一个可变码，这个码是钥匙和防盗止动器用于计算的基础。在钥匙内和防盗止动器内有一套公式（密码术公式）列表和一个相同且不可改写的 SKC（公式指示器），在钥匙和防盗止动器中分别计算结果。钥匙发送结果给防盗止动器，防盗止动器把这个结果和自己的计算结果进行比较，如果相同，钥匙确认完成。

发动机控制单元随机产生一个变码并传送给防盗止动器，防盗止动器把这个码和存储的码进行比较，它们如果相同，发动机被允许启动。发动机控制单元每次启动后按照随机选定原则产生一个密码（变化的码），并把这个码存储在发动机控制单元和防盗止动器中，用于下次发动机启动时计算（大众车系由 W 线传输），如表 4-1 所示。

表 4-1　第二代防盗系统的密码传输过程

			第 1 阶段
步骤	防盗器控制单元	传送	钥匙的发射机应答器
1	打开点火开关		
2	←	→	能量 固定密码
3	如固定密码正确则给予准许指令		
以上过程属于普通的固定密码发射机应答器			第 2 阶段
4	产生变换式密码	变换式密码 →	
5	按固定的公式进行计算		按固定的公式进行计算
6	控制单元的计算结果 ←	钥匙发射机应答器的计算结果 ←	
7	如果 控制单元的计算结果=钥匙发射机应答器的计算结果		
控制单元准许点火指令（发动机控制单元）			

（3）工作原理概述

钥匙和防盗器的互相确认是通过无线传输完成的，原理是利用在机械钥匙内内置智能芯片，芯片上接有线圈，在防盗器内也引出一个线圈接到点火锁底座上，这个线圈用于和钥匙内的线圈间互相通信。智能钥匙芯片内存有出厂时通过无线信号写入的码，防盗器控制单元内也有八个码存储器，通常出厂时三把钥匙要占有八个码存储器中三个存储器，实际上最多可配有八把钥匙，想配钥匙要去服务站。无论用哪把钥匙插入点火锁，两者通信后钥匙码被防盗器获知，这个码只要在八个存储器中找到一个相同的即可确定钥匙是原车的。若钥匙码不在八个之中，防盗器确认钥匙不是原车的，可向发动机控制单元发送停止发动机工作的信号。

防盗器控制单元确认钥匙单元后是发动机控制单元和防盗器控制单元之间互相确认，确认是通过防盗器控制单元和发动机控制单元之间的一根信号线。发动机控制单元和防盗器控制单元在出厂时写入了相同的密码公式。防盗器控制单元生成一个随机数，随机数经在防盗器控制单元内的密码公式计算可得一个结果。同时，防盗器控制单元也把这个随机数通过信号线传给发动机控制单元，在发动机控制单元内经相同的密码公式计算得一个结果，这个结果返回给防盗器控制单元。正常情况下，两者相同，这样防盗器控制单元就确认了发动机控制单元是原车的了，防盗器继续让发动机工作。若防盗器控制单元和发动机控制单元的密码公式不同，发动机控制单元返回给防盗器控制单元的计算结果则不相同，防盗器控制单元可向发动机控制单元发送停止发动机工作的信号，发动机停止工作。

正常情况下，防盗器控制单元确认钥匙单元后，防盗器控制单元确认发动机控制单元后，防盗器再产生一个随机数存入八个存储器中存这把钥匙码的存储单元，同时通过无线传输把这个随机数写入钥匙芯片。

技师指导

对于要增加一把钥匙的情况，车主只要提供合法手续，服务站人员在新钥匙上做出与旧钥匙相同的凹槽，再通过操作诊断仪向防盗器发出指令增加钥匙，防盗器控制单元向新钥匙注入新随机数到新钥匙芯片，同时防盗器控制单元八个存储器增加一个钥匙数量。

对于丢钥匙的情况，要先更换门锁芯和点火锁芯，两个锁芯的弹子锁是相同的；然后再通过诊断仪删除八个存储器中的数据，这样原来的钥匙全部作废；最后通过诊断仪配出相应数量的智能钥匙。

2．第三代电子式防盗系统

固定码的传输与第二代防盗系统相同。在可变码的传输上，防盗止动器随机产生一个可变码，这个码是钥匙和防盗止动器用于计算的基础（同第二代防盗系统）。发动机控制单元随机产生一个变码，在发动机控制单元和防盗止动器内有另一套密码术公式列表和一个相同的 SKC 隐秘的钥匙代码，防盗止动器返回这个计算结果到发动机控制单元内与其计算结果进行比较，这个数据由 CAN 总线进行传递，如果结果相同，发动机被允许启动（第三代由 CAN 总线传输），如图 4-25 所示。

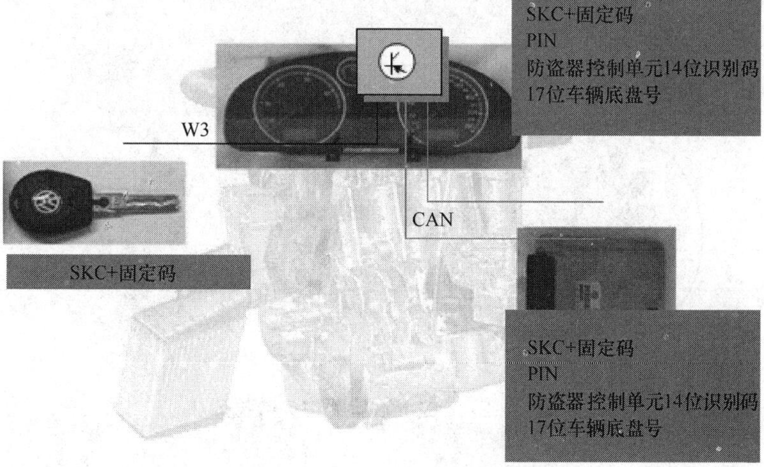

图 4-25　第三代防盗系统密码传输过程

第三代防盗系统和第二代防盗系统的区别为：发动机控制单元是防盗系统的一部分，不接受没有 PIN 的自适应，自适应后应答器（钥匙）被锁止，不能再用于其他车辆。第三代防盗系统提供对第二代防盗器功能的支持，由 CAN 总线进行数据传递，防盗器控制单元被集成在仪表内。

3. 第四代网络、GPS 防盗系统

1）第四代防盗系统简介

对于迈腾轿车，和奥迪 A8、A6 及 A3 一样，应用第四代防盗系统。第四代防盗系统在线连接、维修站的防盗器匹配过程，对于大众和奥迪是相似的；从技术角度讲，车型之间是有差异的。第四代防盗系统不是一个单独的控制单元，而是一组功能，其包括位于狼堡的 FAZIT 中央数据库存储了与防盗相关的控制单元参数，舒适系统中央控制单元（集成了防盗器控制单元）与其他防盗系统包含的部件之间进行数据通信，各控制单元间经过加密的防盗信息传递，如图 4-26 所示。

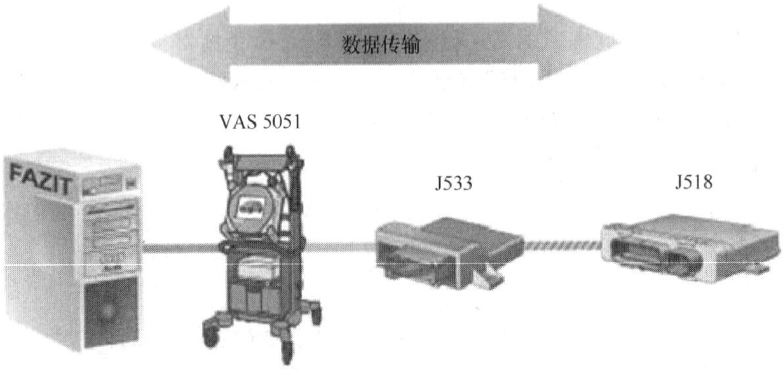

图 4-26　第四代防盗系统数据传输过程

位于狼堡的中央数据库（见图 4-27）是第四代防盗系统的核心部分。FAZIT 为“车辆信息和核心识别工具”的缩写，控制单元防盗信息存储在其中；除非在线，否则无法完成防盗器匹配。

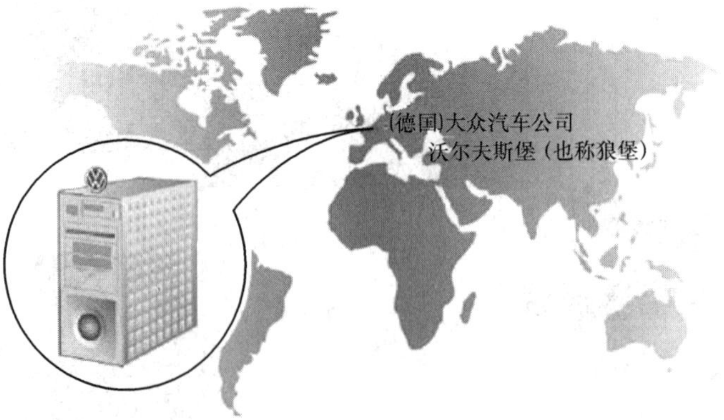

图 4-27　位于狼堡的中央数据库

2）第四代防盗系统组成

第四代防盗系统组成如图 4-28 所示。

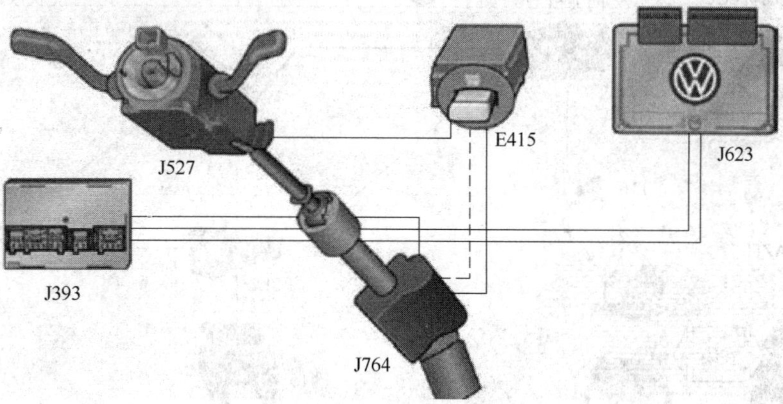

图 4-28 第四代防盗系统组成

① 舒适系统中央控制单元 J393：防盗器集成在舒适系统中央控制单元中，更换后需要在线匹配调整。

② 进入和启动授权开关 E415：进入和启动授权开关中集成了防盗钥匙读写线圈，该件更换后无须匹配调整。

③ 发动机控制单元 J623：发动机控制单元是防盗器的一部分，更换后需要在线匹配调整。

④ 转向柱锁止控制单元 J764：转向柱锁止或解锁必须得到位于舒适系统中央控制单元中防盗器的认可，J764 必须和舒适系统中央控制单元 J393 同时更换和匹配调整。

3）第四代防盗系统工作过程

第四代防盗系统工作过程如图 4-29 所示。J519 为电源管理控制单元。J527 为转向柱控制单元。

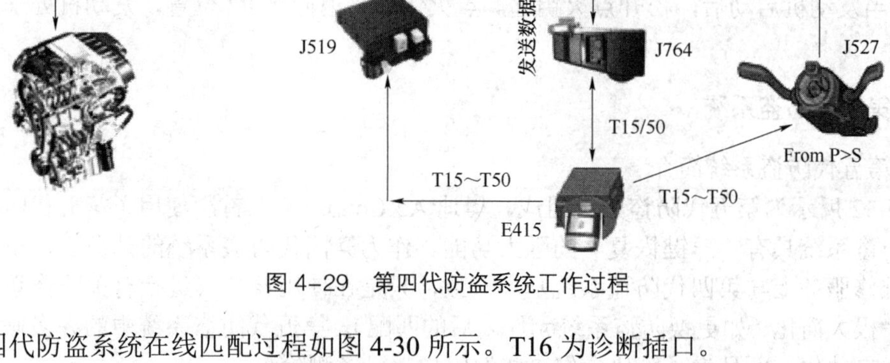

图 4-29 第四代防盗系统工作过程

第四代防盗系统在线匹配过程如图 4-30 所示。T16 为诊断插口。

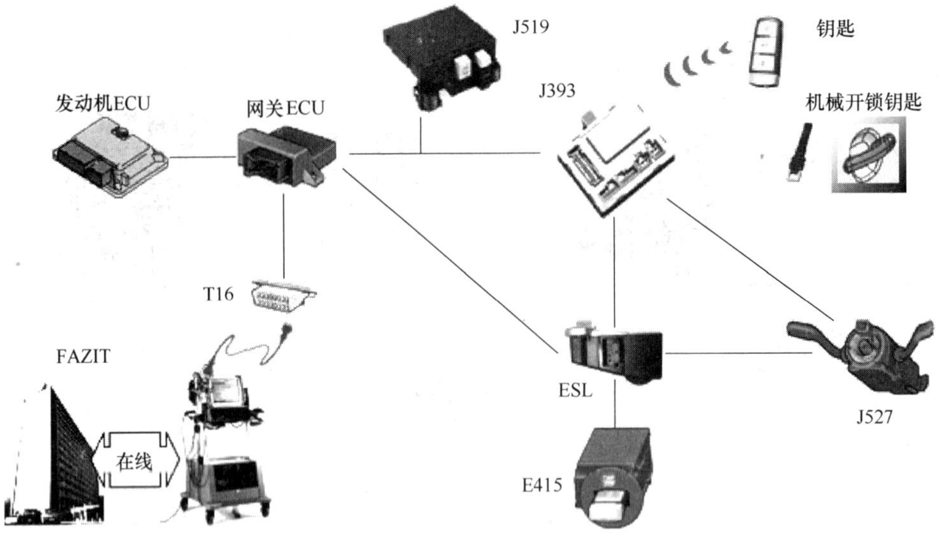

图 4-30 第四代防盗系统在线匹配过程

4）第四代防盗系统和第三代防盗系统的区别

第四代防盗系统和第三代防盗系统的区别为：第四代防盗系统是网络的防盗系统，防盗止动器不是一个单独的控制单元，而是一组功能，包括位于狼堡的FAZIT中央数据库存储了与防盗相关的控制单元参数，舒适系统中央控制单元（集成了防盗器控制单元）与其他防盗系统包含的部件之间进行数据通信，这些通信信息传递必须经过加密才能进行，控制单元的匹配必须在线匹配。

5）第四代防盗系统电路分析

迈腾 1.8L DSG 公务版点火电路如图 4-31 所示。

（1）当将点火钥匙按至 S 挡时，点火开关 D9 经 T16f/16 给 J527 一个信号，然后经 J527 的 T16o/16 给 J764 一个信号，J764 接收到此信号后，经 D1 读取点火钥匙的防盗信息，J764 将此信息传递给 J393 进行识别，信息匹配成功后，J393 将解锁信息传回给 J764 进行转向柱解锁。

（2）当将点火钥匙按至 12 挡时，点火开关 D9 经 T16f/13 和 T16f/2 给 J519 一个信号，从而控制 J329、J271、J757 和 J59 继电器工作，为相应的用电设备供电。

（3）当将点火钥匙按至 50 挡时，点火开关 D9 经 T16f/6 将启动信息传递给 J623，从而控制 J682、J710 继电器工作，使起动机运转。J623 采集 G40、G28 传感器的信号，进行运算，确定喷油和点火时刻，然后向喷油器和点火线圈发出工作指令，使发动机启动。

（4）当发动机启动后，松开点火钥匙，点火钥匙将退回到 P2 位置，发动机处于正常工作范围。

4. 第五代防盗系统

1）第五代防盗系统简介

图 4-32 所示为第五代防盗系统组成。奥迪 A5 Coupé 车上首次使用了第五代防盗系统，第五代防盗系统具有“一键恢复”的强大功能。作为第四代防盗系统的升级版，第五代防盗系统在维修服务上与第四代防盗系统基本一致，只是在使用诊断仪进行有关防盗系统方面的工作程序极大简化（如更换防盗系统元件以后的匹配）。第五代防盗系统中的许多操作步骤已更倾向于自动化，而且为了简化操作一些询问步骤已经删除。

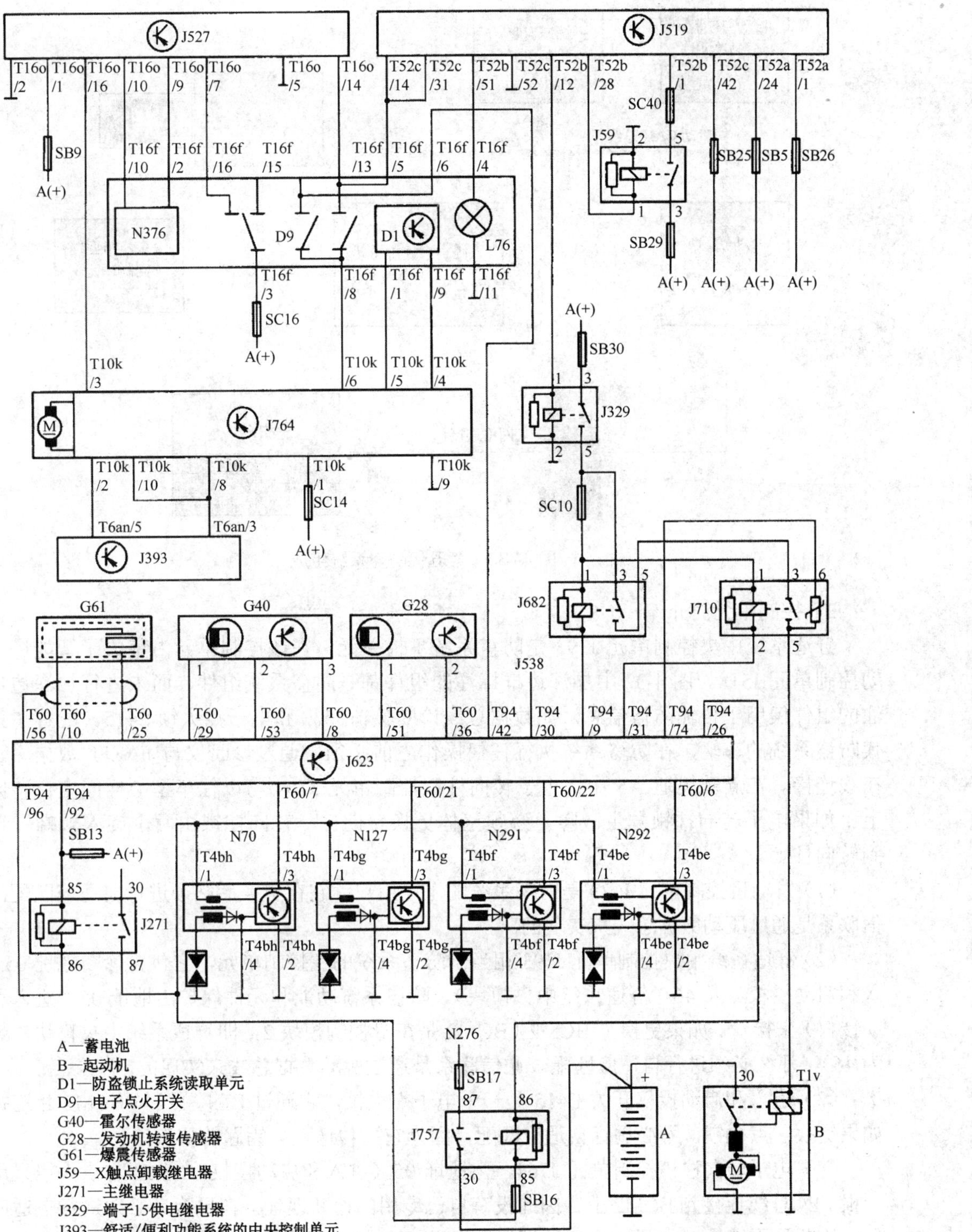

A—蓄电池
B—起动机
D1—防盗锁止系统读取单元
D9—电子点火开关
G40—霍尔传感器
G28—发动机转速传感器
G61—爆震传感器
J59—X触点卸载继电器
J271—主继电器
J329—端子15供电继电器
J393—舒适/便利功能系统的中央控制单元
J519—车载电网控制单元
J527—转向柱电子装置控制单元
J538—燃油泵控制单元
J623—发动机控制单元
J682—总线端50供电继电器
J710—供电继电器2
J757—发动机部件供电继电器
J764—电子转向锁止装置控制单元
L76—按钮照明灯泡
N70—带功率输出级的点火线圈1
N127—带功率输出级的点火线圈2
N276—燃油压力调节阀
N291—带功率输出级的点火线圈3
N292—带功率输出级的点火线圈4
N376—点火钥匙拔出锁止电磁铁
SA*—熔丝架A上的熔丝*
SB*—熔丝架B上的熔丝*
SC*—熔丝架C上的熔丝*

图 4-31 迈腾 1.8L DSG 公务版点火电路

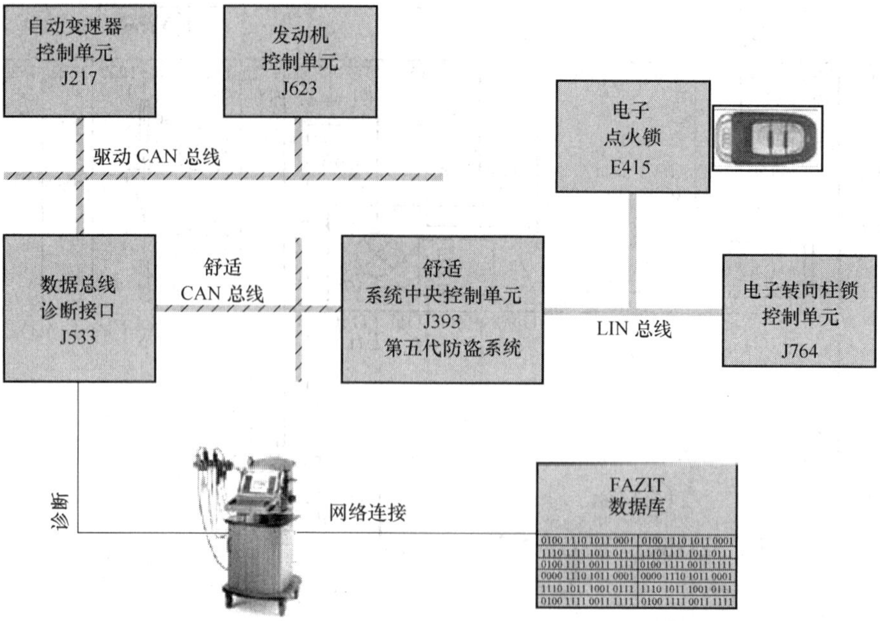

图 4-32　第五代防盗系统组成

2）控制单元简介

舒适系统中央控制单元 J393 是防盗系统主控单元，在该控制单元内集成了智能进入启动控制单元 J518。图 4-32 中加深边框标注的组件都是防盗系统组件，而未进行加深边框标注的组件仅用于传输防盗信息，如数据总线诊断接口 J533 和电子点火锁 E415。配置了第五代防盗系统的车辆，在防盗系统执行任何操作之前必须先通过诊断仪与 FAZIT 数据库建立在线连接。在新款奥迪 A5 中，电子转向柱锁控制单元 J764 与以往车型一样固定在转向柱上。如果电子转向柱锁发生故障，必须整体更换转向柱，转向柱锁由两个旋入式螺钉连接到转向柱上。

（1）发动机控制单元 J623 是防盗系统的主动用户，它在更换后必须进行自适应匹配。通信联系是通过驱动数据总线来实现的。

（2）舒适系统中央控制单元 J393 相当于防盗系统的主控制单元，它包含诊断地址 05（进入和启动授权）及 46（舒适系统中央模块）。防盗系统功能和元件保护由地址 05（进入和启动授权）来接管。如果更换了 BCM2（BCM2 是车身控制模块 2，即舒适系统中央模块，地址为 46），那么必须进行自适应匹配。通信联系是通过驱动数据总线来实现的。

（3）进入和启动授权开关 E415 是一个电子点火锁，它通过 LIN 总线与 BCM2 相连接。如果更换了点火锁，不必进行自适应匹配，因为它只传送点火钥匙的防盗信息。

（4）电子转向柱锁控制单元 J764，由地址 05（进入和启动授权）、ELV 与点火锁采用同一根 LIN 总线连接到 BCM2 上，因此没有自己专用的诊断地址，在更换后必须进行自适应匹配。诊断是用地址 05（进入和启动授权）来进行的。ELV 是一个组件，它只能与转向柱一同更换。

（5）发动机控制单元 2 J624（发动机电子系统诊断地址 11）是防盗系统的主动用户，它在更换后必须进行自适应匹配。J624 是选装件，它与发动机代码有关。通信联系是通过驱动数据总线来实现的。

（6）自动变速器控制单元 J217（诊断地址 02）是防盗系统的主动用户，它在更换后必须进行自适应匹配。J217 是选装件。通信联系是通过驱动数据总线来实现的。

（7）数据总线诊断接口 J533（诊断地址 19）是防盗系统的被动用户，它在更换后不必进行自适应匹配。J533 是舒适数据总线和驱动数据总线之间的支持部件。

（8）车钥匙 KD5708 是防盗系统的主动用户，它在更换后必须进行自适应匹配。可以适配 0～8 把车钥匙。

3）功能检查

每个控制单元有“新件”和“已进行过适配或从别的车上拿来用”两个状态，前者称为状态 1，后者称为状态 2。状态 3 仅用于舒适系统中央控制单元 J393[在诊断地址 05（进入和启动授权）下]，这个状态的意思是钥匙适配功能目前处于激活状态。在已完成适配的状态时，所有控制单元都处于状态 2，且它们都具有相同的车辆识别号。

功能检查可以引入到检查表中（具体是这样：在“导航功能”中通过“* * - 功能 - 防盗器 5，在“故障导航”中通过“* * -所有控制单元的防盗器状态”）。

4）更换控制单元

（1）更换舒适系统中央控制单元 J393

如果更换了舒适系统中央控制单元 J393，且该车安装的是手动变速器，那么因默认编码的原因，车钥匙的防拔出锁是激活的。编码只能通过“软件版本管理”（SVM）来进行。为此需要接已适配后才会激活，所以在“46-更换控制单元，（修理组 57）”中必须考虑下面的内容：在功能检查中自动执行“** - 检修防盗器”这个程序。这样的话，暂时就只能配一把车钥匙。但是随后必须继续执行该程序。随后自动执行“元件保护”的适配，“软件版本管理”编码也执行了，并可能开始回写读出的适配值。通过再次自动执行“** - 检修防盗器”这个程序，就可以适配所有其余的钥匙了。

（2）更换发动机控制单元

在更换了控制单元后，应该在相应功能中执行名为“……更换……”的功能，随后执行控制单元所有必要的功能，“** - 检修防盗器”这个功能可以随后马上执行，也可引入到检查表中。

5）维修防启动锁功能程序

维修防启动锁诊断仪的显示界面如图 4-33 所示。为了能运行“** - 检修防盗器”这个程序，需要舒适系统中央控制单元 J393、电子转向柱锁控制单元 J764 和一把相关的车钥匙。随后就能对现有的系统进行适配。有问题或损坏的控制单元可以在稍后的时间通过重复进行功能检查来进行适配。

（1）钥匙匹配的说明

在“** - 检修防盗器”这个功能中可以适配车钥匙。只能适配同一锁芯组的钥匙。一个新锁芯会给车辆分配一个“新身份”。读取了插入的第一把钥匙，系统就可自动判断出“新身份”是否已适配，不需要操作者在诊断仪上做任何决定。在适配车钥匙的过程中，既可以在仪表板内控制单元 J285 显示屏，也可以在 VAS505X 显示出要适配钥匙的数目（规定数目和实际数目）。在达到了规定数目时，功能检查会自动继续进行。如果没能匹配所有钥匙，可以用朝右的箭头继续这个程序，就又可以进行钥匙适配了。可以适配 0～8 把车钥匙。如果适配了 0 把钥匙，那么就无法启动车辆了。只有在结束了“** - 检修防盗器”这个步骤后，才能启动发动机（否则根本启动不了）。

非本车钥匙匹配，FAZIT 数据库反馈信息是“钥匙分配给不同底盘号”，如图 4-34 所示显示“Key assigned to different VIN”。

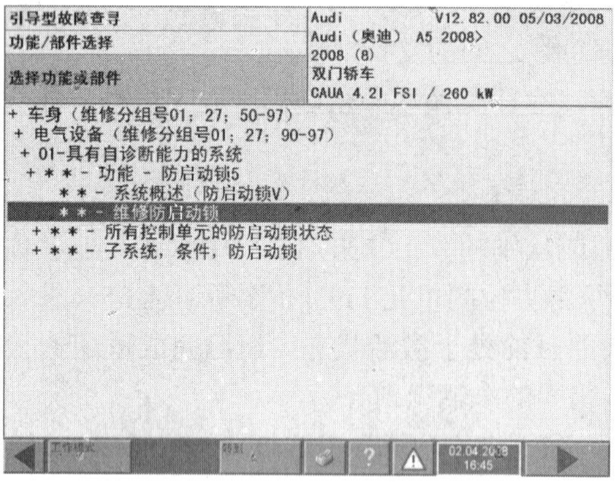

图 4-33 维修防启动锁

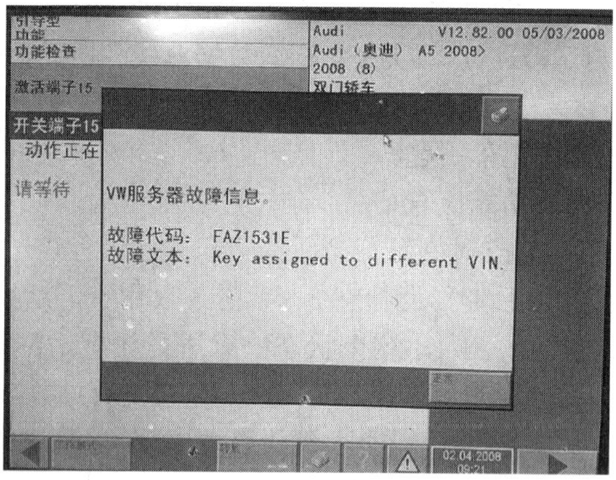

图 4-34 非本车钥匙匹配显示信息

（2）钥匙丢失处理方法

若匹配过的点火钥匙丢失，可参考以下两种方法。一是重新匹配预留的汽车钥匙，这样，丢失的汽车钥匙将无法启动车辆（该钥匙仍然可以打开驾驶员侧车门）。二是更换全车锁套件并为车辆定制一套新的汽车钥匙。这种方法虽较昂贵却更安全，其优势在于可以确保拾获钥匙者也无法打开车门。这时，车辆会形成新的识别系统，已丢失的钥匙或以前剩下的钥匙将再也不能在该车上进行学习。

6）发动机启动时防盗系统的工作流程

如果奥迪 A5 使用电子点火锁中的汽车钥匙启动，发动机启动前防盗系统将发出若干个问询信号并做出相应的反应。在识别到 S 触点后，汽车钥匙将和舒适系统中央控制单元 J393 交换防盗数据，然后舒适系统中央控制单元评价该钥匙是否为被授权的钥匙。舒适系统中央控制单元 J393 与电子转向柱锁控制单元 J764 交换防盗数据，确认转向柱锁是否在该车上匹配过，如果确认通过，舒适系统中央控制单元 J393 将打开转向柱锁止，舒适系统中央控制单元 J393 接通端子 15。接线端 15 连接后，舒适系统中央控制单元会与发动机和变速器控制单元进行通信。若这些控制单元已经在该车上匹配过，则可以启动发动机。

4.6 防盗止动器诊断

1. 诊断入口

由于有独立控制单元和仪表共用两种情况，所以大众汽车防盗止动器的自诊断地址码为 17（仪表）或 25（防盗）。

功能码如下。

01——查询控制单元版本号。

02——查询故障存储器。

05——清除故障存储器。

06——结束输出。

08——读取测量数据块。

10——自适应。

11——安全登录。

要求使用VAG1551第9代卡、VAG1552第6代卡、VAS5051、VAS5052及其更高版本的检测设备。

2. 数据流

数据流如表4-2所示。

表4-2　数据流

通道组号	第一区	第二区	第三区	第四区
022	发动机是否允许启动	发动机控制单元应答/发动机控制单元询问防盗止动器	钥匙状态/应答器读否	已配置钥匙数量（0～8）（0=否，1=是）
023	可变码适配（在钥匙内的SKC和防盗止动器内的是否相同）	钥匙应答器是否锁止	钥匙的ID是否授权（固定码适配）	防盗止动器状态（4～7）（only 3rd）说明：4—常；5—被锁止；6—防盗器自适应；7—适配钥匙，0=否，1=是
024（第三代）	三次登录失败后组合仪表锁止时间（0～255min）,	三次登录失败后发动机锁止时间（0～255min）	通过组合仪表菜单功能（不用VAG1551使用应急启动）三次登录失败后锁止时间（0～255min）	未授权钥匙连续20次打开点火开关后的锁止时间（0～10min）
025（第三代）	CAN与发动机控制单元通信，0=不正常，1=通过CAN正常通信	空	空	空

3. 更换组合仪表

更换组合仪表后的自适应：

（组合仪表与发动机控制单元/组合仪表与钥匙）

- 地址01-车辆底盘号，14位识别码-查取PIN；
- 地址19-功能07-输入编码00006或00007。

对于用过的组合仪表：

- 地址17-功能11-输入原车PIN-功能10-通道50-输入本车PIN-显示车辆底盘号-Q键确认-指示灯灭并出现确认信号；
- 进行钥匙与防盗器的适配。

对于新组合仪表：地址17-功能10-通道50-输入本车PIN-显示车辆底盘号-Q键确认-指示灯灭并出现确认信号。

4．匹配钥匙

防盗止动器识别/写入 SKC 和记录钥匙 ID 的过程：17（25）-11 -PIN -10 -21（01）-钥匙数量（最多为 8）-退出到地址码状态-关闭点火开关-另一把钥匙打开点火开关（报警灯亮 1s）再关闭……直到最后一把钥匙匹配完毕（报警灯亮 2s）。确认信号：灭 0.5s-亮 0.5s-灭。

说明：匹配前应查询故障存储并清除。每把钥匙匹配时间不可超过 30s，否则匹配失败。增加点火钥匙，必须重新对所有钥匙进行匹配。每次匹配，必须对所有钥匙进行重新匹配。如果车钥匙丢失，剩下的钥匙重新匹配一次，这样丢失的钥匙就不能再启动车辆了。装备第三代防盗止动器的车辆的钥匙，不能再与其他防盗系统进行匹配。

5．更换发动机控制单元

更换发动机控制单元后的自适应如下。

（1）第二代防盗止动器：17（25）-10 -00 -确认并退出。

（2）第三代防盗止动器分以下两种情况。

① 对于新发动机控制单元：

- 地址 17-车辆底盘号，14 位识别码-查取本车 PIN；
- 地址 01-功能 10-通道 50 -输入本车 PIN-显示车辆底盘号-Q 键确认出现底盘号-确认并存储底盘号。

② 对于旧发动机控制单元：地址 01-功能 11-输入原车 PIN-功能 10-通道 50 -输入本车 PIN-显示车辆底盘号-Q 键确认出现底盘号-确认并存储底盘号。

6．诊断仪显示

图 4-35 所示为诊断仪显示的 17 位 VIN（车辆识别码）和 14 位防盗器识别码。

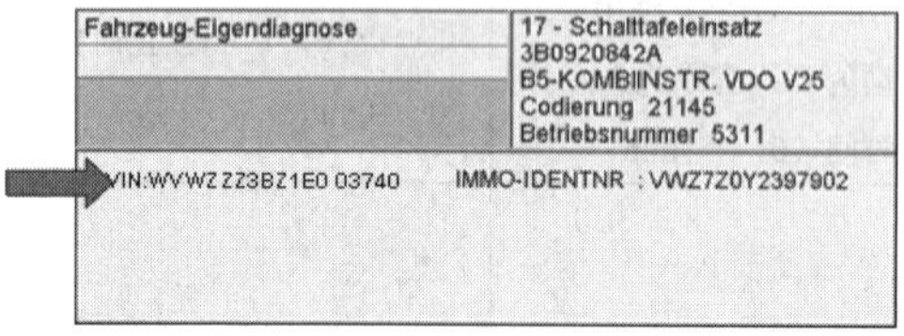

图 4-35 诊断仪显示的 VIN 和防盗器识别码

打开点火开关进入 01 发动机电控系统，屏幕显示选择 10 功能，进入 50 通道，输入查询到的防盗止动器密码（PIN 码），选择键盘输入 PIN 码，用 Q 键确认 PIN 码，5s 后底盘号将出现在显示屏上，仪表盘上防盗止动器指示灯亮（见图 4-36），对底盘号进行确认（见图 4-37），对底盘号进行存储，重新进入地址 01 查看底盘号和 AUZ 代码。

图 4-36 防盗止动器指示灯

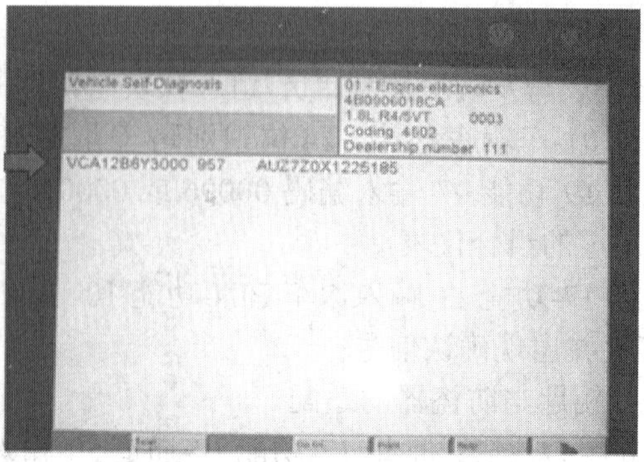

图 4-37 对底盘号进行确认界面

7. 同时更换发动机控制单元和组合仪表控制单元

同时更换发动机控制单元和组合仪表控制单元后的自适应（只针对装备第三代防盗止动器的车辆）：17（25）-选择“Transfer vehicle ID number”功能（传递车辆底盘号功能）-输入底盘号后确认并存储-做更换发动机控制单元后的自适应-适配所有车钥匙。

说明：所有钥匙（应答器）应更换；进行其他元件自适应前，必须输入底盘号（17 位）到防盗止动器内；只能使用 VAS5051 进行操作。用触摸式键盘输入底盘号（见图 4-38），确认并存储。

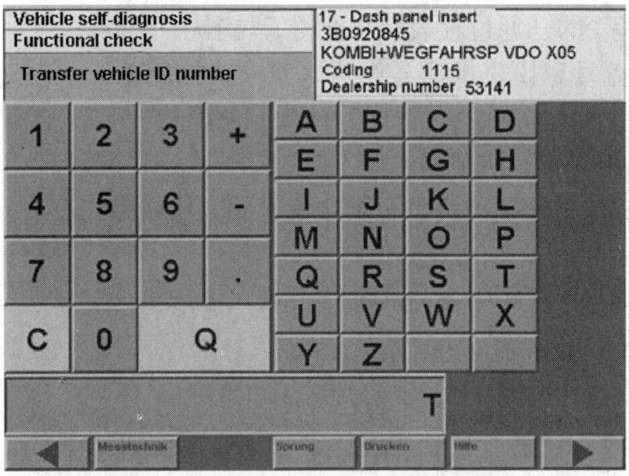

图 4–38　用触摸式键盘输入底盘号

8. 7 位密码控制系统

以前采用 4 位密码，考虑到安全因素，采用 7 位密码；密码须当日查询，当日有效；采用 VAS5051 基础盘版本 Version V2.0 以上；日期时间、服务站代码、进口商代码对 7 位密码均有影响。

1）防盗器 7 位密码使用方法

（1）10-Adaption（匹配）。

（2）通过通道 50 匹配传输车辆底盘号，完成自适应。

（3）11 - Login-Prozedur（登录）。

2）匹配钥匙解锁或安装使用过的发动机控制单元/组合仪表

（1）Adaption（匹配）通道 50（PIN）。

（2）通过通道 50 匹配传输车辆底盘号。

（3）Enable 解码（PIN）。

（4）解锁，用于匹配钥匙或安装使用过的发动机控制单元/组合仪表。

3）更换组合仪表后匹配（适用于第三代防盗器）

（1）7 位 PIN 码根据发动机控制单元内的底盘号和 14 位识别码通过 R3 系统查询。

（2）输入地址 17，回车。

说明：使用过的组合仪表必须先使用 Enable（PIN）功能输入其自己的 7 位密码 PIN 解锁。

（3）选择“Adaption Kanal 50（PIN）”匹配通道 50，确认。

（4）输入 7 位密码 PIN（通过发动机控制单元信息获得），确认。

（5）发动机控制单元中的底盘号和仪表批次号就写入组合仪表，同时也在诊断仪上显示出来。

4）更换发动机控制单元后匹配（适用于第三代防盗器）

（1）通过组合仪表相关信息查询7位密码。

（2）输入地址01，回车。

说明：使用过的发动机控制单元必须先使用Enable（PIN）功能输入其自己的7位密码PIN解锁。

（3）选择“Adaption Kanal 50（PIN）”匹配通道50，确认。

（4）输入7位密码PIN（通过仪表信息获得），确认。

（5）仪表中的底盘号和仪表批次号就写入发动机控制单元，同时也在诊断仪上显示出来，确认并存储。

5）匹配钥匙（适用于所有防盗器）

（1）通过发动机控制单元相关信息查询7位密码（仪表中也有）。

（2）输入地址17，回车。

（3）启动功能Enable（PIN）。

（4）输入7位密码，回车。

（5）启动功能10 - Adaption。

（6）进入通道21。

（7）输入要匹配的钥匙总数，回车。

（8）存储改变的数据。

（9）关闭点火开关，然后依次插入要匹配的钥匙，同时注意防盗报警灯的亮灭提示。

6）更换舒适系统中央控制单元和电子转向柱锁控制单元

第四代防盗系统中，防盗功能集成在舒适系统中央控制单元中（地址码25）。电子转向柱锁控制单元通过串行数据总线与舒适系统中央控制单元相连，只能被舒适系统中央控制单元教授一次/防盗确认；只有新的电子转向柱锁控制单元才可以进行匹配，此时，舒适系统中央控制单元必须同时更换；舒适系统中央控制单元可以单独更换，但必须更换出厂设置好的新件。

7）更换/匹配发动机控制单元操作步骤

登录锁止查询→防盗器检查→从防盗器中读取数据→用户身份查询→在线连接登录→将数据传输到发动机控制单元。

8）匹配钥匙操作步骤

登录锁止查询→防盗器检查→从防盗器中读取数据→用户身份查询→在线连接登录→进行匹配/学习过程→确认读写线圈数据→将确认信息回传到数据库。

9）新的车辆身份确认

新的车辆身份确认需要如下信息。

（1）新的电子转向柱锁控制单元（ESL）。

（2）新的舒适系统中央控制单元。

（3）新的钥匙（发射器）。

（4）新的发动机控制单元或已经在车上被教授过的发动机控制单元（FAZIT 已经分配了车辆VIN）。

·第5章·

电动车窗及电动后视镜

5.1 电动车窗简介

1. 电动车窗的作用

电动车窗（简称电动窗）采用直流电动机对车窗玻璃进行升降控制。目前，电动车窗的玻璃升降机构有绳式和齿条式两种，如图 5-1 所示。

2. 玻璃升降机构

绳式玻璃升降机构的电动机经蜗轮蜗杆减速机构带动旋绳器转子转动，拉动导绳在空心管中移动，支架竖立固定放在车门内部，玻璃固定在玻璃托架上，将玻璃托架再安装到安装玻璃托的架上。

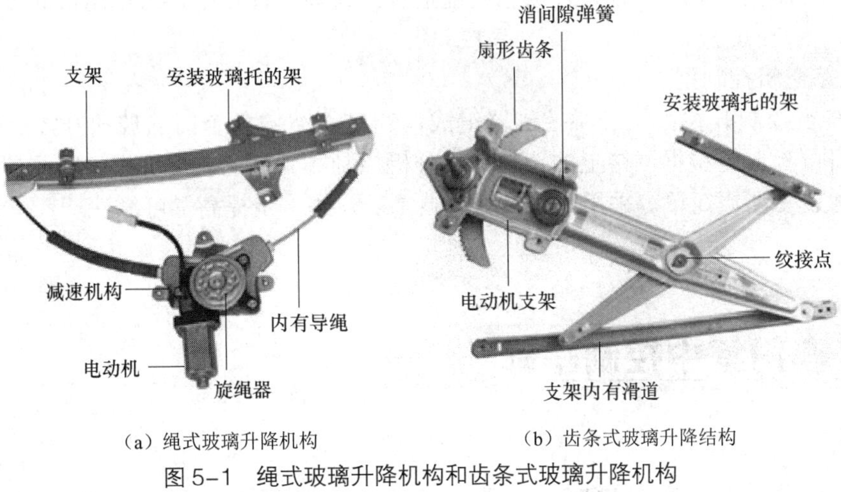

（a）绳式玻璃升降机构　　（b）齿条式玻璃升降结构

图 5-1　绳式玻璃升降机构和齿条式玻璃升降机构

齿条式玻璃升降机构的电动机经蜗轮蜗杆减速机构带动一个齿轮转动，推动齿扇上下移动，支架固定在车门内部，支架调节好位置后固定不动，玻璃固定在玻璃托架上，将玻璃托架再安装到安装玻璃托的架上，为了消除齿条和齿轮工作的噪声，采用了消除间隙的弹簧，这个弹簧还可以减小上升时电动机的电流。显然，扇形齿条的上下运动导致X形的绞接点在滑道内移动，导致安装玻璃托的架上下运动。

技师指导

更换电动玻璃升降器是修理中的一个主要作业项目，其中过程需要两人合作，以保证拆装过程中玻璃窗不会损坏。升降器损坏的主要原因是调节不正确，导致玻璃窗在轨运行阻力过大，车门框变形及垂直导槽中进入雨水等都会增大运行阻力，使齿条式玻璃升降器的齿条磨损严重，严重时在上升扇形齿条的末端扇形齿会出现缺失无法啮合，并产生“更更”的噪声。安装玻璃升降器后，有的车型需要在支架的滑道内使用滑润脂润滑。

3. 电动车窗分类

汽车电动车窗从控制角度上可分三类：直接控制型、微机控制型和网络微机控制型。

1）直接控制型

第一种直接控制型是采用开关直接控制电动机换向，电动机电流流过控制开关。直接控制型的另一种方式为开关控制继电器，电动机电流流过继电器开关。

在第一种直接控制型中，电动机电流流过开关，损坏率升高，同时开关裸露在空气中，易受灰尘影响；不过从整体上说，可靠性还可以，成本也最低。目前，实际的很多新款日本低档车和中档车仍采用开关直接控制。

第二种加装继电器后，导致电器线路又太多，但电流不经开关，可靠性提高。

2）微机控制型

微机控制型和直接控制型在控制上相同。驾驶员位置的开关作为开关输入给车窗控制单元，由车窗控制单元通过内置的电子开关控制内置在控制单元内部的几个微型继电器的线圈通电或断电，这几个微型继电器通过触点闭合或断开来控制电动机的电源和地，从而控制电动机的电流方向，一个电动机电流换向需要两个继电器，四个电动车窗需要八个微型继电器。

采用微控制技术后，可以设计成系统能进行自诊断，修理中，可以用诊断设备来检查系统的故障。

3）网络微机控制型

电动车窗控制开关由一个微控制器组成，通过网络向各个门的玻璃升降控制器发送信号，玻璃升降控制器根据网络上的控制信号分析控制哪个门的玻璃动作，以及是升还是降。防夹和点触也变得更简单。采用网络微控制技术后，进一步提高了可靠性。

5.2 车门集中控制基础

目前，用于连接分布式ECU模块的标准汽车协议有两种，分别是CAN和LIN。通过CAN/LIN接口实现一些主要的车门控制功能。其中最普遍的是车门区域模块（简称为车门模块）的方法。在这种方法中，门锁、后视镜、车窗玻璃升降和辅助照明等主要车门功能模块都由车门内的 ECU 控制。

1. 电动机换向的几种基本电路

1）开关直接控制电动机换向电路

早期车窗直接控制电路完全是开关直接控制电动机正、负极调换，易烧开关触点，功能也较少。但若车窗轨道设计阻力小，出故障率也不高，且成本低，也很好用，日本车仍广泛采用。

2）开关控制继电器的直接电动机换向电路

使用继电器后，电动机的电流可以增大，而不至于烧开关触点。

图 5-2 所示为由控制开关直接控制继电器的电动机换向电路。车上的电动机转向都可参考图 5-2，不控制时电动机两端都是蓄电池电压，通过图中的控制开关来实现电动机电流方向的调换，以实现电动机正、反转。具体来说，控制开关向上接通上部五脚继电器线圈时，换向继电器触点下移，此时电动机电流向上；若控制开关控制下部换向继电器线圈通电，下部换向继电器触点下移接地，电动机电流向下。

为了防止电动机过载，在电路或电动机内装有一个或多个热敏电路开关，用来控制电流。当车窗玻璃上升到极限位置，或者由于结冰而使车窗玻璃不能自由移动时，即使操纵控制开关，热敏开关也会自动断路，避免电动机通电时间过长而烧坏。

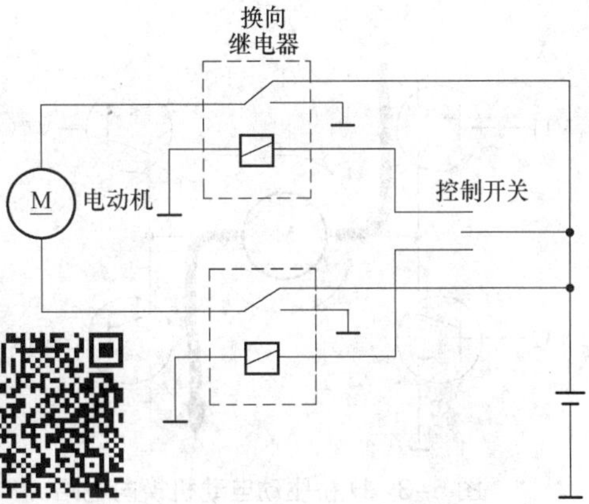

图 5–2　由控制开关直接控制继电器的电动机换向电路

完成任务

如图 5-2 所示的由控制开关直接控制继电器的电动机换向电路是汽车中电动机正、反转控制电路的基础，必须要掌握。换向用的继电器必须是五个引脚，即为常闭接火型，控制开关控制继电器线圈通电后，实现其中一个继电器开关由通正变接地的转变，电动机就会有电流流过。

把图 5-2 中的控制开关换成电子开关（三极管或场效应管），由微控制器控制，就是以后微机控制的电动机正、反转电路，试画出这样的电路。

将控制开关的两个机械触点开关换成两个电子开关

更高级的微控制器控制方式采用了 H 桥驱动电动机专用芯片（可承受电动机电流芯片）来实现正、反转控制，但不如用继电器用得普遍。

3）H 桥驱动电动机换向电路

图 5-3 和图 5-4 所示为典型的直流电动机控制电路。电路得名于“H 桥驱动电动机换向电路”是因为其形状酷似字母 H。四个三极管组成 H 的四条垂直腿，而电动机就是 H 的横杠。要使电动机运转，必须导通对角线上的一对三极管。根据不同三极管对的导通情况，电流可能会从左至右或从右至左流过电动机，从而控制电动机的转向。

如图 5-3 所示，当三极管 VT1 和 VT4 管导通时，电流就从电源正极经 VT1 从左至右穿过电动机，然后再经 VT4 回到电源负极，按图中电流箭头所示，该流向的电流将驱动电动机顺时针转动。

如图 5-4 所示，当三极管 VT2 和 VT3 导通时，电流从右至左流过电动机，从而驱动电动机沿另一方向转动（电动机周围的箭头表示为逆时针方向）。

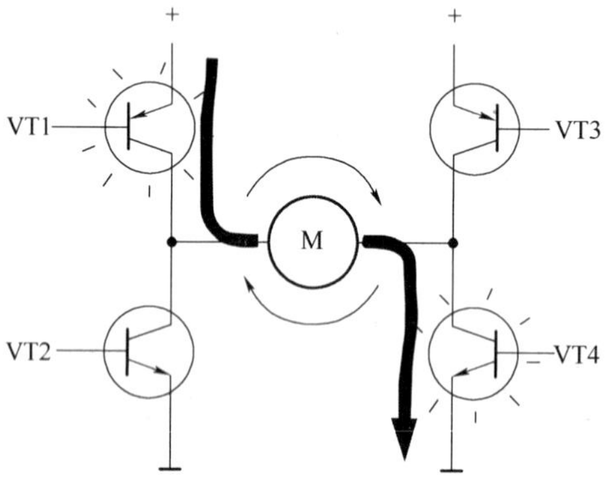

图 5–3　H 桥驱动电动机换向电路
（电动机顺时针转动）

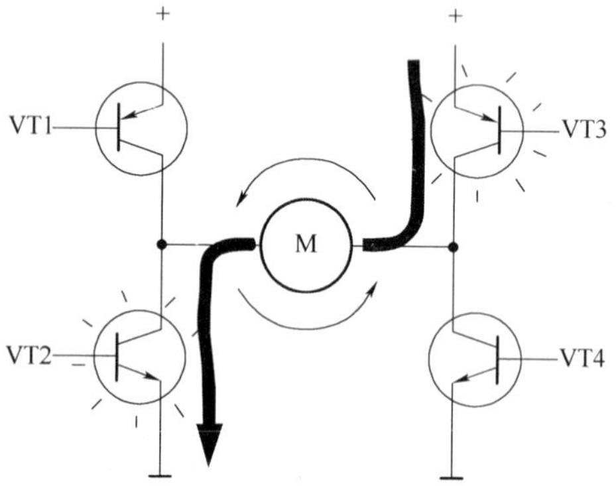

图 5–4　H 桥驱动电动机换向电路
（电动机逆时针转动）

技师指导

当然，作者见到的电路仍以如图 5-2 所示的电路为多，但把控制开关换为两个三极管，分别控制电动机从哪个电刷接地。

2. 车门负载功率

车门集中控制概念是指在车门上所有执行器由所在车门控制单元全部实现。车门模块的负载类型包括电动机、灯、LED 和加热线圈。表 5-1 列出了主车门负载功率。

表 5-1　主车门负载功率

执行器	一般电流或功率	峰值电流
后视镜加热	3A	
后视镜水平 X 调节电动机	0.3A	1A
后视镜垂直 Y 调节电动机	0.3A	1A
门锁电动机	2.5A	6A
车窗电动机	10A	30A
转向灯	5W/10W	
门下照明灯	5W	

车门模块中的负载特性和功能差异很大。车门模块通常由三大主要功能模块组成：① 微控制器模块；② 包括电源、CAN/LIN 通信及执行外部事件监视和信号探测电路在内的系统基本功能模块；③ 与外部负载相接的驱动器和功率电路。

3．车门集中控制负载驱动方法

目前，车门集中控制硬件架构有两种：第一种是小功率采用一个专用芯片驱动，高度整合的功率芯片较为理想，大功率由专用大功率芯片控制或采用继电器控制；第二种是小功率采用多个标准的专用芯片驱动，大功率仍由专用大功率芯片控制或采用继电器控制。

1）小功率负载驱动方法

通常有两种方法驱动小功率负载，如后视镜电动机、灯、LED、后视镜加热器，甚至门锁电动机。

（1）使用专用功率芯片

可驱动的负载包括门锁电动机、后视镜折叠和位置调节电动机、后视镜加热器及四个5W 的灯（如转向灯、安全灯、后视镜灯或控制面板照明灯）等。

图 5-5 中车门执行器有后视镜调节电动机、后视镜加热器、后视镜折叠电动机、门灯、门锁电动机、玻璃升降电动机等。对于小功率电动机、灯和加热器可采用小功率智能螺线管驱动芯片。玻璃升降电动机的功率较大，要通过大功率的智能芯片驱动。芯片不仅驱动线圈工作，也会把监测的故障反馈给微控制器。外界开关输入通过总线模块实现，可采用低速CAN，也可采用高速 CAN。

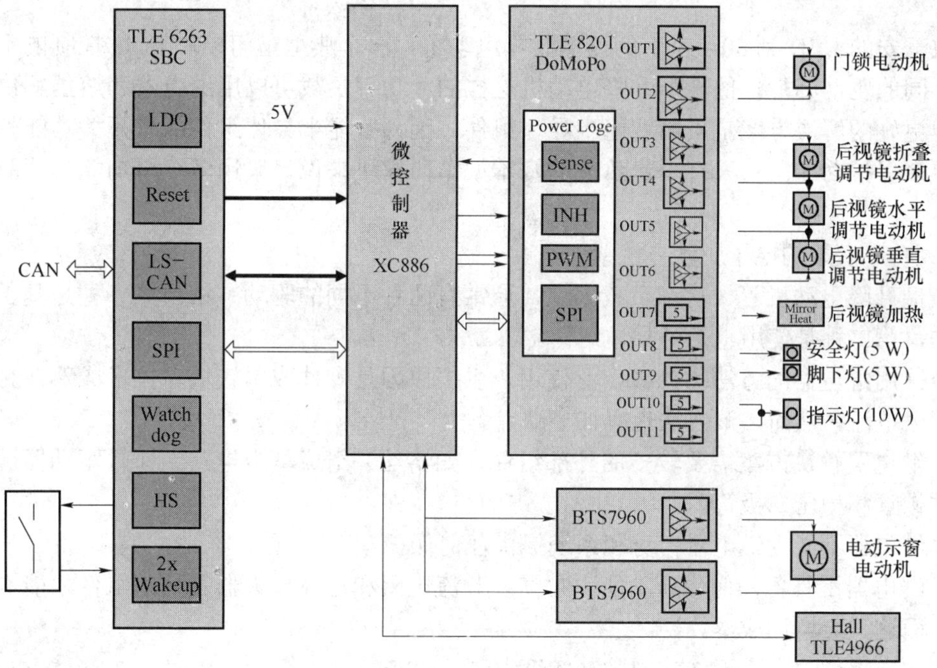

图 5-5 小功率负载的一个芯片驱动的结构

（2）使用标准分离式组件

标准芯片在系统配置中独立控制元件的方法有其灵活性，特别是在一些中档车的车门模块控制上当一些负载（如后视镜折叠电动机和门灯等）不需要配置时，可采用半导体组件驱动玻璃升降电动机，用标准分离式组件驱动其他小功率负载，如图 5-6 所示。

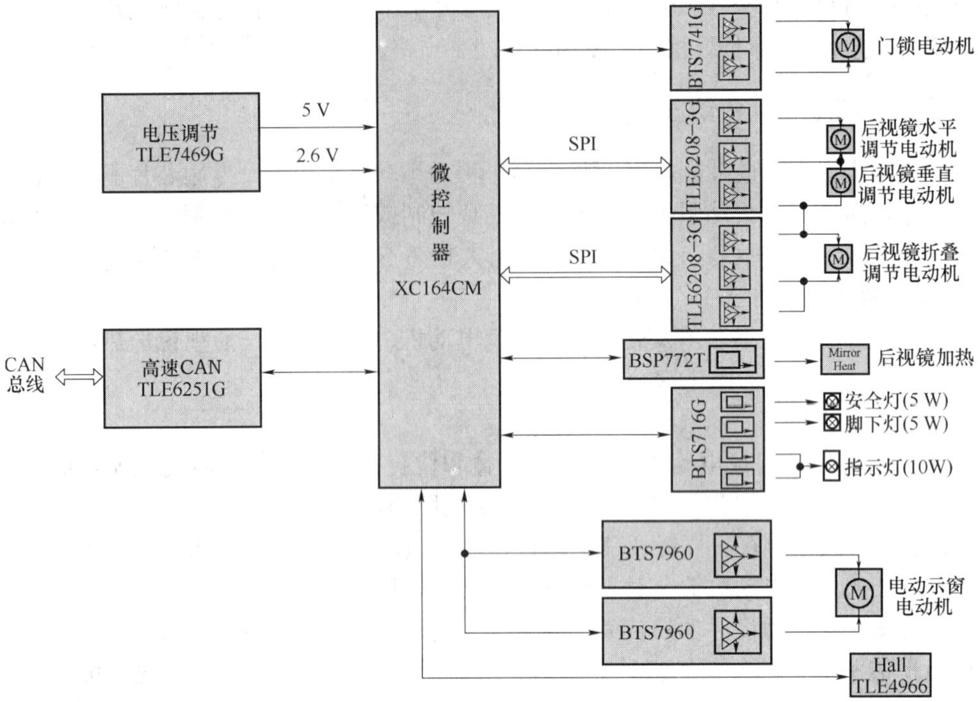

图 5-6　小功率负载的多个芯片驱动的结构

从数毫安的 LED 到 30A 左右的玻璃升降电动机，一个典型车门模块 ECU 控制的不同负载需要不同的驱动芯片。像玻璃升降电动机这样的大功率负载可以用继电器和熔丝解决方案驱动，但更好的解决方案是采用智能半导体组件，因为智能半导体组件除了开关功能外，还能提供更多保护功能。对只有少量负载的基本型车门模块来说，采用多个单功能芯片驱动形式较多。

2）大功率负载的电子驱动方法

对玻璃升降电动机等大功率负载来说，通常有两种不同的驱动方法：第一种是基于继电器的方法，第二种是使用电子半导体组件。

至今采用继电器的方法仍在被广泛使用，主要原因是硬件成本较低、技术成熟，且能很好地处理大电流。然而，该方法也有许多缺点。

（1）继电器解决方案需要较多的外部组件（如熔丝）组成基本电路，而且驱动器通常是一对达林顿管和稳压二极管。

（2）继电器不能为继电器自身和系统提供任何保护。

（3）继电器不具备任何诊断功能，它需要分流电阻和运算放大器等外部组件才能实现电流监测，而这又会增加成本。

（4）继电器解决方案无法实现脉冲宽度调制（PWM）控制。

（5）继电器较大，需要熔丝盒。

（6）对于要求开关次数较多的部件（如后视镜上的转向灯），继电器的电子寿命相对有限。

（7）熔丝和继电器有发热量较大的问题，因为继电器线圈和继电器触点，以及熔丝本身和分流电阻都有较大的功率损失。

一些新的组件可作为大功率（大电流）电动机的桥芯片，如 BTS7960 是大电流半桥独立芯片。驱动器 IC 直接与微控制器相连，可执行全面的保护和诊断功能。保护功能包括限流、欠压/过压闭锁、过温和完全短路保护。诊断功能包括故障状态标志和电流监测，后者在实现防夹伤策略时通常是必需的。一些特殊功能（如整合的空载时间产生）也被整合在内，以辅助直流电动机驱动。用 BTS7960 驱动玻璃升降电动机等大功率负载的典型应用电路如图 5-7 所示，两个半桥芯片组成 H 全桥换流电路。

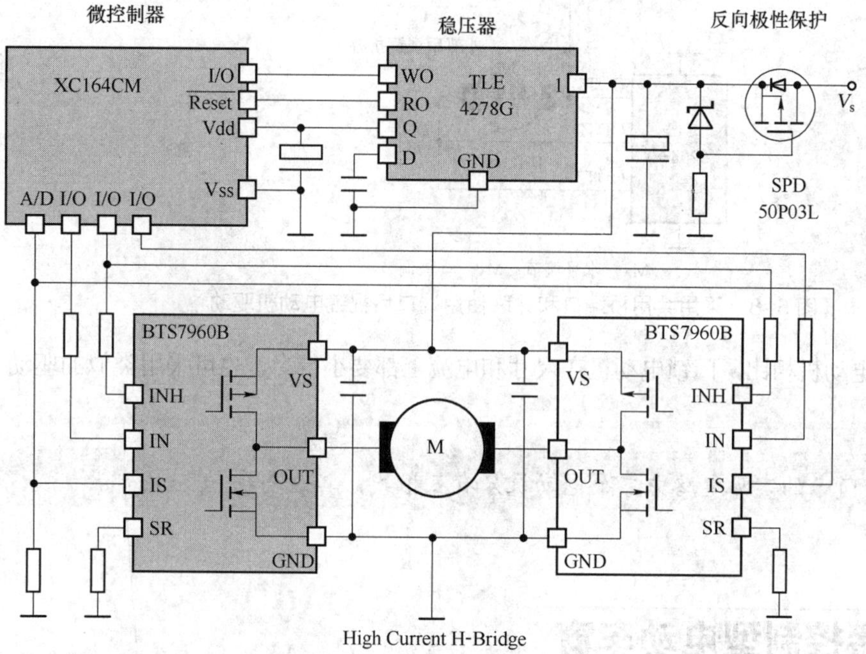

图 5-7 两个半桥芯片的 H 全桥驱动电子电路

技师指导

在实际的汽车线路中，H 桥驱动电路的线路部分只有两端的 OUT 端口线（电动机电刷的供电线）为电气线束，其他全在 ECU 内部。

其工作原理如下：SPD50P03L 提供电源反接保护，接着稳压管稳压，电解电容滤波，输出普通的稳定 12V 电源为 H 桥供电；TLE4278G 为高稳定精度的电源电压调节芯片，Q 为其输出的电源，到左边的微控制器 XC164CM 的 Vdd，Vss 为微控制器 XC164CM 的负极。

4．半桥三态门的驱动的应用

由于 OUT 端口采用半桥设计，每个 OUT 端口都有高电位、低电位和高阻抗三种状态。用两个 TLE6208-3 实现后视镜电动机驱动的例子如图 5-8 所示。三个 OUT 端口需要三个半桥，一个车门后视镜的两个位置调节电动机（Mx 和 My）共用 OUT2 端口，同时后视镜折叠电动机因电流稍大，电动机的一端采用 OUT3 和 OUT1 并联，另一端采用 OUT2 和 OUT3 并联，可增强带载能力。半桥的三态功能可在驱动两个同样的电动机时节省一个半桥驱动器。

正转、反转、停转和高阻抗等操作模式可由 SPI（SPI 是驱动芯片和外界芯片进行控制指令和电动机状态信息通道）进行控制。来自桥臂的诊断信息也能通过 SPI 反馈输出。

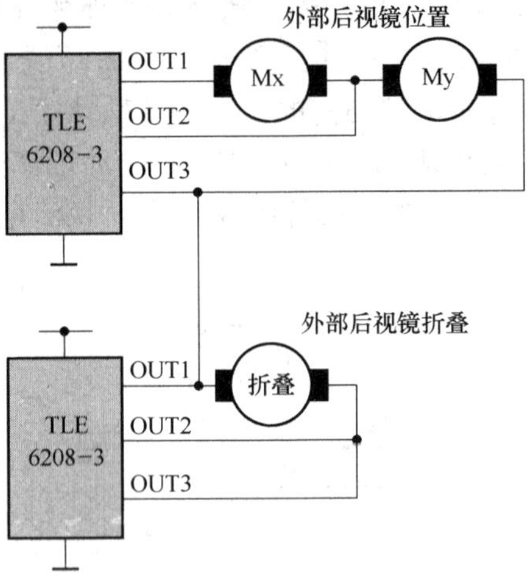

Mx—水平调节；My—垂直调节

图 5-8　采用共用桥端口和并联使用端口后视镜电动机驱动

与玻璃升降电动机相比，门锁电动机在尺寸和电流上都要小得多，也可采用类似的驱动。

技师指导

在如图 5-8 所示的实际电路中三个电动机只有五根线，其他全在 ECU 内部。

5.3 直接控制型电动车窗

1. 直接控制型电动车窗分类

不同汽车所采用的电动车窗的控制电路不同，按电动机是否直接搭铁，直接控制型电动车窗分为电动机不搭铁和电动机搭铁两种控制方式。

技师指导

按电路的具体元件分为有供电继电器型、有延时继电器型、有限流断电器型等，这些是修理人员为了识别电路简化的说法。其他分法如有点触功能和防夹功能等，不过这是不太入流的分法，但实际工作中很管用，主要是为了便于交流理解。

2. 直接控制型电动车窗工作原理

1）电动机不搭铁的电动车窗控制电路

电动机不搭铁的电动车窗控制电路是指电动机定子线圈不直接搭铁，其搭铁受开关控制，通过开关改变电动机的电流方向来改变电动机的转向，从而实现车窗的升降（这里说的车窗的升降，实际是车窗玻璃的升降，下同），如图 5-9 所示。

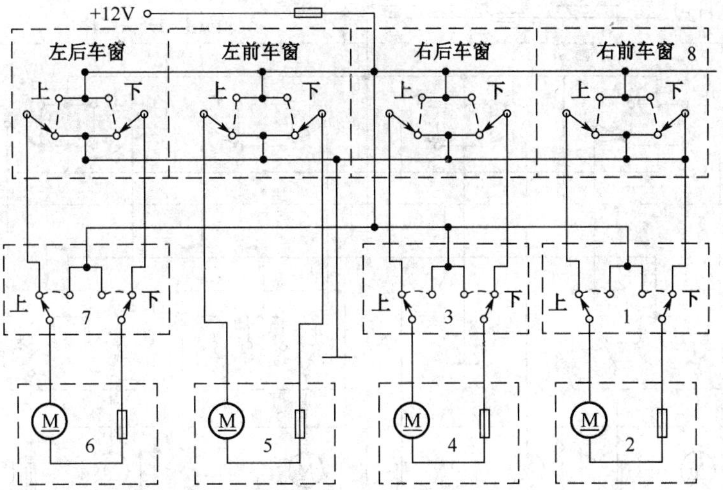

1—右前车窗开关；2—右前车窗电动机；3—右后车窗开关；4—右后车窗电动机；

5—左前车窗电动机；6—左后车窗电动机；7—左后车窗开关；8—驾驶员主控开关组件

图 5-9　电动机不搭铁的电动车窗控制电路

电动机不搭铁的控制方式，因为开关既控制电动机的电源线，又控制电动机的搭铁线，所以开关结构和线路比较复杂，但电动机结构简单，应用比较广泛。

图 5-10 和图 5-11 所示为以使右前车窗下降为例介绍电动机不搭铁电动车窗控制电路的工作原理。驾驶员和乘客分别操作，控制右前车窗下降时的电流方向。驾驶员操作主控开关中的右前车窗开关，使其在“下”的位置时，右前车窗电动机的一端通过主控开关与搭铁断开后接电源而通电转动，使右前车窗向下运动，电流方向如图 5-10 中箭头所指。乘客操作右前车窗的独立操作开关，使其在“下”的位置时，右前车窗电动机的一端通过独立操作开关与搭铁断开，与电源供电接通，使右前车窗向下运动，电流方向如图 5-11 中箭头所指。

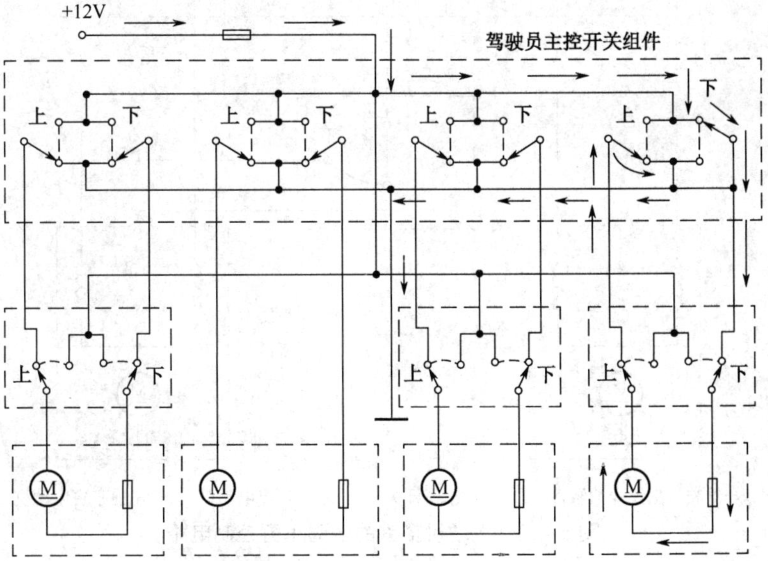

图 5-10　主控开关控制右前车窗下降

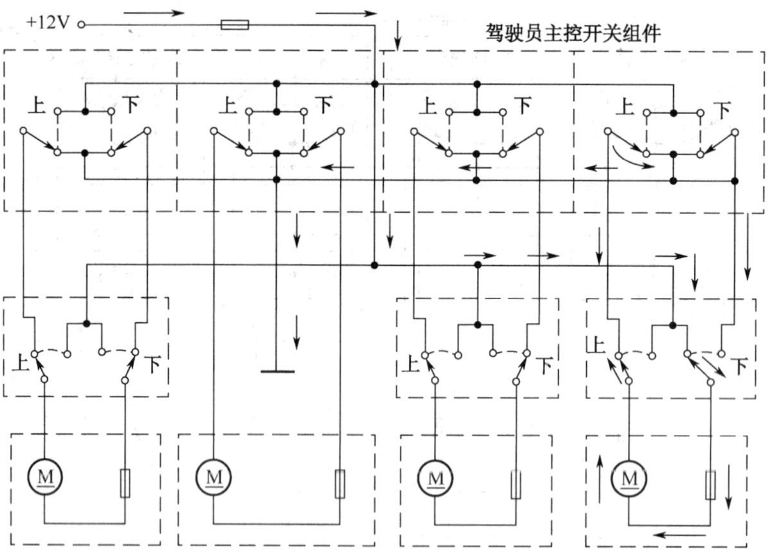

图 5-11　独立操作开关控制右前车窗下降

2）电动机搭铁的电动车窗控制电路

电动机搭铁的电动车窗控制电路是指电动机电刷一端直接搭铁，而电动机定子有两组磁场绕组，上升或下降过程每次只接通一个磁场绕组，由于两个线圈的缠绕方式相反，这样定子线圈对转子线圈的力矩方向相反，使电动机的转向不同，实现车窗的升与降，如图 5-12 所示。

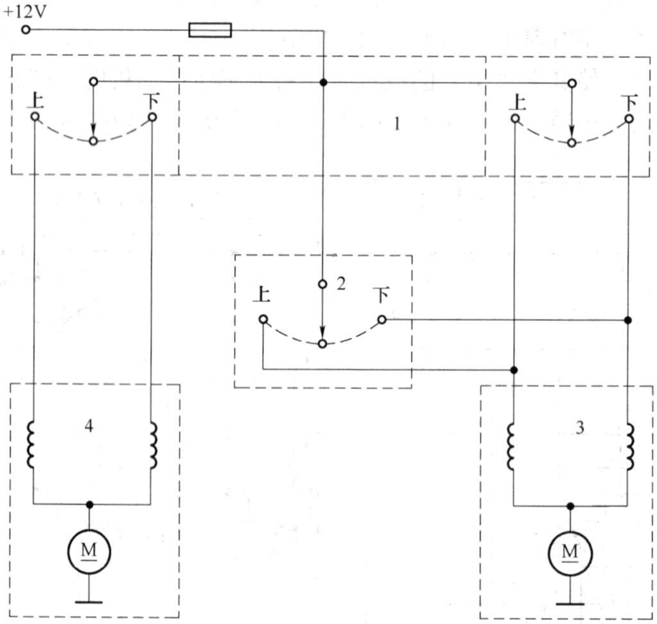

1—驾驶员主控开关组件；2—右前车窗开关；3—右前车窗电动机；4—左前车窗电动机

图 5-12　电动机搭铁的电动车窗控制电路

完成任务

在电动机搭铁的电动车窗控制电路中，电动机外接线数目和电动机不搭铁外接线数目相同，全是两根线，如何通过万用表来区分是电动机搭铁型，还是电动机不搭铁型？________________。同上问题，通过开关接线的数目能分清是搭铁型还是不搭铁型吗？________________。

请观察如图 5-13（a）所示的五线电动车窗开关，这是电动机搭铁型的开关，还是电动机不搭铁型的开关？________。

技师指导

许多直接控制型电动车窗开关不灵敏，通常要操作几次才能响应一次，这种情况多数为灰尘沉积所致，如图 5-13（b）所示，若清洗一下仍可和新的一样使用，但大多数情况是被换成新的。有些开关是独立的组合放在左前门主控位置。有些开关和几个开关放在一块印制电路板上，一个开关损坏，就得全部更换。

（a）五线电动车窗开关

（b）沉积灰尘的开关内部

图 5–13　五线电动车窗开关和沉积灰尘的开关内部

3）带电动车窗主继电器和单触（点触）继电器的电动机不搭铁的电动车窗控制电路

在电动车窗控制电路中，驾驶员侧采用集中控制的主控开关，其余三个车门采用独立操作开关。有些汽车的主控开关备有安全开关，可以切断其他各车窗的电源，使其余三个车窗的操作开关不起作用。

（1）带供电主继电器的电动车窗控制电路

图 5-14 所示为日本凌志 S400 轿车电动车窗控制系统电路图，在电路的供电线路上装有电动车窗主继电器。

当点火开关打至点火挡 IG1 时，电动车窗主继电器工作，触点闭合，给电动车窗提供了电源。如果将主控开关上的窗锁开关闭合，那么所有车窗都可随时进入工作状态；如果主控开关上的窗锁开关断开，那么其余三个车窗由于无搭铁，所以无法工作，这时只有驾驶员侧车窗可进行工作，设计目的是防止儿童在后排的误操作。

（2）带点触继电器的电动车窗控制电路

由于日本丰田 LEXUS 400 轿车电动车窗控制系统电路图的点触功能电路图细节并不全，所以要分看下部分的电路，它们具有相同的原理。这样电路的驾驶员侧的车窗开关采用手动开关外套自动开关（点触开关）结构，由点触继电器电路控制，驾驶员要使车窗玻璃下降时，只要点触一下下降开关，车窗玻璃就会自动下降到最低点，在下降过程中，当要使玻璃停止在某一位置时，只要同方向再点触一下开关即可。

点触继电器如图 5-15 所示。

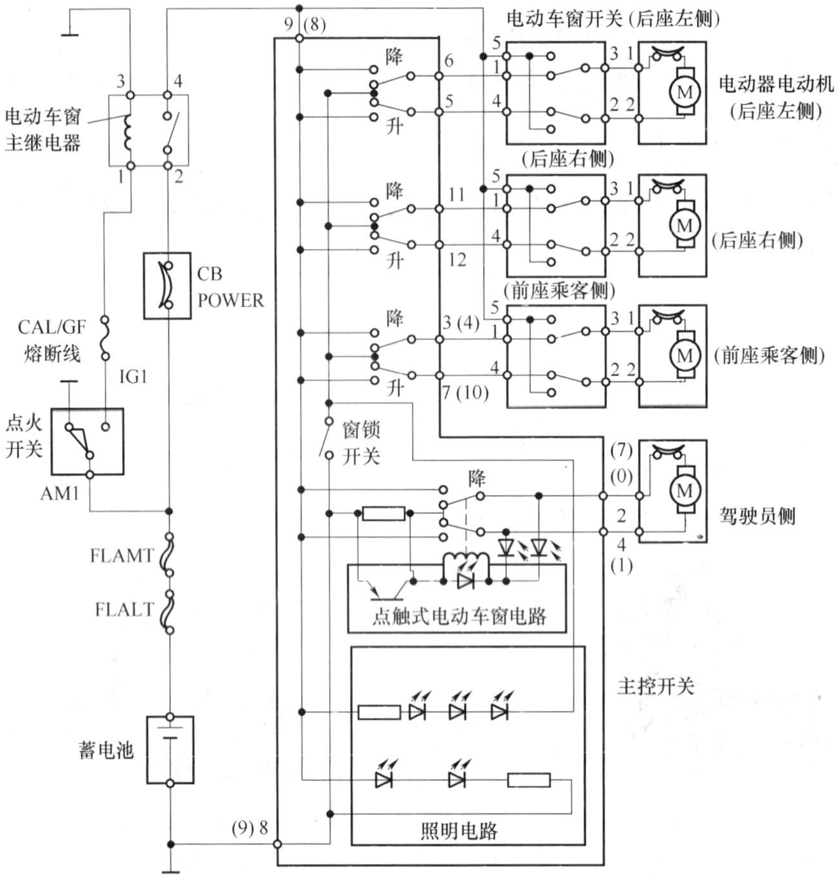

( ): 括号内数字表示适用于RBD车

图 5-14　日本凌志 S400 轿车电动车窗控制系统电路图

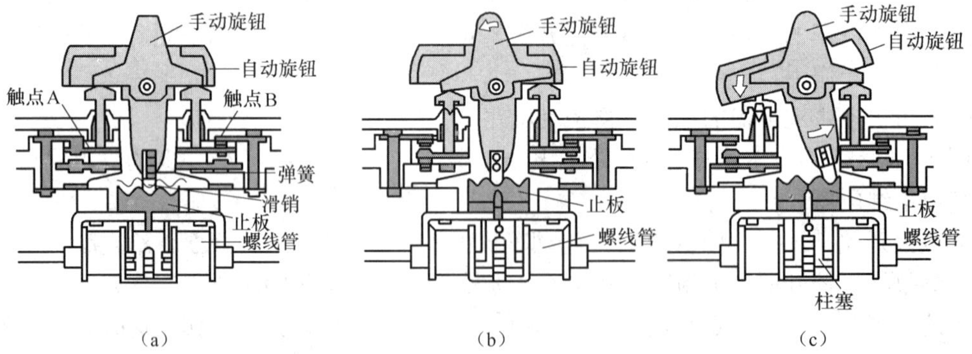

图 5-15　点触继电器

完成任务

在图 5-15 中，螺线管就是继电器的什么部分？________。柱塞就是继电器的衔铁(铁芯)，止板是和铁芯一起联动的。止板在柱塞下部弹簧(未标出)的作用下有向上的趋势，当螺线管继电器通电后，止板是上移，还是下移？________。点触开关(自动旋钮)和滑销是保持垂直，还是两者之间有夹角？________。

机械控制的单触功能如图 5-16 所示。当把自动旋钮向前方按下时，触点 A 与 UP 侧相连，电动机按 UP 箭头方向通过电流，车窗玻璃上升；与此同时，检测电阻 R 上的电压降低，此电压加于比较器 1 的一端，它与参考电压 Ref.1 进行比较。Ref.1 的电压值设定为相当于电动机“堵转（被迫停转，此时工作电流瞬间增大）”时的电压。

在正常不“堵转”的情况下，同相比较器 1 的输出为低电位。反相比较器 2 的参考电压 Ref.2 设定为大于比较器 1 的输出，为高电位，所以比较器 2 的输出电压为高电位，三极管接通，电磁线圈通过较大的电流，其路径为：蓄电池“+”→点火开关→UP→触点 A→二极管 VD1→电磁线圈→三极管→二极管 VD4→触点 B→电阻 R→搭铁（蓄电池“-”）。此电流产生较大的电磁吸力，吸引驱动器开关的柱塞，于是把止板向上顶压，越过止板凸缘的滑销于原来位置被锁定，这时即使把手离开自动旋钮，开关仍会保持原来的状态。

当玻璃上升至终点位置时，在电动机上有“堵转”电流流过，检测电阻 R 上的电压降增大，当此电压超过参考电压 Ref.1 时，比较器 1 的输出由低电位变为高电位，此时，电容 C 开始充电，当电容 C 两端电压上升至超过比较器 2 的参考电压 Ref.2 时，比较器 2 则输出低电位，三极管立即截止，电磁线圈中的电流被切断，止板被弹簧通过滑销压下，自动旋钮自动恢复到中间位置，触点 A 搭铁，电动机停转。

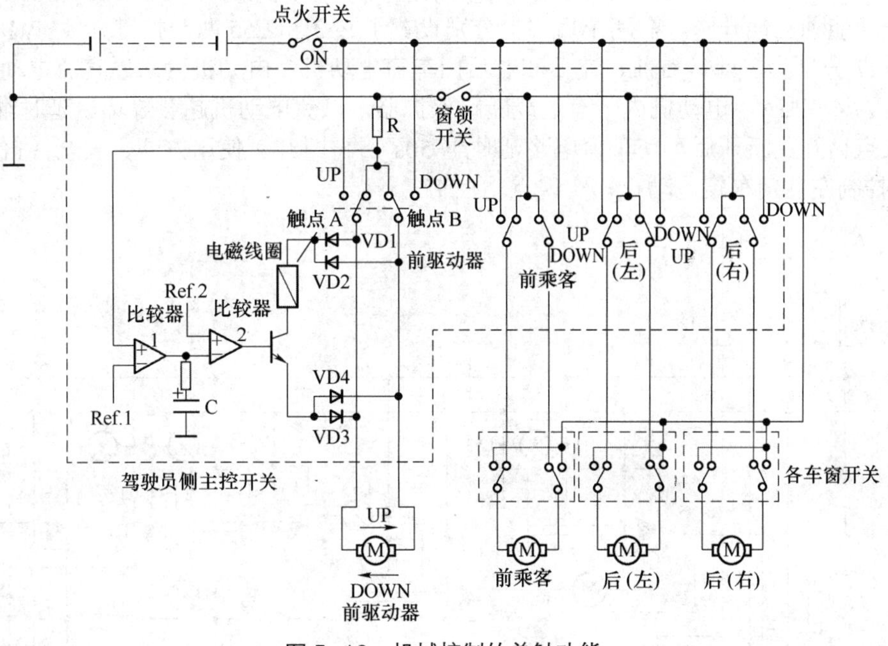

图 5-16　机械控制的单触功能

在自动上升过程中，若想中途停止，则向反方向扳手动旋钮，然后立刻放松。这样触点 B 将短暂脱离搭铁，使电动机因回路被切断而自动停转。同时，通过电磁线圈的电流已被切断，止板被弹簧通过滑销压下，自动旋钮自动恢复到中间位置，触点 A、B 均搭铁，电动机停转。

车窗玻璃自动下降的工作情况与上述情况相反，操作时只需将自动旋钮压向车辆后方即可。

完成任务

加装电动车窗主继电器后有什么好处？______。如果在实车上见到开关套开关的开关结构，是否能识别出点触开关？______。检测电阻在什么情况下为比较器 1 提供参考电压 Ref.1？______。

什么是反相比较器？______。什么是同相比较器？______。什么是参考电压？______。实在不知道，可上网学习一下。

如果点触继电器触点因故障不能闭合，点触功能是正常，还是不正常？______。

在进行点触控制时你是否听到了点触继电器的声音？______。

4）带电动车窗主继电器、发动机熄火延时继电器和点触功能的电动机不搭铁的电动车窗控制电路

桑塔纳 2000 型轿车采用的电动车窗装置由翘板按键开关、传动机构、升降器及电动机组成，控制电路如图 5-17 所示。按键开关 E39、E40、E41、E52 和 E53 被安置在中央通道面板上的开关盘上。其中，黄色按键开关 E39 为安全开关，可以使后车窗开关 E53 和 E55 不起作用；E40、E41、E52 和 E54 分别为左前、右前、左后和右后门玻璃升降开关。为使左后和右后门玻璃能独立地升降，在两个后门上分别设置了 E53 和 E55 两个按键开关。V14、V15、V26 和 V27 分别为左前、右前、左后和右后门车窗电动机，电动机为永磁直流电动机，正常工作电流为 4～15A，电动机内带有过载断路保护器，以免电动机超载烧坏。延时继电器 J52 是保证在点火开关断开后，使车窗电路延时约 50s 后再断开，使用方便、安全；自动继电器 J51 用于控制左前门车窗电动机，实现点动控制。

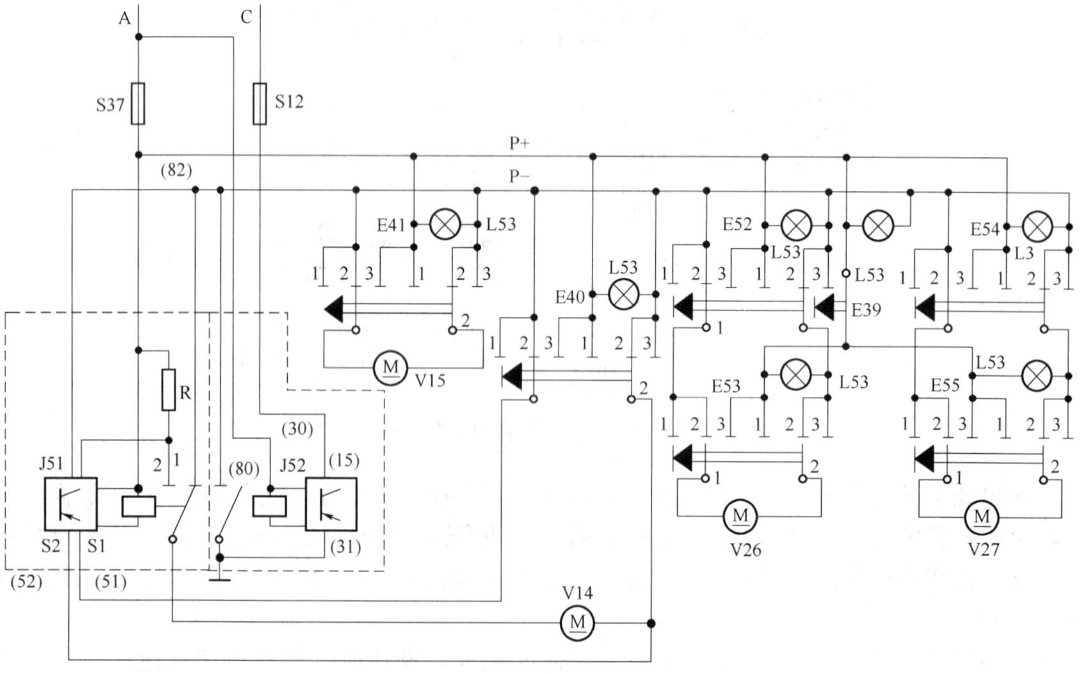

图 5-17　桑塔纳 2000 型轿车电动车窗控制电路

下面介绍工作原理。接通点火开关后，延时继电器 J52 与 C 路电源相通，其常开触点闭

合，按键开关内的 P–通过该触点接地，而 P+正通过熔断器 S37 与 A 路电源相通，此时，按动按键开关便可使车窗电动机转动。

（1）发动机熄火后的延时控制

关闭点火开关后，C 路电源断电，延时继电器 J52 由 A 路电源供电，延时 50s 后，继电器触点断开，按键开关的搭铁线被切断，所有按键开关失去控制作用。

（2）后车窗电动机的控制

左后门和右后门的车窗电动机各由两个按键开关 E52、E53 和 E54、E55 控制。E52 和 E54 安装在中央通道面板上，供驾驶员控制；E53 和 E55 分别安装在两个后门上，供后座乘客控制。同一个后门的两个开关采用级联方式连接，当两个开关被同时按下时，没有控制作用，只有当某一个开关被按下时，才有控制作用。在安全开关 E39 被按下的情况下，E39 的常闭触点断开，切断了后车门上控键开关 E53 和 E55 的电源，使其失去了对各自车窗电动机的控制，因而起到防止儿童误操作的作用。

① 车窗玻璃上升。在安全开关 E39 没有被按下的情况下，按下 E52（E54）的上升键位时，车窗电动机 V26（V27）正转，带动左后（右后）门车窗玻璃上升，其电路为：A 路电源正极→熔断器 S37→P+→E52（E54）→E53（E55）→左后（右后）门车窗电动机 V26（V27）→E53（E55）→E52（E54）→P–→J52 触点→搭铁→电源负极。按下左后（右后）车门上 E53（E55）的上升键位时，车窗电动机 V26（V27）同样可带动车窗玻璃上升，其电路为：A 路电源正极→熔断器 S37→P+→E39→E53（E55）→左后（右后）门车窗电动机 V26（V27）→E53（E55）→E52（E54）→P–→J52 触点→搭铁→电源负极。

② 车窗玻璃下降。在安全开关 E39 没有被按下的情况下，按下 E52（E54）或 E53（E55）的下降键位时，车窗电动机 V26（V27）电枢电流的方向与车窗玻璃上升时情况相反，电动机反转，带动左后（右后）门车窗玻璃下降。

（3）前车窗电动机的控制

右前门车窗电动机 V15 由按键开关 E41 控制；而左前门车窗电动机 V14 由按键开关 E40 和自动继电器 J51 控制，且具有点动自动控制功能。

① 车窗玻璃上升。按下按键开关 E41 的上升键位时，车窗电动机 V15 正转，带动右前门车窗玻璃上升，其电路为：A 路电源正极→熔断器 S37→P+→E41→车窗电动机 V15→E41→P–→J52 触点→搭铁→电源负极。

按下按键开关 E40 的上升键位时，P+和 P–经 E40 分别接至自动继电器 J51 的输入端 S2 和 S1，此时，自动继电器 J51 的触点 1 闭合，触点 2 断开，车窗电动机 V14 正转，带动左前门车窗玻璃上升，其电路为：A 路电源正极→熔断器 S37→P+→E40→车窗电动机 V14→J51 的常闭触点 1→P–→J52 触点→搭铁→电源负极。按键开关 E40 复位时，上述电路被切断，电动机 V14 停转。

② 车窗玻璃下降。按下按键开关 E41 的下降键位时，车窗电动机 V15 反转，带动右前门车窗玻璃下降，其电流通路与上升时相反。

按下按键开关 E40 的下降键位时，P+和 P–经 E40 分别接至自动继电器 J51 的输入端 S2 和 S1，此时，自动继电器 J51 的触点 2 闭合，触点 1 断开，车窗电动机 V14 反转，带动左前门车窗玻璃下降，其电路为：A 路电源正极→熔断器 S37→P+→取样电阻 R→J51 的触点 2→车窗电动机 V14→E40→P–→J52 触点→搭铁→电源负极。按键开关 E40 复位时，J51 的触点也复位（触点 2 断开，触点 1 闭合），切断了上述电路，电动机 V14 停转。

③ 点动自动控制。当按下按键开关 E40 下降键位的时间小于等于 300ms 时，自动继电器 J51

判断为点动自动下降操作，于是继电器动作，使触点2闭合。流过车窗电动机V14的电流方向与正常下降操作时相同，电动机V14反转，车窗玻璃下降。如果在下降期间，E40的上升键位不被按下，继电器J51的触点2将一直处于闭合状态，直至玻璃下降到底，电动机V14堵转，此时，电枢电流将增大，当电流增至约9A时，取样电阻R上的电压使继电器J51动作，触点2断开，自动切断车窗电动机V14的通电回路，电动机V14停转。如果在下降期间，按下E40的上升键位，继电器J51将判断为下降操作结束，触点2断开，车窗电动机V14停转。这样，通过对按键开关E40进行点动控制，就可以使左前门车窗玻璃停止在任意位置。

技师指导

折装电动车窗时一定要注意正确的安装位置，其所有的螺栓连接孔为椭圆孔，定位前电动车窗玻璃升降一定不要与门框发生摩擦干涉。对车门经过钣金维修或玻璃破碎后更换的情况，要认真检查安装精度和运行阻力，如果不准将严重影响车窗升降器电动机工作平顺性，阻力过大将导致电动机提前损坏。例如，阻力过大造成齿条式升降器的齿条磨损严重，噪声增加，特别是齿扇的边界位置最易磨损。

一般电动车窗与中控锁、电动天线等共用搭铁线，搭铁点搭铁不良将使中控锁不好用和电动天线电动机搭铁不正常工作。

5.4 汽车电动后视镜

后视镜分为车外左、右两个后视镜和车内一个后视镜。由于以前车内后视镜一般没有控制功能，所以本书中仅讲车外两侧的后视镜。随着汽车防炫目的发展，中、高档车开始采用有电控防炫目技术的车内后视镜。

1．车外后视镜开关功能和操作

车外每个电动后视镜由两个微型永磁电动机来调整后视镜镜面的水平、垂直位置，也称水平调节电动机和垂直调节电动机。驾驶员坐在驾驶位置上先通过按动左侧（L）或右侧（R）开关选择哪个后视镜，再按动后视镜的四方向调节开关，就可获得理想的后视镜位置。

图5-18（a）所示为丰田汽车的后视镜调节开关，一个开关要控制两个后视镜，操作上先选择调节左侧或右侧后视镜，可通过L（=Left）、R（=Right）开关来确定，再通过四方向调节开关控制水平调节电动机和垂直调节电动机的动作。图5-18（b）所示为大众汽车的后视镜开关，它采用多开关集成于一体，并设计有后视镜加热开关，打开后风窗除霜开关，电动后视镜也会开始加热除霜。可加热后视镜一般在湿冷的季节使用。

后视镜折叠分为手动折叠和电动折叠两种：手动折叠的时候，驾驶员必须把手伸出窗外或下车折叠；电动折叠是驾驶员在车内就可以对其进行折叠，启动车辆时后视镜会自动打开，还可以根据车速自动折叠减小风阻。

2．电动后视镜的结构

电动后视镜的结构如图5-19所示。电动后视镜面调节由水平调节电动机Mx和垂直调节电动机 My 来完成。上、下方向的转动由电动机 My 控制，左、右（或说里、外）方向的转动由电动机 Mx 控制。通过改变电动机的电流方向，即可完成后视镜的上、下及左、右调节。车外后视镜有加热功能时，在镜片背部会有加热的供电线。电动后视镜有折叠功能时会有一个折叠电动机。车外后视镜防炫目功能一般是由后视镜的材料决定的，与电路控制没有关系；车内后视镜防炫目一般由电路控制，如果后视镜内再有线就是二极管转向灯的供电线了。

（a）丰田汽车的后视镜调节开关

（b）大众汽车的后视镜开关

图 5-18　后视镜开关

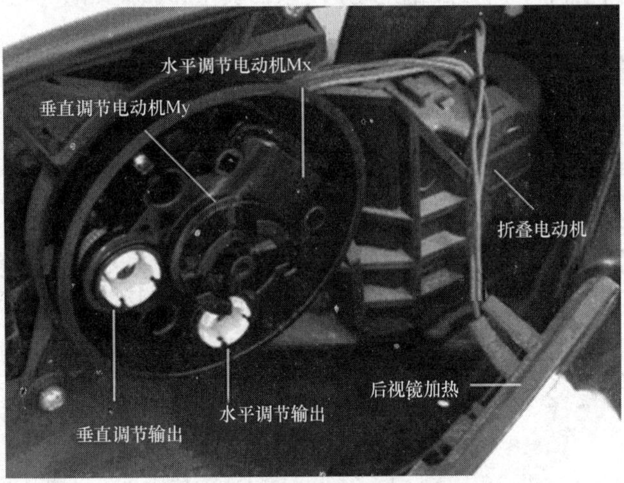

图 5-19　电动后视镜的结构

3. 车内后视镜防炫目原理

图 5-20 所示为防炫目车内后视镜结构。防炫目车内后视镜由一面特殊镜子和两个光敏二极管及电子控制器组成，电子控制器接收来自前方和后方的光敏二极管送来的前射光和后射光信号。如果灯光照射在车内后视镜上，若后面灯光强度大于前面灯光，电子控制器会输出一个电压到镜子的导电层上，导电层上的这个电压改变镜面电化层颜色，电压越高，电化层颜色越深，此时即使再强的照射光照到后视镜上，经防炫目后视镜反射到驾驶员眼睛上时也会显示暗光，不会耀眼。镜面电化层反射强度根据后方光线的入射强度自动被控制，持续变化以防止炫目。

车内后视镜的防炫目功能会在车辆挂入倒挡倒车时被解除。

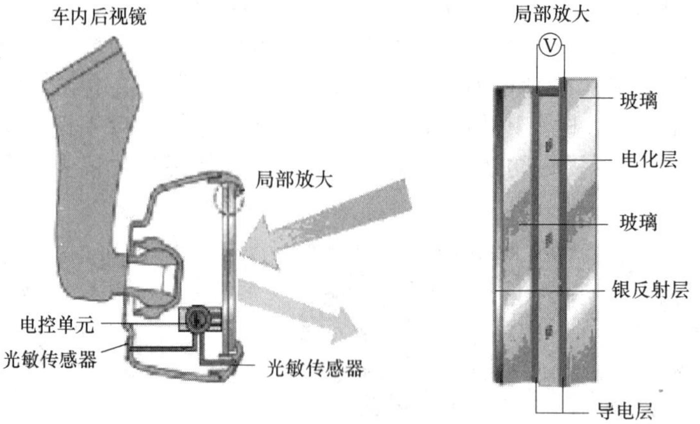

图 5-20　防炫日车内后视镜结构

4．电动后视镜控制电路

1）直接控制型电动后视镜控制电路

红旗轿车电动后视镜控制电路如图 5-21 所示，其工作状态如图 5-22 所示。

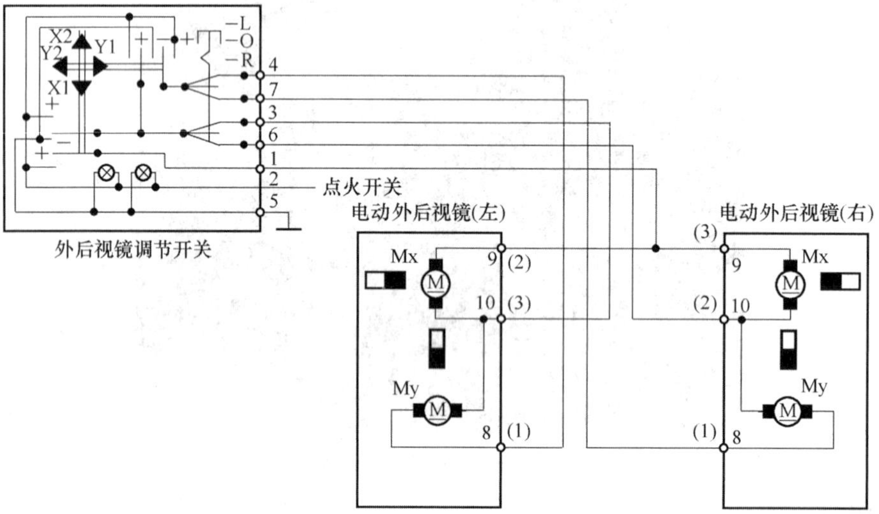

图 5-21　红旗轿车电动后视镜控制电路

外后视镜调节开关闭合表

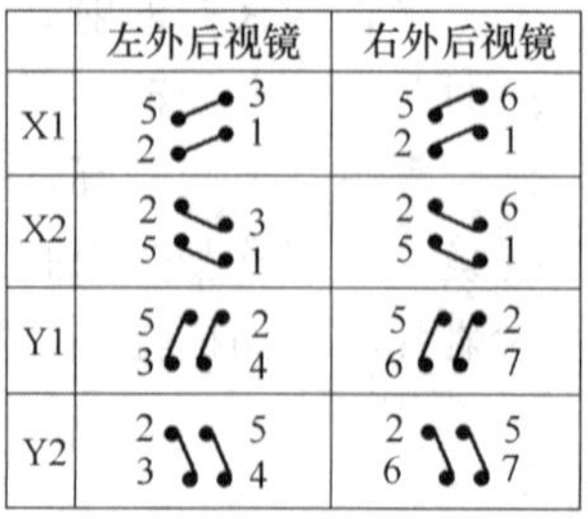

左外后视镜调节工作表

电动机Mx

旋转		4	3	1
外	X1	0	−	+
里	X2	0	+	−
上	Y1	+	−	0
下	Y2	−	+	0

电动机My

右外后视镜调节工作表

电动机Mx

旋转		7	6	1
外	X1	0	−	+
里	X2	0	+	−
上	Y1	+	−	0
下	Y2	−	+	0

电动机My

图 5-22　红旗轿车电动后视镜控制系统工作状态图

在进行调节时，首先通过左/右选择开关选择要调节的后视镜，要调节左后视镜就选择“L”，要调节右后视镜就选择“R”。

（1）向外旋转

如果让左后视镜向外旋转，按下外后视镜调节开关向外旋钮 X1，开关相应接脚的连接状态如图 5-22 所示。电路为：点火开关→外后视镜调节开关接脚 2→外后视镜调节开关接脚 1→左电动外后视镜接脚（2）→左外后视镜电动机 Mx→左电动外后视镜接脚（3）→外后视镜调节开关接脚 3→外后视镜调节开关接脚 5→搭铁→蓄电池负极。左后视镜完成向外旋转动作。

如果让右后视镜向外旋转，按下外后视镜调节开关向外旋钮 X1，开关相应接脚的连接状态如图 5-22 所示。电路为：点火开关→外后视镜调节开关接脚 2→外后视镜调节开关接脚 1→右电动外后视镜接脚（3）→右外后视镜电动机 Mx→右电动外后视镜接脚（2）→外后视镜调节开关接脚 6→外后视镜调节开关接脚 5→搭铁→蓄电池负极。右后视镜完成向外旋转动作。

（2）向里旋转

如果让左后视镜向里旋转，按下外后视镜调节开关向里旋钮 X2，开关相应接脚的连接状态如图 5-22 所示。电路为：点火开关→外后视镜调节开关接脚 2→外后视镜调节开关接脚 3→左电动外后视镜接脚（3）→左外后视镜电动机 Mx→左电动外后视镜接脚（2）→外后视镜调节开关接脚 1→外后视镜调节开关接脚 5→搭铁→蓄电池负极。左后视镜完成向里旋转动作。

如果让右后视镜向里旋转，按下外后视镜调节开关向里旋钮 X2，开关相应接脚的连接状态如图 5-22 所示。电路为：点火开关→外后视镜调节开关接脚 2→外后视镜调节开关接脚 6→右电动外后视镜接脚（2）→右外后视镜电动机 Mx→右电动外后视镜接脚（3）→外后视镜调节开关接脚 1→外后视镜调节开关接脚 5→搭铁→蓄电池负极。右后视镜完成向里旋转动作。

（3）向上旋转

如果让左后视镜向上旋转，按下外后视镜调节开关向上旋钮 Y1。电路为：点火开关→外后视镜调节开关接脚 2→外后视镜调节开关接脚 4→左电动外后视镜接脚（1）→左外后视镜电动机 My→左电动外后视镜接脚（3）→外后视镜调节开关接脚 3→外后视镜调节开关接脚 5→搭铁→蓄电池负极。左后视镜完成向上旋转动作。

右后视镜向上旋转调节与此相似。

（4）向下旋转

如果让左后视镜向下旋转，按下外后视镜调节开关向下旋钮 Y2。电路为：点火开关→外后视镜调节开关接脚 2→外后视镜调节开关接脚 3→左电动外后视镜接脚（3）→左外后视镜电动机 My→左电动外后视镜接脚（1）→外后视镜调节开关接脚 4→外后视镜调节开关接脚 5→搭铁→蓄电池负极。左后视镜完成向下旋转动作。

右后视镜向下旋转调节与此相似。

技师指导

图 5-21 和图 5-22 在工作中几乎没有意义，讲解的目的是让大家消除疑惑。没有太大意义的原因是后视镜不工作通过转换开关大多数情况可排除，不会有技师去测量的，因为后视镜中的电动机可靠性还是很强的，对于这种电路采用换件法和排除法最有效。排除法操作是：若左后视镜调节不正常，可先试右后视镜是否调节正常，因为它们共用方向调节电路，两个后视镜调节都不正常时可确定开关确实损坏，这是在电源和搭铁正常的情况下进行的推断。

2）有折叠（伸缩）功能的电动后视镜控制电路

电动后视镜的伸缩功能是由伸缩开关控制伸缩电动机工作，使整个后视镜回转伸出或缩回。丰田皇冠轿车可伸缩式电动后视镜控制电路如图 5-23 所示。

在进行调节时，首先通过左/右选择开关选择要调节的后视镜。要调节左后视镜时，开关打向左侧，此时开关分别与 7、8 接点接通，再通过控制开关即可进行该镜的上、下或左、右调节。如果进行向上调节时，可将控制开关推向上侧，此时控制开关分别与向上接点、左上接点结通。电路为：蓄电池正极→熔断器→点火开关→控制开关向上接点→左/右选择开关→7 接点→左后视镜上下调节电动机→接点 1（4）→电动后视镜开关 2 接点→控制开关左上接点→电动后视镜开关 3 接点→蓄电池负极。左后视镜上下调节电动机运转，完成调节过程。其他调节过程与向上调节过程类似，通过接通不同的开关即可完成。

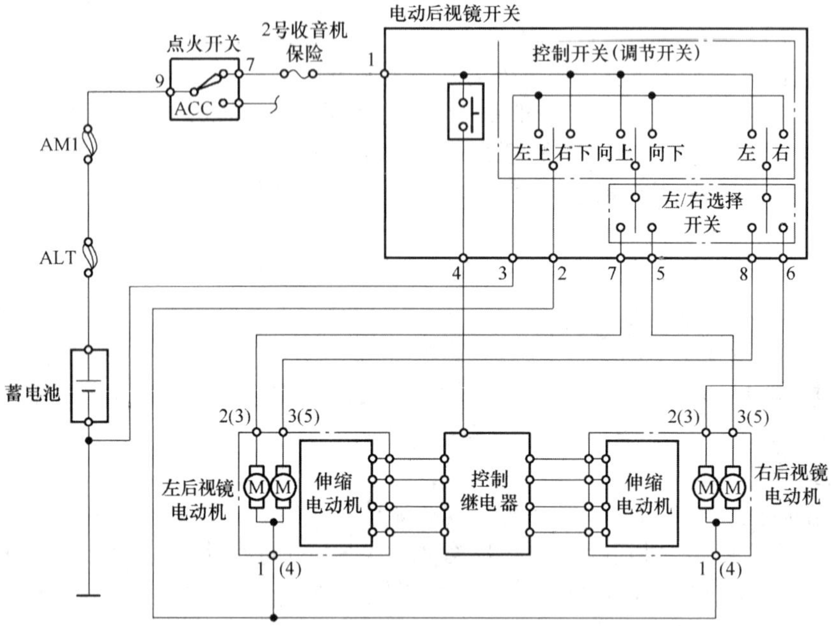

图 5-23　丰田皇冠轿车可伸缩式电动后视镜控制电路

电动后视镜的伸缩是通过电动后视镜开关上的伸缩开关控制的，该开关控制继电器动作，使左、右两个后视镜伸缩电动机工作来完成伸缩功能。

5.5 大众汽车电动车窗及电动后视镜

1．电动车窗主控开关

典型 2006 年大众捷达轿车电动车窗开关、后窗禁降开关和上锁/开锁开关如图 5-24 所示。捷达轿车电动车窗开关采用集成方式，主控开关控制四个车窗玻璃的升降，前部有车门上锁/开锁开关，为阻止后排儿童的开窗操作，中间设有禁止后窗操作的联锁开关。

图 5-24　大众捷达轿车电动车窗开关、后窗禁降开关和上锁/开锁开关

完成任务

给图 5-25 中的六个开关标上名称、大众代码，并写出带“★”开关操作后的作用。其他三个车门是否有控制开关？________。若有的话，分别写出其他三个车门的开关的名称和大众代码：______________；______________；______________。这三个开关为什么是双线双开关？__________________。

图 5-25　任务：大众捷达轿车主门控制开关

技师指导

车窗现代微机控制电路，分为普通型和智能型。

普通型微机仪是实现开关输入后转换为电动机正、反转控制，有的有一定保护功能，但不具备接诊断仪的功能。智能型微机有自诊断功能，通过诊断仪可读出微机诊断出的故障码，还可读取数据流，也可进行执行元件诊断。

可针对车型找到相关电路图，分析电路。电控系统进行自诊断时，可以读取各操作开关的输入，同时可直接对电动机进行诊断仪驱动。

完成任务

你所操作电动车窗的车型是什么？__________。电动车窗是直接控制型，还是普通电子控制型，还是微机智能控制型？__________。另外，开关输入方式是普通开关，还是利用不同电阻改变电路工作电流导致内部采样电阻的电压发生相应变化的这种“电压区间”识别方式？__________。

2．车外后视镜控制电路

捷达 2005 年款选择开关、水平和垂直调节开关集成到 J200 内部，所以在电路中不显示，如图 5-26 所示。水平调节开关控制水平调节电动机，垂直调节开关控制垂直调节电动机。

完成任务

根据图 5-26 回答下列问题。

为什么 V20 内部是两个电动机？______________。它们分别称为______________、______________。

为什么在图中没有开关输入？__________________。拆开开关盒看一看，是继电器换向，还是晶体管开关换向？__________________。

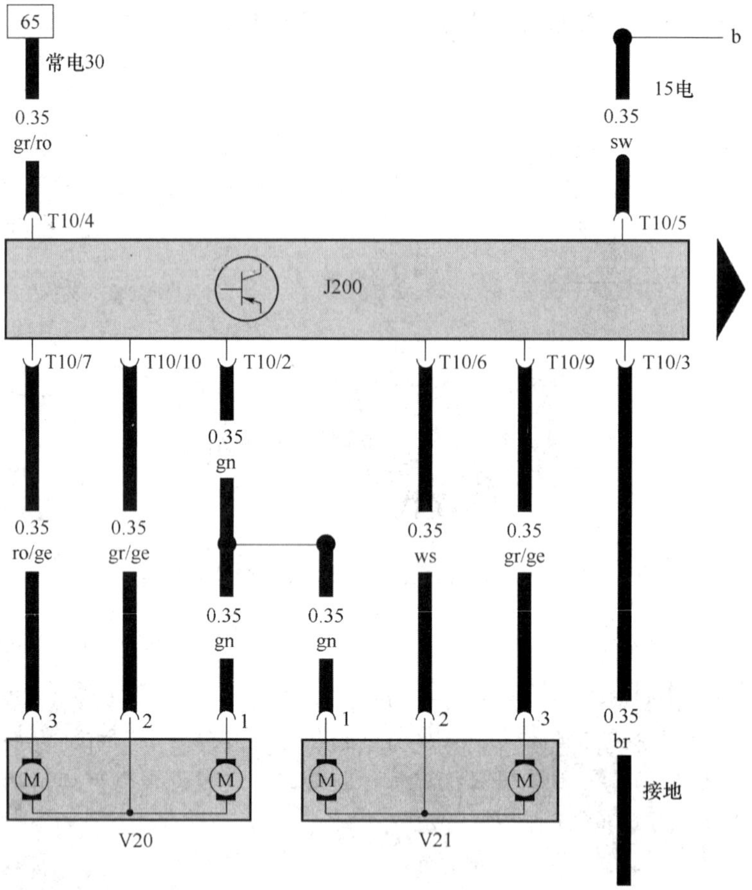

图 5-26　捷达电动外后视镜控制电路

3. 电动车窗

电动车窗有单触功能，点动升降器开关后，玻璃会自动升降，ECU 通过监测电动机转动的脉冲数确定车窗玻璃位置，目的是当升到顶部阻力上升时不能进入退避功能。用遥控锁门功能时，若车窗和天窗未关，则先把车窗依次关闭，防止四个电动机同时工作导致电路过流，车窗关闭后，关闭天窗，最后控制锁门。

电动车窗退避功能也叫防夹伤功能，实现有两种方式：一是在车窗电动机上用检测电动机转速的霍尔传感器，当霍尔传感器检测到电动机转速下降时，信号进入电动车窗 ECU，ECU 控制电动机停转或反转；二是直接检测电动机回路的电流来确定电动机是否反转。修理上为了让车窗 ECU 记住车窗全开和全闭的位置，ECU 需要初始化，通常手动让电动机把车窗打开，然后再关窗，ECU 即可记住全程所需的脉冲数，下次当车窗玻璃达到车顶时，记数器知道达到车顶，才给电动机断电，这时阻力不会导致进入退避功能。

完成任务

请根据捷达 GIF/CIF 电路图 5-28 至图 5-34 分析车门控制单元 J386 的功能。本电路中没有 LIN 总线通信功能，同时也取消了防夹伤功能。J386 的零件号为 1GD 959 875E/1GD 959 875F。

J386 的集中控制功能是________、________、________。

完成任务

根据图 5-29 分析，倒挡信号为什么要输入车内防炫目后视镜 Y7？________。

完成任务

单触功能是利用了位置记数功能，还是利用了转速功能（电动机转速降低，电流增大）来识别？________。防夹伤功能是利用了位置记数功能，还是利用了转速功能来识别？________。

根据图 5-32 分析，a 线是电源，还是搭铁？________。e 线是电源，还是搭铁？________。主控开关是搭铁控制型，还是搭火控制型？________。

根据图 5-30 分析，K 线的作用是什么？________。能否由诊断仪通过 K 线读出 J386 的故障码、数据流？________。能否通过执行元件诊断打开车门？________。

根据图 5-31 分析，由于无论是升还是降，一根信号线只接搭铁信号，控制单元 J386 如何区分驾驶员是要升还是要降的意图？分析 J386 再结合什么信号才能确定？________。

中控锁电动机 V56 的 2、3 引脚的作用是________。根据图 5-27 分析，各车窗玻璃升降电动机采用五根线，除了电源和搭铁外，其余三根线 T6m/1/5/6 的作用是什么？________；________；________。

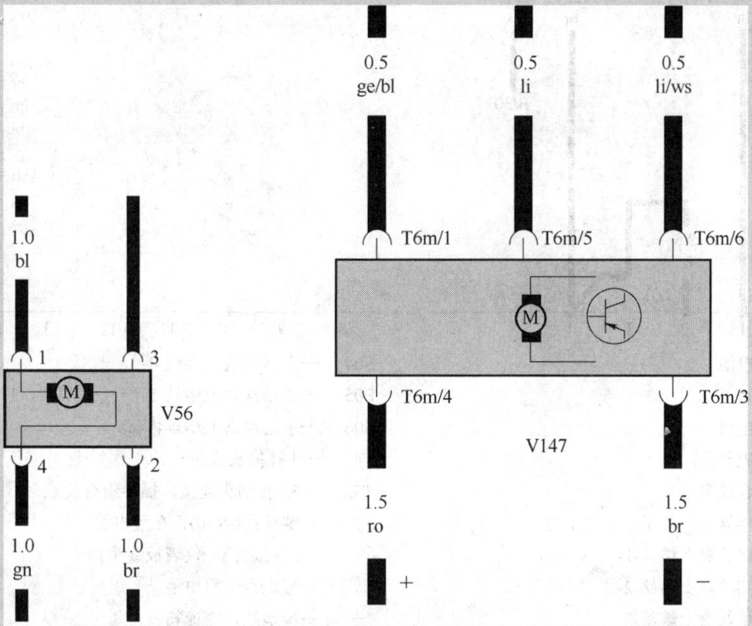

图 5-27 电动机 V56 和 V147 电路

图 5-32 中安全气囊信号的作用是__________。图 5-30 中两个转向灯在这里的作用是__________。天线 R11 的作用是只与中控锁有关，还是也与玻璃升降有关？__________。

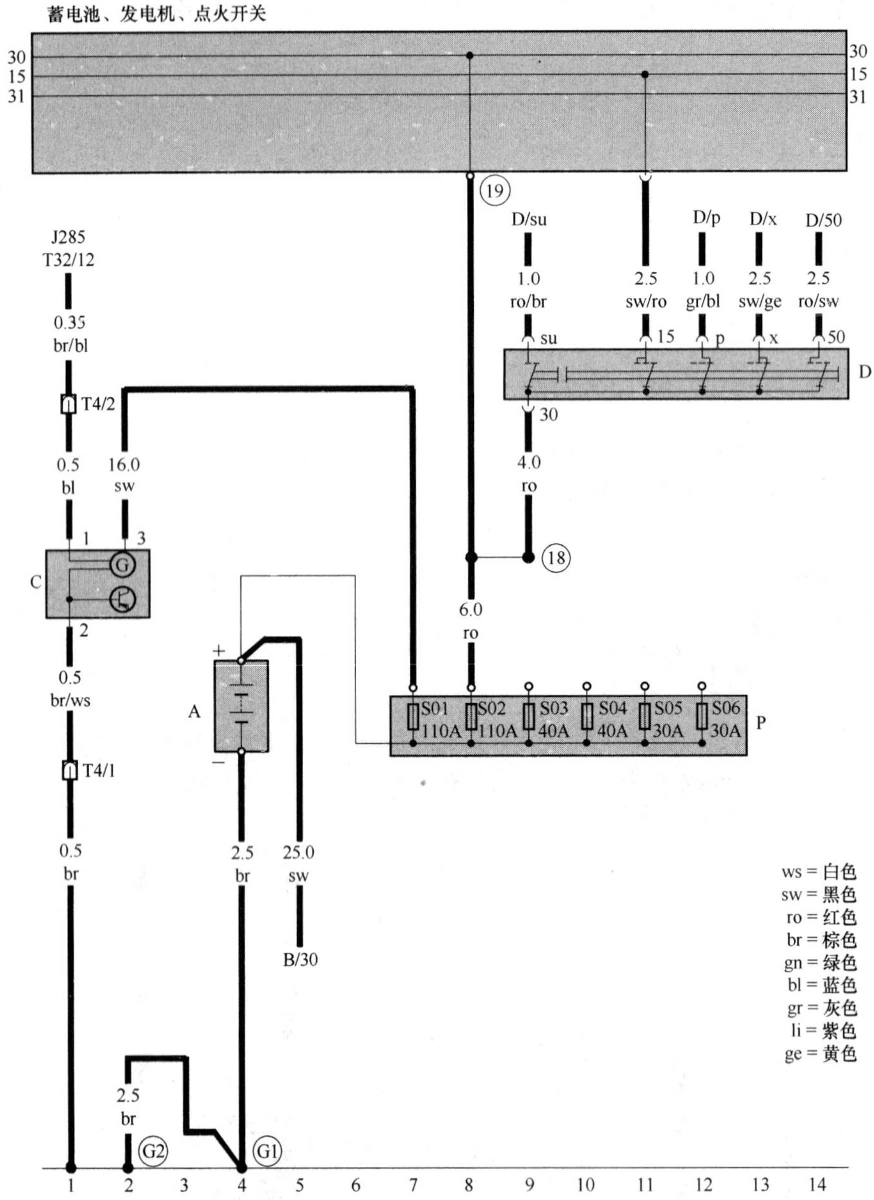

A —蓄电池
B —起动机
C —发电机
D —点火开关
J285 —组合仪表
P —主熔丝盒，位于蓄电池上方
S01 —主熔丝盒上熔丝-1-
S02 —主熔丝盒上熔丝-2-
S03 —主熔丝盒上熔丝-3-
S04 —主熔丝盒上熔丝-4-
S05 —主熔丝盒上熔丝-5-
S06 —主熔丝盒上熔丝-6-
T4 —4 孔插头连接
T32 —32 孔插头连接，插接组合仪表
⑱ —螺栓连接(30)，在继电器支架上
⑲ —正极连接，仪表板线束内
G1 —接地点，蓄电池
G2 —接地线，变速箱

图 5-28 电源和电源分布电路

电动车外后视镜、自动防眩目车内后视镜

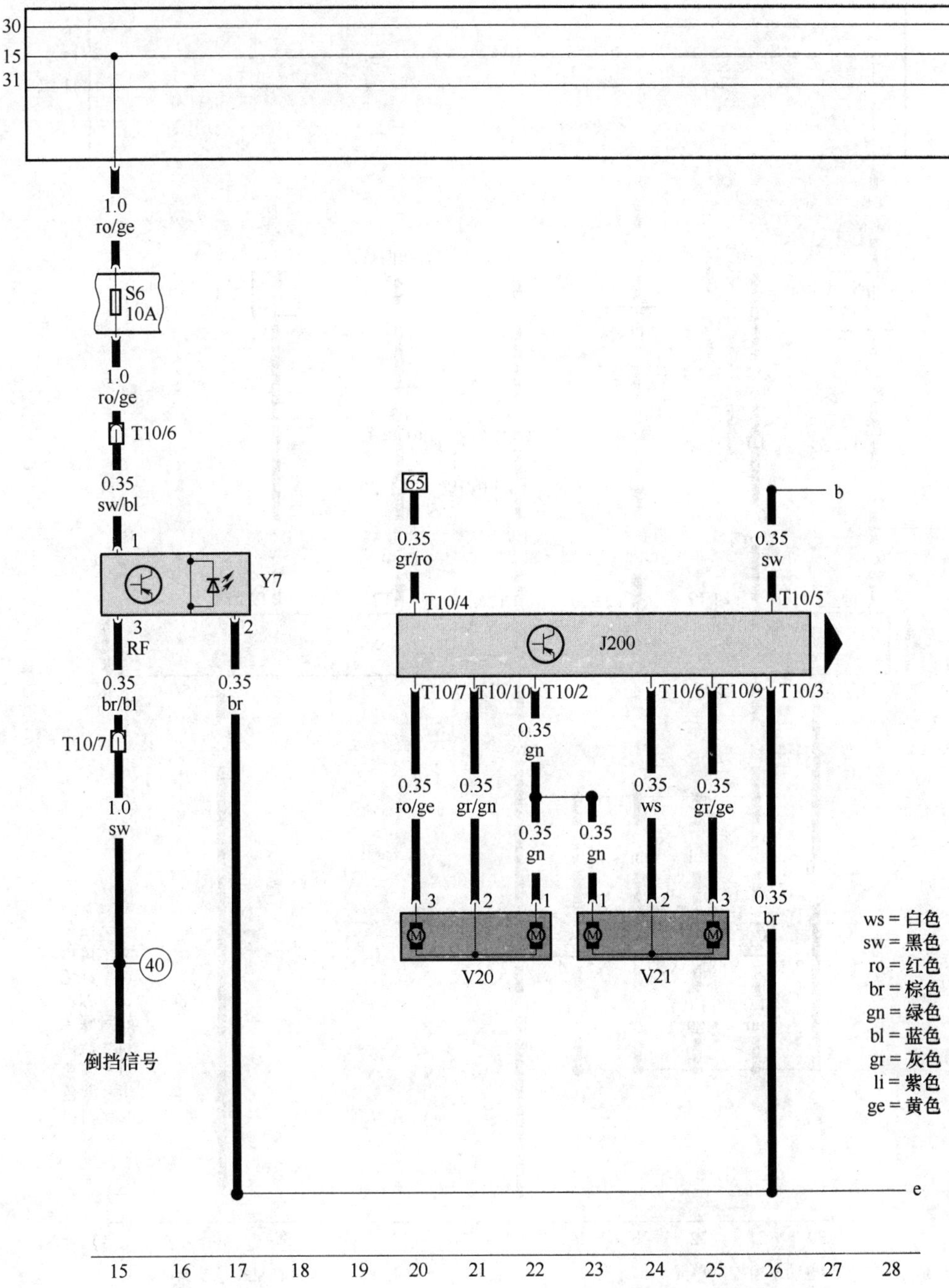

J200 —电动后视镜调节开关

V20 —左电动后视镜

V21 —右电动后视镜

S6 —熔丝支架上 6 号熔丝

㉝ —正极连接(58)，在车内线束内

T10f —10 孔灰色插头，在继电器支架上

T10e —10 孔紫色插头，在继电器支架上

T10 —10 孔插头，插接电动后视镜调节开关

Y7 —自动防炫目后视镜

㊵ —连接(RF)，车身线束内

图 5-29　车内后视镜防炫目和车外后视镜调节电路

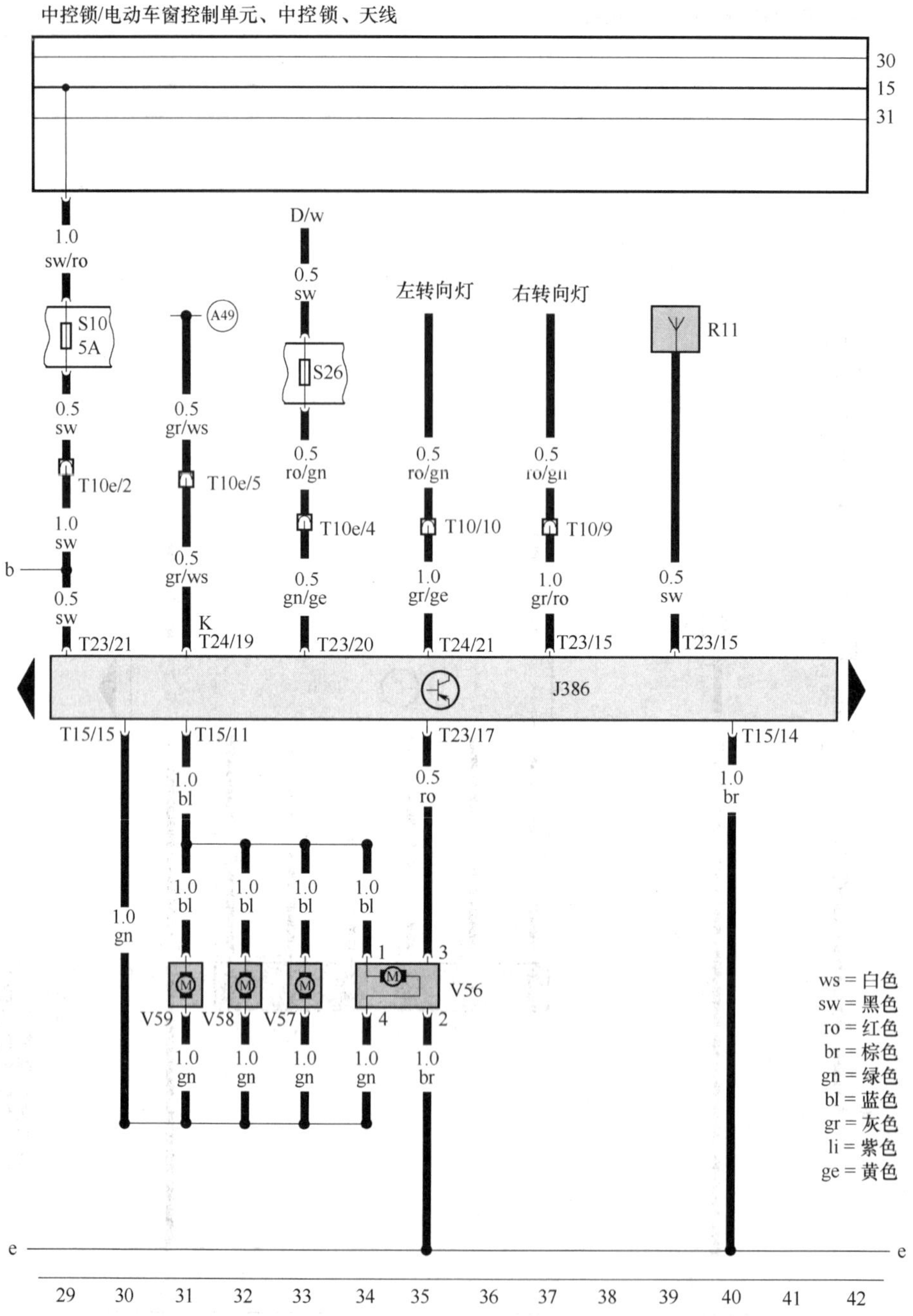

J386 —中控锁/电动车窗控制单元
V56 —左前门中控锁电动机
V57 —右前门中控锁电动机
V58 —左后门中控锁电动机
V59 —右后门中控锁电动机
R11 —遥控锁天线
S10 —熔丝支架上 10 号熔丝
S26 —熔丝支架上 26 号熔丝
T10e —10 孔紫色插头，在继电器支架上
T10f —10 孔灰色插头，在继电器支架上
T15 —15 孔插头，插接中控锁/电动车窗控制单元
T23 —23 孔插头，插接中控锁/电动车窗控制单元
T24 —24 孔插头，插接中控锁/电动车窗控制单元
(A49) —连接(自诊断 K 线)，在仪表板线束内

图 5-30 J386 供电、中控锁、天线和转向灯电路

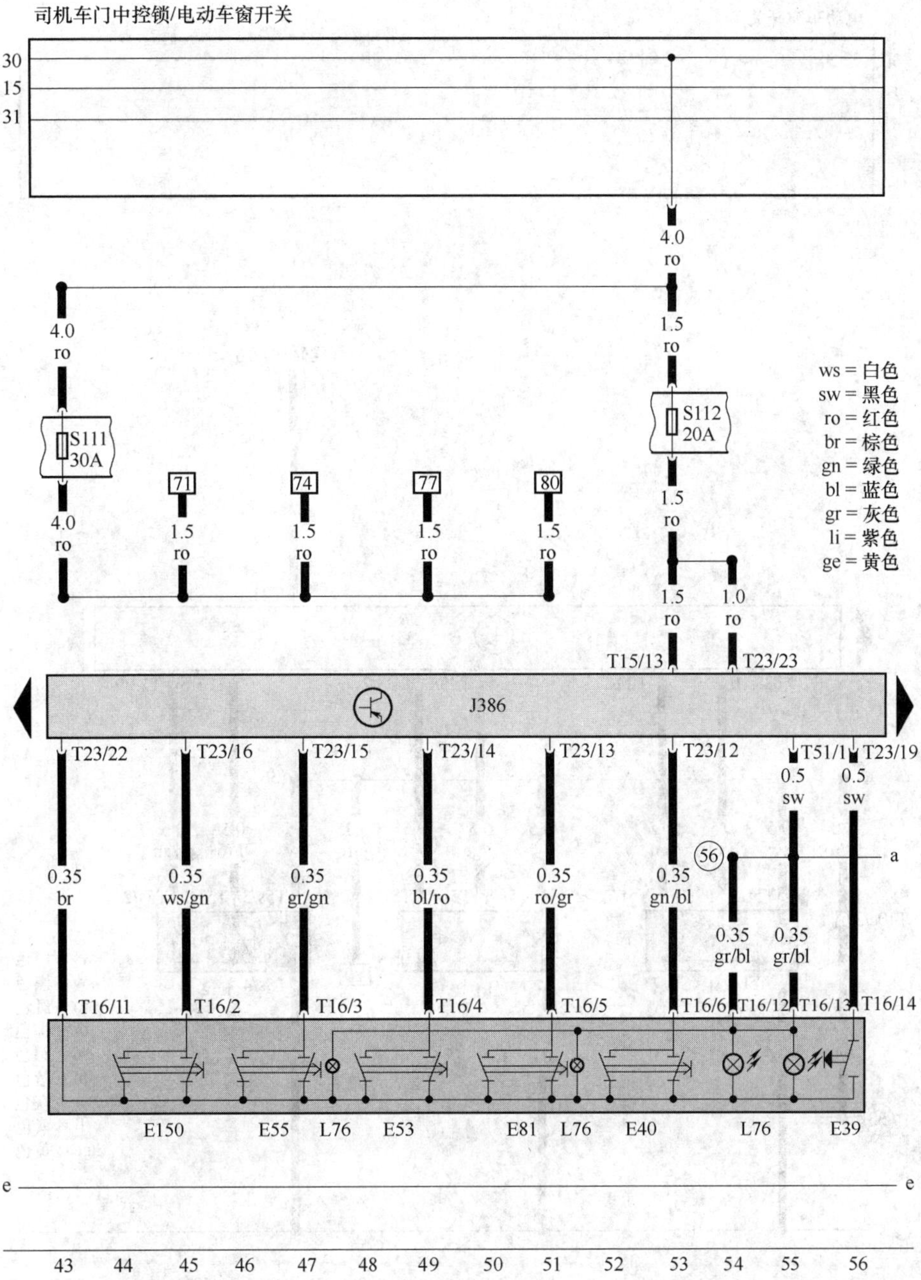

E39 —后车门玻璃升降器联锁开关
E40 —左前门玻璃升降开关
E53 —左后门玻璃升降开关，司机侧
E55 —右后门玻璃升降开关，司机侧
E81 —右前门玻璃升降开关，司机侧
E150 —车内锁开关，司机侧
L76 —左前门玻璃升降开关照明

J386 —中控锁/电动车窗控制单元
S111 —电动车窗升降电动机供电保险
S112 —中控锁/电动车窗控制单元供电保险
T10e —10 孔紫色插头，在继电器支架上
T16 —16 孔插头，插接左前门玻璃升降开关
T15 —15 孔插头，插接中控锁/电动车窗控制单元
T23 —23 孔插头，插接中控锁/电动车窗控制单元
⑯ —连接(56b)，夜光指示照明

图 5-31 司机车门中控锁/电动车窗开关电路

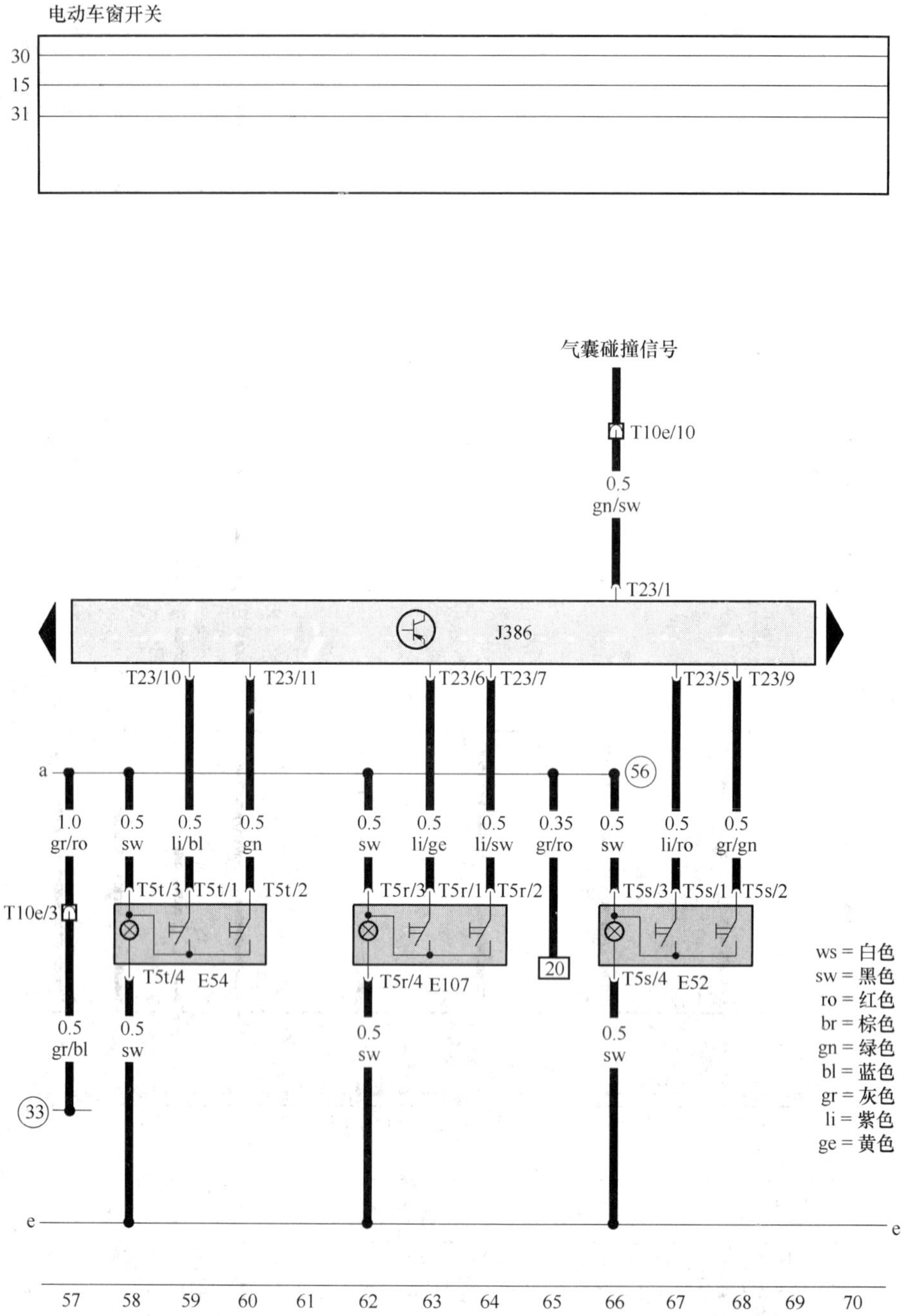

E52 —左后门电动车窗开关
E54 —右后门电动车窗开关
E107 —右前门电动车窗开关
J386 —中控锁/电动车窗控制单元
㉝ —正极连接(58)，在车内线束内
56 —连接(56b)，夜光指示照明
T5r —5 孔插头，插接右前门电动车窗开关
T5s —5 孔插头，插接左后门电动车窗开关
T5t —5 孔插头，插接右后门电动车窗开关
T10e —10 孔紫色插头，在继电器支架上
T23 —23 孔插头，插接中控锁/电动车窗控制单元

图 5-32 其他三个车门的电动车窗开关电路

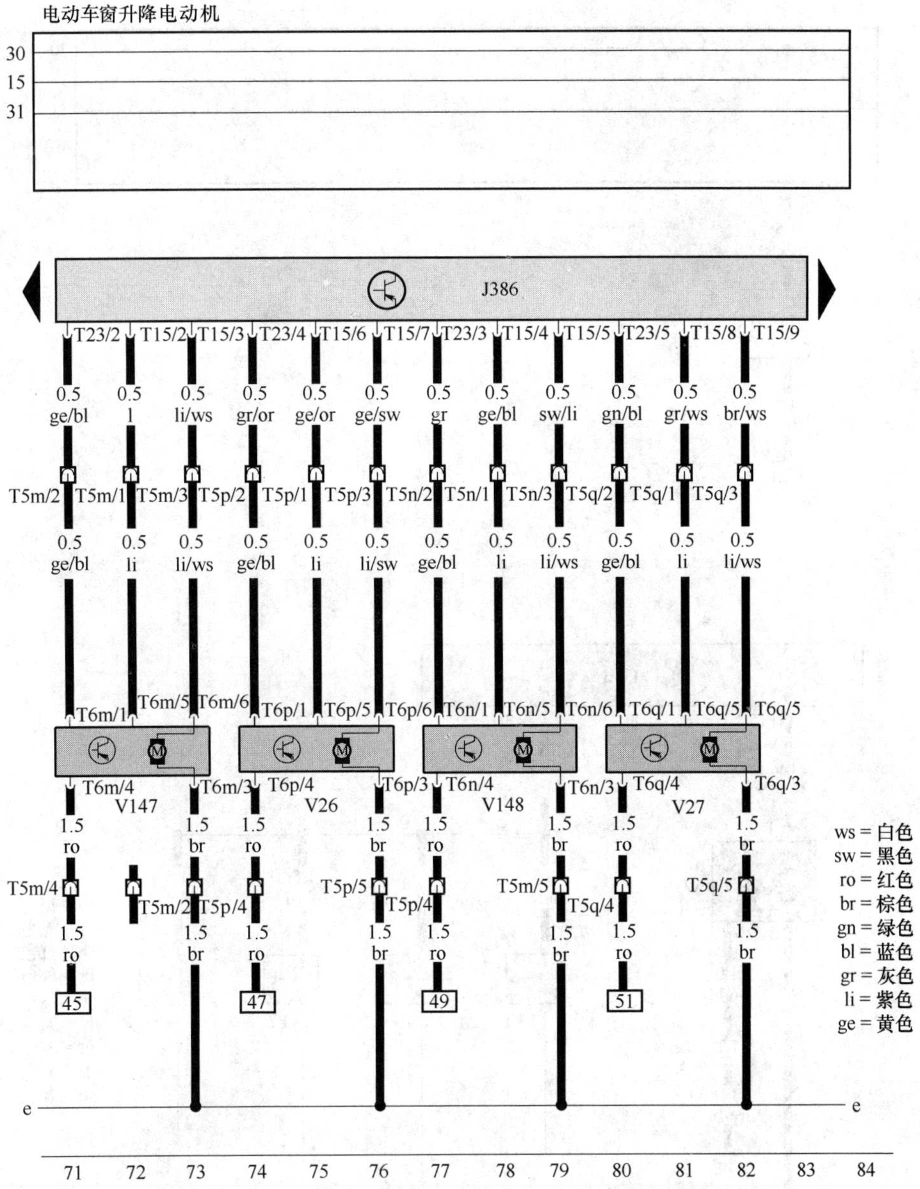

J386 —中控锁/电动车窗控制单元
V26 —左后门玻璃升降电动机
V27 —右后门玻璃升降电动机
V147 —司机侧玻璃升降电动机
V148 —副司机侧玻璃升降电动机
T5m —5 孔对接插头
T5n —5 孔对接插头
T5p —5 孔对接插头
T5q —5 孔对接插头

T6m —6 孔插头，插接司机侧玻璃升降电动机
T6n —6 孔插头，插接副司机侧玻璃升降电动机
T6p —6 孔插头，插接左后门玻璃升降电动机
T6q —6 孔插头，插接右后门玻璃升降电动机
T23 —23 孔插头，插接中控锁/电动车窗控制单元
T15 —15 孔插头，插接中控锁/电动车窗控制单元

图 5–33　电动车窗升降电动机电路

室内灯、联锁开关

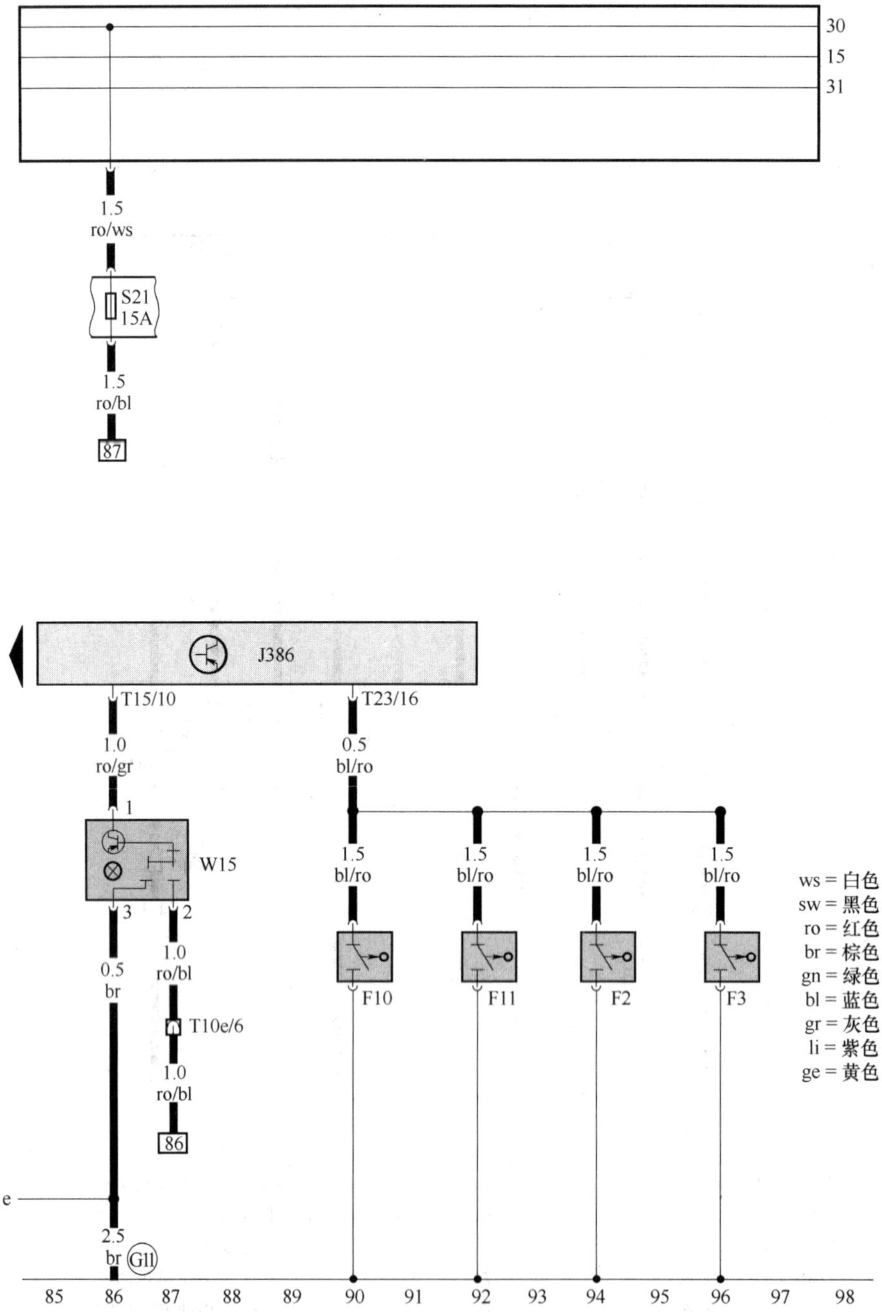

F2　—左前门联锁开关
F3　—右前门联锁开关
F10　—左后门联锁开关
F11　—右后门联锁开关
J386　—中控锁/电动车窗控制单元
W15　—室内灯
S21　—熔丝支架上 21 号熔丝
T15　—15 孔插头，插接中控锁/电动车窗控制单元
T23　—23 孔插头，插接中控锁/电动车窗控制单元
(G11)　—接地点，左侧 A 柱下端

图 5-34　室内阅读灯（也是门控灯）和四个门控开关电路

完成任务

在图 5-34 中，四个门控开关在关闭车门时是断开状态，还是闭合状态？______。室内灯 W15 上有两个开关，分别称为门控顶灯开关和阅读灯开关，在阅读灯开关闭合时，室内灯 W15 还受不受四个门控开关控制？____________。

完成任务

新款捷达前卫轿车的车窗升降器有随钥匙锁门/开门，电动车窗有升降联动功能。在升降过程中，若再按一下或抬一下开关，车窗自动停止运动。当中控锁/电动车窗控制单元断电后，两个前门电动车窗的自动开/关功能将消失。例如，蓄电池电缆脱开或熔丝熔断后，再次连接蓄电池或更换上新的熔丝时要按下述步骤进行初始化，才能恢复单触功能。

操作步骤:

（1）用钥匙通过驾驶员侧车门或前乘员侧车门从车外锁闭轿车，操作时，必须确保所有车门及车窗完全关闭。

（2）再次开启车门。

（3）再闭锁车门，钥匙必须保持在关闭位置至少1s。至此，两个前门电动车窗的自动开/关功能即被自动恢复。

若电动车窗系统发生故障，则两个前门电动车窗开关内的照明灯将闪亮。打开点火开关后，若车门内饰板上的所有照明灯闪亮约 15s，则应检修系统。

5.6 丰田汽车电动车窗

1. 电动车窗系统功能

1）手动升降功能

此功能可以在电动车窗开关半拉起或半按下时，开启或关闭车窗。松开开关后，车窗停止移动。

2）单触式升降功能

单触式升降功能可以在按下电动车窗开关时，完全打开或完全关闭所有车门的车窗。

3）防夹伤功能

在单触式自动升起操作中，如果有异物夹在任何一个车窗处，则可以自动停止电动车窗并将其降低。

4）远程操作功能

前乘员侧车门车窗和后车门车窗的升降操作可由电动车窗主控开关控制。

5）切断操作功能

如果驾驶员侧车门没有开启，驾驶员侧车门的切断操作功能可以在点火开关转到 ACC 或 OCK（没有配置智能进入和启动系统的车型）/OFF（带有智能进入和启动系统的车型）大约 43s 后进行电动车窗操作。

6）钥匙联动升降功能

当点火钥匙未在钥匙孔中，驾驶员侧车门锁止时，驾驶员侧车门钥匙向锁止方向转动并保持1.5s或更长时间，驾驶员侧车门ECU激活电动车窗电动机升起所有车门车窗。同样，驾驶员侧车门开锁时，向开锁方向转动并保持1.5s或更长时间，所有车门车窗将降落。

7）发射器联动升降功能

当车身ECU接收到来自发射器持续2.5s或以上的一个开锁或锁止信号时，车门ECU按照相应的开/闭车窗信号控制车窗电动机，电动车窗开或闭时发出蜂鸣声。

8）开闭功能

通过钥匙转动锁止开关至ON将所有车门锁止后，按下锁止开关并保持3s或更长时间，所有电动车窗将开始关闭。通过钥匙转动开锁开关至ON将所有车门开锁后，按下开锁开关并保持3s或更长时间，所有电动车窗将开始开启。通过转动车门把手的锁止开关至ON使锁止信号输出至所有车门后，继续保持3s或更长时间，所有电动车窗将开始关闭。电动车窗开启或关闭时全发出蜂鸣声。

2. 电路系统图和组件位置图

丰田皇冠轿车车窗网络化控制电路系统图如图5-35所示。丰田皇冠轿车车窗网络化控制组件位置图如图5-36所示。

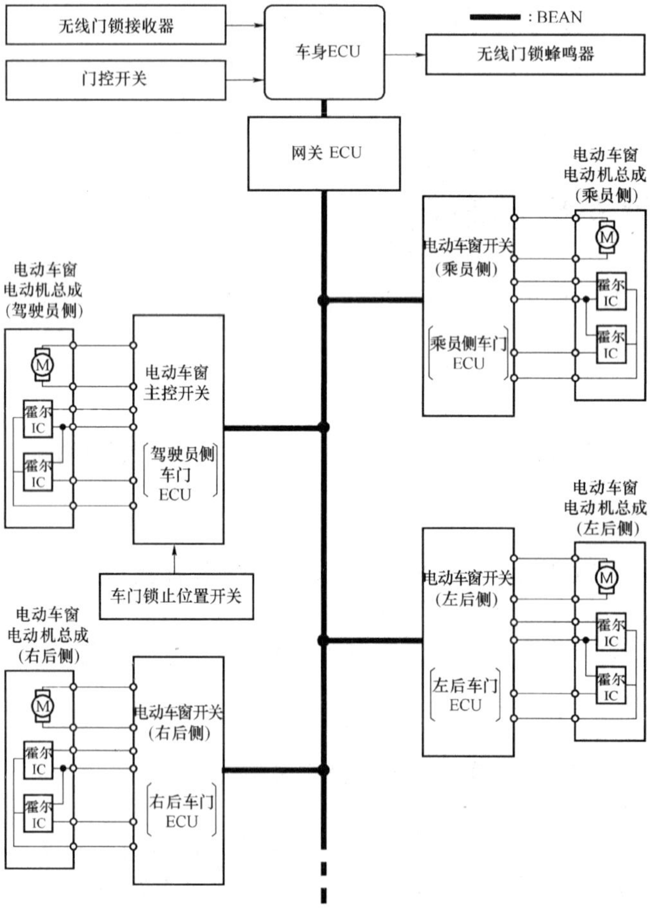

图5-35 丰田皇冠轿车车窗网络化控制电路系统图

完成任务

写出图 5-35 中组件的位置和作用。

无线门锁接收器位置为____________，作用为____________。门控开关位置为____________，作用为____________。车门锁止位置开关位置为____________，作用为____________。无线门锁蜂鸣器位置为____________，作用为____________。

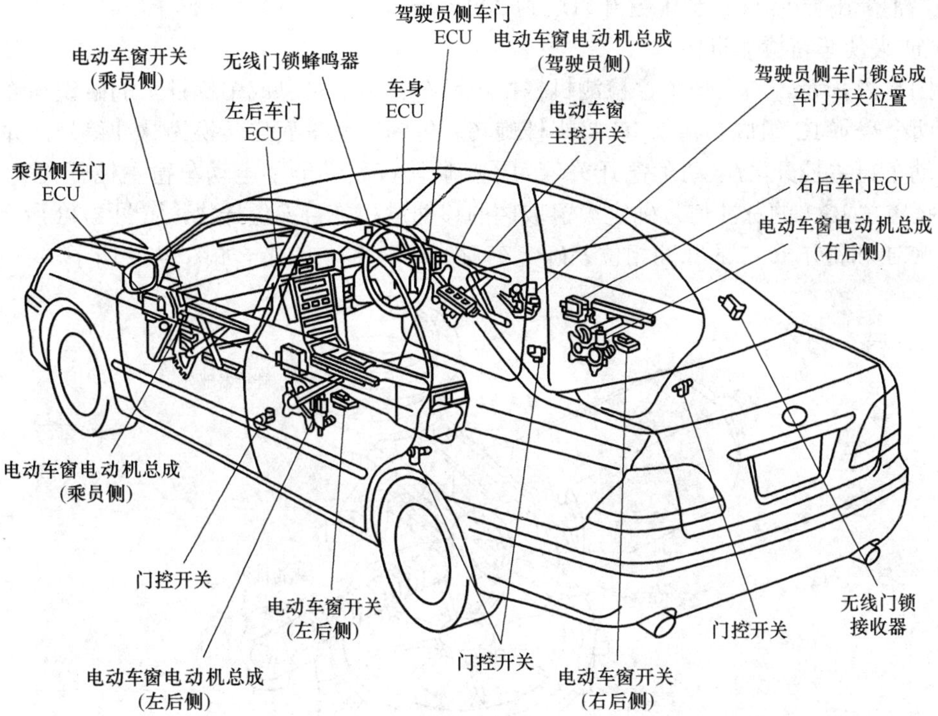

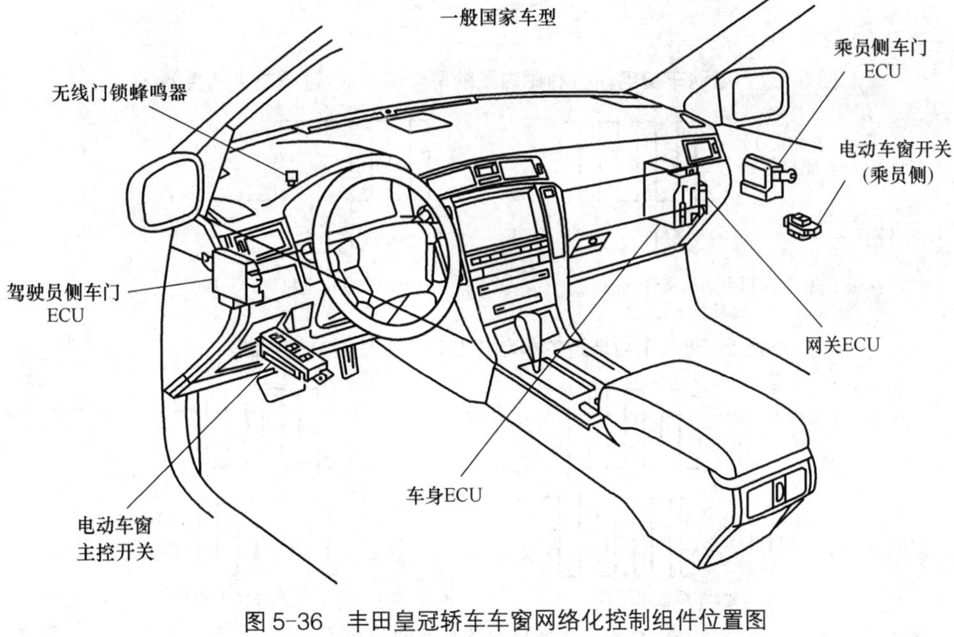

图 5-36　丰田皇冠轿车车窗网络化控制组件位置图

3．防夹伤功能

在单触式自动升起操作中，如果有异物夹在任何一车窗外，则防夹伤功能可以自动停止电动车窗并将其降低。在以前的车型中，电动车窗的夹紧由限位开关和脉冲传感器检测。在新车型中，该功能改为由整合在电动车窗电动机中的霍尔 IC 完成。

1）防夹伤功能的激活描述

车窗距完全关闭的位置大于 200mm，防夹伤功能的操作下降车窗 50mm 或 1s；小于等于 200mm，下降车窗 5s 或直至车窗开启达到 200mm。

2）防夹伤车窗检测机构

如图 5-37 所示，防夹伤车窗检测机构由电动车窗电动机总成中蜗杆上的磁铁和连接器部分上的两个霍尔 IC 组成。霍尔 IC 将蜗杆旋转产生的磁通量变化转换为脉冲信号，并将其输出到电动车窗主控开关/电动车窗开关。为了控制防夹伤功能，电动车窗主控开关/电动车窗开关根据霍尔 IC 1 的脉冲信号确定车窗玻璃的移动量和是否夹住异物，如图 5-38 所示，并根据霍尔 IC 1 和霍尔 IC 2 的脉冲相位差确定车窗玻璃的移动方向，如图 5-39 所示。

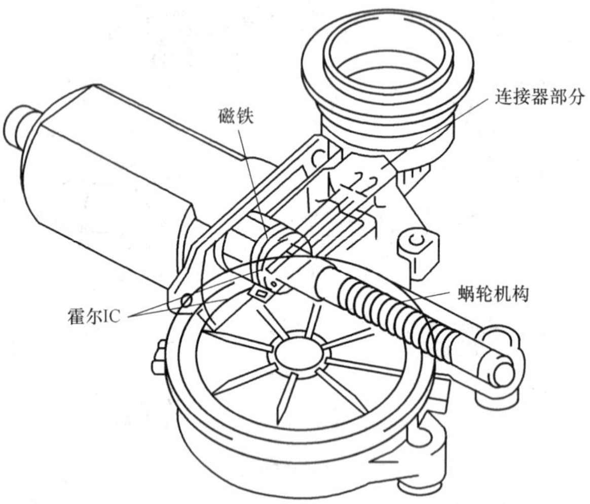

图 5-37　电动车窗电动机利用内置的两个霍尔 IC 进行防夹伤控制

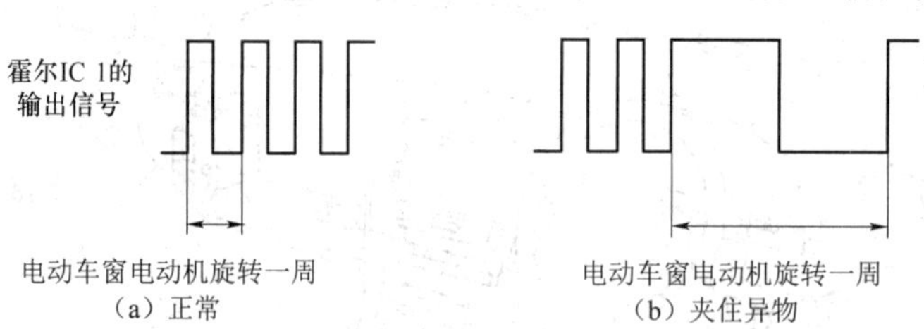

图 5-38　车窗玻璃的移动量和是否夹住异物的判断

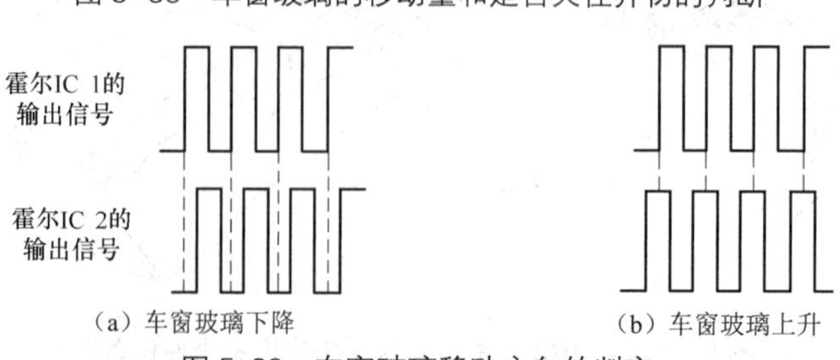

图 5-39　车窗玻璃移动方向的判定

3）维修提示

电动车窗主控开关和每个电动车窗开关都存储每个车窗的初始位置。如果蓄电池端子、熔丝或各电动车窗开关断开，则此数据便会丢失，那样只能手动操作。因此，重新连接蓄电池端子、熔丝或各电动车窗开关后，对于本书中的参考车型丰田皇冠，可按下列步骤对系统进行初始化。

（1）打开驾驶员侧车窗最小 1/4。

（2）按住电动车窗开关 UP，车窗完全关闭后，按住开关大约 1s，则电动车窗主控开关会存储车窗的初始位置。

·第6章·

舒适系统

6.1 丰田汽车舒适系统

1. 电动座椅

在皇冠轿车的前排电动座椅（见图 6-1）中，驾驶员坐椅为坐垫前部垂直升降、坐垫前后水平、坐垫整体升降、靠背前后及电动腰部的前后振动调节，共计为十方向调节，开关在驾驶员坐垫侧面；乘员座椅为四方向调节，开关在乘员坐垫侧面。另外，驾驶员或乘员可通过座椅侧后靠背侧面的滑动和倾斜按钮进行调节，高档座椅可设计电动腰部支撑。

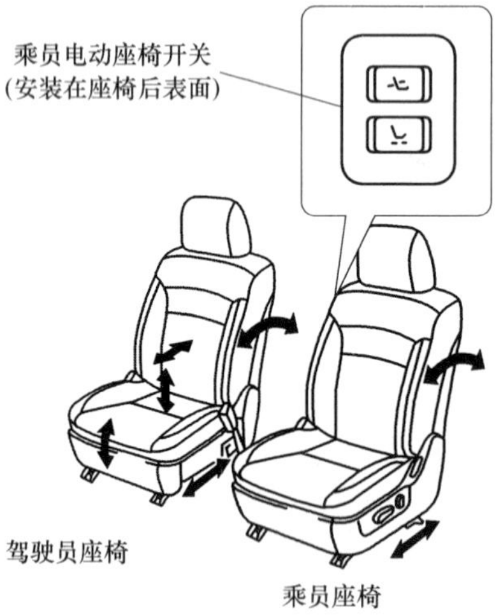

图 6-1　前排电动座椅功能

完成任务

写出如图 6-1 所示的前排电动座椅功能。

驾驶员侧五个：__________、__________、__________、__________、

______________。

乘员侧两个：______________、______________。

1）电动座椅电路

图 6-2 所示为不带存储器的驾驶员电动座椅电路图。电动座椅微动开关内置在具有电子控制功能的印制电路板上，电动座椅开关上的前后滑动开关、坐垫前部垂直升降开关、坐垫整体升降开关和靠背倾斜开关信号直接输入电子控制器，电子电路直接控制相应电动机的电流方向。在高档座椅上的腰部支撑开关把信号直接输入腰部支撑电子控制器，电子控制器控制腰部支撑电动机高速转动，以至于产生振动的按摩效果。

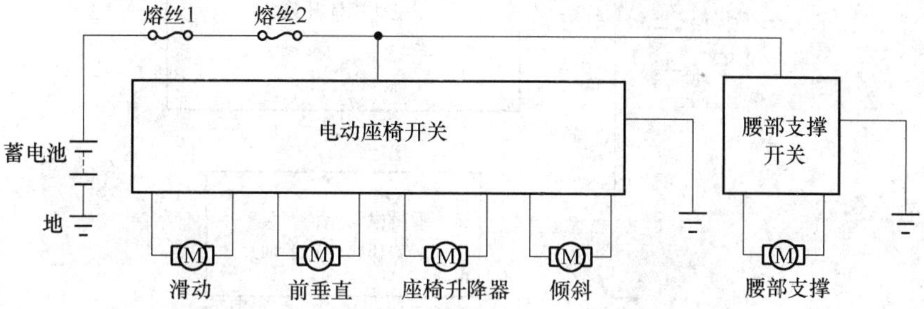

图 6-2　不带存储器的驾驶员电动座椅电路图

完成任务

如图 6-2 所示的不带存储器的驾驶员电动座椅电路图中开关在哪里？______________。为什么这样画图？______________________________。

图 6-3 所示为带存储器的驾驶员电动座椅电路图。电动座椅开关信号要输入驾驶员座椅 ECU，由 ECU 按照输入开关的名称和方向来控制相应的电动机转动，电动机的位置是由 ECU 根据电动机在供电线上的电流脉冲来判断的，这里腰部支撑不在驾驶员座椅 ECU 的控制范围。

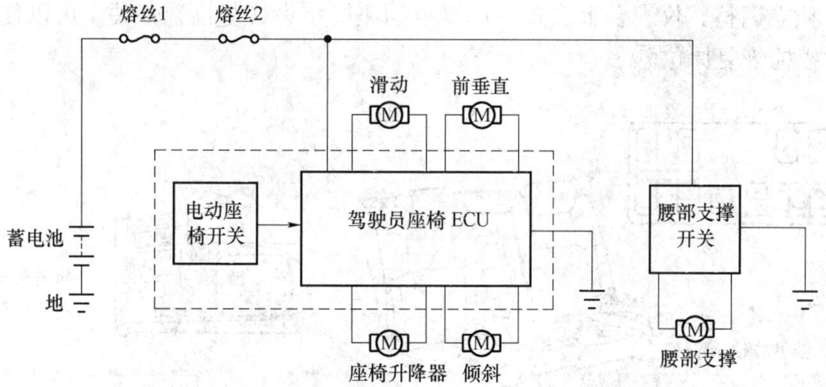

图 6-3　带存储器的驾驶员电动座椅电路图

完成任务

如图 6-3 所示的带存储器的驾驶员电动座椅电路图中开关在哪里？______________。为什么这样画图？______________________________。

图 6-4 所示为乘员（副驾驶员）电动座椅电路图。本电路仍为电子控制型，并非微控制器控制型。乘员侧面的电动座椅开关把信号传递给安装在座椅后部的乘员电动座椅开关，电动座椅开关再控制座椅的前后滑动和座椅倾斜。

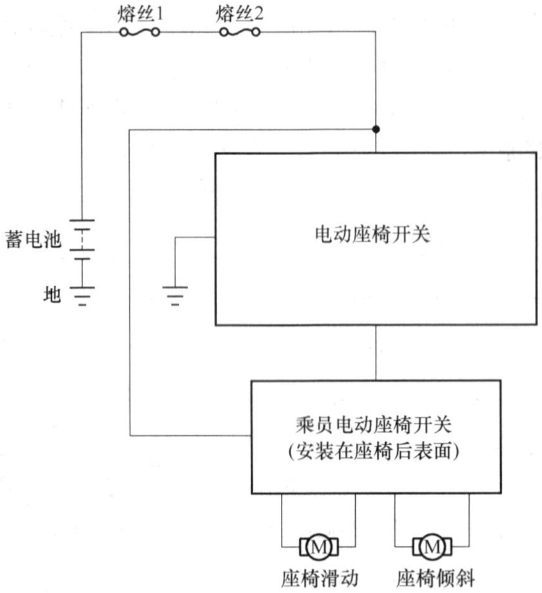

图 6-4　乘员（副驾驶员）电动座椅电路图

完成任务

如图 6-4 所示的乘员（副驾驶员）电动座椅电路图中开关在哪里？________________。为什么这样画图？________________________。

图 6-5 所示为后排电动座椅控制开关、座椅方向控制功能和后排座椅复位开关。在皇冠轿车中，将后排电动座椅中间位置扳下后将显示出后排电动座椅控制开关控制面板，右座椅和左座椅可独立调整。仪表台上布置有后排电动座椅重设（复位）开关，可以使已经调整好的后排电动座椅恢复原位。

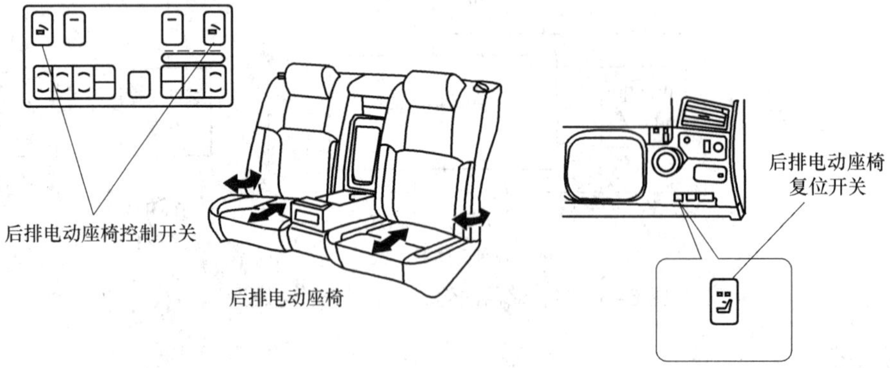

图 6-5　后排电动座椅控制开关、座椅方向控制功能和后排电动座椅复位开关

图6-6所示为后排电动座椅电路图。后排电动座椅控制开关也为电子控制型，左座椅和右座椅倾斜开关分别控制相应的电动机转动。只有在后排电动座椅复位开关闭合的情况下才能进行调节。

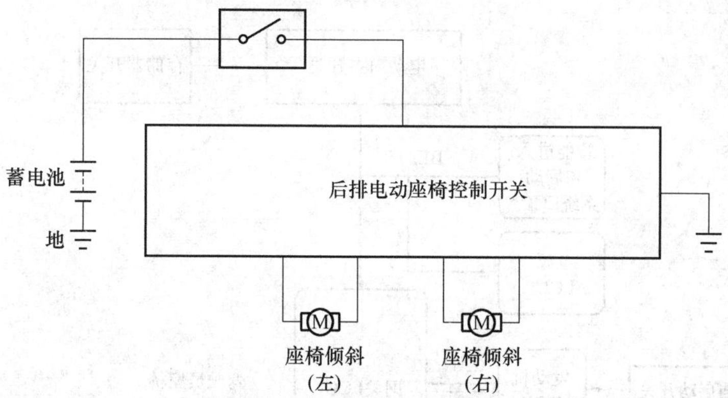

图6–6 后排电动座椅电路图

完成任务

如图6-6所示的后排电动座椅电路图中后排电动座椅复位开关的作用是什么？________。为什么叫复位开关？________________。

2）存储器系统

在一般国家中，皇冠轿车将驾驶员座椅的存储器系统作为选装配置，而在中国，座椅的存储器系统作为标准配置。驾驶员座椅ECU通过座椅存储开关操作，将座椅的位置、转向柱的倾斜和伸缩位置存储起来，以实现针对同一驾驶员的座椅和转向柱的双重控制。

在存储器系统中，座椅位置检测有两种方法：一种是利用电动机转动产生的电流脉动信号经ECU处理后产生方波脉冲来检测，这是一种间接测量，成本较低，如图6-7（a）所示；另一种是利用安装在电动座椅电动机内部的霍尔IC产生的方波脉冲来检测，这是一种直接测量，成本较高，如图6-7（b）所示。

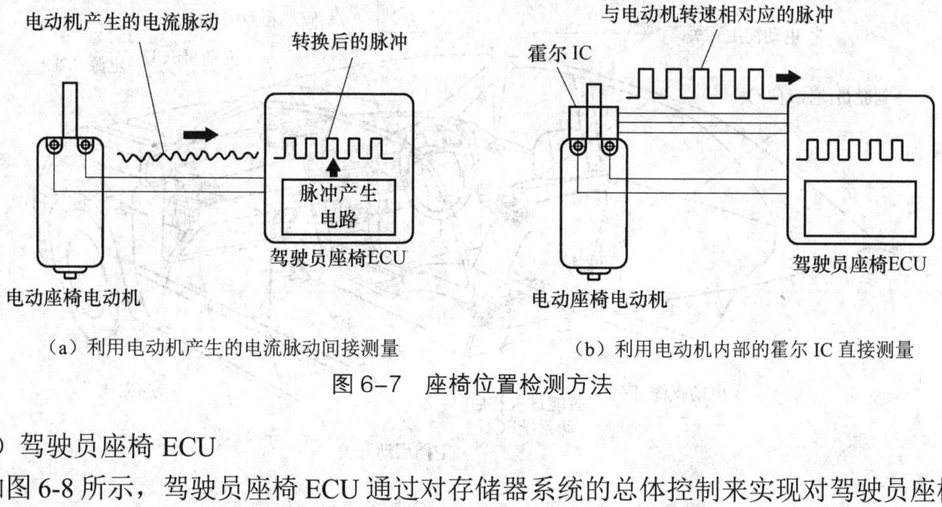

（a）利用电动机产生的电流脉动间接测量　（b）利用电动机内部的霍尔IC直接测量

图6–7 座椅位置检测方法

3）驾驶员座椅ECU

如图6-8所示，驾驶员座椅ECU通过对存储器系统的总体控制来实现对驾驶员座椅位置的存储和操作。另外，驾驶员座椅 ECU 通知转向柱倾斜和伸缩 ECU 开始存储和执行它们各自的位置。驾驶员座椅位置由驾驶员座椅 ECU 存储，转向柱倾斜和伸缩位置通过转向柱倾斜和伸缩 ECU 存储。通过 CAN（控制器局域网）和 BEAN（车身电气局域网），两个 ECU 在网络内能获得存储器开关、驾驶员门控灯开关、空挡启动开关信息。

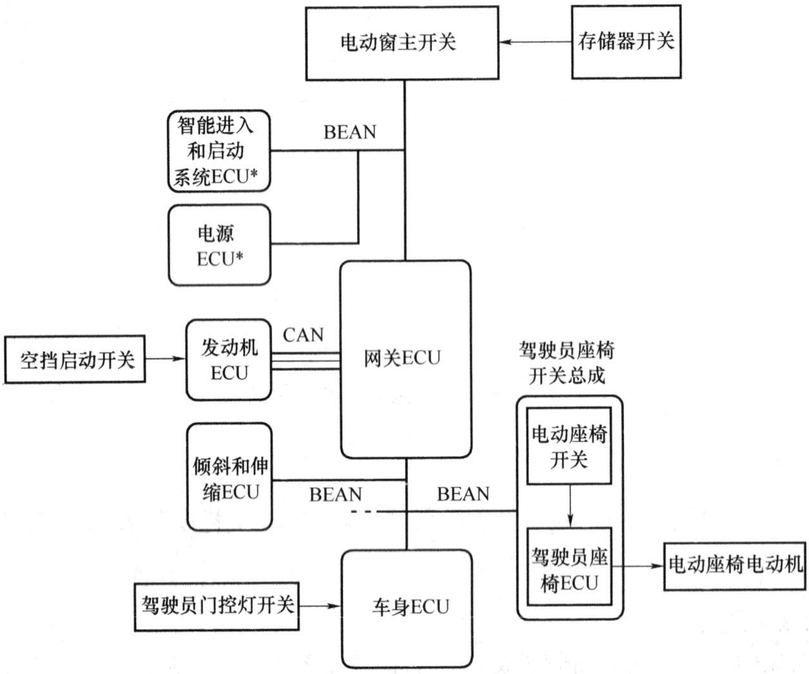

图 6-8　驾驶员座椅 ECU 网络系统

图 6-9 所示为驾驶员座椅 ECU 网络系统组件位置图。图 6-9 中的存储器开关即为座椅位置存储开关，也为转向柱存储开关，可以设定三组存储数据。

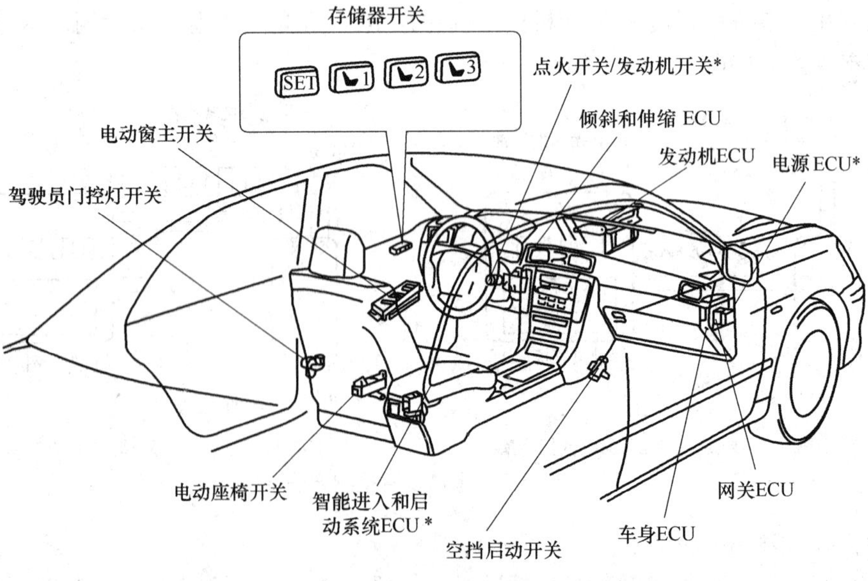

图 6-9　驾驶员座椅 ECU 网络系统组件位置图

4）存储器呼叫功能

在无线门锁的相关操作中，存储器呼叫功能使适合于三个驾驶员的驾驶员座椅位置及转向柱倾斜和伸缩位置得到恢复。

存储器呼叫功能如下。

（1）存储器呼叫登记：在存储器开关上的1（或2或3）按钮持续按下的情况下，按下钥匙的锁止或开锁按钮，系统就会将按下的钥匙的ID赋予可用的存储器开关。

（2）存储器呼叫取消：在存储器开关上的SET按钮持续按下的情况下，按下钥匙的锁止或开锁按钮，系统将取消已登记的存储器呼叫。

（3）存储器呼叫恢复：当用钥匙打开车门，驾驶员车门相应打开后，系统会恢复驾驶员座椅位置及转向柱倾斜和伸缩位置，这些位置和预先设置在钥匙上的存储器开关号码相对应。

5）座椅加热器

前、后排座椅加热器控制分别如图6-10和图6-11所示。前排座椅和后排座椅的座椅加热器是一般国家车型的选装配置，通过操作中央仪表饰板两边的数字式前排座椅加热器开关在30℃～50℃范围内调节前排座椅的温度，通过操作在后扶手上的后排座椅加热器开关以调节后排座椅的温度。数字式前排座椅加热器开关和后排座椅加热器开关上有指示灯，乘员可以检查座椅加热器的工作状况。

图6-10　前排座椅加热器控制

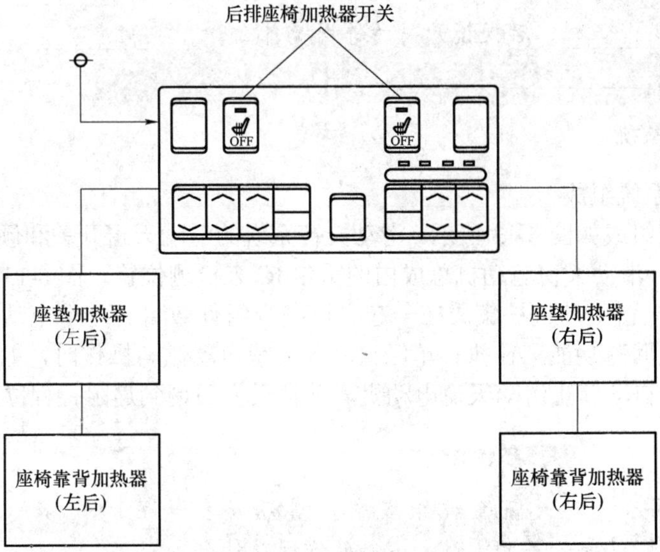

图6-11　后排座椅加热器控制

2．外侧后视镜

图 6-12 所示为外侧后视镜控制。新型皇冠轿车采用电动收缩和遥控收缩功能的后视镜，即后视镜面的遥控增加了收缩/恢复遥控功能。随着智能进入和启动系统的引入采用，使用了外侧后视镜装置，这种装置在外侧后视镜的下部装了外侧脚灯。

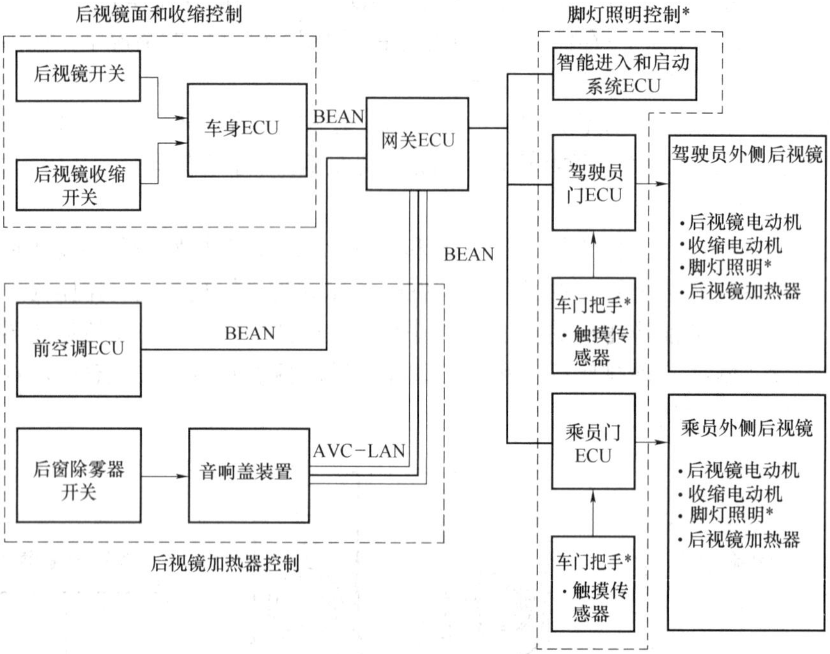

图 6-12　外侧后视镜控制

完成任务

如图 6-12 所示的外侧后视镜控制中，大的虚线框有几个？________________。ECU 有几个？________________。后视镜开关的作用是什么？________________。后视镜收缩开关的作用是什么？________________。

3．滑动天窗系统

1）滑动天窗系统组成

滑动天窗系统组成如图 6-13 所示。滑动天窗系统的滑动天窗开关和倾斜开关控制为滑动天窗 ECU 的输入，滑动天窗电动机总成内的霍尔 IC 来检测位置。图 6-13 中虚线框中的滑动天窗 ECU 和滑动天窗电动机被集成在一起，以减少组件数目。一个电动机采用了两个霍尔传感器，具有遇阻回落功能，在执行单触自动关闭或自动倾斜操作时，如果有异物夹在滑动天窗轨道中，它会自动停止滑动天窗电动机，并将天窗回调到遇阻行程位置点的一半位置。

完成任务

如图 6-13 所示滑动天窗系统组成中，滑动天窗开关的开和关的作用是什么？________________。倾斜开关的上倾和下倾的作用是什么？________________。参考图 6-13 和图 6-18，两个霍尔传感器的两个作用是________________和________________。

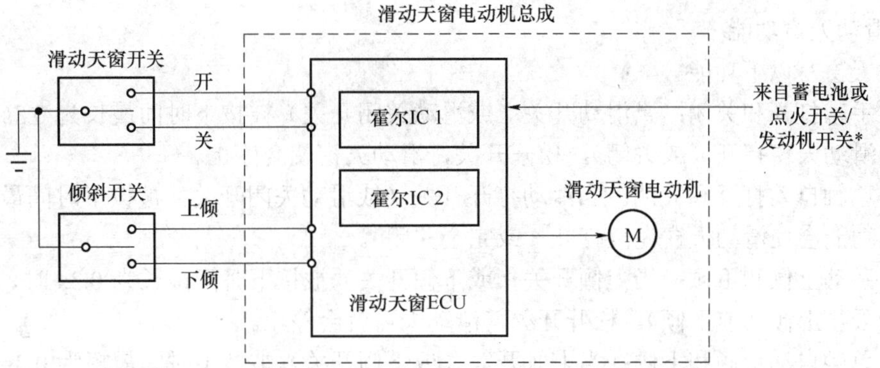

图 6-13　滑动天窗系统组成

滑动天窗 ECU 存储滑动天窗的初始位置。如果蓄电池端子断开或滑动天窗电动机总成被拆除，这项数据就会丢失，只能手动操作滑动天窗。重新连接电池端子或重装上滑动天窗电动机后，用手动方式控制，一次性移动滑动天窗到完全上倾位置，并在这个位置维持 1s，就可初始化系统。然后，按顺序执行下倾、开窗和关窗操作。这将使滑动天窗 ECU 重新存储初始位置。系统初始化过程中，要按住开关。如果在存储过程中松开开关，则需要重新初始化系统。

滑动天窗组件位置图如图 6-14 所示。滑动天窗开关组件位置图如图 6-15 所示。

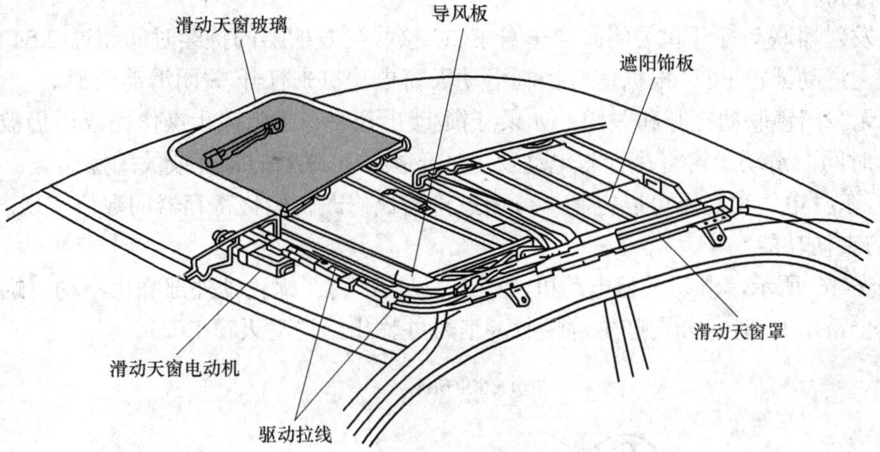

图 6-14　滑动天窗组件位置图

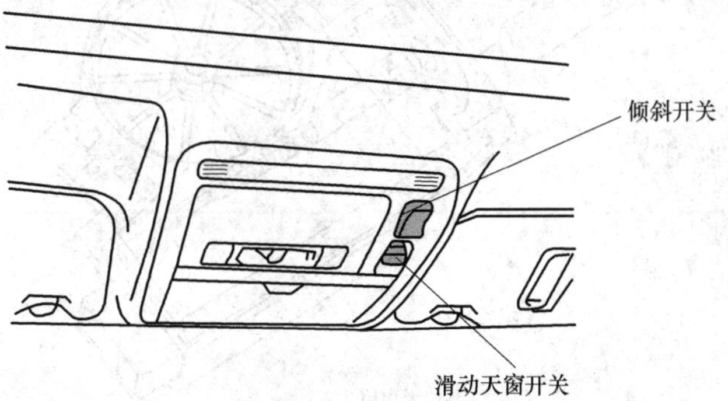

图 6-15　滑动天窗开关组件位置图

2）滑动天窗功能

滑动天窗有以下功能。

（1）手动打开和关闭：当滑动开关（或滑动关闭开关）被按下时间最长为 0.3s 时，这项功能会使滑动天窗打开（或关闭）。松开开关，滑动天窗就会停止。

（2）单触自动打开和关闭：当滑动打开开关（或滑动关闭开关）被按下时间最短为 0.3s 时，这项功能会使滑动天窗完全打开（或完全关闭）。

（3）手动上倾和下倾：当上倾开关（或下倾开关）被按下时间最长为 0.3s 时，这项功能会使滑动天窗上倾（或下倾）。松开开关，滑动天窗就会停止。

（4）单触自动上倾和下倾：当上倾开关（或下倾开关）被按下时间最短为 0.3s 时，这项功能会使滑动天窗完全上倾（或完全下倾）。

（5）防夹伤：在执行单触自动关闭（或单触自动下倾）操作时，如果在滑动天窗中挤进异物，防夹伤功能会自动停止滑动天窗并将其打开至一半（或完全上倾）。

（6）点火开关断开操作：如果前车门没有打开，点火开关断开操作功能可以在点火开关转向 ACC 或 LOCK 位置后，对滑动天窗继续操作 43s。

（7）钥匙联动打开和关闭：若点火钥匙不在钥匙孔中，驾驶员门锁止时，转动驾驶员门钥匙至锁止位置并保持 1.5s 或更长，则在钥匙转动时，滑动天窗 ECU 将激活滑动天窗电动机关闭滑动天窗。同样，若驾驶员门未锁，转动驾驶员门钥匙至开锁位置并保持 1.5s 或更长，将使滑动天窗打开。

（8）发射器联动打开和关闭：当车身 ECU 接收到发射器的持续时间超过 2.5s 的开锁/锁止信号后，滑动天窗 ECU 根据信号控制滑动天窗电动机来打开/关闭滑动天窗。

（9）无线门锁联动打开和关闭：如果开锁/锁止开关在车门锁止操作完成后仍被持续按下 3s 或更长时间，滑动天窗将执行与电动窗上或下操作相联系的打开或关闭操作。

（10）车身电气功能还可以定制，可通过诊断仪修改初始化寄存器的数值实现。

3）防夹伤功能

如图 6-16 所示，滑动天窗电动机的两个霍尔 IC 套在蜗轮轴外部静止不动，蜗轮轴的转动通过两个霍尔 IC 时，分别产生等幅脉冲信号并输出给滑动天窗 ECU。

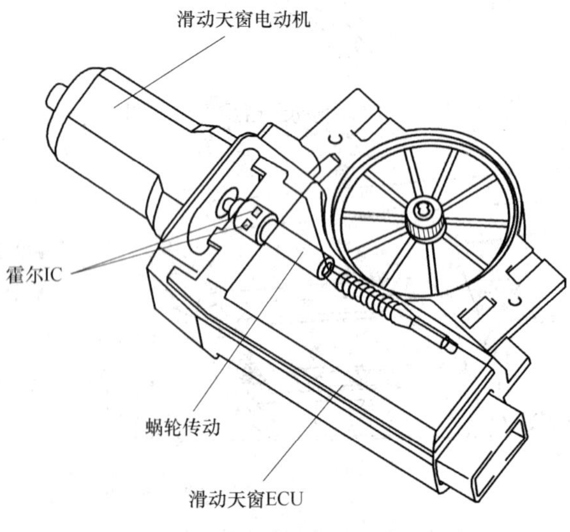

图 6-16 滑动天窗电动机和滑动天窗 ECU 总成

为了实现防夹伤功能，ECU要根据霍尔IC 1的脉冲信号来确定滑动天窗的位移量和阻塞情况，如图6-17所示，并根据霍尔IC 1与霍尔IC 2的脉冲相位差确定滑动天窗的移动方向，如图6-18所示。

技师指导

在如图6-17所示的滑动天窗位移量和阻塞情况的判定中，通过检测电动机转动周期来确定是否阻塞了，在ECU内部有一个正常周期值，超过这个值，而电动机那边还通着电，就确认是阻塞不转了。

在如图6-18所示的滑动天窗移动方向的判定中，把一个正常周期分成四份，IC 1两次都为1100，而IC 2在打开/下倾中为0110，在关闭/上倾中为1001，ECU通过这个数字信号来区分电动机转动方向。

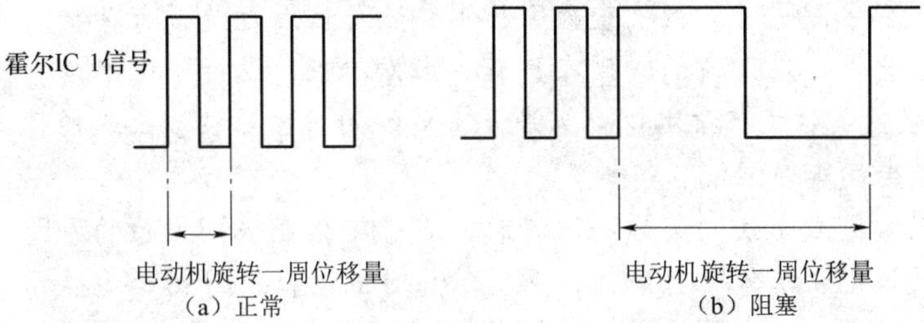

图6-17 滑动天窗位移量和阻塞情况的判定

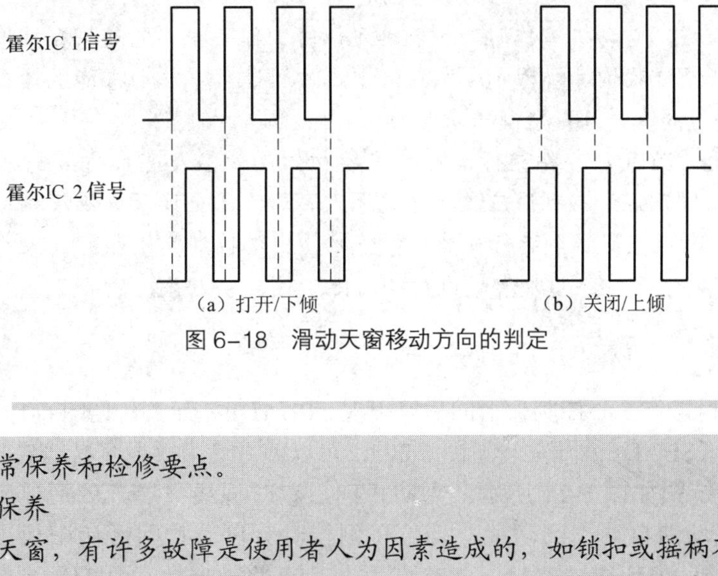

图6-18 滑动天窗移动方向的判定

技师指导

天窗的日常保养和检修要点。

（1）天窗保养

对于手动天窗，有许多故障是使用者人为因素造成的，如锁扣或摇柄不慎拧反方向而对天窗造成损害。对于电动天窗，在颠簸的道路上最好不要完全滑开天窗，否则可能因天窗和滑轨间的震动太大而引起相关部件变形，甚至损坏电动机。对于后加装的天窗，若想使其正常运行，且尽量降低其故障率，就要保证以下四点：合格的产品、专业的安装、正确的使用和定期的保养。为了确保天窗完全防水，它由橡胶密封圈密封，平常使用时要注意密封圈的防尘。尤其在冬季，要经常用除尘掸进行清洁，但要注意的是，不能在有冰冻的情况下开启天窗。在风沙较大的春、秋两季，要每两个月用湿海绵清洁一次密封圈。另外，带天窗的车辆在长久停放前，要用滑石粉（用滑石粉保养，可延长密封圈的使用寿命）彻底清洁一次，以免因时间过长造成密封圈在空气中发生化学反应而自然老化。在用高压水枪对车辆进行清洁时，不要将水柱直接对准密封圈，否则，不仅容易使密封圈在高压水柱压力下变形而使车内进水，还有可能损坏密封圈。

天窗保养的程序如下：将天窗完全打开，用干净软布轻擦天窗滑轨上的灰尘；选择不易吸附灰尘的润滑剂（这样的润滑剂能防止滑动部分和管道在运动过程中过早磨损，还能防止其他不正常的天窗故障，能起到延长天窗使用寿命的作用）对天窗活动部分和传动管道进行润滑，将天窗完全打开、关闭几次，再用软布擦掉多余的润滑剂，以免污染车内饰品。

（2）天窗常见故障检修

天窗出现最多的故障是机械故障，漏水故障比较常见。当天窗出现电气故障而无法电控关窗时，大多数厂家均有应急关闭天窗的方法。例如，大众公司的车辆，在天窗开关面板附近的顶棚内放置有内六角摇把，可以用于手动强制关闭天窗。

当天窗出现漏水故障时，应检查天窗排水管和滑轨附近是否有杂物。天窗在设计时已经考虑到了防水要求，在天窗的四周布置有导水槽，四角设计了出水口，排水管隐藏在车身 A 柱内，A 柱底端安装有排水口。如果天窗周围的排水管被沙土或树叶堵塞了，水无法顺利排出，必然会向车内泄漏。

当天窗运动缓慢或无法向某方向运动时，首先应排查机械方面的原因，如是否因为滑轨积尘过多导致电动机工作阻力过大，必要时应对电动机进行初始化操作，应避免长时间按压操纵开关导致电动机过热而进入过热保护模式（为了防止长时间按压操纵开关导致电动机过热烧毁，很多车辆的天窗电动机和门窗电动机都具有过热保护功能。天窗的连续工作时间是 120s 左右，电动机工作时，控制单元计算工作时间，电动机在工作时间内可以连续工作。电动机停转散热时间为 10s 左右。散热时间过后，电动机能继续工作 10s 左右。反复工作状态下，每工作 10s 进行一次散热）。

出现下面的情况时，需要进行天窗系统的初始化：①天窗系统第一次安装；②只有 TILT UP 开关工作正常；③利用应急扳手关闭天窗后；④更换蓄电池及相关熔丝后；⑤更换天窗电动机或维修天窗后。进行初始化操作时，出现按到其他开关、操作过程中松开开关或电源被切断的情况时，必须重新进行初始化。

4．后遮阳板

通过前排座椅操作中心控制板上的后遮阳板（SHADE）开关（见图 6-19）或后排座椅扶手上的后遮阳板（SHADE）开关（见图 6-20），可以使后遮阳板很容易地展开或收回。

后遮阳板系统图如图 6-21 所示。为防止向后看时视线被展开的后遮阳板阻碍，后遮阳板具有倒挡联动的自动收回功能，挡位在倒挡时会自动收回后遮阳板。当驾驶员换挡到倒挡时，发动机 ECU 通过 CAN（控制器局域网）将转向信号从空挡启动开关传送到网关 ECU。网关 ECU 通过 BEAN（车身电气局域网）将接收到的信号传送到后接线盒 ECU。后接线盒 ECU 再将信号传送给后遮阳板控制器总成的 CPU，CPU 控制电动机工作，后遮阳板收回，给驾驶员一个好的向后视线，极限开关的作用是反馈电动机是否停止，并等待换向。

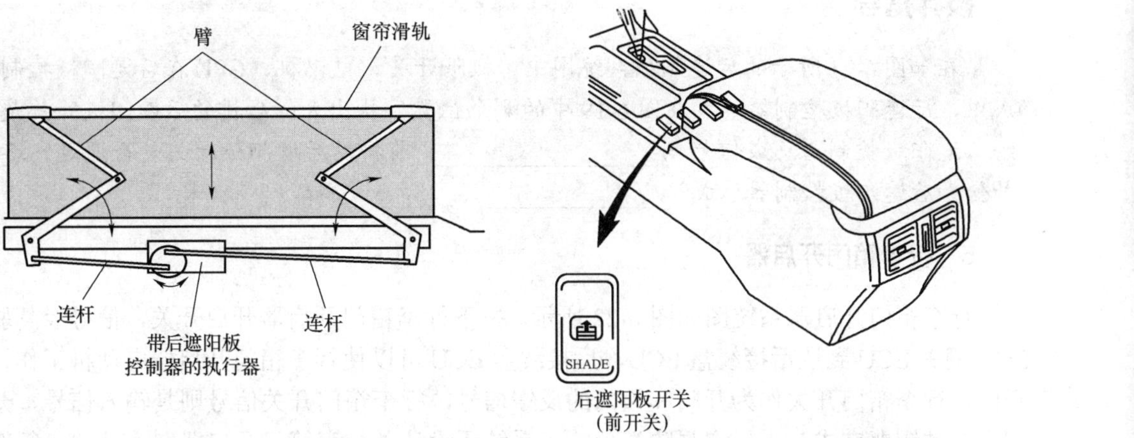

图 6-19　前排座椅操作中心控制板上的后遮阳板（SHADE）开关

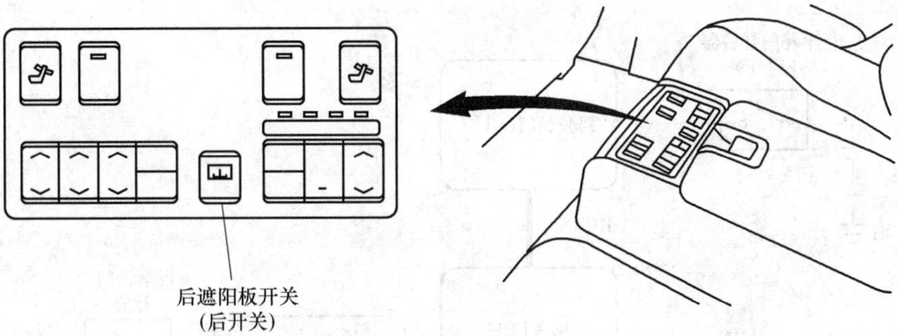

图 6-20　后排座椅扶手上的后遮阳板（SHADE）开关

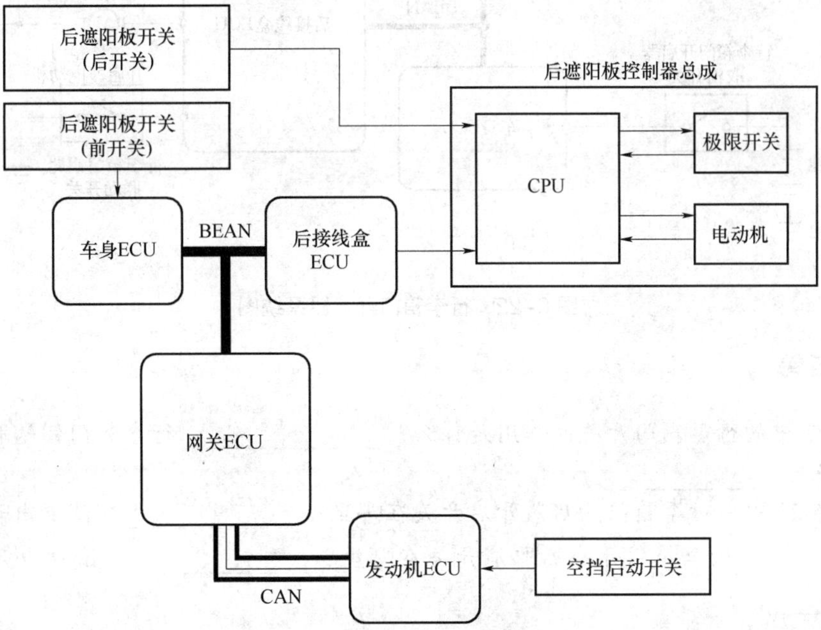

图 6-21　后遮阳板系统图

技师指导

在如图 6-21 所示的后遮阳板系统图中，极限开关、电动机、CPU 在后遮阳板控制器总成中，后遮阳板控制器总成在图 6-19 中的哪个位置，找出来。后排的后遮阳板开关是直接给后遮阳板控制器总成信号吗？______________。前排的后遮阳板开关是否通过网络将信号传至后遮阳板控制器总成？______________。

5. 行李箱门开启器

行李箱门开启器系统图如图 6-22 所示。按下行李箱门开启器开启开关，信号经驾驶员门 ECU 网关 ECU 到达后接线盒 ECU，后接线盒 ECU 可以使行李箱门开启器电动机工作，实现开门，行李箱门开关作为开门和锁门的反馈信号，行李箱门开关信号则是输入信号，开关操作由机械钥匙完成。为了增强防盗功能，系统还设计了行李箱门开启器取消开关。行李箱门开启器开启开关位于驾驶员侧，行李箱门开启器取消开关在手套箱内，中国左舵车的位置和日本右舵车的位置对称，如图 6-23 所示。

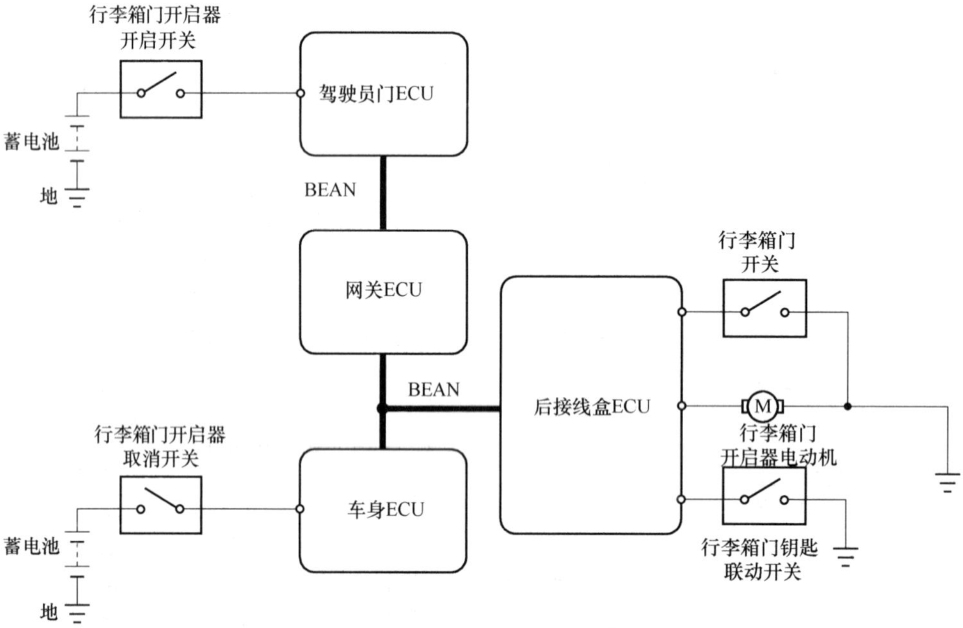

图 6-22 行李箱门开启器系统图

技师指导

图 6-22 中的行李箱门开关的作用是什么？______________。行李箱门钥匙联动开关的作用是什么？______________。

在图 6-23 中，行李箱门开启器开启开关在哪里？______________。试画出开关符号：______________。行李箱门开启器取消开关在哪里？______________。试画出开关符号：______________。

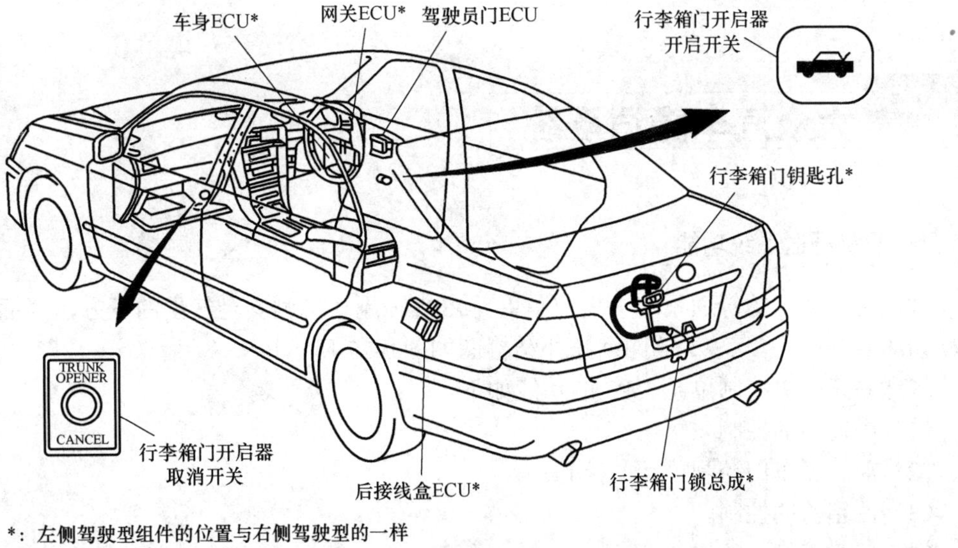

图 6-23　行李箱门开启器系统组件位置图

6. 加油口盖开启器

加油口盖开启器电路图和组件位置图分别如图 6-24 和图 6-25 所示。按下加油口盖开启器开关，加油口盖开启器电动机打开加油口盖。这是独立于车身 ECU 的一个分立电路。

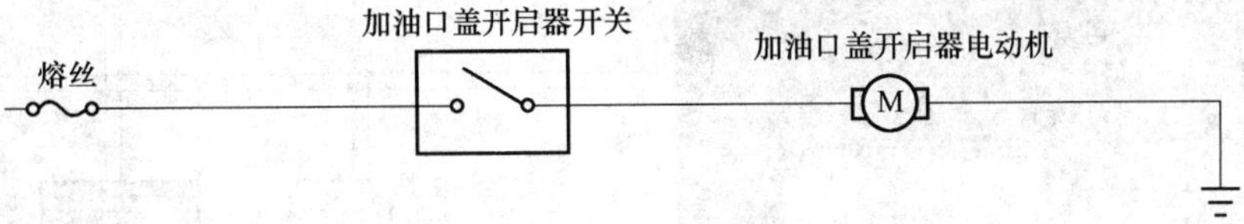

图 6-24　加油口盖开启器电路图

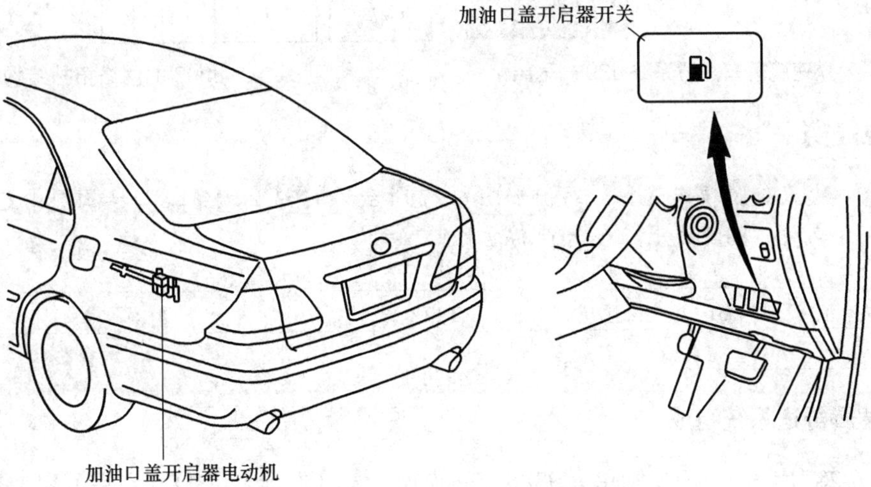

图 6-25　加油口盖开启器组件位置图

6.2 大众汽车舒适系统

1. 速腾舒适系统功能

大众速腾轿车的舒适系统中央控制单元J393在副司机侧安全气囊的下方，其插接器接口名称如图6-26所示。J393的网络拓扑结构图如图6-27所示。

舒适系统中央控制单元J393的功能如下。

（1）中控锁的控制。

（2）前、后车门控制单元的控制。

（3）油箱盖的控制。

（4）后行李箱盖的控制。

（5）滑动/外翻式天窗的控制。

（6）防盗报警装置通过LIN总线的控制。

（7）防盗锁止系统的控制（迈腾）。

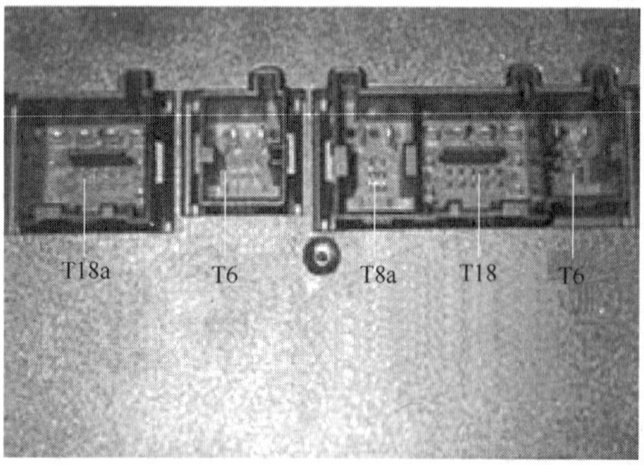

图6-26 大众速腾轿车舒适系统J393插接器

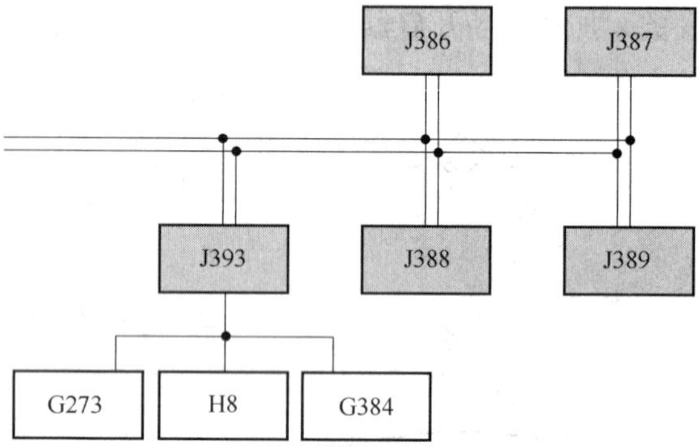

图6-27 J393的网络拓扑结构图

完成任务

请查找大众速腾轿车资料，写出如图6-27所示的J393的网络拓扑结构图中CAN线上五个节点的名称，LIN线上三个节点的名称。

J393: ______________。J386: ________________。J387: ______________。J388: ______________。J389: ______________。G273: ______________。H8: ______________。G384: ____________。

2. 速腾舒适系统组成

如图6-28所示，车门控制单元J386（左前）、J387（右前）、J388（左后）和J389（右后）通过CAN总线与舒适系统中央控制单元J393相连。防盗报警喇叭H8、内部监控传感器G273和车身倾斜传感器G384通过LIN总线与舒适系统中央控制单元J393相连。要注意的是，与宝来（BORA）A4不同，速腾的四个车门有单独的地址码，因此功能更加强大，能控制本门区域内的所有功能，这样进一步减少了整车线束数量。

3. 遥控功能信号传递

大众速腾轿车遥控功能如图 6-28 所示。舒适系统中央控制单元 J393 控制中控锁的全部功能，车门、后行李箱盖和油箱盖都属于中控锁机构。锁车可通过车内上锁开关按钮及汽车钥匙无线遥控器来实现。另外，通过更改舒适系统中央控制单元J393的编码，还可实现按解锁键一次，四门全开或仅驾驶员侧车门单独开启。

遥控功能只有在 S 触点关断后可以进行操作；也可通过匹配/多功能方向盘，来实现对车门锁进行舒适性关闭。

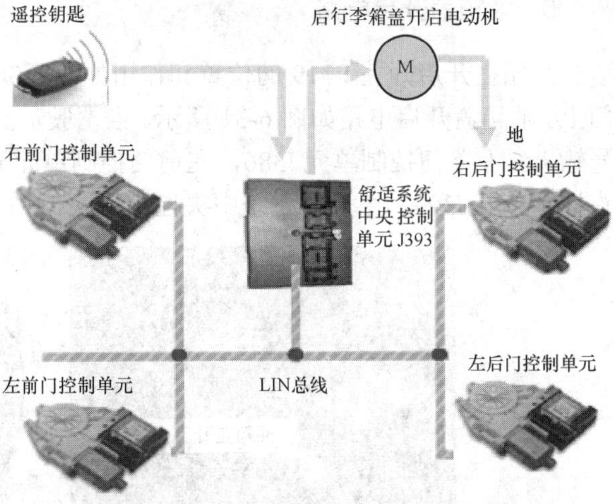

图 6-28　大众速腾轿车遥控功能

4. 后行李箱电路

后行李箱电路如图 6-29 所示。

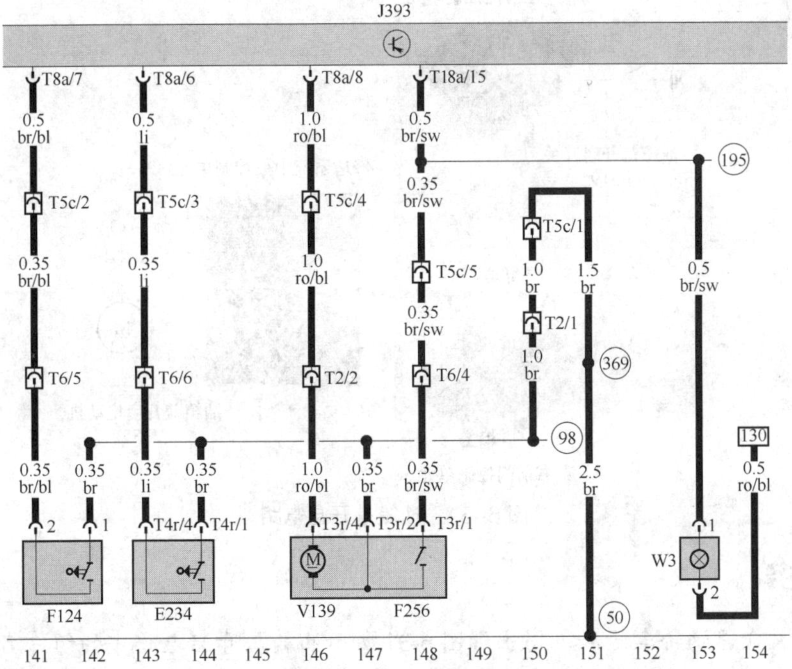

图 6-29　后行李箱电路

完成任务

请查找大众速腾轿车资料，写出如图 6-29 所示后行李箱电路中的组件名称和作用。J393 名称：________。F124 名称：________。E234 名称：________。V139 名称：________。J393 控制其供电工作，还是控制搭铁工作？

____________。V139 能否进行执行元件诊断？____________。

F256 名称：____________。作用是什么？____________。

5. 油箱盖开启电路

邮箱盖开启开关 E319 的位置和作用如图 6-30 所示。油箱盖开启开关 E319 位于驾驶员侧门上。油箱盖开启电路如图 6-31 所示。当驾驶员操纵了油箱盖开启开关 E319，开关的闭合信号输入给左前门控制单元 J386，左前门控制单元 J386 通过 LIN 总线将信号传递给舒适系统中央控制单元 J393，由舒适系统中央控制单元 J393 控制油箱盖开启电动机 V155 通电工作。

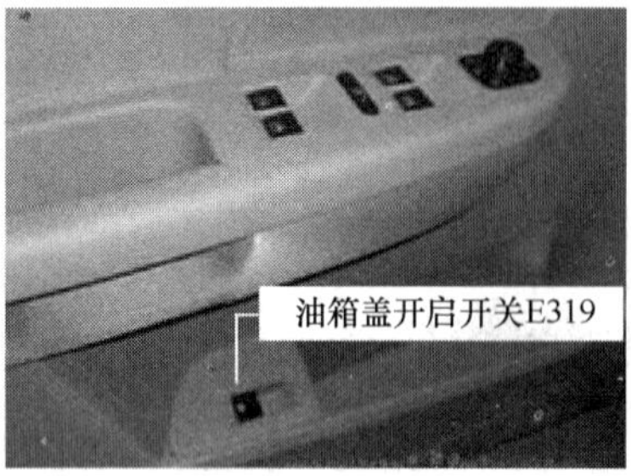

（a）油箱盖开启开关 E319 的位置

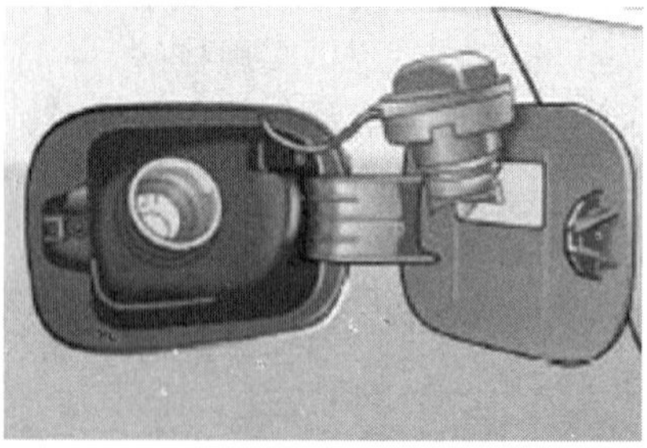

（b）开启的油箱盖

图 6-30　油箱盖开启开关 E319 的位置和作用

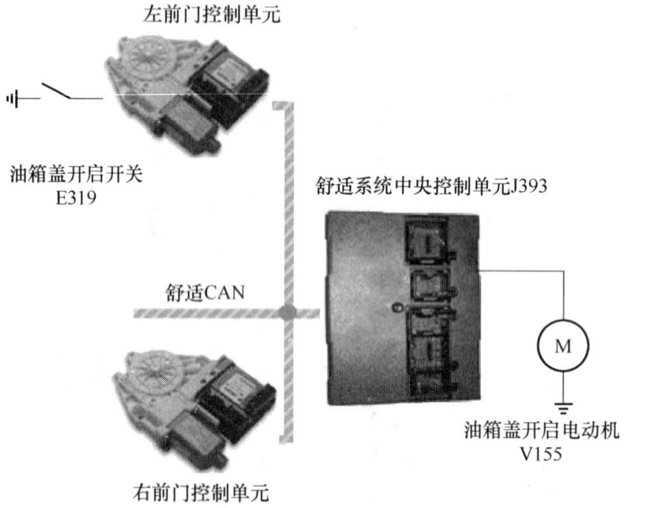

图 6-31　油箱盖开启电路

完成任务

请查找大众速腾轿车资料，写出如图 6-31 所示油箱盖开启电路中的组件名称和作用。

E319 名称：________。是正触发，还是负触发？________。

左前门控制单元的大众代码是__________。

V155 名称：____________。有开关电路反馈油箱开启吗？________。V155 能否进行执行元件诊断？____________。

6. 防盗报警系统（选装）电路

防盗报警系统电路如图 6-32 所示。内部监控传感器关闭开关 E267 和车身倾斜传感器关闭开关 E380 位于驾驶员侧 B 柱上（见图 6-33），开启/关闭内部监控传感器及车身倾斜传感器（国产迈腾无此功能）。图 6-32 中的 G384 和 G273 为内部监控系统的传感器，H12 为内部监控系统的执行器。

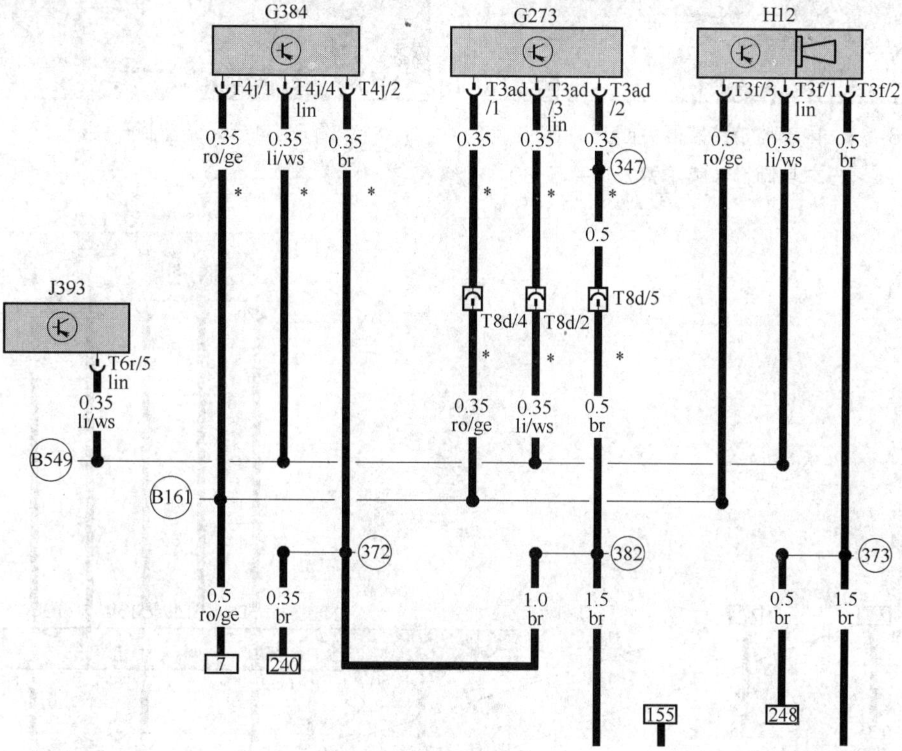

图 6-32 防盗报警系统电路

完成任务

请查找大众速腾轿车资料，写出如图 6-32 所示防盗报警系统电路中的组件名称和作用。

E380 名称：________。设计作用是什么？____________。不关闭此开关时，且防盗报警系统进入防盗状态，一旦车身发生倾斜会用什么形式报警？____________。

E267 名称：________。内部监控传感器的作用是什么？____________。传感器的性质是什么？____________。国产大众速腾轿车是否有这两个开关？____________。

7. 天窗控制开关电路

天窗控制开关如图 6-34 所示。天窗控制开关电路如图 6-35 所示。打开点火开关 D 时，T8/1 为 12V，T18/18 为 12V；关闭点火开关 D 时，10min 内，T8/1 为 12V，T18/18 为 12V；打开前车门后，T8/1 为 12V，T18/18 为 0V；锁车后，T8/1 为 12V，T18/18 为 0V；遥控关天窗后，T8/1 为 0V，T18/18 为 0V。

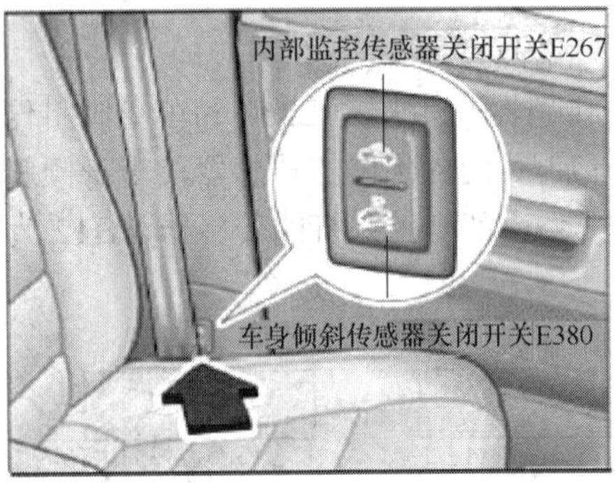

图 6-33　内部监控传感器关闭开关 E267 和 车身倾斜传感器关闭开关 E380

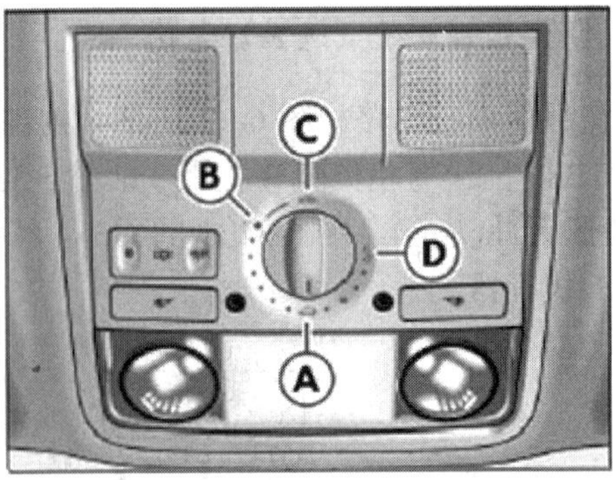

图 6-34　天窗控制开关

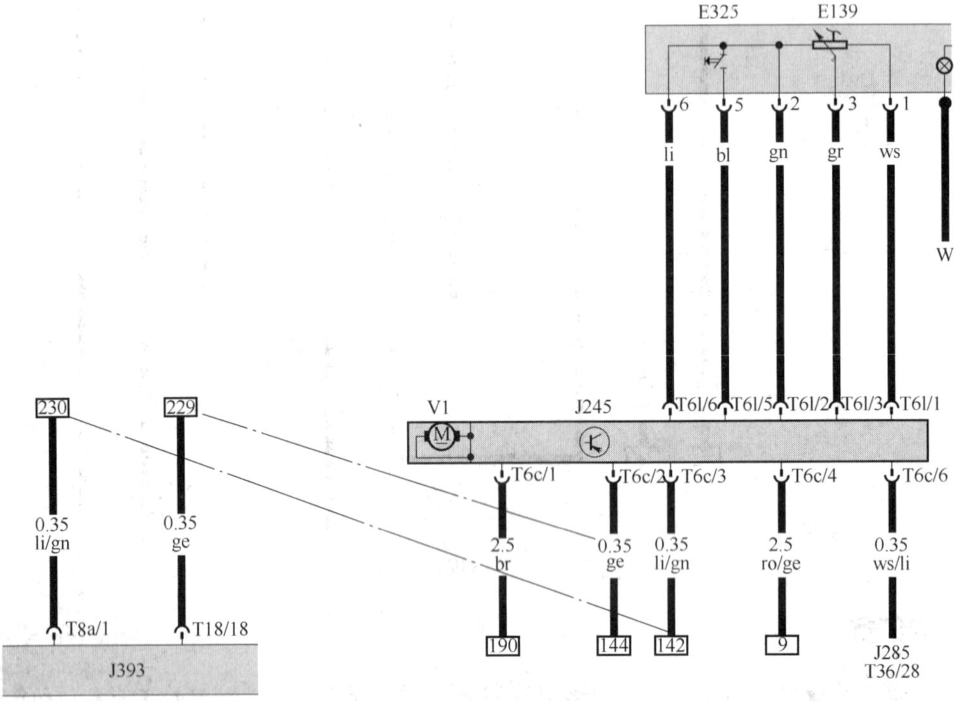

图 6-35　天窗控制开关电路

遥控功能只有在 S 触点关断后可以进行操作；通过匹配/多功能方向盘，可以对车门锁进行舒适性关闭。

完成任务

请查找大众速腾轿车资料，写出如图 6-35 所示天窗控制开关电路中的组件名称和作用。

J245 名称：________。E325 名称：____________。E139 名称：____________。

J393 在电路图中的作用是什么？____________。仪表 J285 在电路图中的作用是什么？____________。

技师指导

大众汽车初始化天窗方法。

（1）问题描述

用户描述在打开天窗后不能完全关闭，或者起翘后不能完全关闭。

（2）产生原因

第一种可能原因是由于天窗设计时有防夹伤功能，当天窗的运动阻力增大与它初始化时记忆不同的时候，防夹伤功能启用，以免夹伤人体。第二种可能原因是在维修中更换元件，由于断了电，元件位置和轨道阻力数值未存储。对于上述两种原因，显然是第一种原因造成的，因此清理天窗轨道，并初始化。

（3）初始化方法

大众汽车天窗控制开关如图6-36所示。

① 装有MD2电动机的天窗初始化方法：先强制关闭天窗，后将电动机断电，等待10s以上再接上电源；将开关由关闭位置向打开位置转动15°后再迅速返回关闭位置，听电动机有“喀嗒”声后，向车顶方向垂直按动开关（平时操作为强制关闭），此时天窗将自动完成一个循环。一个循环完成后，表明天窗初始化完成，之后关闭点火开关5～7s后，天窗记忆完成。

② 装有MD4电动机的天窗初始化方法：将开关在关闭位置按住25～30s，开窗起翘到最大化，玻璃会抖动一下，这时松开开关，再次按下开关，此时天窗进行下落、打开、关闭一个自动循环，天窗初始化完成。如果初始化失败，天窗没有动作，请先关闭车钥匙等待10s，重新按照步骤再操作一次。

图6-36 大众汽车顶灯（门控灯和读书灯）和天窗控制开关

装有MD2和MD4电动机的天窗初始化差异；装有MD2电动机的天窗在初始化后，要关闭点火开关等5～7s，初始化全过程为60s；装有MD4电动机的天窗直接按开关即可初始化，但等待时间较长。

完成任务

在实车上进行一次天窗初始化训练。

8．司机侧车门（左前门）控制单元 J386

1）司机侧车门控制单元功能

（1）司机侧控制四门玻璃升降器及儿童安全锁。

（2）玻璃升降器防夹伤功能。

（3）车内中控锁控制。

（4）传递油箱盖开启信号。

（5）外后视镜电动调节及加热。

（6）选装外后视镜折叠功能。

（7）司机侧本身门锁控制。

（8）接收防炫目内后视镜信号 Y7 控制外后视镜防炫目。

（9）传递开门和锁门信号。

2）司机侧车门控制开关电路

司机侧车门控制开关电路如图 6-37 所示。

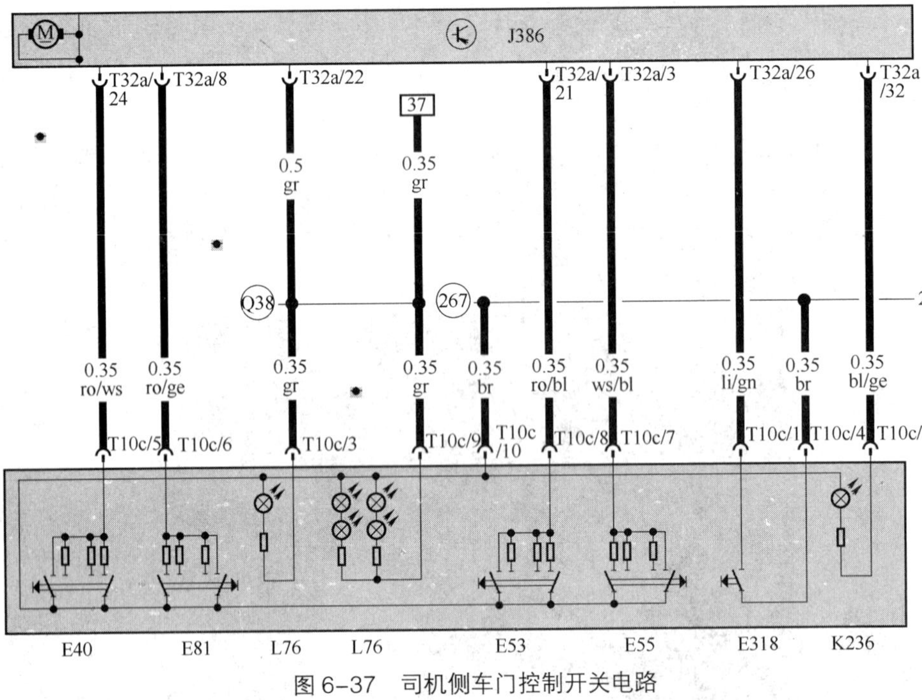

图 6-37　司机侧车门控制开关电路

完成任务

请查找大众速腾轿车资料，写出如图 6-37 所示的司机侧车门控制开关电路中组件名称和作用。

E40 名称：________。E81 名称：__________。L76 名称：__________。E53 名称：________。E55 名称：__________。E318 名称：__________。K236 名称：________。

图中内部连接线 267 是正还是负？________。内部连接线 238 是正还是负？________。

开关 E40 中电阻的作用是什么？__________。

技师指导

司机侧车门控制单元J386除了控制开门和锁门电动机之外，还接收司机侧车门窗控制开关E40、E81、E53和E55（见图6-39）的信号，同时还接收后窗禁降开关E318（图6-39中标③）的信号输入。四个车门窗控制开关电路采用开关上电阻的分压作用使得车门控制单元上监控点电压发生变化，以此来确定开关的状态。例如，开关E40的工作原理如图6-38所示，12V的方波信号经过上拉电阻，经过采样点，到达开关E40，当压下和提起开关E40时，采样点的方波电压的幅值是不同的，这个不同的电压经J393内部的模数（A/D）转换器转换为数字电压后，程序通过这个数字电压的范围来判断驾驶员的意图。

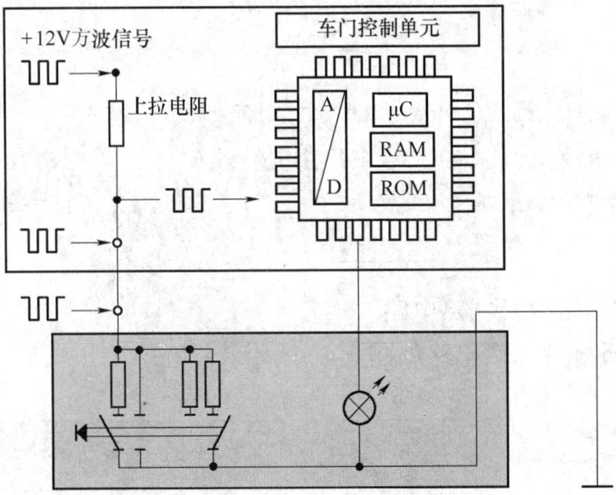

图6-38 开关E40的工作原理

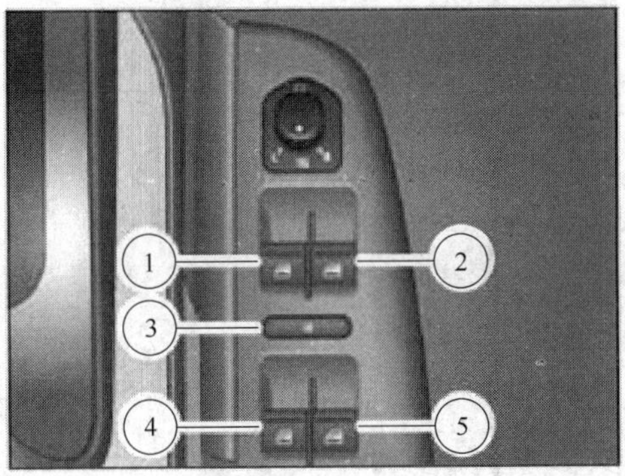

图6-39 司机侧车门窗控制开关和后窗禁降开关

图6-40 车内中控锁开关

完成任务

请查找大众速腾轿车资料，如图6-40所示的车内中控锁开关代码是________，其输入方式是____________，接收此信号的控制单元代码是____________。

3）外后视镜调节及加热开关

左外后视镜调节及加热开关如图6-41所示。通过CAN接收到15线接通信号后，如果后视镜加热打开，最初的2min进行100%的能量输出，然后通过脉宽调制（PWM）信号进行控制，始终处于能量的均匀输出，没有跃变。

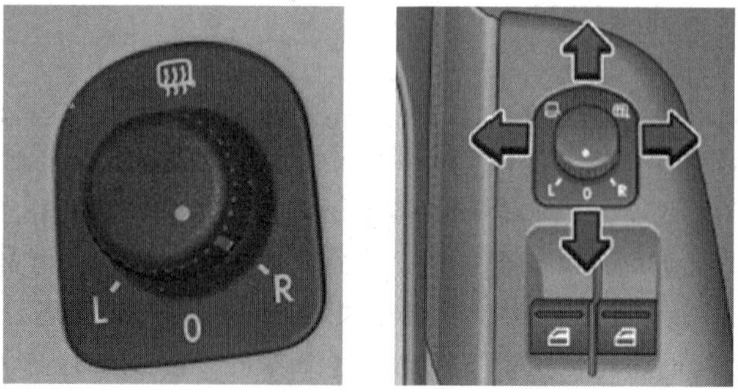

图 6-41　左外后视镜调节及加热开关（右图带折叠开关）

完成任务

请实车操作如图 6-41 所示的开关，回答下列问题。

左外后视镜调节及加热开关的点标记作用是什么？________。左侧开关转动有几个位置？____________。摆动有几个位置？____________。右侧开关转动有几个位置？____________。摆动有几个位置？____________。

4）外后视镜调节、折叠及加热电路

外后视镜调节、折叠及加热电路如图 6-42 所示。

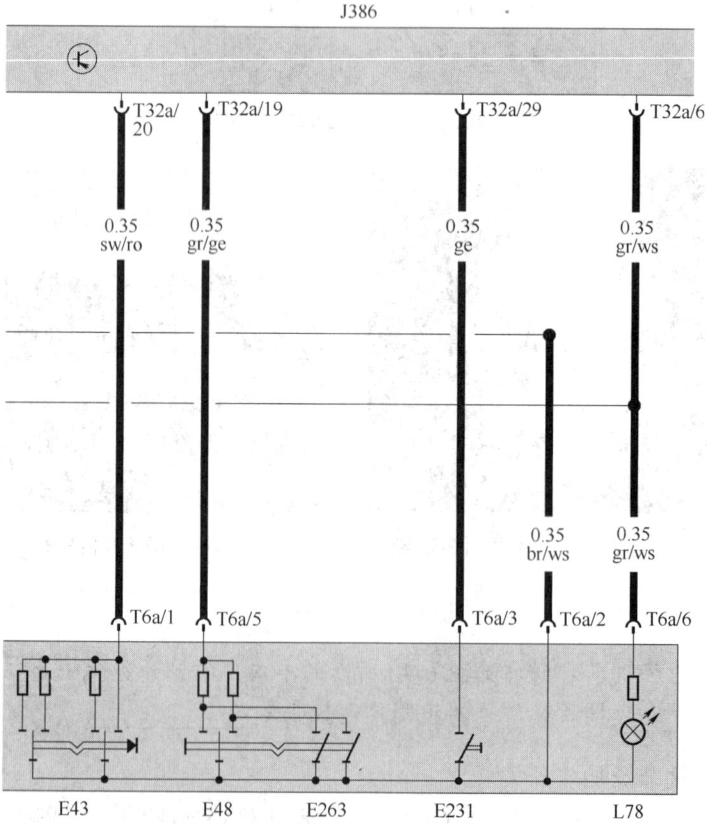

E43—四方向电动调节开关；E48—L、R 转换；E263—折叠；E231—加热；L78—照明灯

图 6-42　外后视镜调节、折叠及加热电路

完成任务

读图 6-42，回答下列问题。

E43 是四方向摆动开关，还是转动开关？________。E48 和 E263 是转动开关，还是摆动开关？____________。E48 和 E263 传递给 J386 的信号是相同的，J386 如何区分？________________________。这些开关是接地触发，还是接正触发？___________。

5）外后视镜调节、折叠、加热及防炫目电路

外后视镜调节、折叠、加热及防炫目电路如图 6-43 所示。

完成任务

读大众速腾轿车电路图，分析图 6-43，回答下列问题。

E43 开关控制图中的电动机代码：________。E263 开关控制图中的电动机代码：___________。E231 开关控制图中的加热器代码：____________。

为什么同是灯 L131 和 W52 的首字母却不同？___________。

在防炫目功能中，Y7 是什么传感器？___________。位置在哪？__________。Y20 是什么执行器？___________。

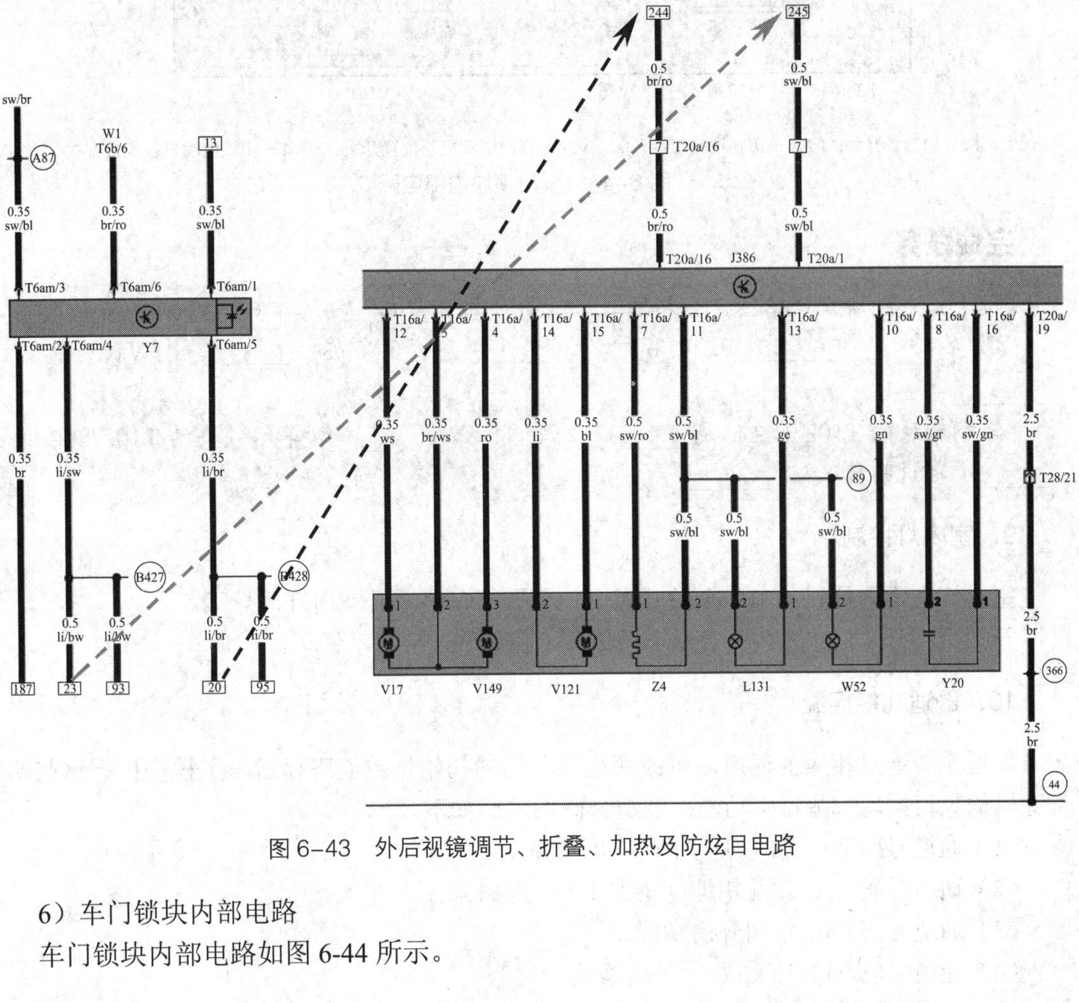

图 6–43 外后视镜调节、折叠、加热及防炫目电路

6）车门锁块内部电路

车门锁块内部电路如图 6-44 所示。

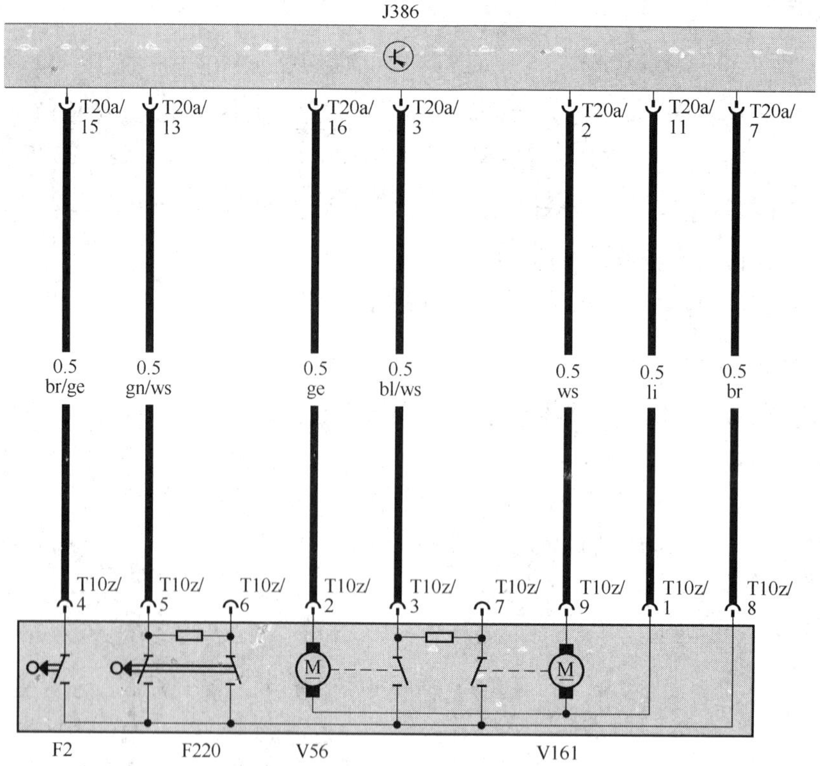

F2—门接触开关；F220—钥匙控制门锁开关；V56—锁门电动机及位置开关；V161—闭锁电动机及位置开关

图 6-44　车门锁块内部电路

完成任务

读大众速腾轿车电路图，分析图 6-44，并实车测量后，回答下列问题。

F2 名称：________。F220 名称：________。V56 名称：________。V161 名称：________。

车门锁块的 T10Z/1 电位是________，说明什么？________。车门锁块的 T10Z/8 电位是________，说明什么？________。

9．室内灯控制

室内灯在常开位置：车门全关时亮，一旦有锁车信号，室内灯才熄灭。

开锁后不开车门：室内灯亮 25s 后熄灭，门锁 30s 后自动锁车。

10．舒适功能匹配

舒适系统通过相应的通道，可改变程序开始的初始化数值寄存器，主程序根据这些初始寄存器的数值实现一些特殊功能。通道号码的功能如下。

（1）通道号码 00：删除所有钥匙（0=删除）。

（2）通道号码 01：匹配钥匙（钥匙 1 至钥匙 4）。

（3）通道号码 03：单门开启功能。

（4）通道号码 04：15 km/h，自动落锁。

（5）通道号码 05：S 触点断开，自动开锁。
（6）通道号码 17：通过遥控钥匙开启和关闭玻璃升降器和天窗（便捷功能）。

完成任务

什么是通道？________________________。

在实车上，通过诊断仪进入不同的通道，输入不同的数值，可以启用相应的功能。单门开启功能启用要向通道内输入什么数值？__________。匹配钥匙两把应如何输入？__________。

什么是玻璃窗便捷功能？____________________。如何启用此功能？____________。

11. J393 执行元件自诊断

（1）端子 58s。
（2）外部报警灯/左后门灯。
（3）外部报警灯/右后门灯。
（4）车内门把手照明。
（5）开门信号。
（6）油箱盖开启。
（7）左后中控锁电动机 V214。
（8）右后中控锁电动机 V215。
（9）后行李箱中控锁开启电动机 V53。
（10）太阳能天窗开启信号。
（11）天窗关闭信号。

完成任务

利用诊断仪进入 J393 进行执行元件诊断，检查是否有执行元件不能工作，若有写出它的名称：______________。

12. 车门控制单元

1）左前门地址码 42（编码 244）执行元件自诊断
（1）司机侧开关照明。
（2）中控锁电动机（司机侧）。
（3）后视镜功能检测。
（4）激活转向信号。
（5）环境照明。
（6）玻璃升降器降下。
（7）玻璃升降器升起。

完成任务

利用诊断仪进入地址码 42 进行执行元件诊断，检查是否有执行元件不能工作，若有写出它的名称：______________。左前门的大众代码是_______。

2）右前门地址码 52（编码 244）执行元件自诊断

（1）副司机侧开关照明。

（2）中控锁电动机（副司机侧）。

（3）右后视镜功能检测。

（4）激活右转向信号。

（5）环境照明。

（6）副司机侧玻璃升降器降下。

（7）副司机侧玻璃升降器升起。

完成任务

利用诊断仪进入地址码 52 进行执行元件诊断，检查是否有执行元件不能工作，若有写出它的名称：______________。右前门的大众代码是_______。

3）左后门地址码 62（编码 144）执行元件自诊断

（1）左后门开关照明。

（2）玻璃升降器降下。

（3）玻璃升降器升起。

完成任务

利用诊断仪进入地址码 62 进行执行元件诊断，检查是否有执行元件不能工作，若有写出它的名称：______________。左后门的大众代码是_______。

4）右后门地址码 72（编码 144）执行元件自诊断

（1）右后门开关照明。

（2）玻璃升降器降下。

（3）玻璃升降器升起。

完成任务

利用诊断仪进入地址码 72 进行执行元件诊断，检查是否有执行元件不能工作，若有写出它的名称：______________。右后门的大众代码是_______。

13．内部集成了防盗锁止系统的舒适系统中央控制单元

大众第四代防盗系统的防盗锁止控制芯片位于舒适系统中央控制单元 J393 内部，舒适系统中央控制单元 J393 与其他控制单元进行通信。

位于狼堡的大众汽车的中央数据库 FAZIT 是防盗锁止系统的重要组成部分。FAZIT 表示"车辆信息和中央识别工具"。该数据库存有所有控制单元的防盗数据，该数据是集成在防盗锁止系统中的。如果没有连接到 FAZIT 的在线连接，则无法匹配控制单元。因此，控制单元必须在更换之后进行在线匹配。

防盗锁止系统（WFS）IV 的构成如图 6-45 所示，功能如下。

（1）转向柱锁止装置控制单元 J764：转向柱锁止和开锁是通过舒适系统中央控制单元 J393 中的"防盗锁止系统"功能实现的。只可将转向柱锁止装置控制单元 J764 与舒适系统中央控制单元 J393 一起进行更换、调节。

（2）进入及启动许可开关 E415：在进入和启动许可开关 E415 中有用于读取汽车钥匙信息的读取线圈。进入和启动许可开关 E415 在更换后不必调整。

（3）发动机控制单元 J623：发动机控制单元 J623 是“防盗锁止系统”功能的一个部分。发动机控制单元 J623 必须在更换之后在线匹配。

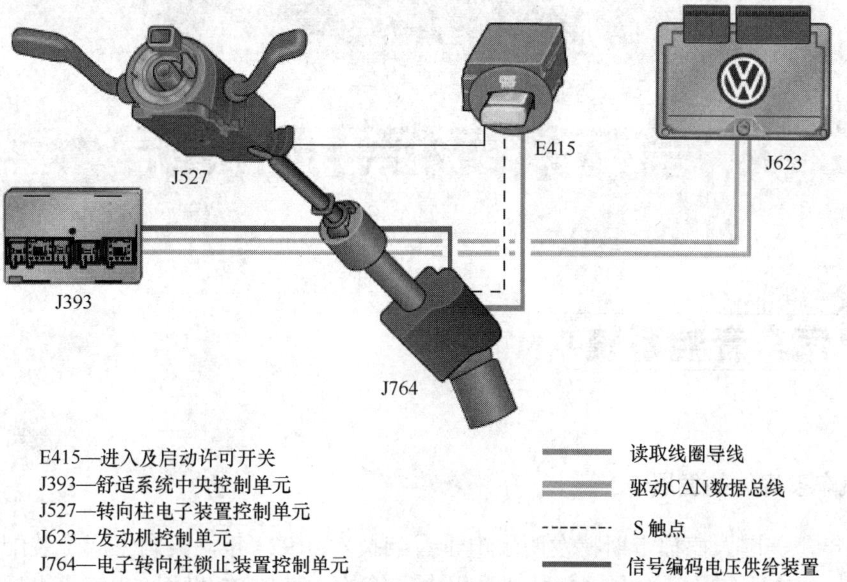

图 6-45　防盗锁止系统（WFS）IV 的构成

完成任务

更换防盗锁止系统（WFS）IV 的构成中的任何控制单元要在大众汽车的服务站进行，学校实习是困难的。

·第7章·

音响系统和导航系统

7.1 汽车音响系统

1. 汽车多媒体的发展

1906年，美国人德福雷斯特发明了电子音响技术。1923年，美国生产了装配无线电收音机的汽车，那时候车用无线电收音机都是用电子管的，直到20世纪50年代出现半导体技术后，汽车收音机出现了技术革命，用半导体晶体管逐步取替了电子管，延长了汽车收音机的寿命。从而将汽车与音响两个结合了起来，开创了汽车音响领域。

在汽车音响刚刚出现的时候，它还只是汽车的附属产品。直至20世纪80年代末，一般轿车的音响多以一个卡式收放两用机与一对扬声器为基础组合，如图7-1所示，扬声器分左、右两路声道，有的置于仪表板总成的两侧，有的置于车门，有的置于后座的后方，收放两用机输出功率很小多，在20W左右。

图7-1　奥迪100配的GAMMA音响（1-DIN规格）

20世纪90年代末，汽车音响又向大功率多路输出、多喇叭环绕声音响、多碟式激光CD等方向发展。世界音响制造商针对汽车的特殊环境，充分考虑车厢的音响效果，采用高新技术制造汽车音响设备，其播送的音响效果完全能与家用音响相媲美。

机械机芯结构的CD组合收音机结构易受汽车振动的影响，但随着多媒体固态存储介质的广泛应用，Flash、USB、SD 卡等即插即用式的汽车音响在市场上出现。除了声音以外还出现了视频，但数字视频的数据源仍来自车主的各种存储器。

数字声音广播（Digital Audio Broadcasting，DAB）的推广改善了汽车收音机的接收效果。它提供了接近 CD 质量的声音的广播，附加商机无限的数据服务，听众可更容易地收听，发射费用较低。

数字视频广播（Digital Video Broadcasting，DVB）使车载视频得以应用。数字多媒体广播（Digital Multimedia Broadcasting，DMB）是在 DAB 的基础上发展起来的面向未来的新一代广播系统。在第三代广播 DAB 已将传统 AM、FM 模拟广播声音质量提高至 CD 级别的基础上，DMB 又将单一的声音广播业务推向了多媒体领域，即在发送高质量声音节目的同时，还提供了影视娱乐节目、智能交通导航、电子报纸杂志、金融股市信息、互联网信息、城市综合信息等可视数据业务，广泛应用在公交车、出租车、轻轨、地铁、火车、轮渡等移动载体上。

随着人们对享受指标要求越来越高，汽车制造商对汽车音响设备的应用也日益重视。经过九十多年的发展，它已经由最初的汽车收音机演变成集视听娱乐、通信导航、辅助驾驶等多种功能于一体的综合性多媒体车载电子系统，成为未来汽车上一个不可缺少的组成部分，并作为评价汽车舒适性的依据之一。高档车音响系统的典型代表包括奔驰、宝马、雷克萨斯和奥迪。

汽车音响的外围供电电路连接很简单。汽车音响的三个部分——主机、功放、喇叭一般也很少修理，有故障后一般采用更换的方法。在更换之前，能准确判断并向车主说清故障，能进行音响性能的判别，能听出音响主机、功放和喇叭的匹配是否合理才是现代汽车音响修理的主业。

完成任务

什么是现代汽车音响修理的主业？____
____。

2．汽车多媒体的发展趋势

先进和独特功能的汽车音响包括独特的防盗系统、光导纤维传送、全息激光头、CD 换片机、电子防震、缘边旋转入碟防刮机芯、超低中频数字调谐器、高质量的卫星调谐器、滑动开启前操作面板、MASK 新式秘密隐藏机构、智能操控转盘、动态超重低音、动态道路噪声控制、三维影音系统、话音识别系统、驾驶座声场模拟系统、声感录音等。汽车多媒体围绕着以下特征发展：多功能、漂亮、高质量的音视频效果、综合的信息系统、系统操作的容易性等。因此，汽车多媒体也称为信息娱乐系统（Informainment= Information + Entertainment）。

3．基础知识

声源振动的快慢可以用频率来表示。声波在 1s 内振动的次数称为频率（f），单位是赫兹（Hz）。声波的频率范围很宽。正常来说，人耳所能听到的频率范围为 20Hz～20kHz。这段人能感觉到的声音被称为声频。低于 20Hz 的声音叫次声。高于 20kHz 的声音叫超声。超声的频率高，波长短，指向性好，多用于雷达、探测器等。人所能听到的音调高低是由声音的频率来决定的。

通常情况下，人们将 20Hz～20kHz 划分为七个频段：20～40Hz 为极低频，40～80Hz 为低频，80～160Hz 为中低频，160～1280Hz 为中频，1280～2560Hz 为中高频，2560～5120Hz 为高频，5120～20000Hz 为极高频。

声音的传播特性决定了高频好的指向性和低频好的通过性。声波的干涉指系统中两个声波频率相同，相位相同，两个声波叠加后能加倍声波能量；两个声波频率相同，相位相反，声波能量减弱；两个声波频率、相位都不同，叠加后的声波将是混乱的噪声。

4. 汽车音响系统组成

图 7-2 所示为高级汽车音响系统组成。

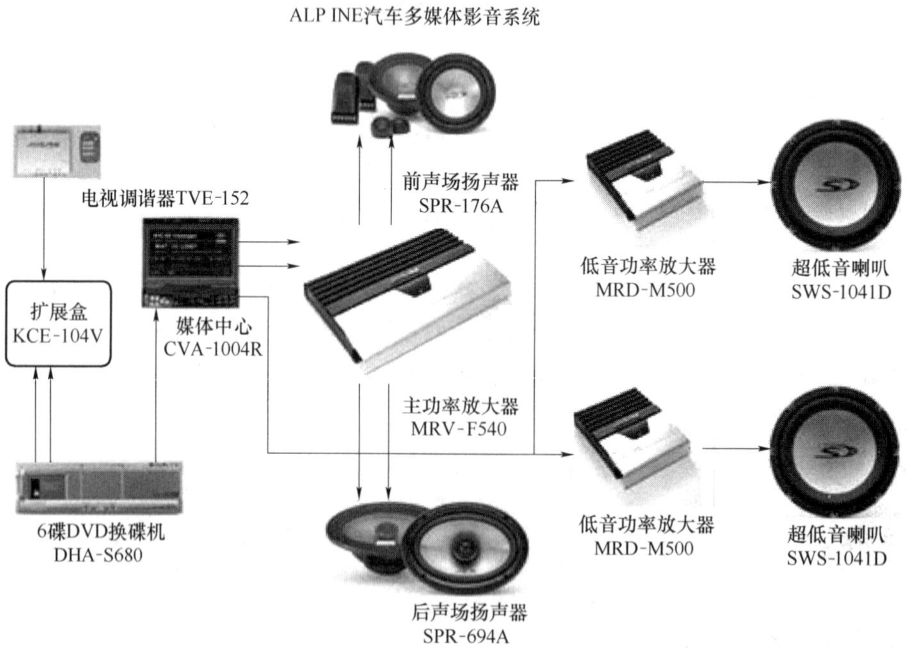

图 7-2　高级汽车音响系统组成

5. 主机（音源）

1）什么是主机

通常，好主机不带功放，就像家用计算机的输出显卡或声卡一般独立总比集成要好，好主机必须配合好功放才能产生好的效果，因此主机也俗称“哑巴机”。普通型主机一般都有内置四路功放，功率每声道约 40～60W 不等，额定功率大约为 10～15W。

从专业的角度讲，主机应定义为音源，它把音乐软件的磁信号或数字信号等转化为相应的电信号。主机装于汽车的仪表台上，是音响系统的核心。主机从 AM/FM 收音机、磁带机发展至今，其功能和品质都发生了很大的变化。现在一台主机有多个音源组合在一起，音响的控制面板本身就是一个主机，通常 AM/FM 收音机、磁带机或单碟 CD 机会位于此。对于多碟 CD 音源，由于仪表台空间限制，通常位于仪表台的手套箱内或后备箱内的驾驶员侧。控制面板内的微控制器控制数据从不同地方读入，这由音响控制面板控制选通哪个音源确定，并控制如何输出。图 7-3 所示为音响控制方框图。

完成任务

写出下列模块的名称。

CD: ____________。TUN: ____________。MD: ____________。AUX: ____________。BT: ____________。

写出下列模块的作用。

输入选择器: ____________。输入增益调节: ____________。HPF: ____________。LPF: ____________。FADER: ____________。

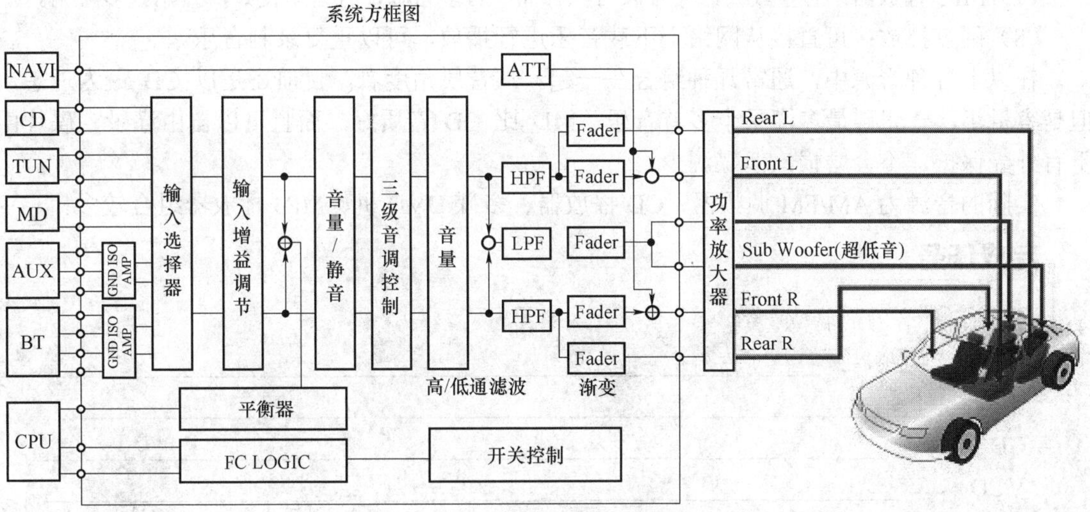

图 7–3　音响控制方框图

2）音源种类

（1）AM/FM 调频器：用来接收电台模拟的调频调幅信号，现已发展为数字调频器。

（2）卡带机：用于播放磁带，但音质较差，杂音较大，趋于淘汰。

（3）CD 播放器：信号的信噪比和音质都较好，是理想的音源，但容量较小，正流行。

（4）VCD 机：数字化音频压缩技术 MPEG-1 的产物，可以播放视频和音频，但音质较差，应用较少。

（5）DVD 机：采用 MPEG-2 作为视频数码电路模块，用 AC-3 作为音频信号的解码电能模块，高性能地演绎音频与视频，如图 7-4 所示。

（6）MD 播放器：MD（MiniDisc，迷你磁光盘）是软盘的薄 DISC，主要特点是比 CD 小，音质良好，而且可以录音，图 7-5 所示为 MD 播放器。MD 是由 SONY 于 1992 年正式量产上市的一种音乐存储介质。在内存很贵的时候，MD 当然显得容量很大，而且 MD 可以有更好的音质，MD 还可以像 CD 一样换盘片，盘很小的。

图 7-4 车载 DVD 机

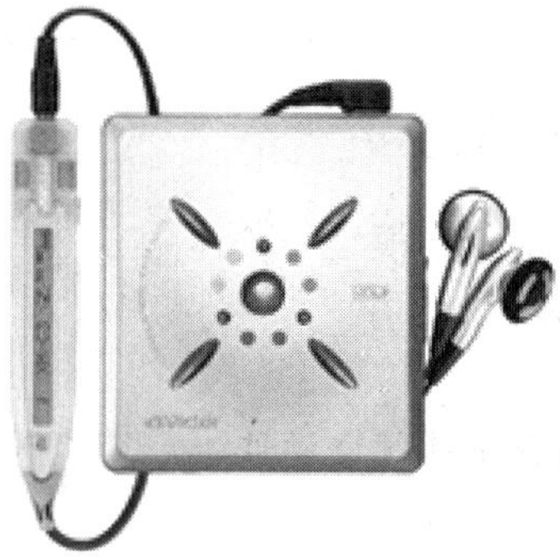

图 7-5 MD 播放器

（7）MP3 播放器：容量较大，一张碟可以存储一百多首歌，且音质良好，开始较多应用。

（8）硬盘播放：可直接从网络上下载音乐进行播放，可以重复录制音乐。

在以上各种音源中，通常几种组合在一起。从音质角度看，目前还是以 CD 最为理想，但是容量小，一张碟最多灌录十多首音乐。MD 比 CD 音质好，而且可以自由灌录，碟片由于有外壳保护，不会磨损，但碟源少。

实际的音源为 AM/FM 调频器、CD 播放器、多碟 DVD 机、MP3 播放器组合较多。

完成任务

说出各种音源的特点。

AM/FM 调频器：________________。

卡带机：________________。

CD 播放器：________________。

VCD 机：________________。

DVD 机：________________。

MD 播放器：________________。

MP3 播放器：________________。

硬盘播放：________________。

3）主机规格

主机规格分 1-DIN 和 2-DIN（大屏幕机）两种规格。图 7-6 所示为标准 DIN（大屏幕机）规格。

按中控台的空间大小，适合安装 1-DIN 机型的车有捷达、奥迪、桑塔纳、三菱、索纳塔等，适合安装 2-DIN 机型的车有丰田、本田、别克、帕萨特、日产、斯柯达（欧雅）等。有些车为了美观采用非标准 DIN（大屏幕机）规格，如宝马 X5、奔驰 S-600、奥迪 A6L、奥迪 A4、丰田锐志、马自达 6、本田 2.4 等。由于中控台不是标准的 DIN 设计，在安装主机时需要主机模具才能稳定地安装。图 7-7 所示为非标准 DIN（大屏幕机）规格。

4）主机评价

一台主机的好坏，最直观的就是看它的技术参数指标，主要有以下几个方面。

（1）输出功率

现在主机所标的功率大多数为峰值功率，为 40～60W。输出功率越大的越好，通常输出功率太小的主机需要专用的功率放大器，一般额定功率为 9～15W。

图 7-6　标准 DIN（大屏幕机）规格

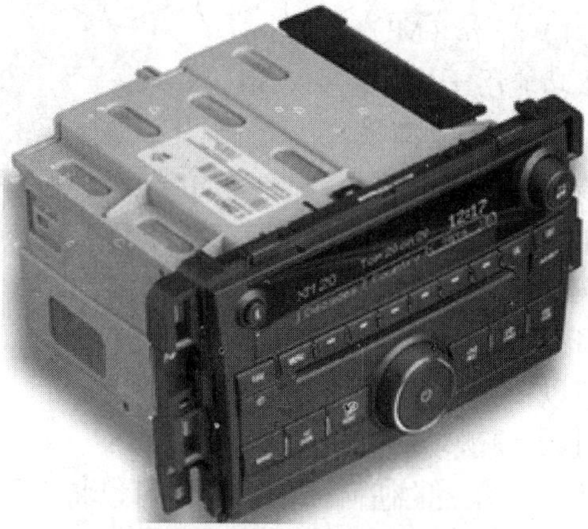

图 7-7　非标准 DIN（大屏幕机）规格

（2）频响（Hz）

人耳所能听到的频率范围为 20Hz～20kHz，因此该指标最少要达到这个数值，而且越大越好。

（3）信噪比（Signal/Noise）

信噪比指的是信号与噪声的比例，单位为 dB（分贝）。该数值越大越好，一般高档的主机都在 100dB 以下，声音干净、清晰。

（4）点谐度失真（THD）

这是声音不能再现的失真度的百分比表示。该数值越小越好，一般高档产品的点谐度失真都在 1%以下。

（5）RCA 输出路数/电压

主机通常有 1～3 对 RCA 输出，当然越多的越好，这样频率划分会更加细致。RCA 输出的低电压信号可直接传输到外加的功率放大器上，RCA 电压一般为 2～6V，一般高档主机的 RCA 电压能达到 4～6V，选择电压高的对系统的提升会有很大的帮助。

由于汽车特定的聆听空间，对声场、音质都有一定的影响，为了解决这些问题，现代主机已有响应的功能，力求达到现场聆听的效果。

（6）RDS 显示功能

可以将电台发出的信息显示在主机的显示屏上（听不到，但可以看到）。

（7）响度调节（LOUND）功能

在音量较小时，该功能用来补偿高频和中低频。通常当音量较小时，我们会发现，高音、低音好像没有了，整个声音好像没有层次感。这时只要打开 LOUND 功能，主机就会对高音、中低音进行提升。

（8）预设存储

这是将所选定完的电台的频率存储到主机存储器中。

（9）预设扫描

预设扫描是将预设的电台频段或歌曲音乐以扫描的方式逐一播放几秒钟，以选择喜欢的电台或歌曲音乐。

（10）声道调整（BAL/FAD）

这是用来调整左右及前后声场的平衡。

（11）静音（MUTE）功能

该功能用于快速减小音量。

（12）预设均衡模式

该功能主要针对不同类型的音乐设置不同的频率响应曲线。音乐类型有 ROCK（摇滚乐）、POP（流行音乐）、JAZZ（爵士乐）、VOCAL（人声）、CLUB（俱乐部）、NEWAGE（前卫）、CLASSIC（古典乐）。

（13）对比调节

可以根据喜好改变屏幕灯光的亮度。

（14）唤醒功能

按压主机上的任何一个按键都可以将主机唤醒，让其开始工作。

（15）防盗功能

主机前面板可以拆卸、隐藏面板、设定密码、使用安全卡片以防主机被盗。

完成任务

针对实车进行一次音响控制面板操作，并进行更换音响主机操作，具体操作查阅老师给的音响资料。

6．数据存储和使用

1）磁带存储

在软磁盘或硬磁盘中，磁记录是通过磁头读取信号，并把信号以磁化的形式存储在磁带或磁盘形的磁介质中。在记录过程中，如图 7-8（a）所示，由于磁头上的载流线圈产生小磁场，因此在磁导率很大的软磁材料中的磁芯内出现较大的磁化强度，在介质内产生较大的磁场强度。承受大磁场作用的硬磁材料，其磁介质记忆过程的磁化曲线，去掉磁场后仍有很大的剩余磁化。在再现过程中，如图 7-8（b）所示，从硬磁材料的磁介质中泄漏的磁场，使软磁材料做的磁头铁芯磁化，通过线圈的磁通量随时间变化使线圈两端产生电压。因此，在磁记录中，利用的是磁性材料的软、硬特性进行优化组合。

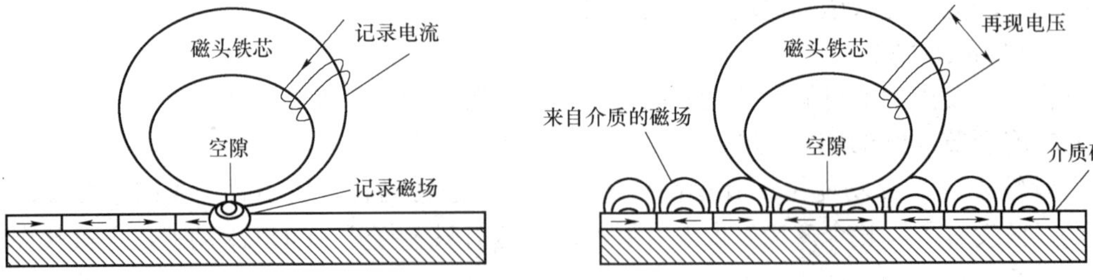

（a）磁记录的记录过程　（b）磁记录的再现过程

图 7-8　磁记录的记录过程和再现过程

在磁记录（数字）中，把原本的 0、1 信号与磁记录材料的特征相结合（例如，没有 DC 成分，一部分数据即使被噪声毁坏也没有传播误差），在磁头的线圈内加上如图 7-9（a）所示的调制记录电流。从铁芯泄漏的磁场，使磁介质上的电流的正负服从如图 7-9（b）所示的方向，而残余不同的磁化。在磁头通过这个磁化的过渡区时，因通过线圈的磁通量的方向发生变化，根据法拉第定律在线圈两端产生电压，图 7-9（c）给出电压的再现波形。微分这个再现波形得到图 7-9（d），设定阈值横切零水平面（相交于零），相交部分判定为“1”，未相交部分判定为“0”，就可以再现原始信号。也就是说，在磁记录中，读取的不是介质上的磁化结果，而是磁化的变化。可以说，记录过程是安培定律的实际应用，再现过程是法拉第定律的实际应用。

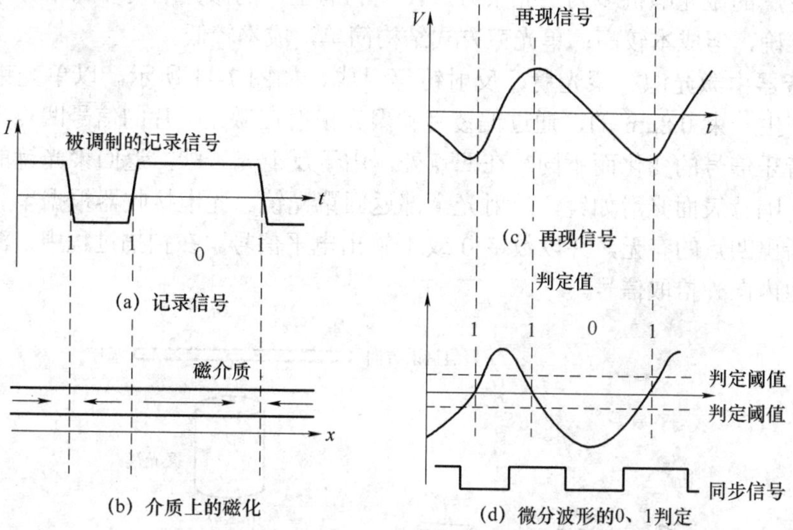

图 7-9　磁记录过程

2）光盘存储

激光唱片又称 CD，自 20 世纪 80 年代问世以来，得到了迅速发展，许多珍贵的音乐资料录制成激光唱片后大放异彩，开创了数字音乐的新时代，受到人们的广泛欢迎。

激光唱片的结构如图 7-10 所示。激光唱片分为 3 英寸、5 英寸两种，国内常见的多为 12.7cm（5 英寸）片。在一张直径为 12.7cm 的激光唱片上，可录 25 亿个坑点。坑点的长度和彼此间的距离不同，可以组合成多种不同的信息。坑点的表面镀有银反射膜。在激光唱片放唱时，激光束对唱片面进行扫描。光束照射在坑上时会产生部分绕射，光束照射在坑与坑之间的点平面（岛）时，激光会全部反射回去。激光束的反射光根据坑点长度及间隔的不同而得到强弱不同的光信号。

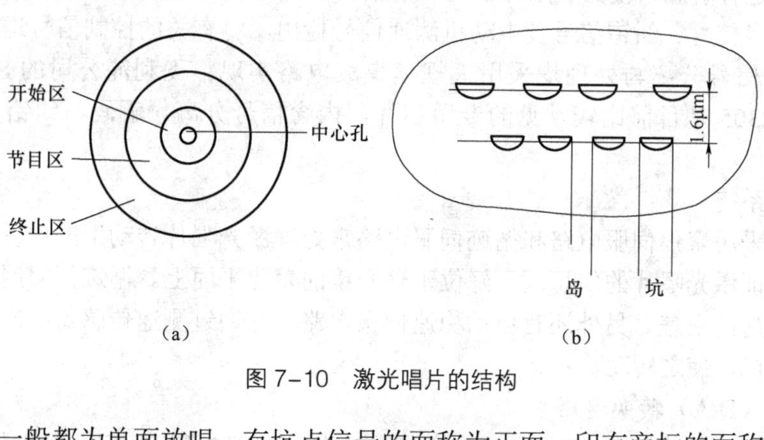

图 7-10　激光唱片的结构

激光唱片一般都为单面放唱，有坑点信号的面称为正面，印有商标的面称为背面。放唱时，应将商标面朝上放入片仓。激光唱片的放唱时间最长为 70 min。

（1）激光拾音器

激光拾音器又称光学头，是激光唱机的信号传感器，按工作方式分为单光束和三光束两种。三光束激光拾音器是用主光束读取信号，两侧的副光束则可测量循迹偏离，以保证主光束的准确工作。单光束拾音器则用单一光束兼顾读取信号和测量循迹偏离误差的两个功能。目前，日本生产的激光唱机多为三光束方式，飞利浦生产的激光唱机多为单光束方式。三光束方式循迹准确，但成本较高；单光束方式结构简单，成本较低。

激光拾音器由激光源、聚光镜、反射镜等组成，如图 7-11 所示。以单光束拾音方式为例，激光源产生一束 0.8μm 的，通过偏棱镜和聚光镜射在激光唱片的信号凹点上。凹点的长度及间隔随音乐信号的变化而不同。在凹点处，由于反射光干涉，返回聚光镜的光量少；在没有凹点处，唱片表面光滑如镜，反射光全部返回聚光镜。光电接收器根据聚光镜返回的光量的多少判断出凹点的有无，并以数字 0 或 1 输出电平信号。在扫描过程中，激光拾音器随唱片的转动由内向外拾取信号。

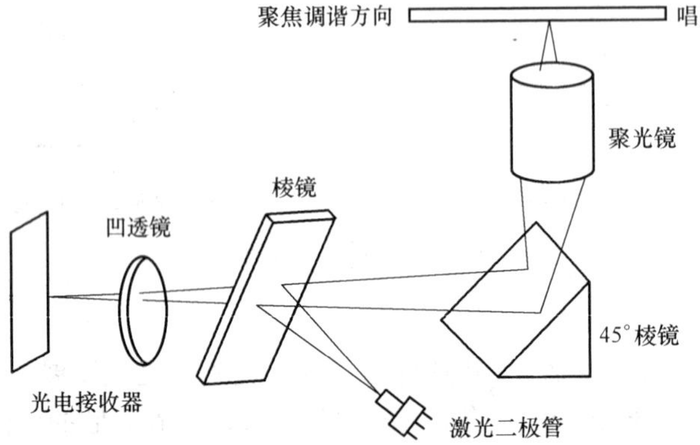

图 7-11　激光拾音器的组成及工作原理

（2）信号分离与处理电路

激光拾音器输出的电信号送入信号分离与处理电路。该电路中的数据分离器能正确识别左、右声道信号及各种信号代码，分离后的信号送至信号处理器。信号处理器将含有音频信号的数字信号进行解码，使其变成标准的脉冲编码（PCM），送至数模转换电路。同时，信号处理器还将同步信号、纠错信号及电动机测速信号检出，将有关的控制信号送至控制系统。激光唱机中的信号分离与处理均采用大规模集成电路实现。飞利浦公司的 SAA7210 和索尼公司的 CX2305 是目前比较常见的专用芯片，内含信号分离、解码、纠错、测速等多种功能。

（3）伺服系统

伺服系统采用聚焦伺服电路和循迹伺服电路来处理激光唱片转动中的误差及唱片误差。聚焦伺服可保证激光唱片的信息区正好位于聚光镜的聚焦平面上。循迹伺服用来克服唱片加工精度不足引起的误差。另外还有自动稳速伺服电路，它通过测速传感器给出的校正误差信号来控制电动机，使之转动稳定。

（4）数模（D/A）转换电路

数模转换电路又称 D/A 转换器，在激光唱机中也称 DAC，其作用是把激光拾音器送来的数字信号转换成音频模拟信号。数模转换电路输出的信号经低通滤波后就可直接送往放大器了。

（5）控制系统和显示器

控制系统的作用是对激光拾音器等传送的数字信号进行分析，获得各种控制依据，并对电动机、伺服系统和显示器实施控制。例如，通过唱盘电动机驱动器所得到的恒线速误差信号控制唱盘电动机进行恒速运动，使激光唱片从最内圈的500r/min逐渐变为最外圈的200r/min。在激光唱机中，控制系统通常以一片大规模集成电路组成。

显示器用来显示各种控制信息，如正在放唱的曲目号、放唱方式、放唱时间等。显示器由单片微处理器和LED显示屏组成。激光唱机的显示屏一般做得较大，以适应多种信息显示的需要。

（6）激光唱片

激光唱机一般具有自动存取唱片、选择放唱、编辑加工、长期记忆功能。激光唱机的多片式是指激光唱片仓盒中可以同时安放多张唱片的唱机，又称换片式 CD 唱机。多片式唱机有两种装片方式，即抽屉式和转盘式。抽屉式是将多张唱片平行装入一个换片盒内，最多可达七张，一放唱时可连续进行放音，换片时间为 5～6s。转盘式激光唱机是另一种新构想，它采用电唱机上开盖的方式，转盘上平行放置 3～5 张激光唱片，开机后可无限循环进行放唱，中途不用打开或中断放唱换片，比传统的放唱机又进了一步。

为了克服有害振动对 CD 唱机的影响，一般激光唱机采用框架构造的基座，底板有做成 2 层以上的，以吸收振动。另外，采用多种吸振环的唱片仓盒，采用重量较大的底座，也是重要的防振措施。

7．功放

如图 7-2 所示，功放的功率要大于喇叭功率的 1.5 倍以上。

1）一路功放

小功率一路功放着重于推中置喇叭，大功率一路功放着重于推低频喇叭。

2）二路功放

大部分二路功放都用来推低频喇叭，也有少部分带 HPF 的 FULL 开关，它可以用来推中高频喇叭。

3）四路功放

四路功放主要用来推中高频喇叭，功率相对比较大。

4）五路功放

其中四路用来推中高频喇叭，另外一路用来推低频喇叭，其功率相对比较小。

8．喇叭

喇叭如图 7-2 所示。

1）高音喇叭

高音喇叭两个前车门各一。也可有 1 寸高音喇叭（A 柱）、3 寸或 4 寸中音喇叭（仪表台）、6 寸或 8 寸中低音喇叭（门板）。

（1）频响范围

频响范围为 2048Hz～20kHz，其中 2048～4096Hz 聆听感觉为敏锐，4096～8192Hz 聆听感觉为清脆、多彩，8192～16 384Hz 聆听感觉为层次分明，16 384Hz～20kHz 聆听感觉为纤细。

（2）表现特征

指向性强，声音明亮、清晰，层次分明，色彩丰富。

2）中音喇叭

一般采用6寸中音喇叭，两个中音喇叭放在前车门。

（1）频响范围

频响范围为256～2048Hz，其中256～512Hz聆听感觉为有力，512～1024Hz聆听感觉为明亮，1024～2048Hz聆听感觉为透亮。

（2）表现特征

人声还原逼真，音色干净、有力，节奏性强。

3）低音喇叭

两个低音喇叭放在后排放物台上，以产生低频回音效果，有的车为回音效果好装有更低频的超低频喇叭。一般采用9～15寸低频喇叭（后尾箱），若为展示车用可在后尾箱加装一套中高频喇叭。注意：喇叭的分布要以整个音场频率配置均衡为主，喇叭输出功率小将失真。

（1）频响范围

频响范围为16～256Hz，其中16～64Hz聆听感觉为深沉、震撼；64～128Hz聆听感觉为浑厚，128～256Hz聆听感觉为丰满。

（2）表现特性

具有强大震撼感，雄壮有力，丰满深沉。

9. EQ（均衡器）和分频器

EQ也称均衡器、等化器或分音器，它是一种音频信号处理设备，它可以控制不同音频点（段）的信号强度。由于汽车内部空间狭小且不规则，各种内饰材料和面板对声音的吸收和反射等原因，使汽车音响系统所再现的声音频谱是非常不均匀的，即频谱曲线不够平滑，这就需要用均衡器来弥补音响系统的不足。

1）均衡器

均衡器用来衰减或增强某个指定频率的信号，有3频段、7频段、30频段三种均衡器比较常用。均衡器还可进行如下分类。

（1）图形均衡器

这类均衡器仅能在固定中心频率和带宽上进行幅度的调整，通常是其控制一些滑动电位计组成，电位计所形成的“图形”就像频响曲线一样，故名图形均衡器。

（2）参量均衡器

这类均衡器可以调整均衡参数，如幅度、频率、宽度等，一般用于比赛车辆或发烧友的音响系统中，价格较贵，需专业调试。

（3）数字均衡器

数字均衡器是用DSP（数字信号处理）方法来实现的频域或时域均衡器，可以编辑所有不用频段上的频率，并将它们存储在存储器中，形成摇滚乐、蓝调、交响乐、人声等音乐风格，是均衡器中最吸引专业人士的一种。

2）分频器

它可以把主信号分成高、中、低三种频段信号，并可以衰减或增强各自频段的信号。

10. 收音机天线

早期当收音机接通时，后风窗 C 柱下（也有位于前 A 柱下前侧）的天线会在电动机的带动下，伸展到收音机关闭前所使用的设定高度。也可按动收音机上的天线按钮，调整高度。如果需要在行车时降低天线（如通过有悬枝的灌木丛时），按动向下箭头以降低天线（如奥迪 100 的收音机控制面板）。在越过了障碍物后，完全伸展天线，以取得最佳的电台接收效果。

目前，汽车天线多为固定式复合式天线，即天线杆不再伸缩，同时天线是几种天线的组合，为了信号接收得更好，通常在车顶 45° 倾斜放置。复合式天线的另一个位置就是后风窗，后风窗的除霜加热线上部内置了不同波长的接收天线，如图 7-12 所示。为了接收效果好，后风窗玻璃内的天线分为横、纵两个方向放置。天线座内置有放大器，放大器后接同轴电缆。

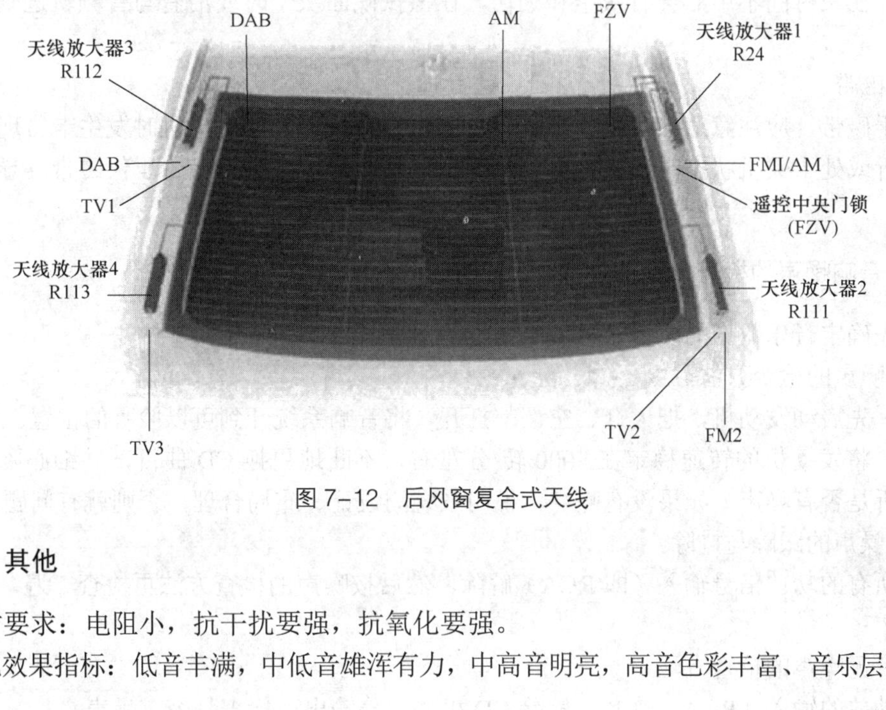

图 7-12　后风窗复合式天线

11. 其他

线材要求：电阻小，抗干扰要强，抗氧化要强。

匹配效果指标：低音丰满，中低音雄浑有力，中高音明亮，高音色彩丰富、音乐层次清晰。

7.2 汽车音响系统检修

1. 光盘和磁带的使用和保养

1）潮湿

夏季空气潮湿，很容易造成 CD 上结雾，潮湿的 CD 直接进入主机会令激光头读取速度跟不上，同时电器元件受潮，严重了还会造成激光头损伤。

2）灰尘

激光头怕灰尘，因此在路况环境较差时，车主应及时关闭车窗，平时还应注意车内的保洁。

3）强行推碟

车用 CD 机多采用碟片吸入式设计，只需将 CD 放在入口处，机械结构会自动将碟片吸入。若用手将碟片强行推入，这样不仅会损坏碟片，严重了还会损坏机内的托盘结构。

4）阳光

碟片不要放在仪表台上。炎热的夏天，碟片在烈日的暴晒下很容易发生变形。

5）正版碟片

因为盗版碟经常会有碟面不平或碟孔不圆的情况，在播放时这些隐患都会导致激光头产生跳点等故障，直接有损激光头的寿命。

6）擦拭

碟片在长时间不用后会有灰尘和划伤，在擦拭碟面灰尘时要沿着与音频轨迹垂直的方向擦拭。

7）磁带

对于磁带，应注意避热防潮。高温会使磁带发生变形，放进主机时发生卡带现象。在长时间不听或处于关机状态时，最好将磁带退出，防止因关机时压带轮压住磁带，导致压带轮变形。

2. 音响噪声的检查与跟踪排除

首先确定音乐数据的质量，尽量用熟悉的碟片试音。

1）噪声的检查方法

（1）先启动发动机，把大灯、空调都打开，将音响系统开到可以聆听的位置。

（2）将发动机的转速稳定在 3000 转/分左右，不断地更换 CD 曲目，并细心聆听高音部分，听听是否有噪声，如果没有噪声，说明系统的设计、布局合理，否则就有问题。

2）噪声的跟踪与排除

把所有的功放信号输入（即 RCA）解除，然后按噪声的检查方法再检查一遍，试听是否有噪声。

（1）无噪声的检查方法

将功放的输入（RCA）恢复，解除 CD 机的信号输出，检查是否有噪声。

① 有噪声时应该检查：

- 信号线的布线是否合理；
- 信号的屏蔽是否良好；
- 信号线的莲花端子与功放的莲花端子是否匹配。

② 无噪声时应该检查：

- CD 机的供电线路是否良好，CD 机的供电部分必须重接，不能用原车的线路；
- CD 机的输出端子与信号线的端子配合是否良好；
- CD 机的电压与功放的电压是否相同。

（2）噪声的跟踪方法

把功放的输出解除，另接一个喇叭，直接接在功放上，听是否还有噪声。

① 有噪声时应该检查：

- 功放的接地点是否正确，如不正确需要重新接地线，注意两台以上横放的接地点必须在同一个点上；
- 功放增益键的电位器接触是否良好；
- 功放的外壳是否有接地现象。

② 无噪声时应该检查：

- 喇叭线的布线是否接近车体主电源供应线路；
- 高间喇叭的安装位置是否正确。

3. 音响解码

现代音响价格较贵，为了防止盗贼偷走汽车音响，设计了断电后要输入密码的功能，盗贼知道汽车音响偷了也无法使用，也就不再偷汽车音响了，可彻底地杜绝偷音响行为。修理中，断开蓄电池是常见的，音响断电会锁死。所以在断电前，应向车主问清密码，以利于修理结束时再输入密码。

奥迪100的2. 6E型轿车配备了咖玛牌音响，音响具有防盗功能，可输入四位密码进行解锁，若音响一旦被盗，则会因电源曾中断过，再接通电源时就会自动呈锁止状态，使音响各种操作功能失败。如果不慎将音响锁止，则应该进行解码。以如图7-13所示的奥迪100音响控制面板为例说明解码操作程序。

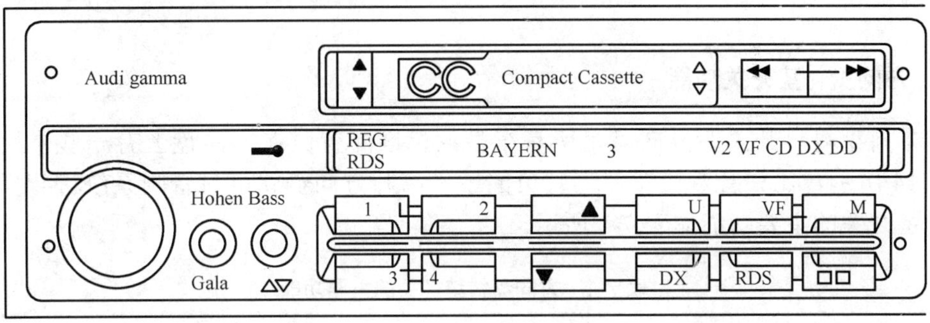

图7–13　奥迪100音响控制面板

首先将音响电源开关置于ON位置，这时音响的液晶显示屏上会显示“SAFE”字样，SAFE表明该音响已被锁止。同时按住装饰面板操作按键中的“U”键和“M”键，这时观察液晶显示屏，会出现“1000”字样，然后松开“U”键和“M”键。注意：此后再不能同时按住“U”键和“M”键，否则音响内电脑将把此项操作作为错误输入，进行一次计数。

利用音响装饰面板中的四个预置电台存储键盘（1、2、3、4）兼作音响的解码输入按键。例如，要输入密码1697，按动面板操作千位存储键1，2次，液晶显示屏上会显示“1”；按动面板操作百位存储键2，7次，液晶显示屏上会显示“6”；按动面板操作十位存储键3，10次，液晶显示屏上会显示“9”；按动面板操作个位存储键4，8次，液晶显示屏上会显示“7”。确认输入的密码与正确的密码核对无误后，再同时按住“U”键和“M”键。待显示屏上再次出现“SAFE”字样后即可松开“U”键和“M”键，稍等片刻显示屏上就会自动显示一个电台的频率，此时则表示该音响解锁成功，音响恢复原设计功能。

不同的音响密码输入方法可能不同，不过都很简单。当车主也不知道密码时有时需要读出防盗芯片的密码，重新输入，一般来历不明的音响才这么做。对于车是车主的，通过购车后的手续和材料证明后，服务站通过主机厂会在音响厂家获得万能密码。

如果输入的密码是错误的，当松开“U”键和“M”键后，显示屏上的“SAFE”字样仍不消失，这时可重新输入密码。如果再次输入错误密码，则需等待 1h 后，方可继续输入密码。

需要提醒注意的是，一般汽车音响的密码卡片在销售出厂时贴在行李舱内或手套箱内（不同车型和车系不同，最好咨询经营商）；用户购买新车后，要将密码卡取出妥善保管，不可丢失，也不可放在车内；车辆转卖时，新、老用户不要忘记交接密码卡片。

在汽车进行维修时，在不知道音响密码的情况下，千万不要断开蓄电池的电源线，以避免音响被锁止。

完成任务

针对实车进行一次现代汽车的音响解码操作，具体操作查阅老师所给的针对你车型的音响资料。

7.3 丰田汽车音响系统

1. 方向盘衬垫开关功能

带方向盘衬垫开关的方向盘是所有车型的标准配置。在方向盘上有一些常用开关，如图 7-14 所示，比如音量按钮，驾驶员的手不离开方向盘就可对音响系统进行操作。方向盘衬垫开关的主要功能如表 7-1 所示。

表 7-1 方向盘衬垫开关的主要功能

功能			短按	长按
方向盘衬垫开关（左）	音量		音量增大/减小	音量持续增大/减小
	搜索	AM/FM	频道上/下	往上/下搜索
		TAPE	搜索 FF/REW	FF/REW
		CD	向上/下播放	光盘上/下
		CD/DVD*	向上/下播放	光盘上/下
	模式		打开 AM/FM、TAPE、CD、DVD*	关
方向盘衬垫开关（右）			打开复式信息显示器	重启复式信息显示器

*：带复式显示器的车型。

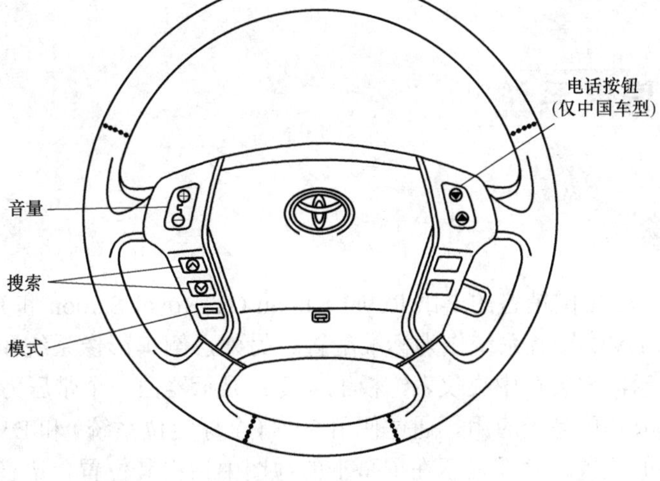

图 7–14 多功能方向盘

2. 音响系统控制图

音响系统控制图如图 7-15 所示。

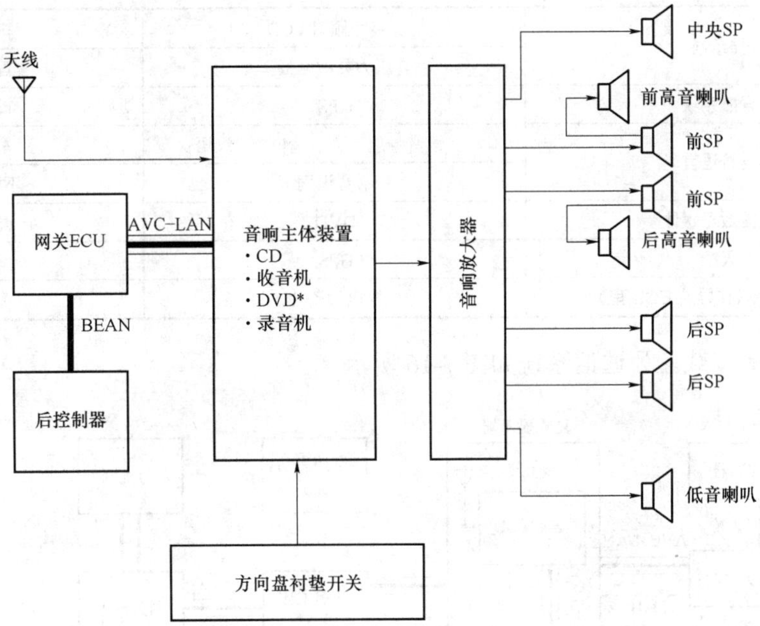

图 7–15 音响系统控制图

完成任务

图 7-15 中天线在实车上的位置是________________。后控制器的位置是____________。主机（音源）包括__________、__________、__________、________。音响放大器的位置是________。全车有几个 SP（SPEAKER）？________。

7.4 汽车导航系统

1. 复式显示器

如表 7-2 所示，在中国销售的丰田 Royal Saloon G、Royal Saloon 和 Royal E 级车型上采用带复式显示器的 DVD 导航系统作为标准配置。另外，倒车影像系统和导航系统作为一套装置使用。复式显示器安装在中央仪表饰板上。复式显示器由一个带压力灵敏触板的 8 英寸倾斜液晶显示屏组成，更易于应用。通过使用 GPS（全球定位系统）和 DVD 中的地图数据，导航系统分析车辆的位置，并在显示在屏幕上的地图中指出其位置，语音指导将使驾驶员找到所选目标地的路径。给可兼容蓝牙的蜂窝电话新提供了免提功能。蓝牙是一个应用蓝牙 SIG（特别兴趣小组）规定的 2.4GHz 频率波段的高速无线数据通信系统，其通信速度为 1Mbps。

表 7-2　带复式显示器的 DVD 导航系统

显示器	8 英寸倾斜 LCD		配置
	压力灵敏触板		配置
导航系统	GPS		配置
支持语言	语音导航	汉语	配置
	语音识别		不配置
地图数据媒体	DVD		配置
天线	GPS		配置
陀螺传感器（在导航 ECU 里）	压电陶瓷片		配置

倒车影像和车载蓝牙通信系统如图 7-16 所示。

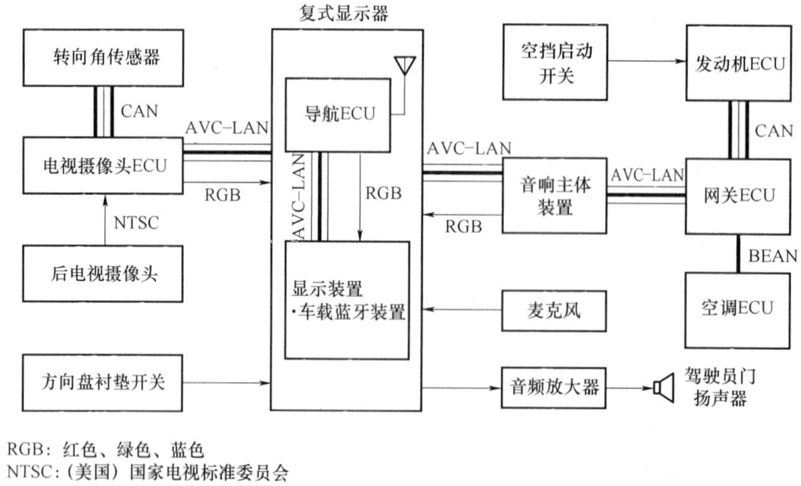

图 7-16　倒车影像和车载蓝牙通信系统

完成任务

在图 7-16 中，倒车影像系统的摄像头和电视摄像头 ECU 之间的导线是什么类型？__________。空挡启动开关的哪个挡位可启动倒车摄像头的影像显示？__________。转向角传感器通过 CAN 和 AVC-LAN 传至复式显示器导航 ECU 的目的是实现导航系统的什么功能？__________。麦克风的作用是什么？__________。驾驶员门扬声器的作用是什么？__________。复式显示器的触屏功能是否能控制空调？__________。RGB 是什么意思？__________。NTSC 是什么意思？__________。电视摄像头能发出 RGB 信号，音响主体装置能吗？__________。

倒车影像和车载蓝牙通信系统组件位置图如图 7-17 和图 7-18 所示。

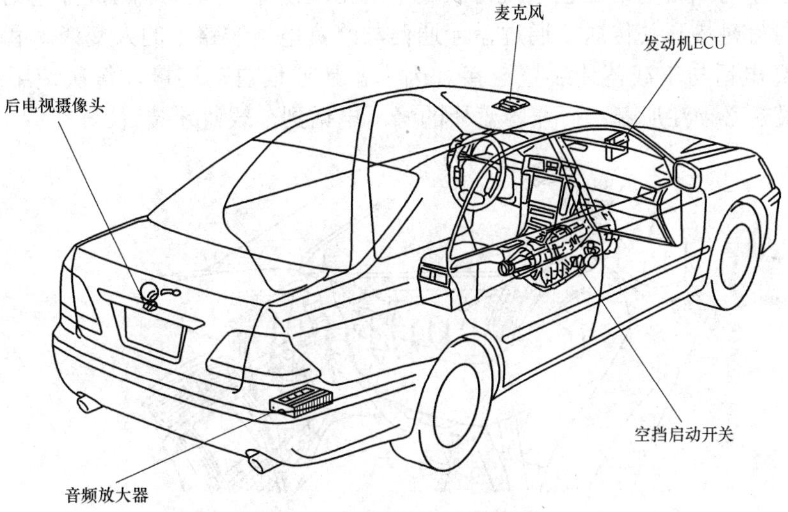

图 7-17　倒车影像和车载蓝牙通信系统组件位置图 1

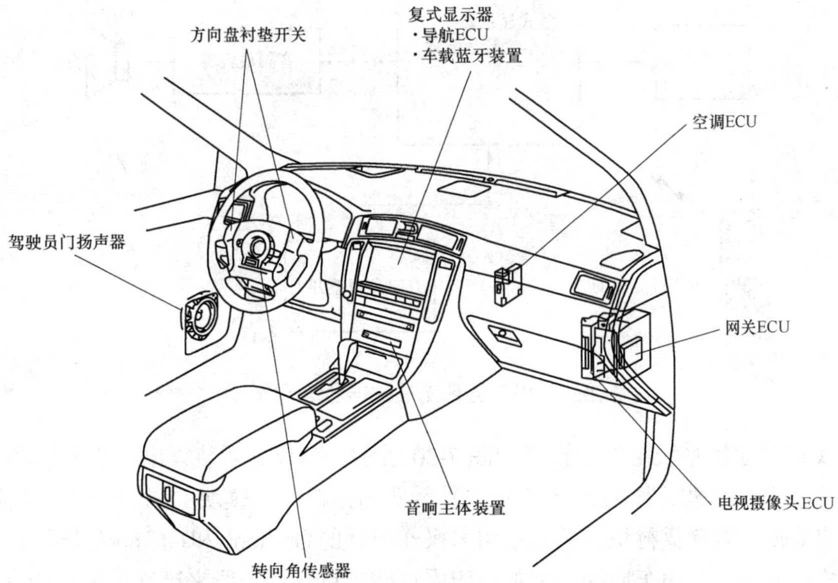

图 7-18　倒车影像和车载蓝牙通信系统组件位置图 2

2. 结构和工作原理

1）复式显示器

通过复式显示器，可调整显示器屏幕的显示功能。这个屏不仅作为导航屏幕显示器，也作为空调屏幕显示器、电话操作屏幕显示器、倒车监视系统显示器、诊断屏幕显示器、音频屏幕显示器和 DVD 屏幕显示器。

2）蓝牙免提系统

蓝牙是一种短距离、高速度的无线数据通信系统，它应用蓝牙 SIG（特别兴趣小组）规定的 2.4GHz 频率波段。复式显示器中集成了一个车载蓝牙装置，它给可兼容蓝牙的蜂窝电话提供了免提功能，如图 7-19 所示。通信一般在半径约 10m 的范围内，一个设备可同时连接的设备最多注册四部电话。

可兼容蓝牙的蜂窝电话在包中或衬衣袋中不用取出即可选择号码拨打电话。号码由复式显示器或方向盘衬垫开关传送，通过蓝牙通信与蜂窝电话线路上的人交谈。和过去不同，现在不必将蜂窝电话与车载蓝牙装置连接。因为蓝牙通信自动连接，每次使用时不必复杂安装。但是，最初必须注册哪个可兼容蓝牙的蜂窝电话到车载蓝牙装置。

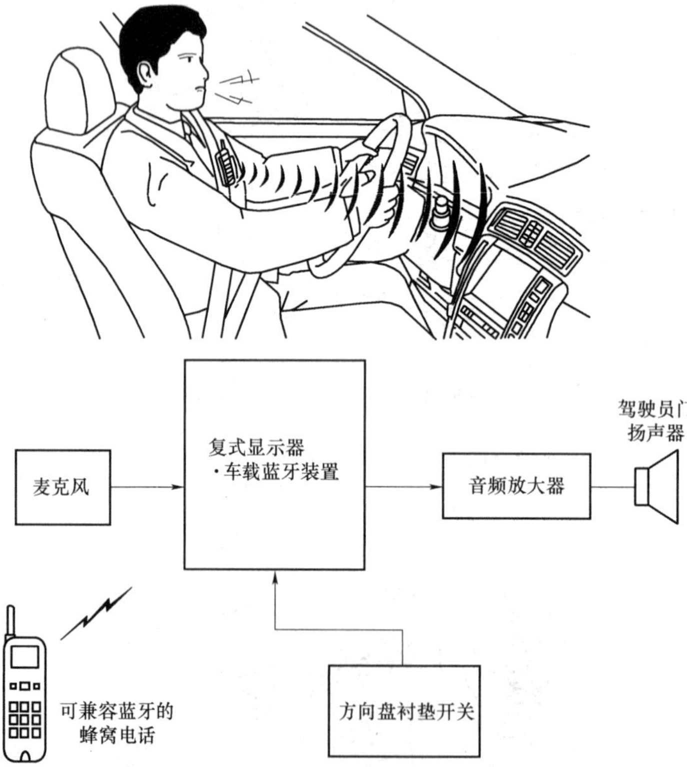

图 7–19　蓝牙无线数据通信系统

蓝牙无线数据通信系统组件位置图如图 7-20 所示。车载蓝牙装置由一个天线和一个模块组成。此模块有一个将车载蓝牙装置连到复式显示器的接口。此模块的另一个功能是处理由天线发射或接收的数据。方向盘衬垫开关包括用来操作电话的 On-hook 和 Off-hook 开关。麦克风是当用蜂窝电话和他人讲话时由车内的一个乘员应用这些项目。扬声器来运行免提功能。

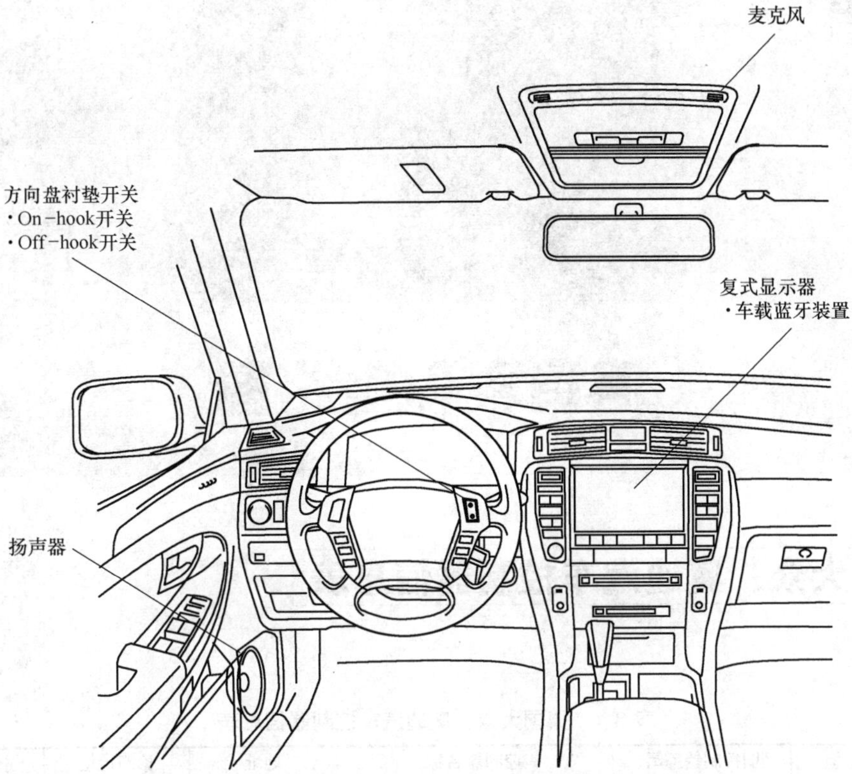

图 7-20　蓝牙无线数据通信系统组件位置图

3）蓝牙免提系统功能

点火开关为ACC或ON时导航打开，则蓝牙电话工作。然而，为安全起见，车辆启动时一些功能不能使用。此系统有如下功能。

（1）输入蓝牙电话：必须先在复式显示器中注册才能使用蓝牙电话的免提功能。一旦注册话机，免提功能自动可用。最多可以注册四部蓝牙电话。

（2）选择蓝牙电话：当车厢内有两部或多部已注册蓝牙电话时，必须选择其中一部使用以免串线。只有选中的电话才可以作为免提电话使用。最后注册的电话被自动选中。

（3）删除蓝牙电话：已注册蓝牙电话可被删除。

（4）呼叫蓝牙电话：通过拨号用户可通过输入电话号码拨号。

完成任务

根据驾驶使用手册提示，请向车载蓝牙装置注册一部手机，两人试通过车载蓝牙通话，并删除注册。

·第8章·

信息表和电路图

8.1 大众、奥迪汽车控制器信息表

表 8-1 德国大众、奥迪汽车控制器信息表

控制器缩写	旧控制器缩写	控制器名称	地址	诊断地址	控制协议
ABA	AIRBAG	安全气囊控制器	J234	0x15	ODX
ABE	AAG	挂车控制器	J345	0x69	KWP
ABL	ALM	环境照明控制器	J773	0x6F	ODX
ADI-HI	ALLRAD	后轴差速器控制器	J492	0x22	ODX
ADP	DSP	DSP 功放	J525	0x47	KWP
AMS	VICS	收费站系统天线			LIN
ARE	ACC	主动巡航控制器（ADR）	J428	0x13	ODX
ARE-02	ACC-S	主动巡航控制器 2（ADR）	J850	0x8B	ODX
ASF	MFG	特殊车辆装备控制器	J608	0x3D	KWP
BBA	BBF	制动加注设备			
BFU-LI		后座娱乐显示屏	Y22		LIN
BFU RE		后座娱乐显示屏	Y23		LIN
BGO	UGD-BT	车库门遥控器	E284	0958	LIN
BMI	MU-DIS	MMI 显示屏	J685	646	LIN
BMM	MU-BT	MMI 操控元件		647	LIN
BSE	BDM	蓄电池传感器	J367	965	LIN
BSV	MEM-BS	副司机座椅调节控制器	J521	0x06	KWP
BSV-HI	MEM-HR	副司机座椅调节控制器	J877	0x87	KWP
BTU	TSG-BS	副司侧车门控制器	J387	0x52	KWP
BVE	BVSG	图像处理控制器	J851	0x8E	ODX
CMS	ETC	收费站系统读卡器		940	LIN
DEL	LIM	顶棚电子模块控制器	J528	626	LIN
DKA	DSK	空调压力传感器	G395	979	LIN
ADP 02		DSP 功放 2		648	LIN
DWE	DVD-C	DVD 转换器	R161	0x0E	KWP

续表

控制器缩写	旧控制器缩写	控制器名称	地址	诊断地址	控制协议
EFB	EPB	驻车制动控制器	J540	0x53	ODX
EFR	EFR	转毂试验台			
EHI	APS	停车辅助控制器	J791	0x10	ODX
ESP	ESP	ESP 控制器	J104	0x03	ODX
EUL	SCU	动态转向控制器	J792	0x1B	KWP
EZE	BCM-1	电子中央控制器	J519	0x09	KWP
FAS	FAS	驾驶员辅助系统检测站			
FBE	FBS	进入启动许可控制器	J393	0x05	KWP
FEHLT	FEHLT	EFA 故障文本			
FGO	UGDO	车库门遥控开启控制器	J530	998	LIN
FLA	FLA	远光灯辅助控制器	J844	0x20	KWP
FSE	CHS	奥迪驾驶选择控制器		951	LIN
FSH		前风挡加热控制器		624	LIN
FSV	MEM-FS	司机座椅调节控制器	J136	0x36	KWP
FSV-HI	MEM-HL	司机座椅调节控制器	J876	0x86	KWP
FTR-LI	TSG HL	后门控制器	J388	0x62	KWP
FTR-RE	TSG-HR	后门控制器	J89	0x72	KWP
FTU	TSG-FS	司机门控制器	J386	0x42	KWP
FUN	RSE	后座娱乐控制器	J829	0x4F	KWP
FWE	FWE	底盘调整站			
GET	GSG	变速箱控制器	J217	0x02	ODX
GFN	NGS	车辆倾角传感器	G578	990	LIN
GLF-AU	FS-A	空气湿度传感器	G657	921	LIN
GLF-AU	FS-A	空气湿度传感器	G657	921	LIN
GLF-IN	FS	空气湿度传感器	G355	962	LIN
GWA	GW	网关控制器	J533	0x19	ODX
HGE	STHZG	加热设备控制器	J364	0x18	ODX
HKL	HDSG	后盖控制器	J605	0x6D	ODX
HLS	LDS	大灯开关	E1	961	LIN
HUD	HUD	抬头显示控制器	J898	0x82	ODX
ICS	ICS	ICS 检测设备			
IEL	MU	主控单元	J794	0x5F	KWP
KAS	KASG	摄像头辅助系统控制器	J852	0x85	ODX
KDB		康采恩数据总线			
KEL	BCM-2	舒适中央控制器	J393	0x46	KWP
KIN	KOMBI	仪表	J285	0x17	ODX
KNS		夜视系统摄像头			
KRE	KLIMA	空调控制器	J255	0x08	ODX
KRE-HI	KLIMA	空调控制器	E265	0x28	ODX
KSB	KSB	无控制器			
LGS	AQS	空气质量传感器	G238	960	LIN
LHI	EPS	转向辅助控制器	J500	0x44	ODX
LRE	MFL	多功能方向盘控制器	J453	988	LIN
LRV	EVLS	方向盘调节控制器	J866	981	LIN
LSE	SMLS	转向柱开关模块	J527	0x16	KWP

续表

控制器缩写	旧控制器缩写	控制器名称	地址	诊断地址	控制协议
LSL	ELV	电子转向柱锁	J764	981	LIN
LWR	LWR	照明距离调节控制器	J745	0x55	ODX
MKB	IVB-BS	副司机侧气动座椅控制器	J872	0x89	ODX
MKB-HI	IVB-BH	副司机侧气动座椅控制器	J874	0x8D	ODX
MKF	IVB-FS	司机侧气动座椅控制器	J873	0x88	ODX
MKF-HI	IVB FH	司机侧气动座椅控制器	J875	0x8A	ODX
MOT	MSG-1	发动机控制器	J623	0x01	ODX
MOT-02	MSG-2	发动机控制器 2		0x11	ODX
NDR	NIVEAU	水平/减震调节控制器	J197	0x34	ODX
NSS	NV	夜视系统控制器	J853	0x84	ODX
OBD	OBD	OBD 控制器组			ODX
RAD	RADIO	收音机	R	0x56	KWP
RDK	RDK	胎压监控控制器	J502	0x65	ODX
RFK	RV	倒车摄像头控制器	J772	0x6C	KWP
RGS-LV	RGS-LV	可逆安全带张紧器控制器	J854	0x8F	ODX
RGS-RV	RGS-RV	可逆安全带张紧器控制器	J855	0x90	ODX
RRO	RLR	颠簸转毂试验台			
RSN	RLS	雨传感器	G397	980	LIN
SAA	SNDR	报警喇叭	H12	999	LIN
SAD	SAD	天窗控制器	J245	983	LIN
SAD-02	ROLLO	天窗控制器 2	J394	639	LIN
SCH	IDG	钥匙			
SCH-02		钥匙 2			
SDV	STS	防盗跟踪系统控制器	J843	0x30	KWP
SGR	SARA	车辆动态性调节控制器	J849	0x3B	ODX
SHS	WH	挡杆位置控制器	J587	0x81	ODX
SSB		座椅占位传感器			
SSR	ROLLO	遮阳卷帘控制器	J394	638	LIN
SSR-02	ROLLO	遮阳卷帘控制器 2	J395	652	LIN
SST	DC-DC	稳压控制器	J532		
SSV-BH	ME-BTR	座椅调节开关	E688	658	LIN
SSV-FH	ME-BTL	座椅调节开关	E683	657	LIN
SVE		扰流板调节控制器	J223		
SWA	ASA	换道辅助控制器	J769	0x3C	KWP
SWA-02	ASA-S	换道辅助控制器 2	J770	953	LIN
SWE	SWE	大灯调节器		645	LIN
TBE	BDH	电话		645	LIN
TTU	TV	电视调节器	R78	0x57	KWP
UDS		UDS 控制器组			
WAA		天窗导流板控制器		653	LIN
WMO	WWS	雨刮电动机控制器	J400	995	LIN
WSC	IDG-WS	车间钥匙			
ZAS	EZS	电子点火开关		994	LIN
ZUH	UHR	时钟		916	LIN

8.2 迈腾便捷系统电路图详解

本电路图自 2011 年 7 月起应用于迈腾 B7L。

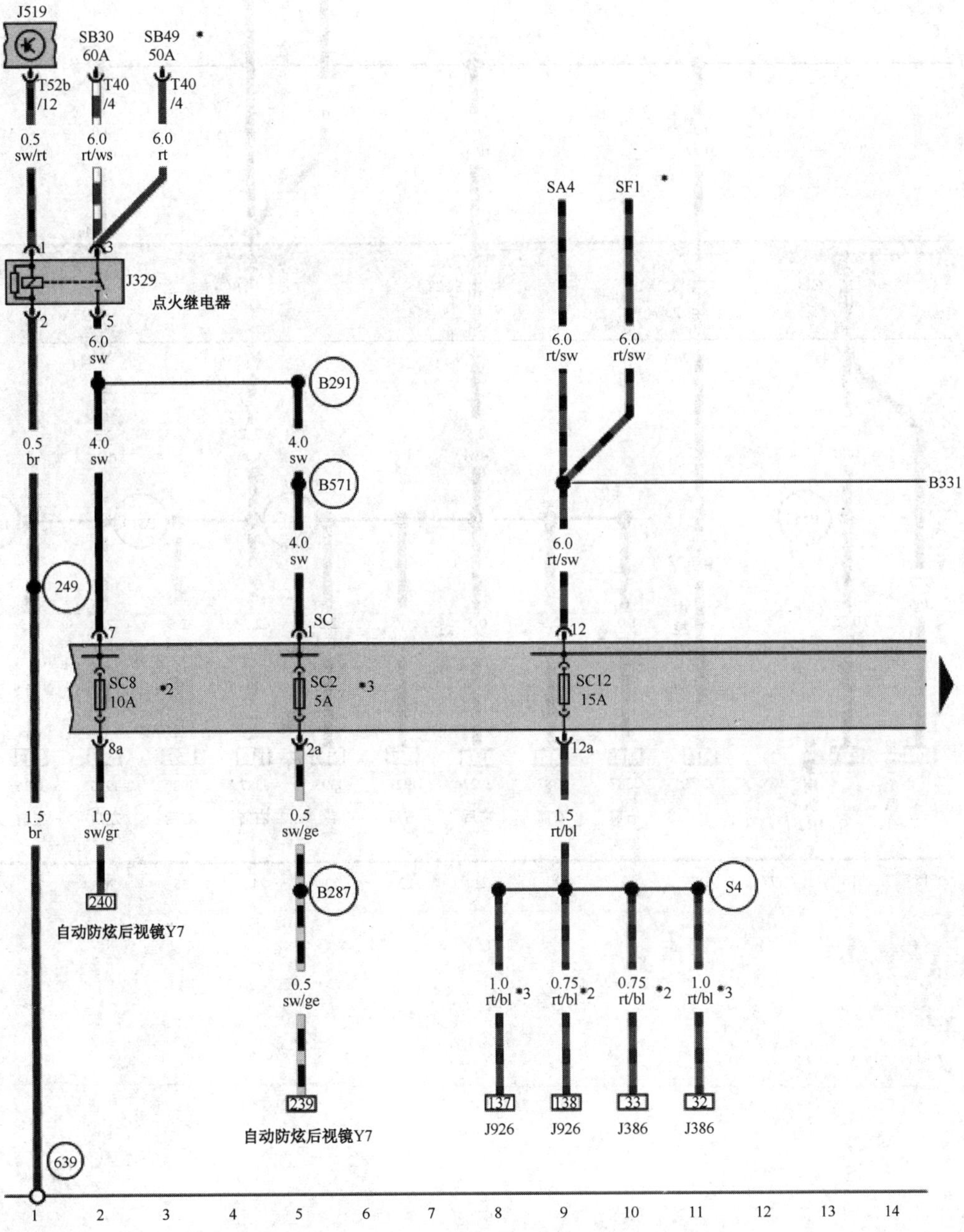

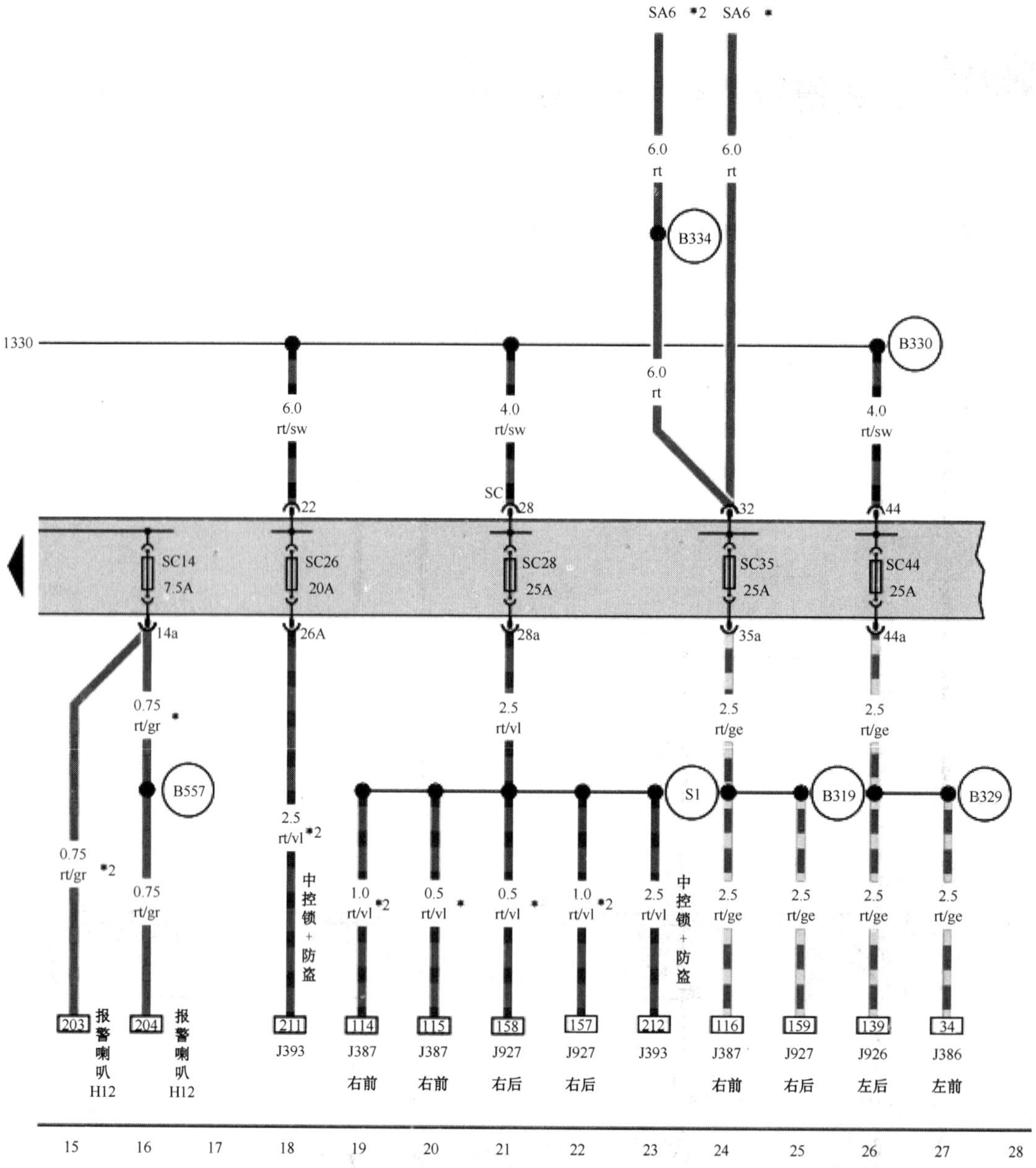
SA6 *2 SA6 *
6.0 rt
6.0 rt
B334
1330
B330
6.0 rt
6.0 rt/sw
4.0 rt/sw
4.0 rt/sw
SC
22
28
32
44
SC14 7.5A
SC26 20A
SC28 25A
SC35 25A
SC44 25A
14a
26A
28a
35a
44a
0.75 rt/gr *
B557
2.5 rt/vl
2.5 rt/ge
2.5 rt/ge
S1
B319
B329
0.75 rt/gr *2
0.75 rt/gr
2.5 rt/vl *2
中控锁+防盗
1.0 rt/vl *2
0.5 rt/vl *
0.5 rt/vl *
1.0 rt/vl *2
2.5 rt/vl
中控锁+防盗
2.5 rt/ge
2.5 rt/ge
2.5 rt/ge
2.5 rt/ge
203 报警喇叭 H12
204 报警喇叭 H12
211 J393
114 J387 右前
115 J387 右前
158 J927 右后
157 J927 右后
212 J393
116 J387 右前
159 J927 右后
139 J926 左后
34 J386 左前
15 16 17 18 19 20 21 22 23 24 25 26 27 28

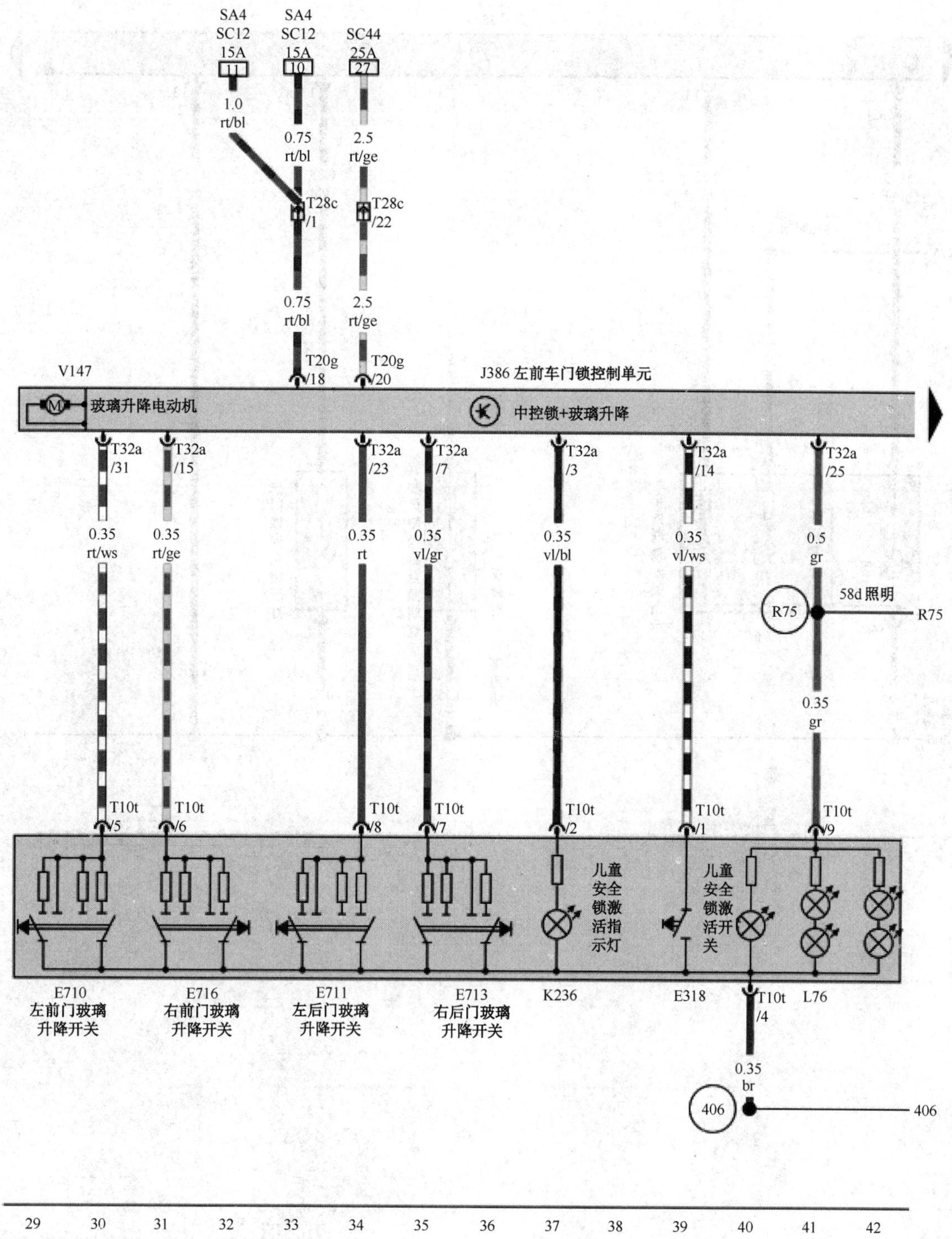
SA4
SC12
15A
11
SA4
SC12
15A
10
SC44
25A
27
1.0
rt/bl
0.75
rt/bl
2.5
rt/ge
T28c
/1
T28c
/22
0.75
rt/bl
2.5
rt/ge
T20g
/18
T20g
/20
V147
J386 左前车门锁控制单元
玻璃升降电动机
中控锁+玻璃升降
T32a
/31
T32a
/15
T32a
/23
T32a
/7
T32a
/3
T32a
/14
T32a
/25
0.35
rt/ws
0.35
rt/ge
0.35
rt
0.35
vl/gr
0.35
vl/bl
0.35
vl/ws
0.5
gr
R75
58d 照明
R75
0.35
gr
T10t
/5
T10t
/6
T10t
/8
T10t
/7
T10t
/2
T10t
/1
T10t
/9
儿童安全锁激活指示灯
儿童安全锁激活开关
E710
左前门玻璃升降开关
E716
右前门玻璃升降开关
E711
左后门玻璃升降开关
E713
右后门玻璃升降开关
K236
E318
T10t
/4
L76
0.35
br
406
406
29
30
31
32
33
34
35
36
37
38
39
40
41
42

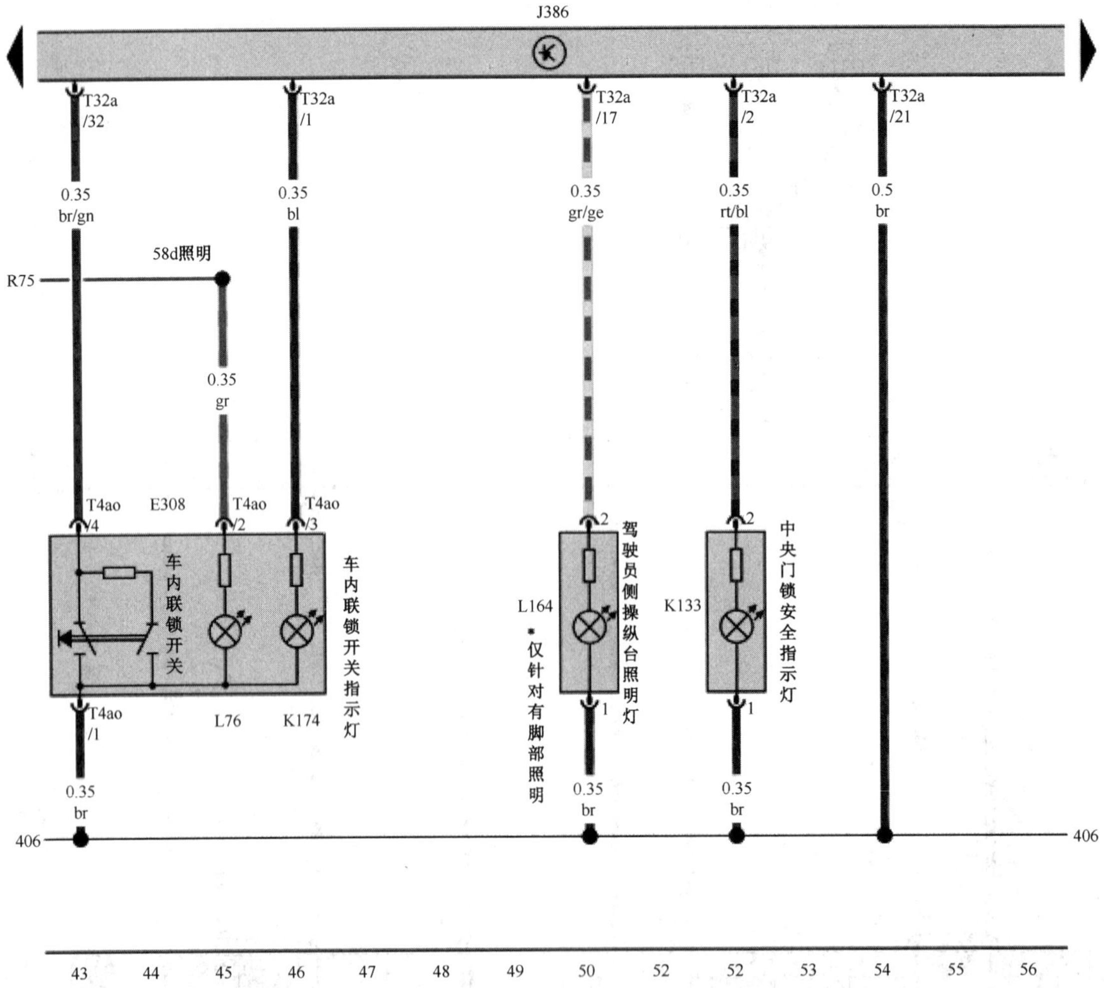
J386
T32a
/32
T32a
/1
T32a
/17
T32a
/2
T32a
/21
0.35
br/gn
0.35
bl
0.35
gr/ge
0.35
rt/bl
0.5
br
58d照明
R75
0.35
gr
T4ao
/4
E308
T4ao
/2
T4ao
/3
车内联锁开关
车内联锁开关指示灯
L76
K174
T4ao
/1
0.35
br
L164
*仅针对有脚部照明
驾驶员侧操纵台照明灯
K133
中央门锁安全指示灯
0.35
br
0.35
br
406
406
43
44
45
46
47
48
49
50
52
52
53
54
55
56

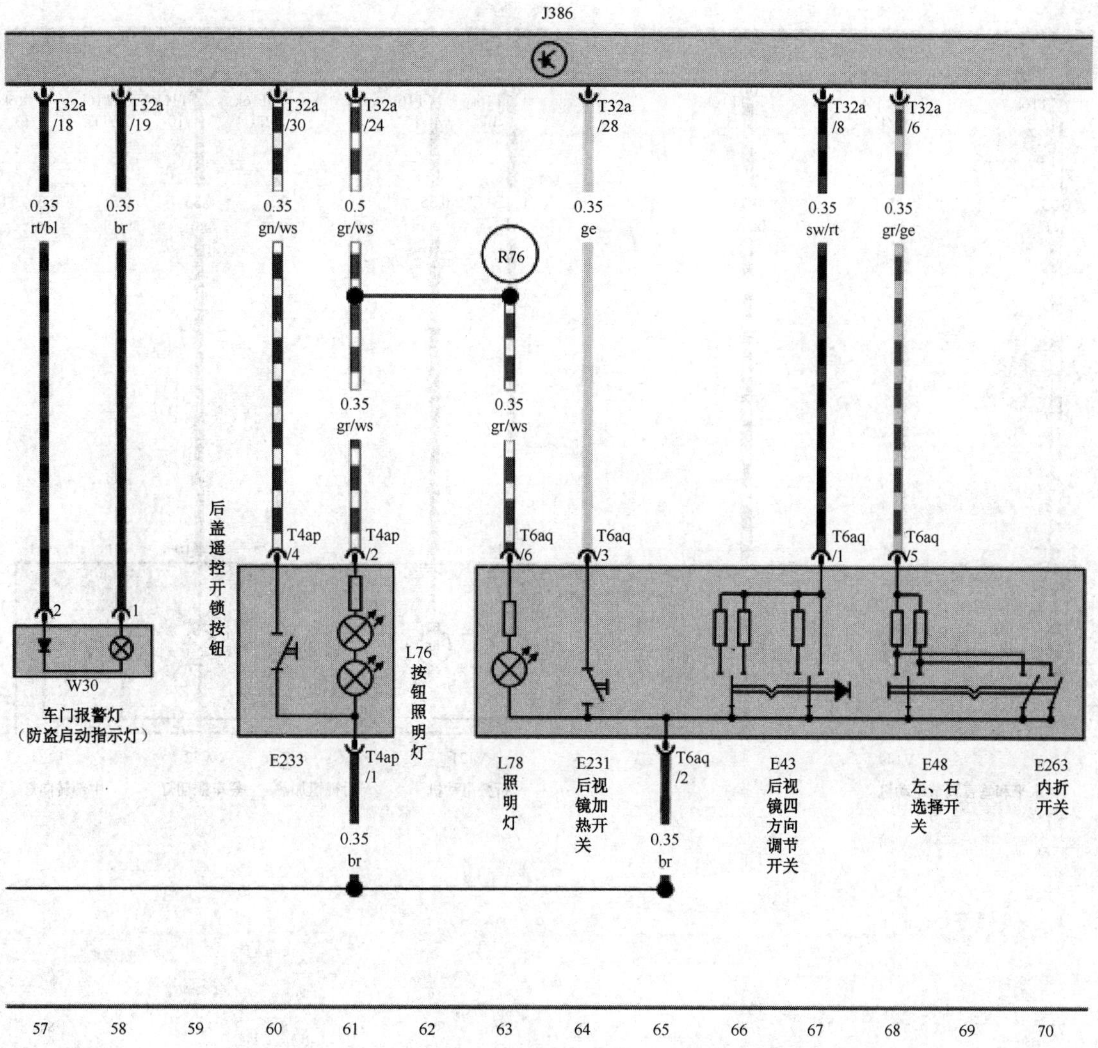

J386
T32a /18
T32a /19
T32a /30
T32a /24
T32a /28
T32a /8
T32a /6
0.35 rt/bl
0.35 br
0.35 gn/ws
0.5 gr/ws
0.35 ge
0.35 sw/rt
0.35 gr/ge
R76
0.35 gr/ws
0.35 gr/ws
后盖遥控开锁按钮
T4ap /4
T4ap /2
T6aq /6
T6aq /3
T6aq /1
T6aq /5
2
1
W30
车门报警灯
（防盗启动指示灯）
L76 按钮照明灯
E233
T4ap /1
T6aq /2
L78 照明灯
E231 后视镜加热开关
E43 后视镜四方向调节开关
E48 左、右选择开关
E263 内折开关
0.35 br
0.35 br
57
58
59
60
61
62
63
64
65
66
67
68
69
70

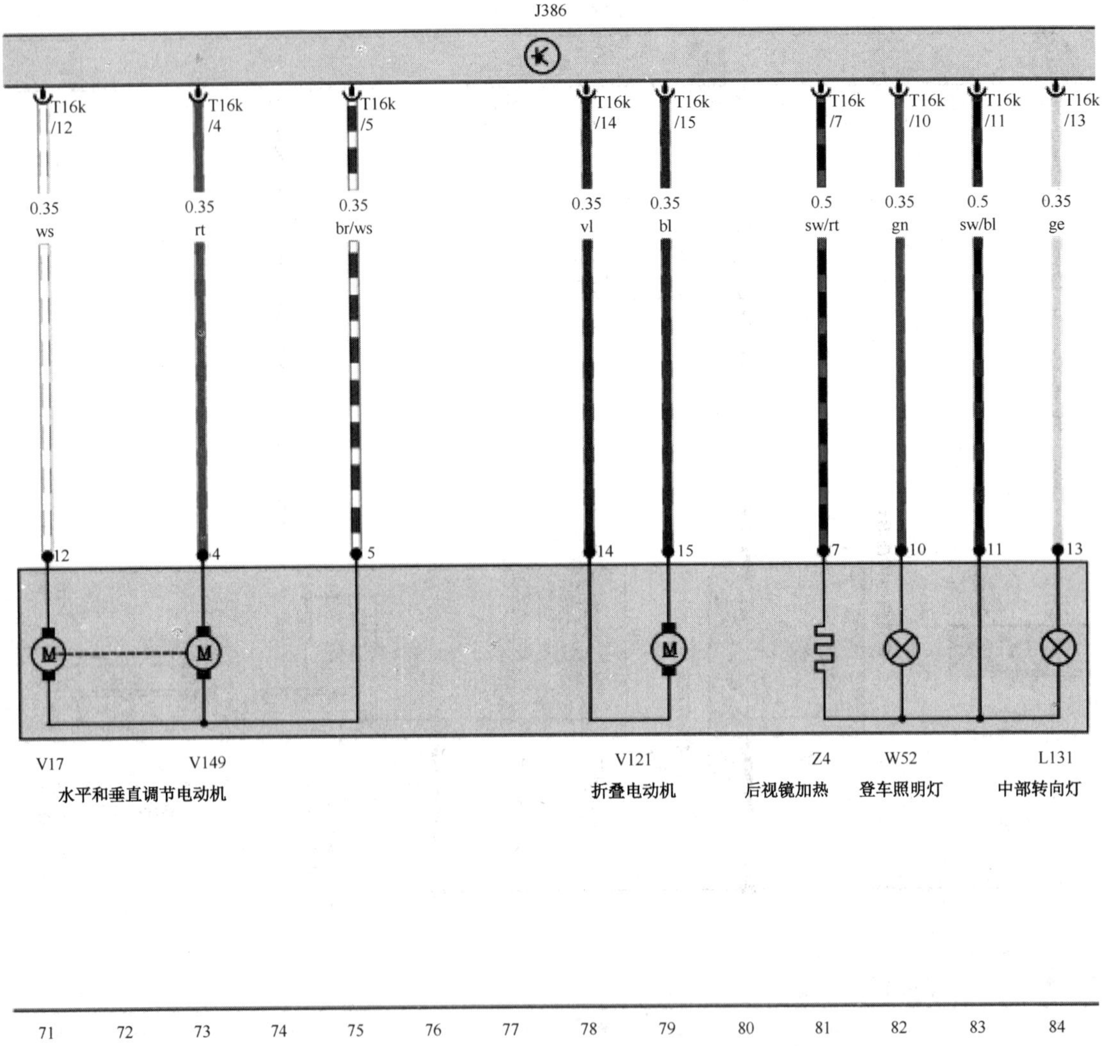
J386
T16k /12
T16k /4
T16k /5
T16k /14
T16k /15
T16k /7
T16k /10
T16k /11
T16k /13
0.35 ws
0.35 rt
0.35 br/ws
0.35 vl
0.35 bl
0.5 sw/rt
0.35 gn
0.5 sw/bl
0.35 ge
12
4
5
14
15
7
10
11
13
M
M
M
V17
V149
水平和垂直调节电动机
V121
折叠电动机
Z4
后视镜加热
W52
登车照明灯
L131
中部转向灯
71 72 73 74 75 76 77 78 79 80 81 82 83 84

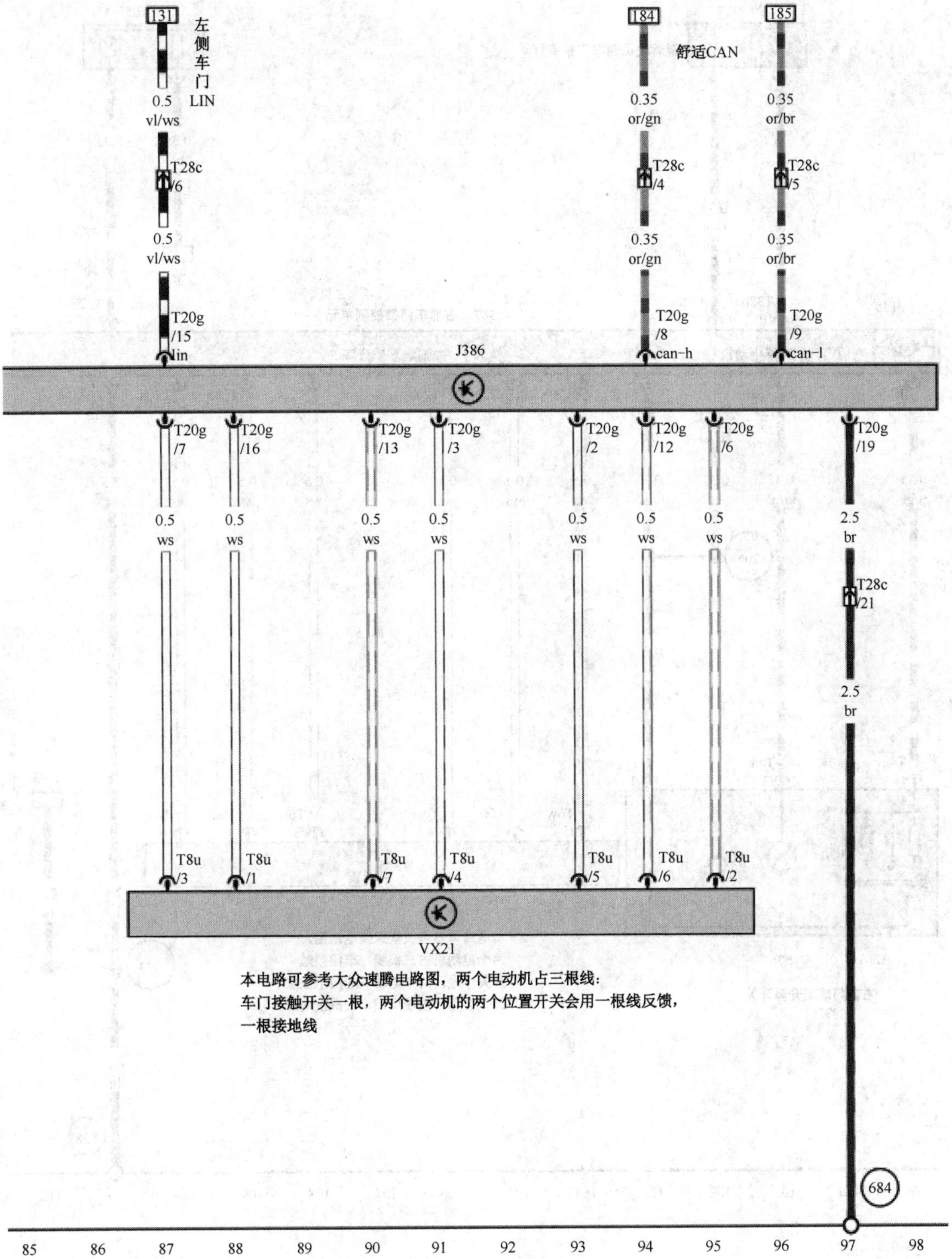

本电路可参考大众速腾电路图，两个电动机占三根线：
车门接触开关一根，两个电动机的两个位置开关会用一根线反馈，
一根接地线

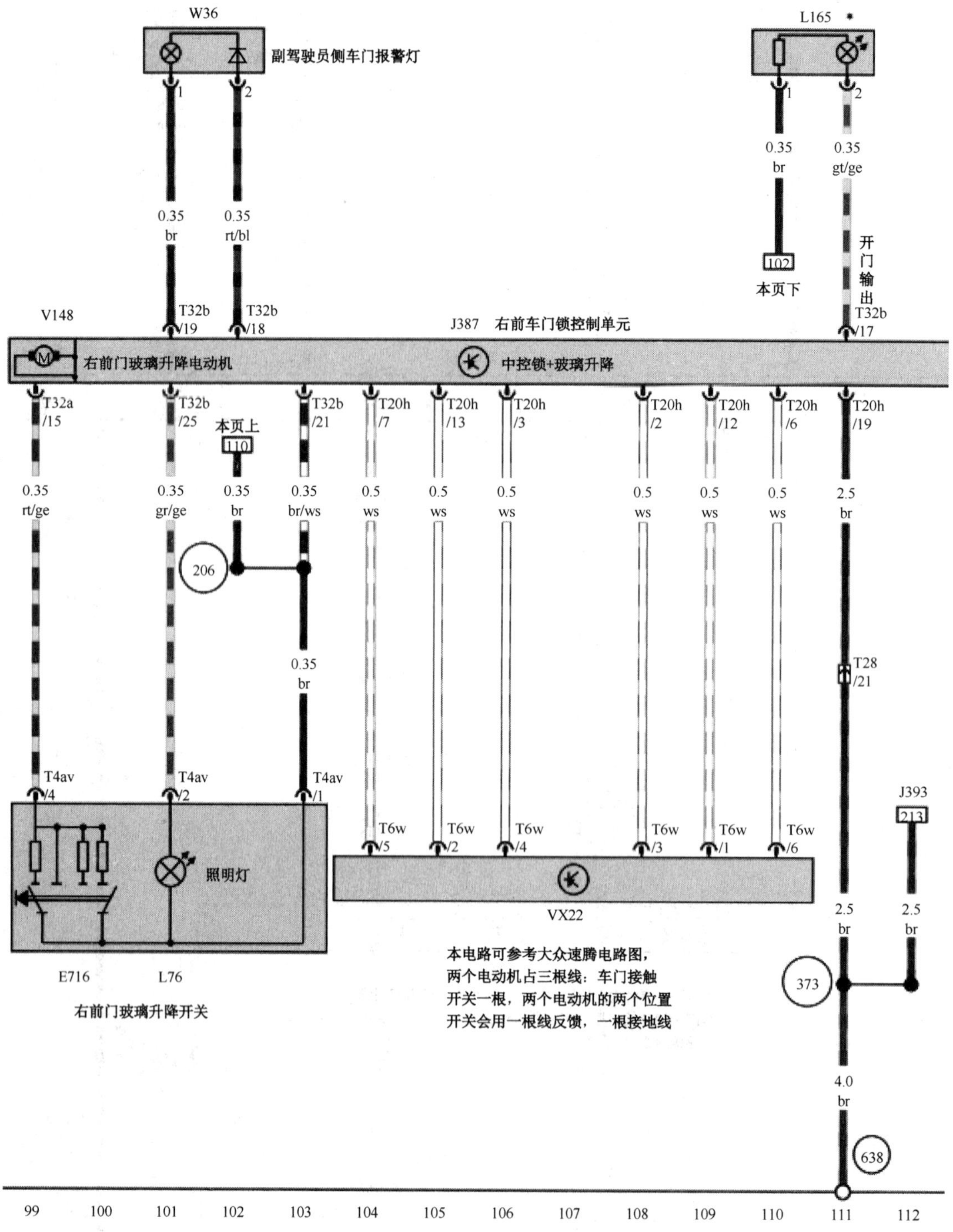

本电路可参考大众速腾电路图，
两个电动机占三根线：车门接触
开关一根，两个电动机的两个位置
开关会用一根线反馈，一根接地线

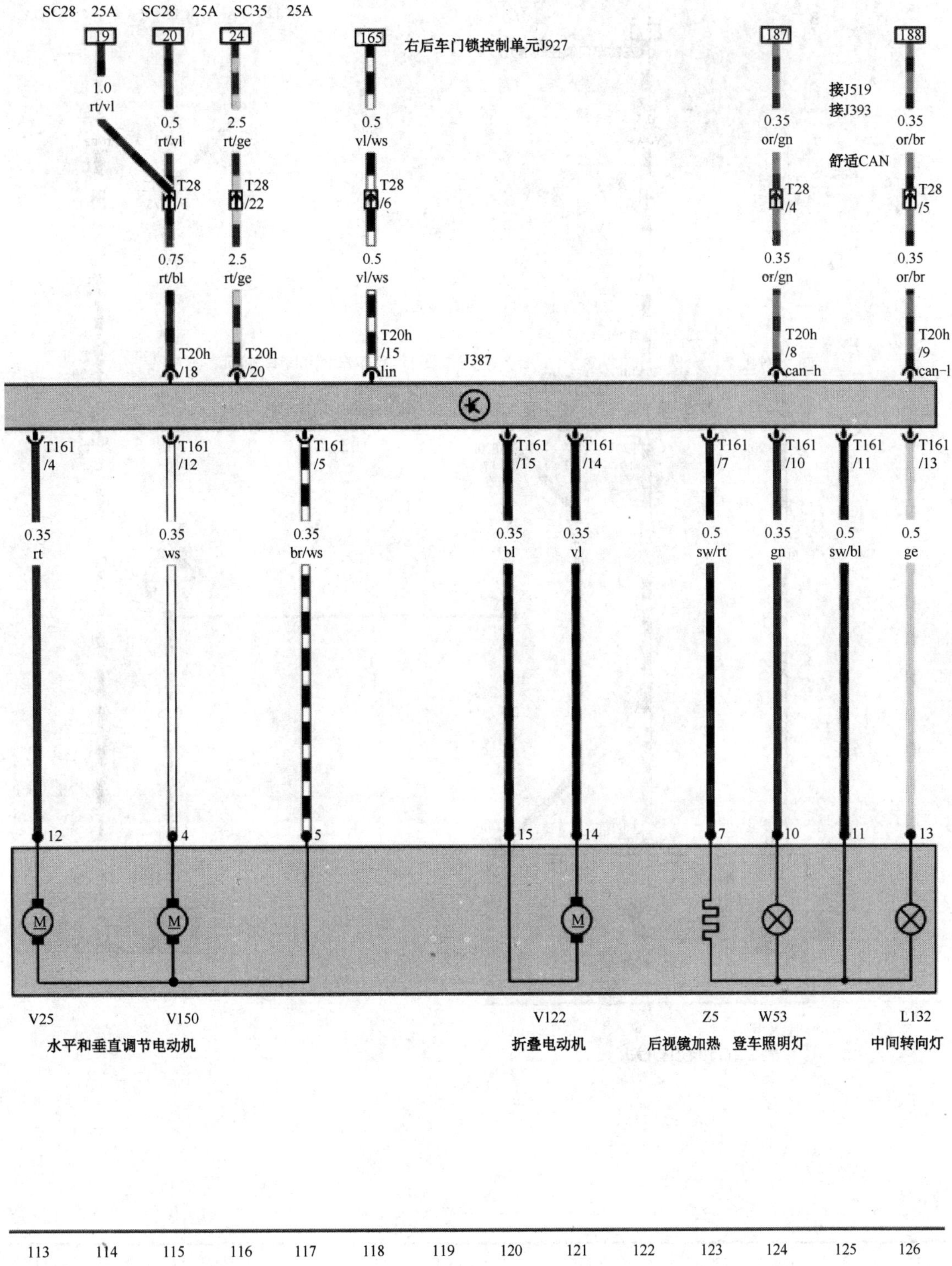
SC28 25A
SC28 25A
SC35 25A
19
20
24
165
右后车门锁控制单元J927
187
188
接J519
接J393
舒适CAN
1.0
rt/vl
0.5
rt/vl
2.5
rt/ge
0.5
vl/ws
0.35
or/gn
0.35
or/br
T28
/1
T28
/22
T28
/6
T28
/4
T28
/5
0.75
rt/bl
2.5
rt/ge
0.5
vl/ws
0.35
or/gn
0.35
or/br
T20h
/18
T20h
/20
T20h
/15
lin
J387
T20h
/8
can-h
T20h
/9
can-l
T161
/4
T161
/12
T161
/5
T161
/15
T161
/14
T161
/7
T161
/10
T161
/11
T161
/13
0.35
rt
0.35
ws
0.35
br/ws
0.35
bl
0.35
vl
0.5
sw/rt
0.35
gn
0.5
sw/bl
0.5
ge
12
4
5
15
14
7
10
11
13
M
M
M
V25
V150
水平和垂直调节电动机
V122
折叠电动机
Z5
后视镜加热
W53
登车照明灯
L132
中间转向灯
113
114
115
116
117
118
119
120
121
122
123
124
125
126

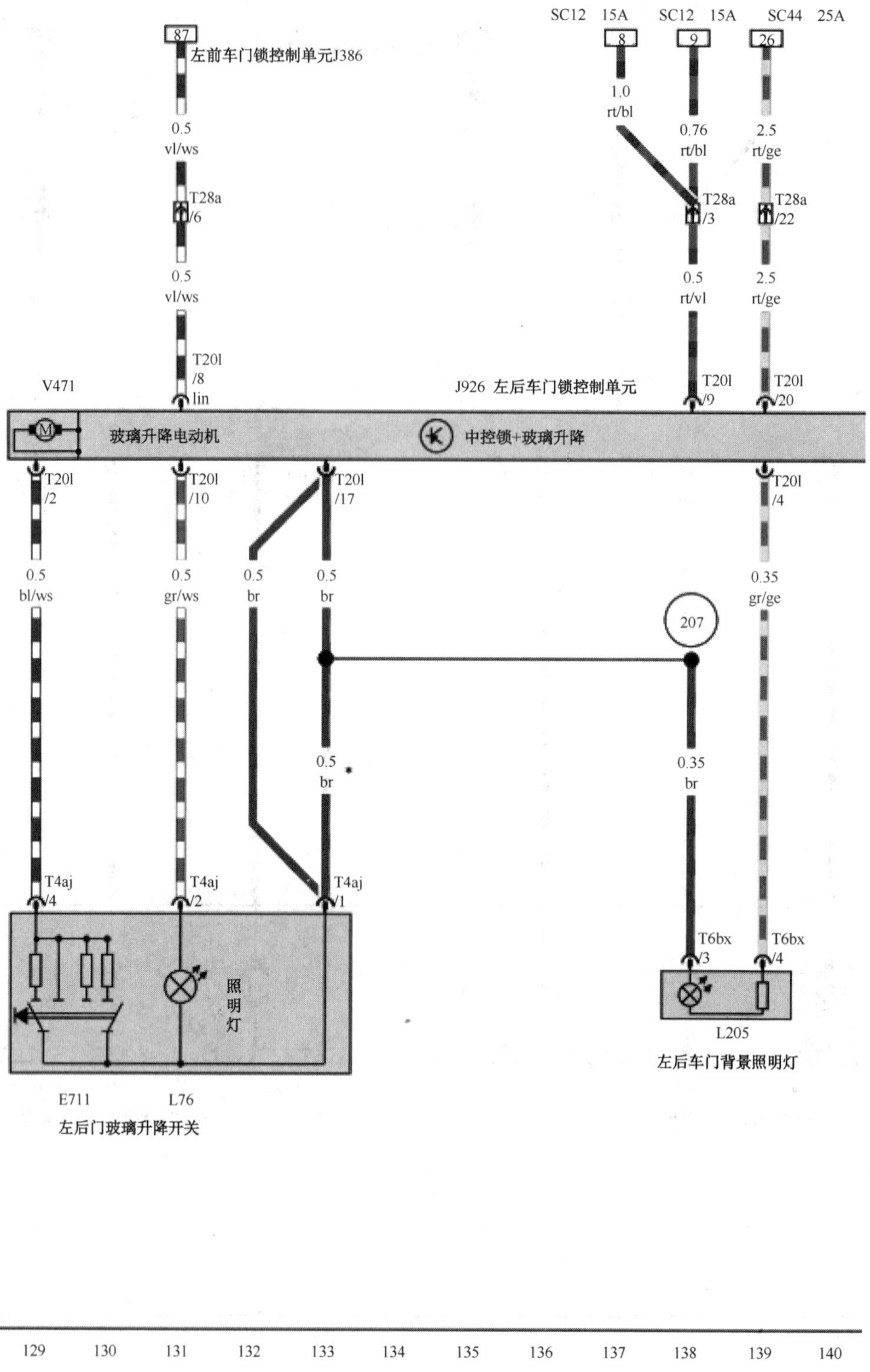
SC12 15A
SC12 15A
SC44 25A
87
8
9
26
左前车门锁控制单元J386
0.5
vl/ws
1.0
rt/bl
0.76
rt/bl
2.5
rt/ge
T28a
/6
T28a
/3
T28a
/22
0.5
vl/ws
0.5
rt/vl
2.5
rt/ge
T20l
/8
lin
V471
J926 左后车门锁控制单元
T20l
/9
T20l
/20
玻璃升降电动机
中控锁+玻璃升降
T20l
/2
T20l
/10
T20l
/17
T20l
/4
0.5
bl/ws
0.5
gr/ws
0.5
br
0.5
br
0.35
gr/ge
207
0.5
br
0.35
br
T4aj
/4
T4aj
/2
T4aj
/1
T6bx
/3
T6bx
/4
照
明
灯
L205
左后车门背景照明灯
E711
L76
左后门玻璃升降开关
127
128
129
130
131
132
133
134
135
136
137
138
139
140

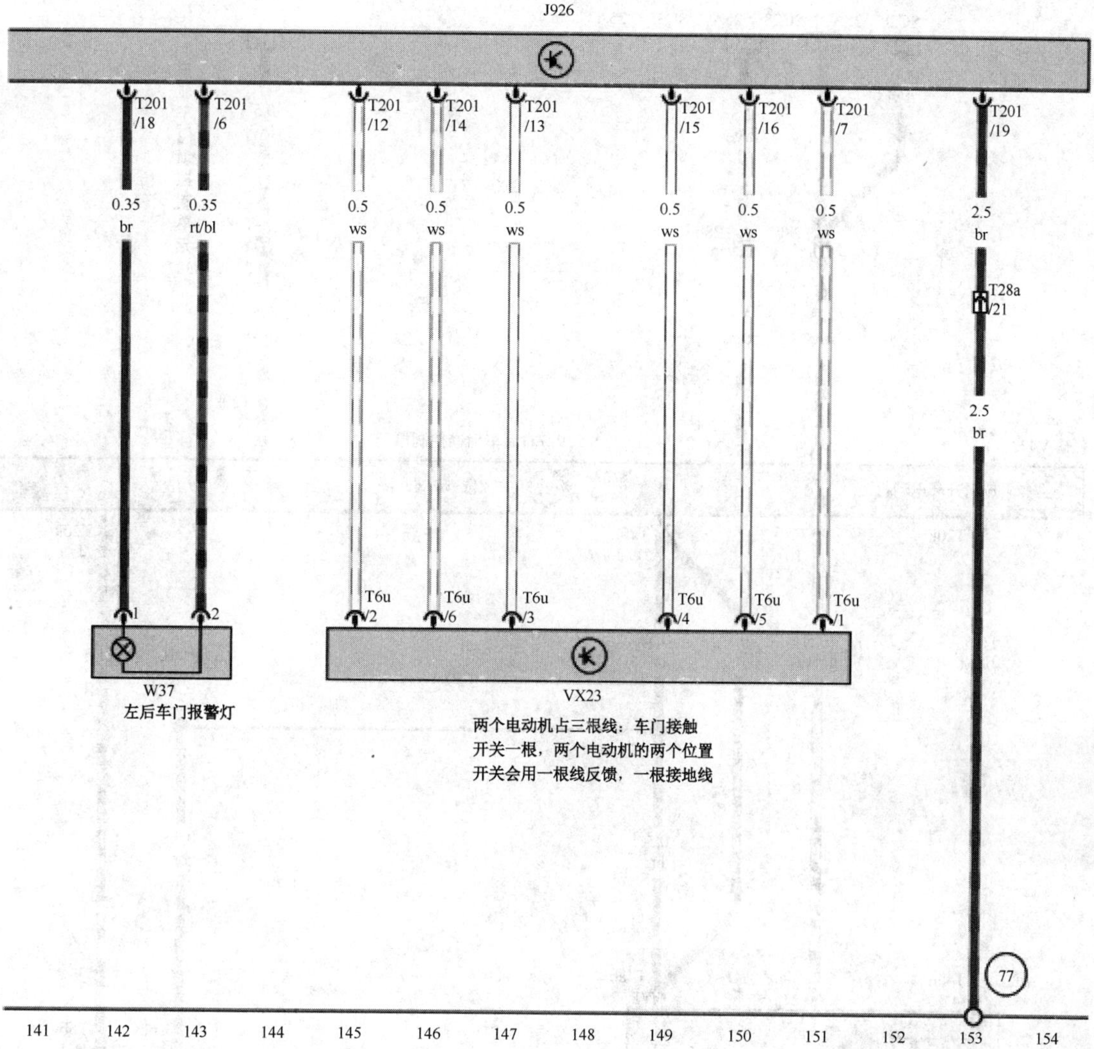

J926
T201 /18
T201 /6
T201 /12
T201 /14
T201 /13
T201 /15
T201 /16
T201 /7
T201 /19
0.35 br
0.35 rt/bl
0.5 ws
0.5 ws
0.5 ws
0.5 ws
0.5 ws
0.5 ws
2.5 br
T28a /21
2.5 br
1
2
T6u /2
T6u /6
T6u /3
T6u /4
T6u /5
T6u /1
W37
左后车门报警灯
VX23
两个电动机占三根线：车门接触
开关一根，两个电动机的两个位置
开关会用一根线反馈，一根接地线
77
141 142 143 144 145 146 147 148 149 150 151 152 153 154

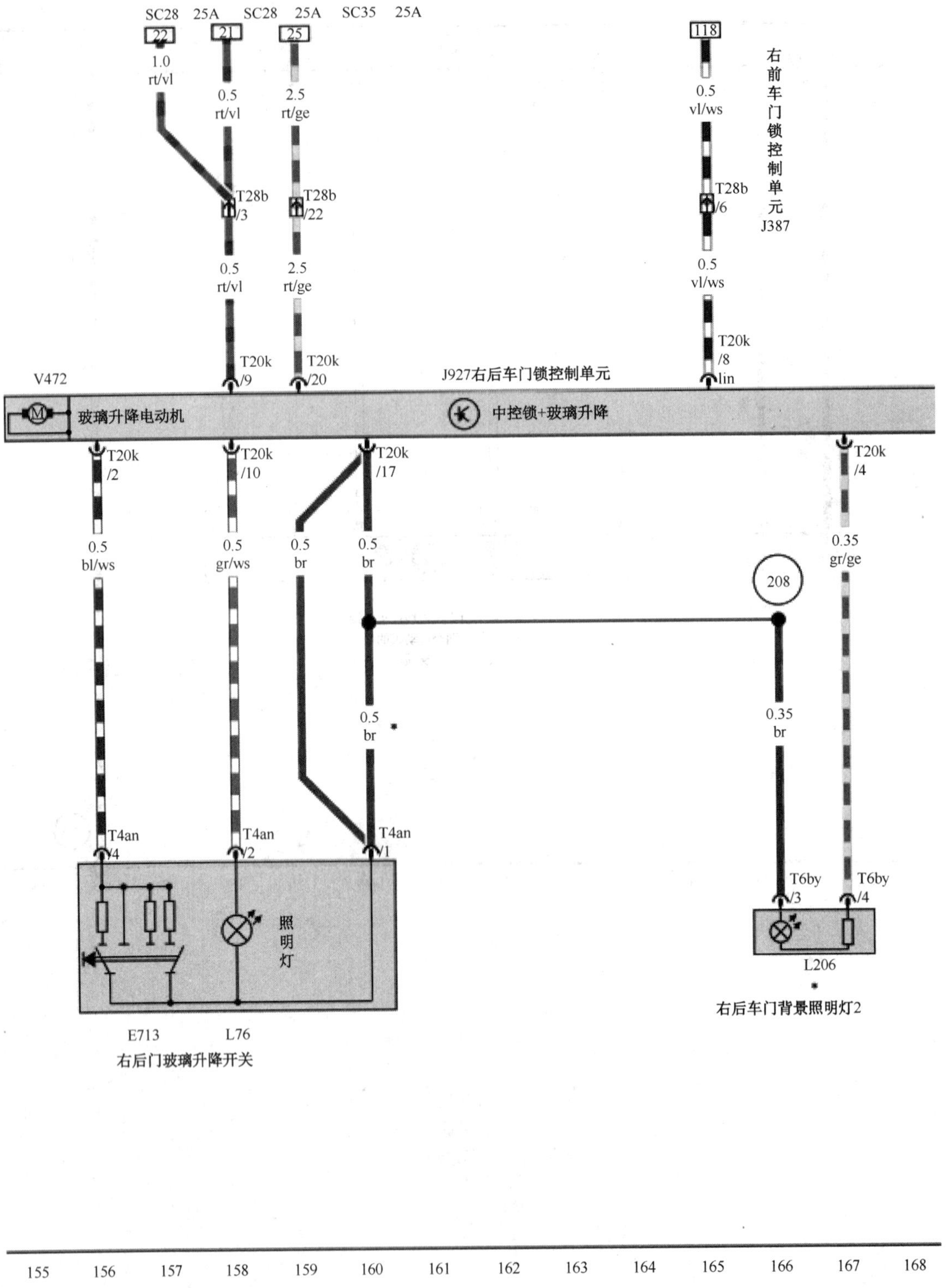
SC28
25A
SC28
25A
SC35
25A
22
21
25
118
1.0
rt/vl
0.5
rt/vl
2.5
rt/ge
0.5
vl/ws
右前车门锁控制单元
J387
T28b
/3
T28b
/22
T28b
/6
0.5
rt/vl
2.5
rt/ge
0.5
vl/ws
T20k
/9
T20k
/20
T20k
/8
lin
V472
J927右后车门锁控制单元
玻璃升降电动机
中控锁+玻璃升降
T20k
/2
T20k
/10
T20k
/17
T20k
/4
0.5
bl/ws
0.5
gr/ws
0.5
br
0.5
br
0.35
gr/ge
208
0.5
br
0.35
br
T4an
/4
T4an
/2
T4an
/1
T6by
/3
T6by
/4
照明灯
L206
右后车门背景照明灯2
E713
L76
右后门玻璃升降开关
155
156
157
158
159
160
161
162
163
164
165
166
167
168

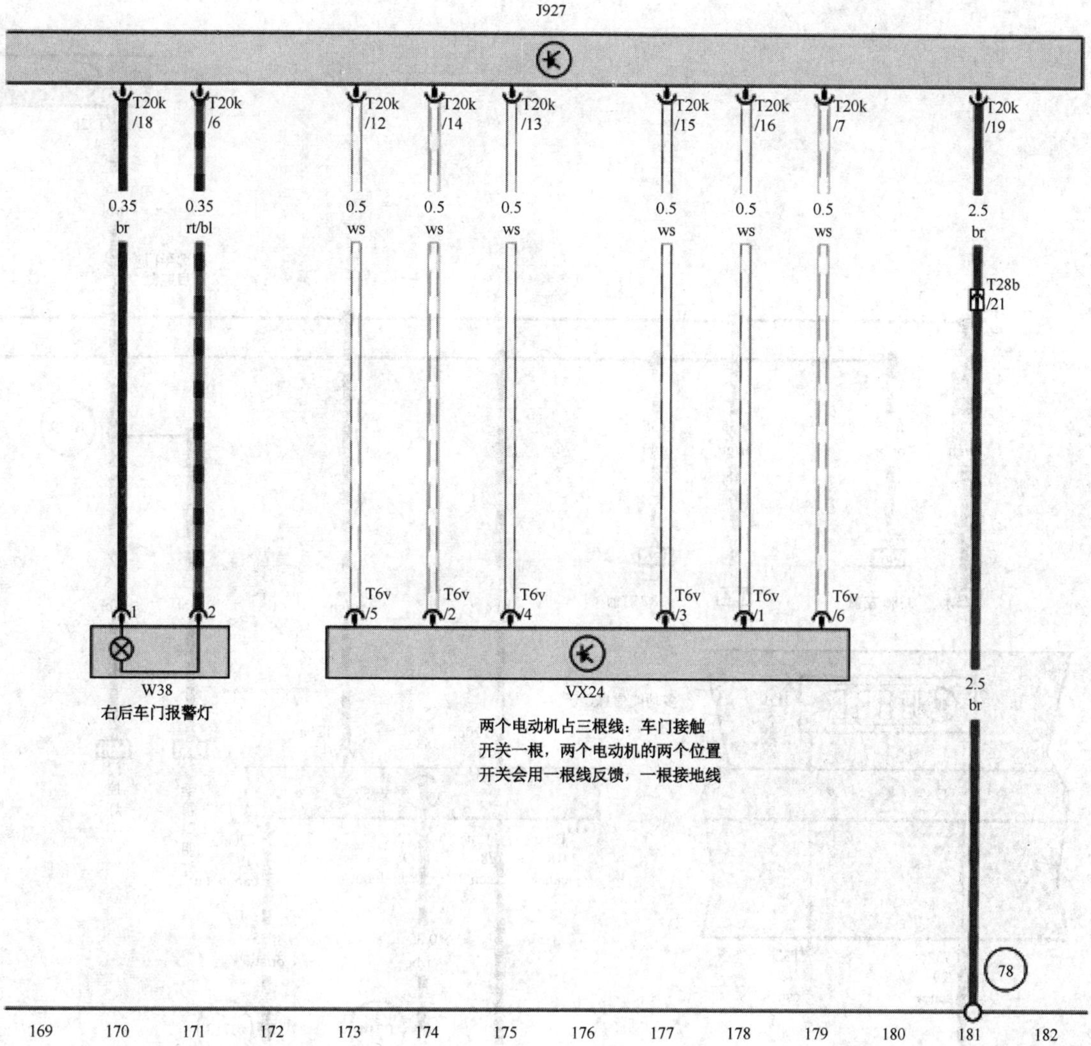
J927
T20k /18
T20k /6
T20k /12
T20k /14
T20k /13
T20k /15
T20k /16
T20k /7
T20k /19
0.35 br
0.35 rt/bl
0.5 ws
0.5 ws
0.5 ws
0.5 ws
0.5 ws
0.5 ws
2.5 br
T28b /21
1
2
T6v /5
T6v /2
T6v /4
T6v /3
T6v /1
T6v /6
W38
右后车门报警灯
VX24
两个电动机占三根线：车门接触
开关一根，两个电动机的两个位置
开关会用一根线反馈，一根接地线
2.5 br
78
169
170
171
172
173
174
175
176
177
178
179
180
181
182

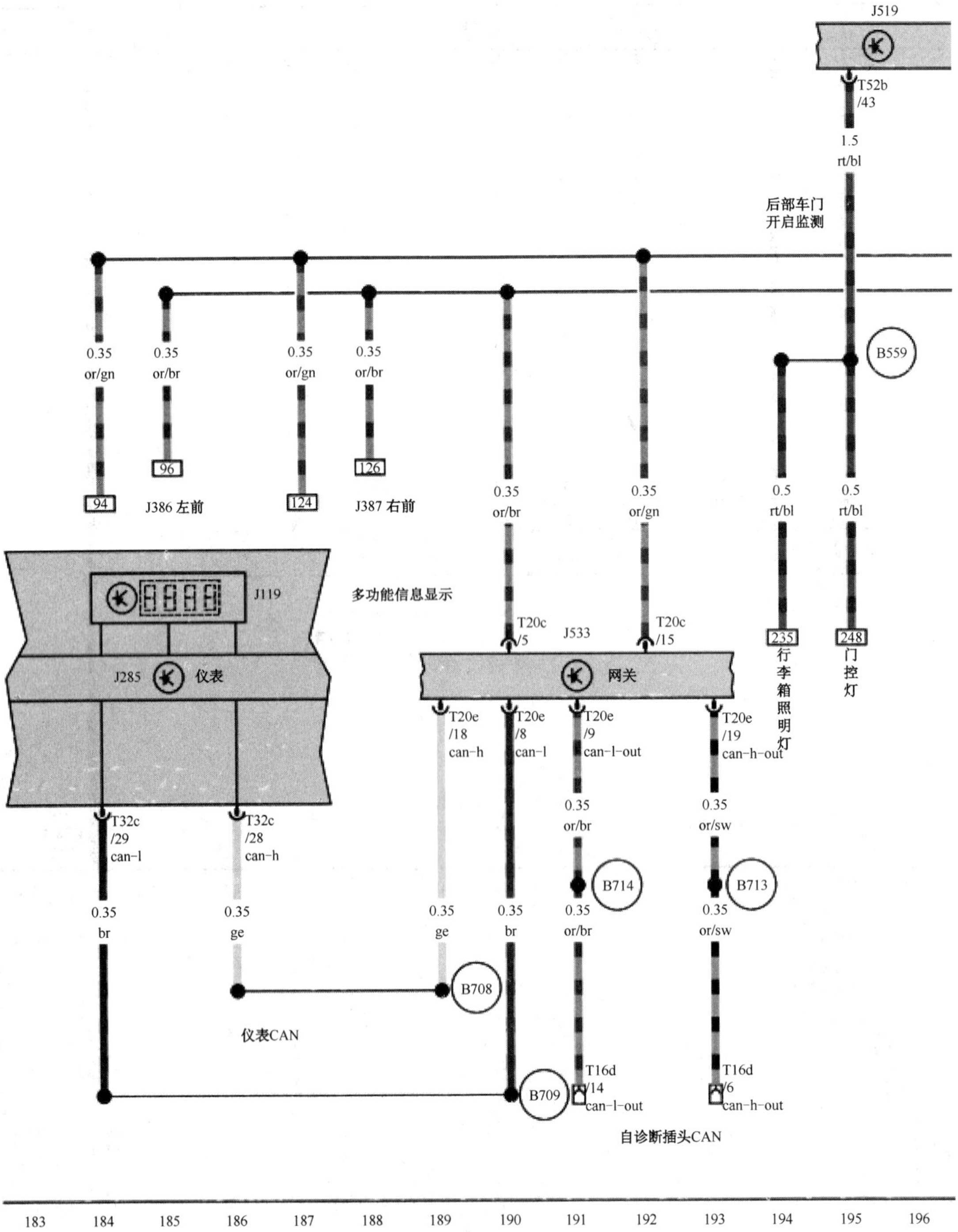
J519
T52b
/43
1.5
rt/bl
后部车门
开启监测
B559
0.35
or/gn
0.35
or/br
0.35
or/gn
0.35
or/br
96
126
94
J386 左前
124
J387 右前
0.35
or/br
0.35
or/gn
0.5
rt/bl
0.5
rt/bl
J119
多功能信息显示
T20c
/5
J533
T20c
/15
235
行李箱照明灯
248
门控灯
J285
仪表
网关
T20e
/18
can-h
T20e
/8
can-l
T20e
/9
can-l-out
T20e
/19
can-h-out
T32c
/29
can-l
T32c
/28
can-h
0.35
or/br
0.35
or/sw
B714
B713
0.35
br
0.35
ge
0.35
ge
0.35
br
0.35
or/br
0.35
or/sw
B708
仪表CAN
T16d
/14
can-l-out
T16d
/6
can-h-out
B709
自诊断插头CAN
183
184
185
186
187
188
189
190
191
192
193
194
195
196

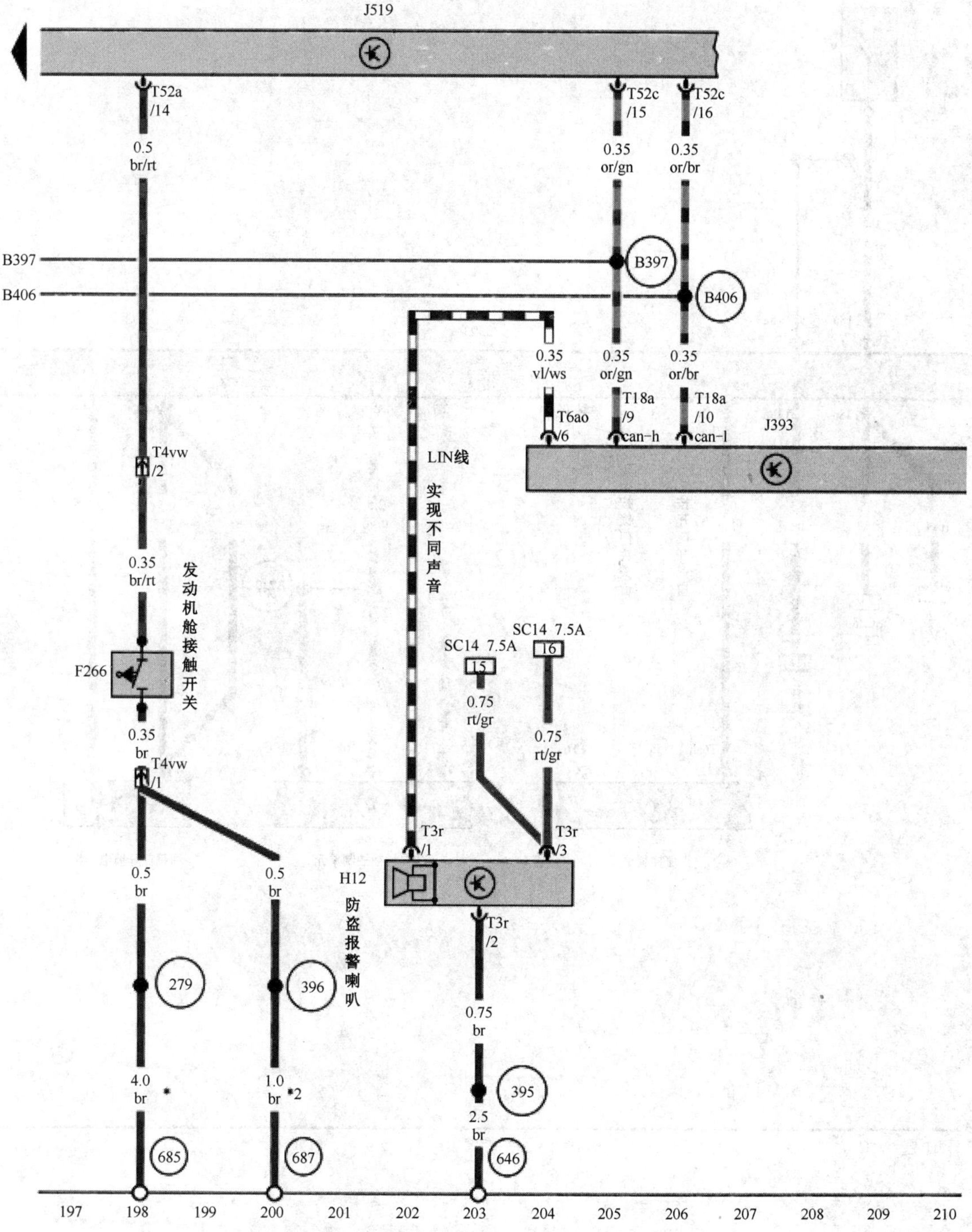
J519
T52a
/14
0.5
br/rt
T52c
/15
0.35
or/gn
T52c
/16
0.35
or/br
B397
B406
0.35
vl/ws
0.35
or/gn
0.35
or/br
T18a
/9
can-h
T18a
/10
can-l
T6ao
/6
J393
T4vw
/2
LIN线
实现不同声音
0.35
br/rt
发动机舱接触开关
F266
SC14 7.5A
15
SC14 7.5A
16
0.75
rt/gr
0.75
rt/gr
0.35
br
T4vw
/1
T3r
/1
T3r
/3
0.5
br
0.5
br
H12
防盗报警喇叭
T3r
/2
279
396
0.75
br
4.0
br
1.0
br *2
395
2.5
br
685
687
646
197
198
199
200
201
202
203
204
205
206
207
208
209
210

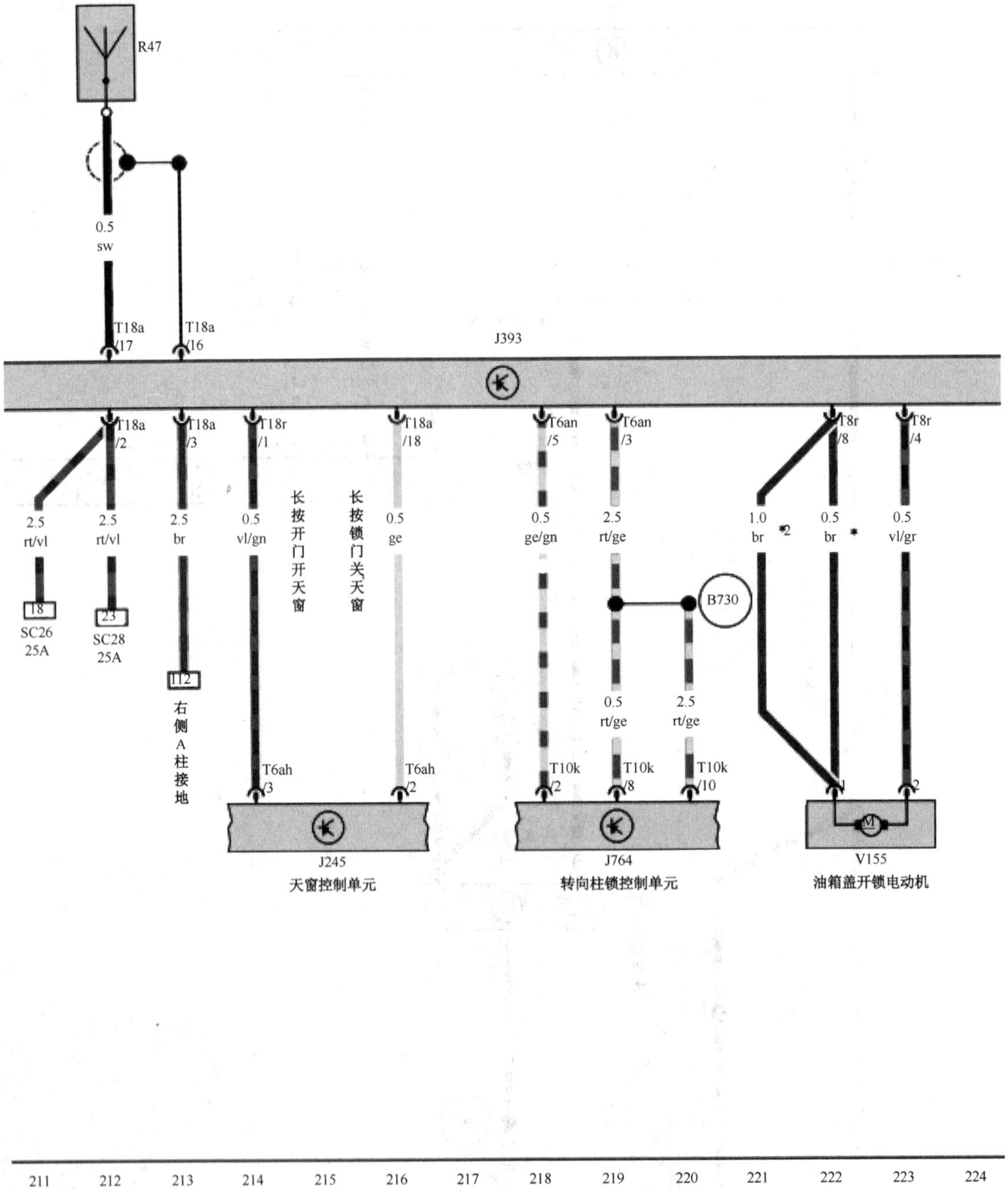
R47
0.5
sw
T18a
/17
T18a
/16
J393
T18a
/2
T18a
/3
T18r
/1
T18a
/18
T6an
/5
T6an
/3
T8r
/8
T8r
/4
2.5
rt/vl
2.5
rt/vl
2.5
br
0.5
vl/gn
长按开门开天窗
长按锁门关天窗
0.5
ge
0.5
ge/gn
2.5
rt/ge
1.0
br
*2
0.5
br
*
0.5
vl/gr
18
SC26
25A
23
SC28
25A
B730
112
右侧A柱接地
0.5
rt/ge
2.5
rt/ge
T6ah
/3
T6ah
/2
T10k
/2
T10k
/8
T10k
/10
1
2
M
J245
天窗控制单元
J764
转向柱锁控制单元
V155
油箱盖开锁电动机
211
212
213
214
215
216
217
218
219
220
221
222
223
224

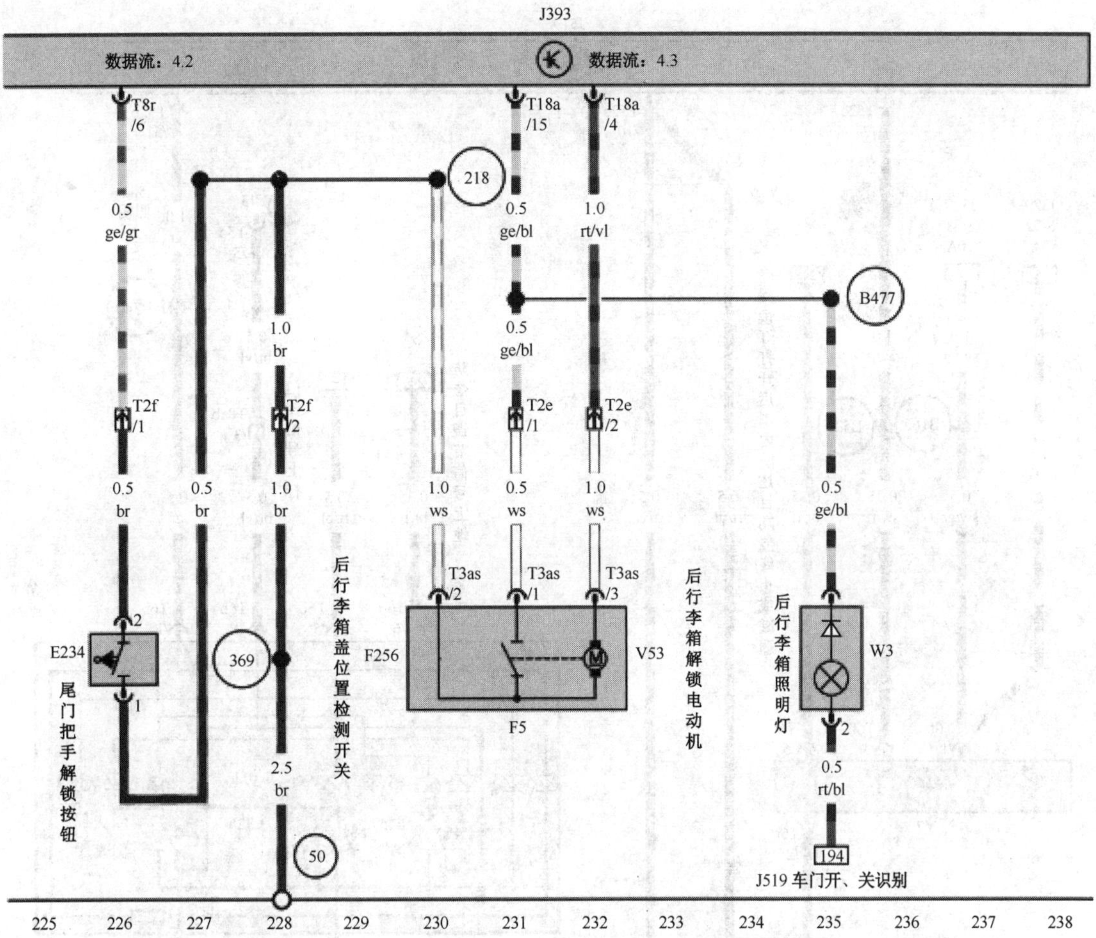
J393
数据流：4.2
数据流：4.3
T8r /6
T18a /15
T18a /4
218
0.5 ge/gr
0.5 ge/bl
1.0 rt/vl
B477
1.0 br
0.5 ge/bl
T2f /1
T2f /2
T2e /1
T2e /2
0.5 br
0.5 br
1.0 br
1.0 ws
0.5 ws
1.0 ws
0.5 ge/bl
后行李箱盖位置检测开关
T3as /2
T3as /1
T3as /3
后行李箱解锁电动机
后行李箱照明灯
E234
尾门把手解锁按钮
369
F256
V53
W3
F5
2.5 br
0.5 rt/bl
50
194
J519 车门开、关识别
225
226
227
228
229
230
231
232
233
234
235
236
237
238

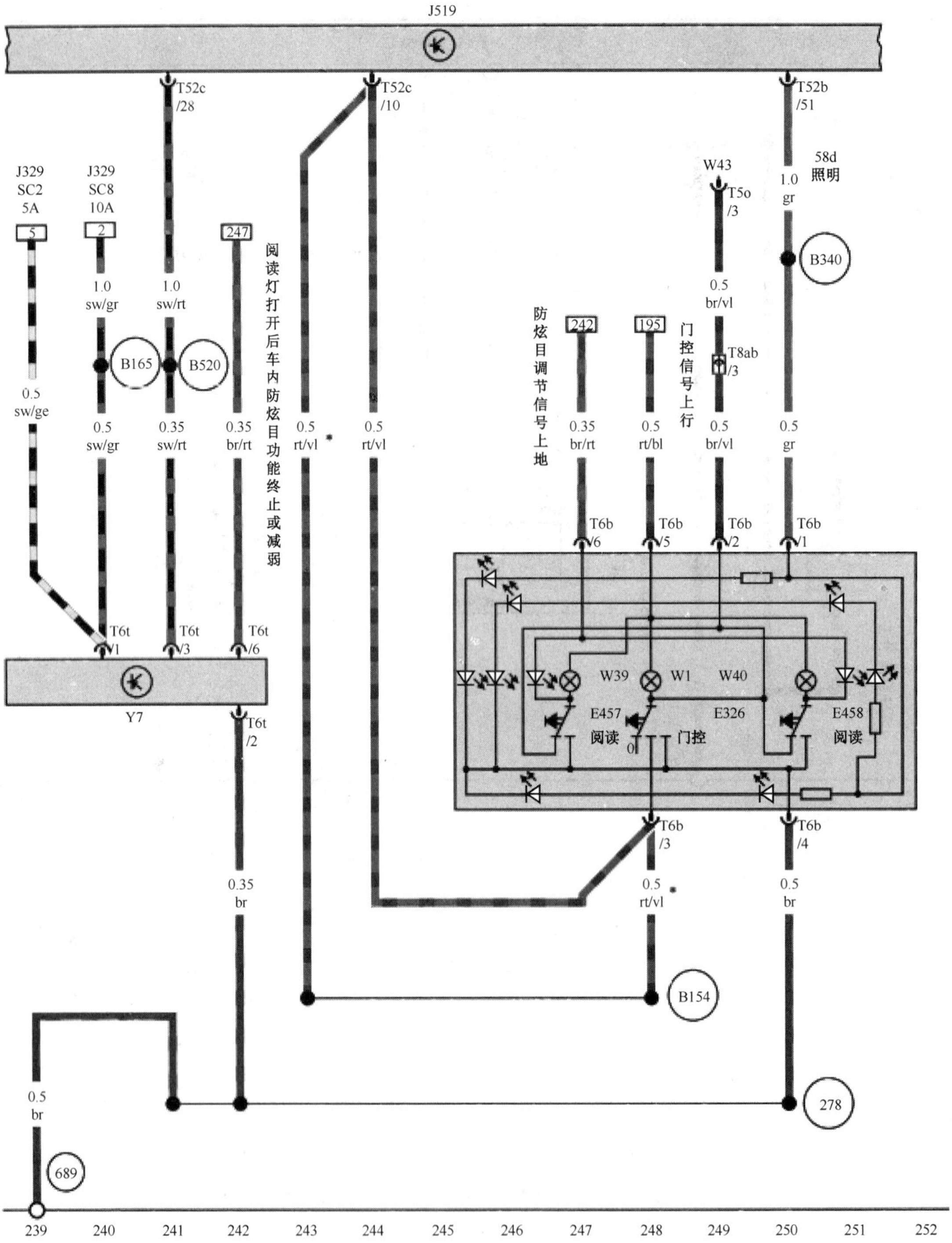
J519
T52c
/28
T52c
/10
T52b
/51
J329
SC2
5A
J329
SC8
10A
5
2
247
1.0
sw/gr
1.0
sw/rt
B165
B520
0.5
sw/ge
0.5
sw/gr
0.35
sw/rt
0.35
br/rt
阅读灯打开后车内防炫目功能终止或减弱
0.5
rt/vl
0.5
rt/vl
W43
T5o
/3
58d
照明
1.0
gr
B340
0.5
br/vl
防炫目调节信号上地
242
195
门控信号上行
T8ab
/3
0.35
br/rt
0.5
rt/bl
0.5
br/vl
0.5
gr
T6b
/6
T6b
/5
T6b
/2
T6b
/1
T6t
/1
T6t
/3
T6t
/6
Y7
T6t
/2
W39
W1
W40
E457
阅读
0
门控
E326
E458
阅读
T6b
/3
T6b
/4
0.35
br
0.5
rt/vl
0.5
br
B154
0.5
br
278
689
239
240
241
242
243
244
245
246
247
248
249
250
251
252

8.3 迈腾防盗系统电路图详解

进入及启动许可自 2011 年 7 月起。

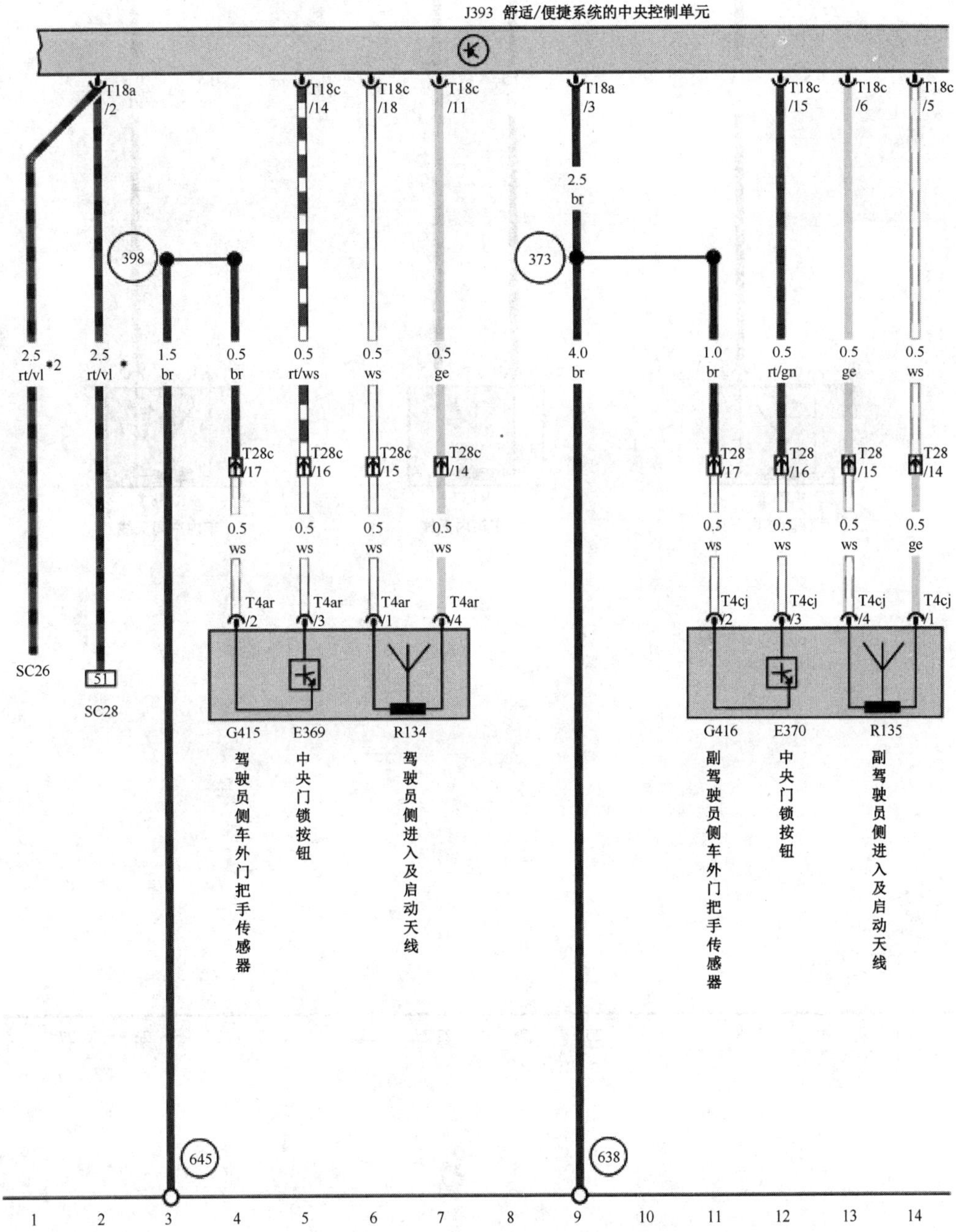

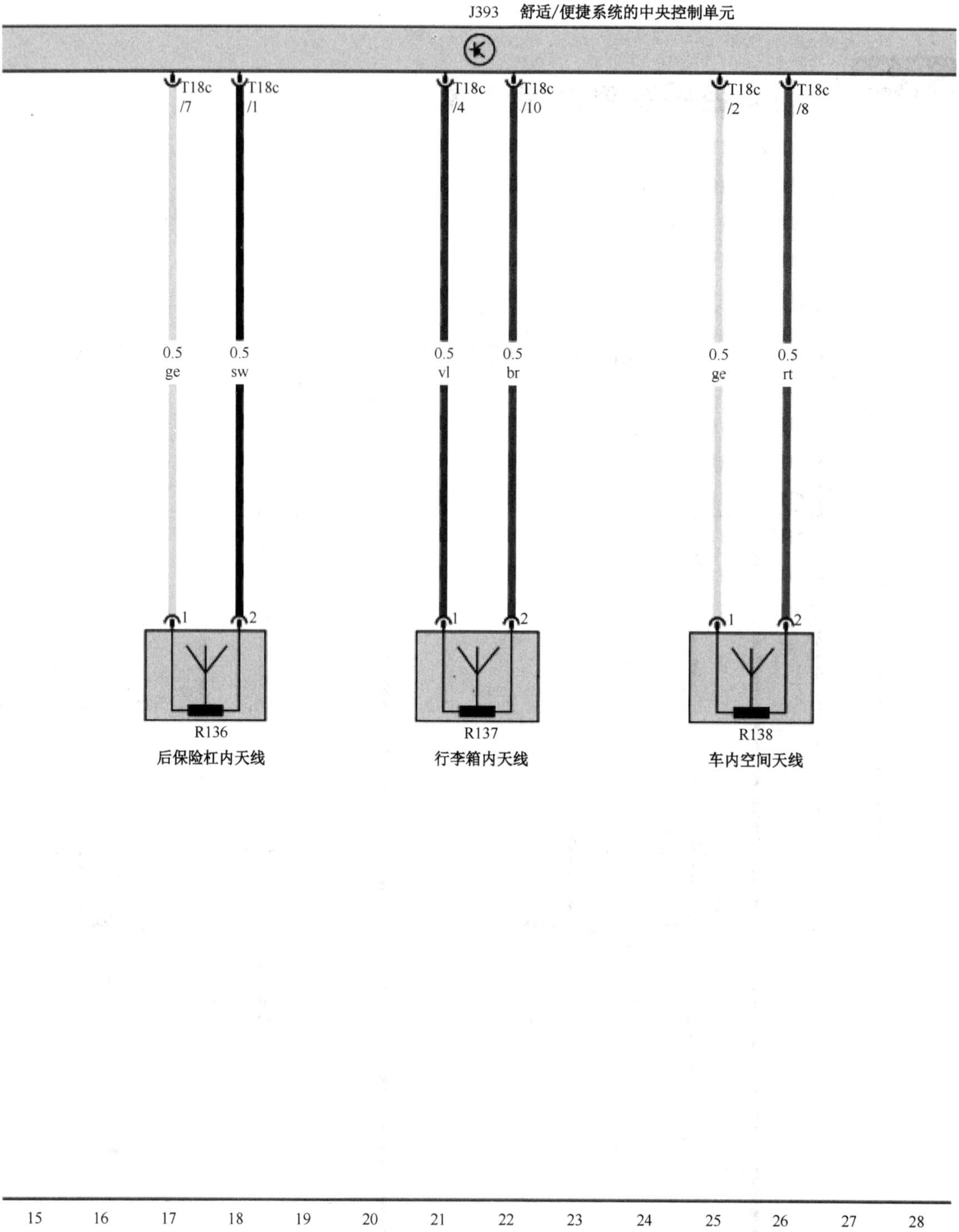
J393 舒适/便捷系统的中央控制单元
T18c /7
T18c /1
T18c /4
T18c /10
T18c /2
T18c /8
0.5 ge
0.5 sw
0.5 vl
0.5 br
0.5 ge
0.5 rt
1
2
1
2
1
2
R136
后保险杠内天线
R137
行李箱内天线
R138
车内空间天线
15 16 17 18 19 20 21 22 23 24 25 26 27 28

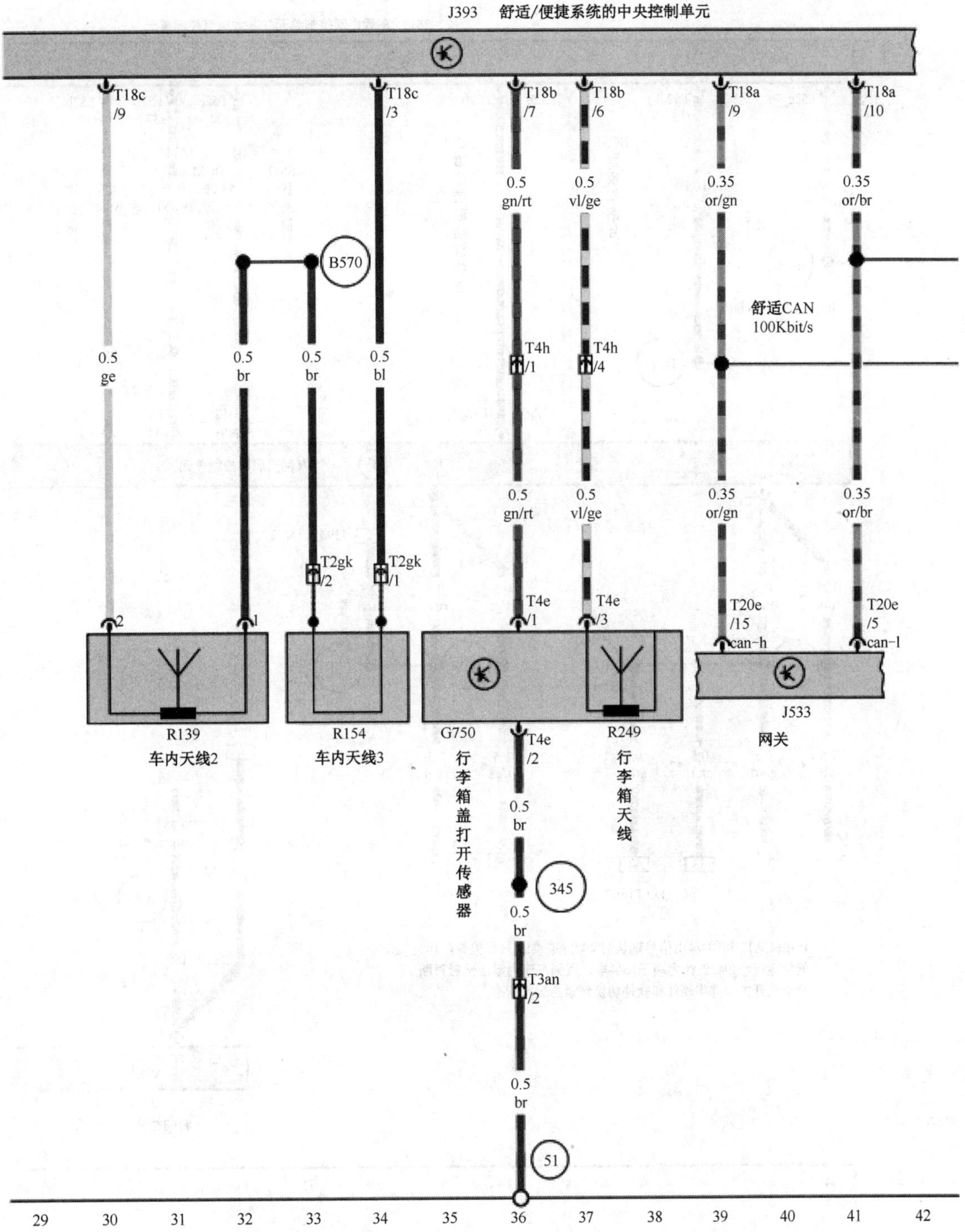
J393 舒适/便捷系统的中央控制单元
T18c /9
T18c /3
T18b /7
T18b /6
T18a /9
T18a /10
0.5 gn/rt
0.5 vl/ge
0.35 or/gn
0.35 or/br
B570
舒适CAN
100Kbit/s
0.5 ge
0.5 br
0.5 br
0.5 bl
T4h /1
T4h /4
0.5 gn/rt
0.5 vl/ge
0.35 or/gn
0.35 or/br
T2gk /2
T2gk /1
T4e /1
T4e /3
T20e /15
T20e /5
can-h
can-l
2
1
R139
车内天线2
R154
车内天线3
G750
行李箱盖打开传感器
T4e /2
R249
行李箱天线
J533
网关
0.5 br
345
0.5 br
T3an /2
0.5 br
51
29 30 31 32 33 34 35 36 37 38 39 40 41 42

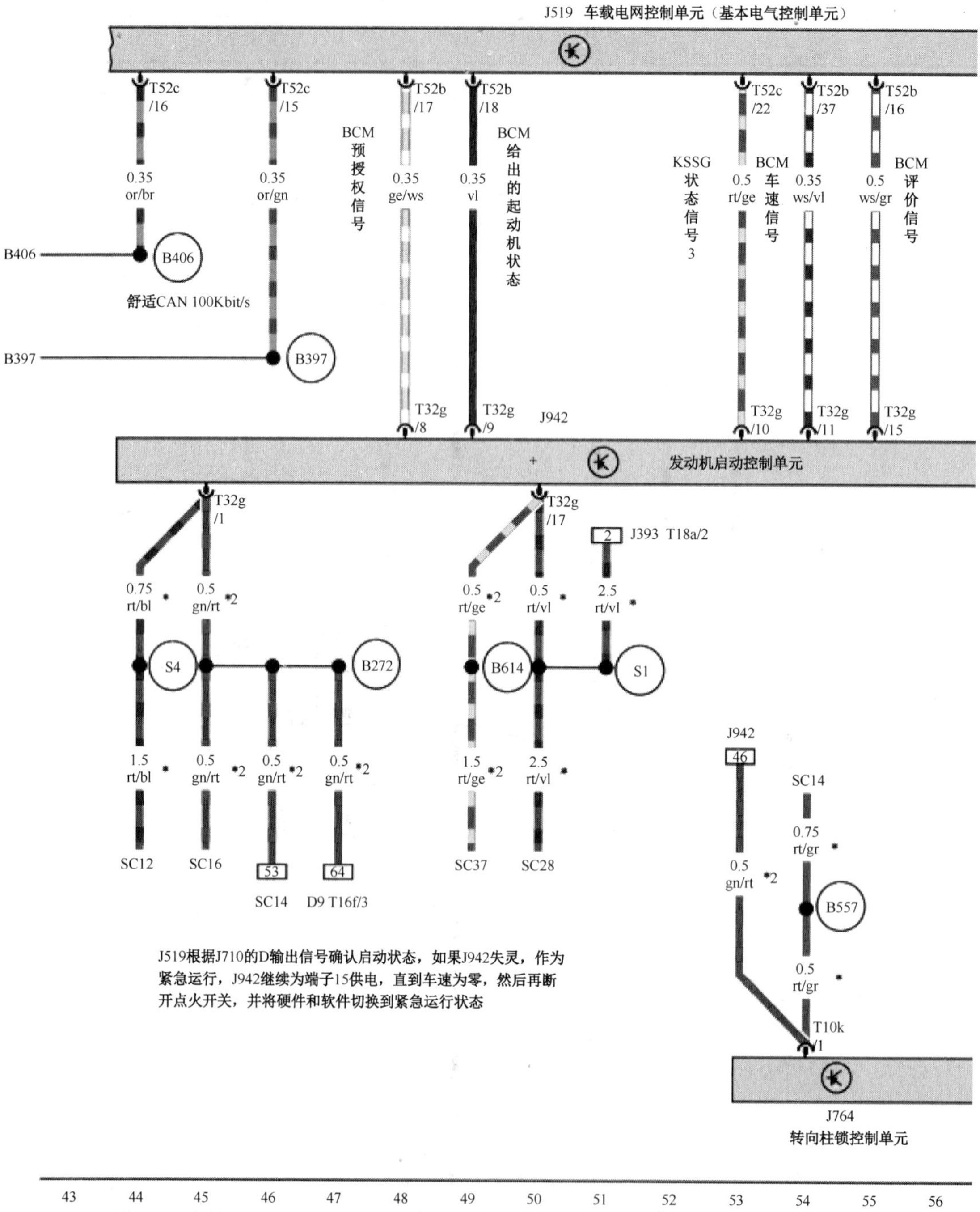

J519根据J710的D输出信号确认启动状态，如果J942失灵，作为紧急运行，J942继续为端子15供电，直到车速为零，然后再断开点火开关，并将硬件和软件切换到紧急运行状态

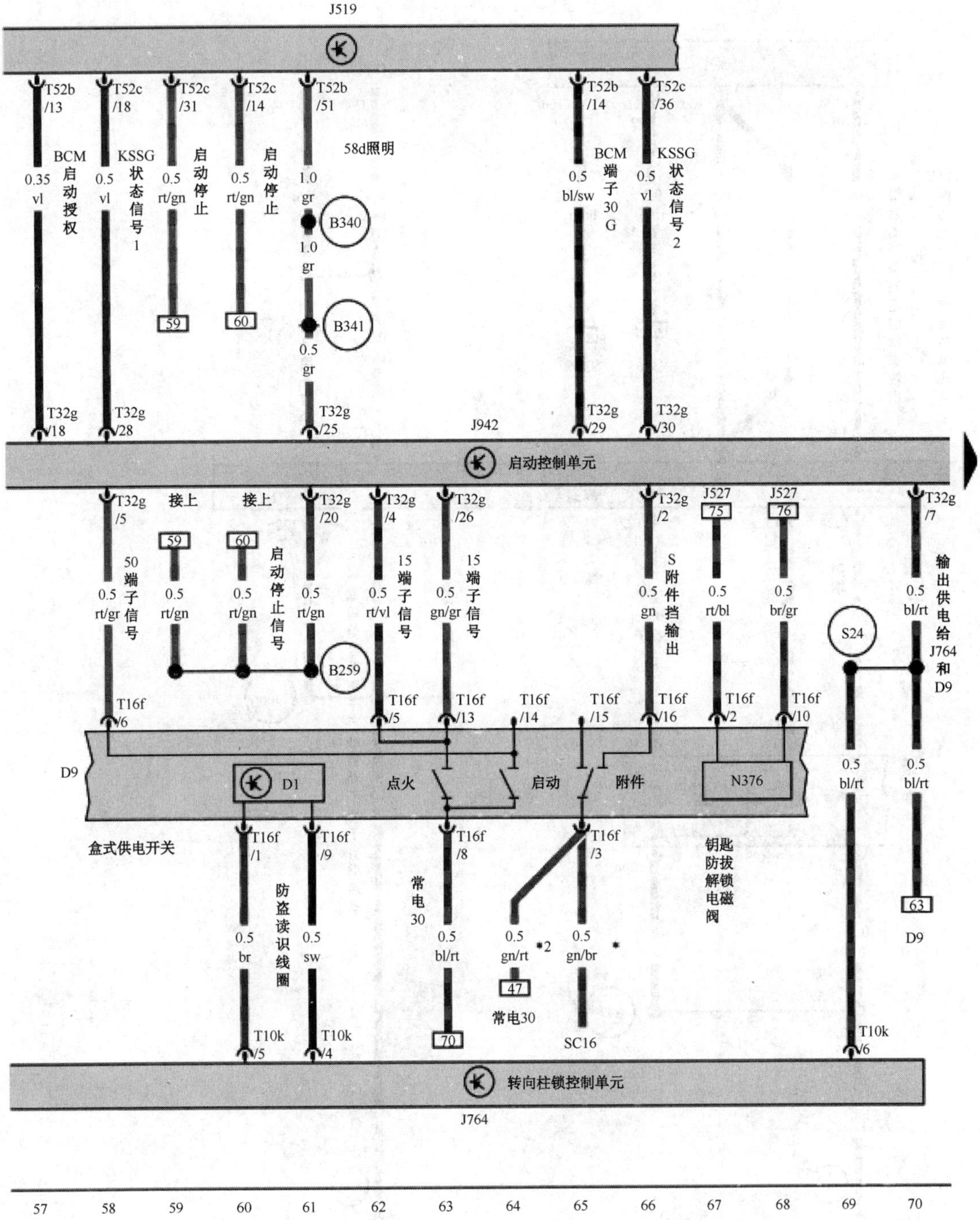
J519
T52b /13
T52c /18
T52c /31
T52c /14
T52b /51
58d照明
T52b /14
T52c /36
BCM 启动授权
0.35 vl
KSSG 状态信号 1
0.5 vl
启动停止
0.5 rt/gn
启动停止
0.5 rt/gn
1.0 gr
B340
1.0 gr
B341
0.5 gr
BCM 端子 30 G
0.5 bl/sw
KSSG 状态信号 2
0.5 vl
59
60
T32g /18
T32g /28
T32g /25
J942
T32g /29
T32g /30
启动控制单元
T32g /5
接上
接上
T32g /20
T32g /4
T32g /26
T32g /2
J527 75
J527 76
T32g /7
59
60
50 端子信号
0.5 rt/gr
0.5 rt/gn
0.5 rt/gn
启动停止信号
0.5 rt/gn
15 端子信号
0.5 rt/vl
15 端子信号
0.5 gn/gr
S 附件挡输出
0.5 gn
0.5 rt/bl
0.5 br/gr
S24
输出供电给 J764 和 D9
0.5 bl/rt
B259
T16f /6
T16f /5
T16f /13
T16f /14
T16f /15
T16f /16
T16f /2
T16f /10
D9
D1
点火
启动
附件
N376
0.5 bl/rt
0.5 bl/rt
盒式供电开关
T16f /1
T16f /9
T16f /8
T16f /3
钥匙防拔解锁电磁阀
防盗读识线圈
常电 30
0.5 br
0.5 sw
0.5 bl/rt
0.5 gn/rt
*2
0.5 gn/br
*
63
D9
47
常电30
70
SC16
T10k /5
T10k /4
T10k /6
转向柱锁控制单元
J764
57
58
59
60
61
62
63
64
65
66
67
68
69
70

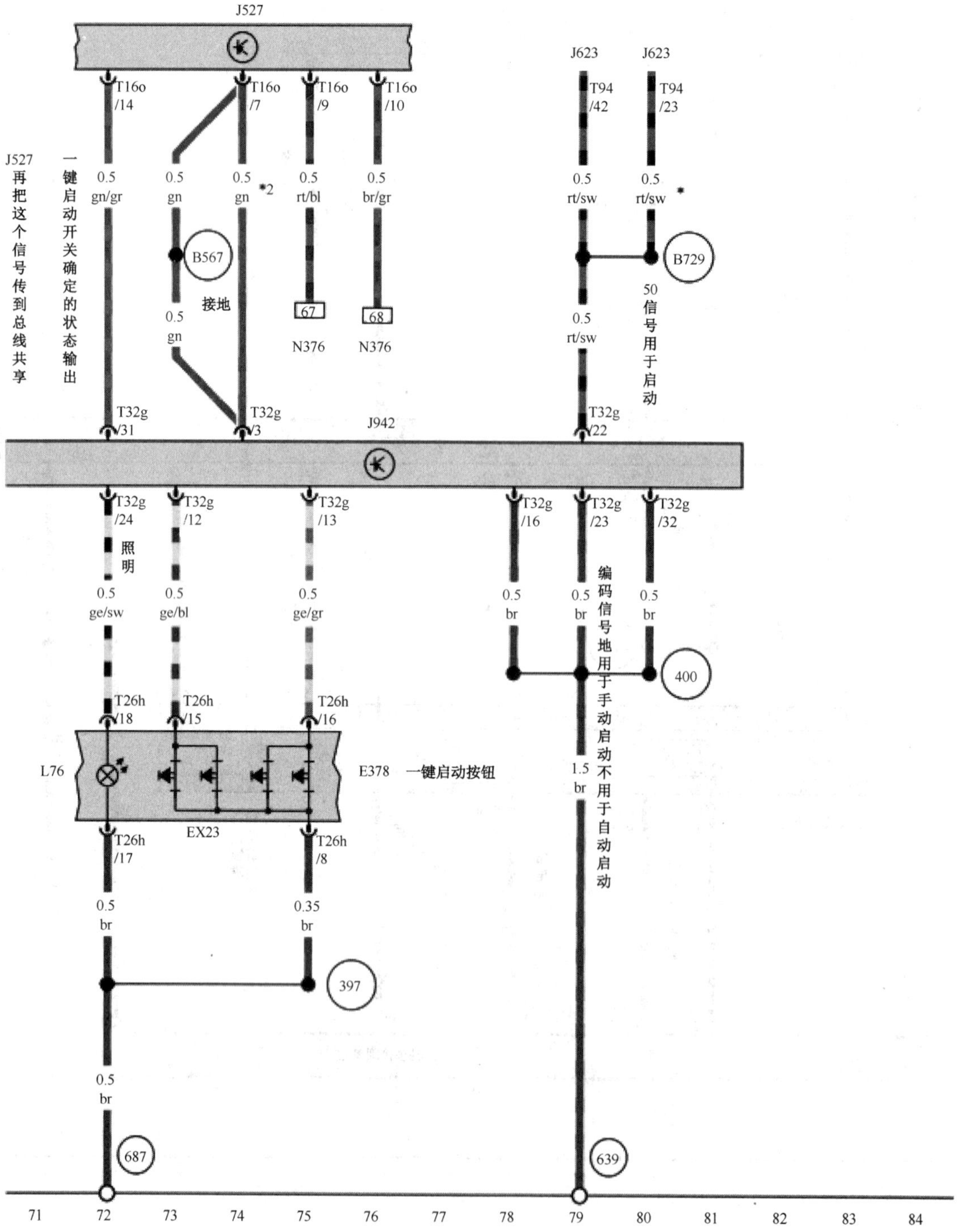
J527
T16o /14
T16o /7
T16o /9
T16o /10
J527再把这个信号传到总线共享
一键启动开关确定的状态输出
0.5 gn/gr
0.5 gn
0.5 gn *2
0.5 rt/bl
0.5 br/gr
B567
接地
0.5 gn
67
68
N376
N376
J623
J623
T94 /42
T94 /23
0.5 rt/sw
0.5 rt/sw *
B729
50信号用于启动
0.5 rt/sw
T32g /31
T32g /3
J942
T32g /22
T32g /24
T32g /12
T32g /13
T32g /16
T32g /23
T32g /32
照明
0.5 ge/sw
0.5 ge/bl
0.5 ge/gr
0.5 br
0.5 br
0.5 br
编码信号地用于手动启动不用于自动启动
400
T26h /18
T26h /15
T26h /16
L76
E378
一键启动按钮
EX23
1.5 br
T26h /17
T26h /8
0.5 br
0.35 br
397
0.5 br
687
639
71
72
73
74
75
76
77
78
79
80
81
82
83
84

反侵权盗版声明

举报电话：（010）88254396；（010）88258888

传　　真：（010）88254397

E-mail：　dbqq@phei.com.cn

通信地址：北京市万寿路 173 信箱

　　　　　电子工业出版社总编办公室

邮　　编：100036